HANSJOSEF BUCHKREMER

HANDBUCH SOZIALPÄDAGOGIK

DIE ERZIEHUNGSWISSENSCHAFT

Einführungen in Gegenstand, Methoden und Ergebnisse
ihrer Teildisziplinen und Hilfswissenschaften

WISSENSCHAFTLICHE BUCHGESELLSCHAFT
DARMSTADT

HANSJOSEF BUCHKREMER

HANDBUCH SOZIALPÄDAGOGIK

Dimensionen sozialer und gesellschaftlicher Entwicklungen durch Erziehung

WISSENSCHAFTLICHE BUCHGESELLSCHAFT
DARMSTADT

Einbandgestaltung: Neil McBeath, Stuttgart.

Die Deutsche Bibliothek – CIP-Einheitsaufnahme

Buchkremer, Hansjosef:
Handbuch Sozialpädagogik: Dimensionen sozialer und gesellschaftlicher Entwicklungen durch Erziehung / Hansjosef Buchkremer. – 2., überarb. Aufl. – Darmstadt: Wiss. Buchges., 1995
(Die Erziehungswissenschaft)
ISBN 3-534-12835-4

Bestellnummer 12835-4

Gedruckt auf säurefreiem und alterungsbeständigem Offsetpapier
Satz: Setzerei Gutowski, Weiterstadt
Druck und Einband: VDD – Darmstadt
Printed in Germany
Schrift: Linotype Garamond, 9.5/11

ISSN 0174-0857
ISBN 3-534-12835-4

INHALT

VORWORT

Mit diesem Buch will ich – entsprechend der Reihe, in der es erscheint – eine Einführung in die Welt der Sozialpädagogik liefern. Wenn diese Disziplin vom Wort „Sozialpädagogik" her gerade auf eine 150jährige Geschichte zurückblicken kann, so verdeutlicht dies, daß eine Beschäftigung mit theoretischen Positionen der Sozialpädagogik immer auch eine historische Auseinandersetzung beinhalten muß. Eine so verstandene Herangehensweise an das Feld Sozialpädagogik – und dann auch Sozialarbeit – erschließt Quellen, die sich in der Vergangenheit gebildet haben, aber bis in die Gegenwart hinein sprudeln und wirken.

So verhält es sich zum Beispiel mit der Entstehung des Terminus „Sozialpädagogik", die aufgrund entsprechender Forschung von H. Kronen dem Wirken Karl Magers zuzuordnen ist. Er verwandte 1844 in einem Beitrag der Pädagogischen Revue erstmals diesen Begriff und arbeitete in den Folgejahren den Stellenwert der Sozialpädagogik und ihren besonderen Standort innerhalb der Erziehung heraus.

Der Jubiläums-Aspekt lag mir zwar im Sinn, dennoch wollte ich ihn nicht zum Schwerpunkt dieses Buches machen, als ich mich daran begab, auf der Grundlage eines Vorläuferwerkes eine aktuelle Sichtweise herauszuarbeiten und eine neue Akzentuierung vorzunehmen. Dabei waren mir Rückgriff auf historische Quellen und Beschäftigung mit theoretischen Vertretern der Disziplin wichtig. Dazu suchte ich eine Perspektive einzunehmen, die mit Distanz einerseits Besonderheiten in der historischen Zeit wahrnimmt, andererseits Auswirkungen auf die Folgezeiten erkennt.

Daher habe ich mich beim Schreiben dieses Buches immer wieder der Methode bedient, mich gleichsam bildhaft durch einen Fesselballon vom aktuellen Geschehen zu lösen und somit einen kritischen Überblick zu gewinnen bzw. zu bewahren. So war es mir möglich, Sozialpädagogik mit ihren Dimensionen auszumachen und zu beschreiben und dabei in das System „Subsidiäre Erziehung" zu stellen.

Auf dem Hintergrund des historischen Rückblickes und eines gegenwartsbezogenen Umblickes ließ sich folgerichtig die praktische Dimension der Sozialpädagogik darstellen. Beschränkt habe ich mich dabei vor allem auf solche Praxismethoden, die für das sozialpädagogische Wirken in den unterschiedlichen Arbeitsfeldern von elementarer Bedeutung sind. Mit dem Instrument „Cubiculum“, einem Würfeldiagramm, läßt sich die Relevanz einzelner Methoden rasch nachvollziehen. Mir selbst dient dieses Instrument immer wieder als Orientierungsmittel und Reflexionsmethode, um innerhalb sozialpädagogischer Praxis kritische Distanz zu wahren.

Dieses Buch zu schreiben, ohne in den Tücken des Alltags unterzugehen, wäre nicht möglich gewesen, wenn mir nicht Freunde und Mitarbeiter zur Seite gestanden hätten. Fachliche Diskussionen sowie textliche, technische und motivationale Unterstützungen haben mir immer wieder geholfen, den roten Faden zu diesem Buch im Blick zu behalten.

Mein Dank gilt daher insbesondere Michaela Emmerich, die die Entstehung des Buches in allen Phasen begleitet und abgestützt hat, Werner Schlummer, der es redaktionell formiert und das umfassende Stichwortverzeichnis erstellt hat. Mit konkreten Textbausteinen haben mich versehen: Hans-Jürgen Adler, Wolf-Dietrich Bukow, Ulrich Groneick, Friedhelm Peiffer, Werner Schlummer, Dagwin-Raphael Schneider und Ilhan Tomanbay. Für die Ausführungen zu rechtlichen und gesetzlichen Gesichtspunkten (s. 5.1 u. 5.2) verdanke ich Dietrich Kratzsch und Marie-Luise Lösener eine ausführliche Beratung. Bei den Überlegungen zu den grafischen Gestaltungen haben mich unterstützt Berthold Ehling, Werner Schlummer sowie Georgios Michaloudis. Letzterem verdanke ich die vorliegende Endfassung der Abbildungen.

Dankbarkeit erfüllt mich auch gegenüber der Wissenschaftlichen Buchgesellschaft, vertreten durch ihren Lektor Harald Vogel. Mit großer Toleranz fühlte ich mich von seiner Seite bei allen Problemlagen der Buchentstehung verstanden.

Ich wünsche mir, daß Sie als Leser gemeinsam mit mir und den genannten mitwirkenden FreundInnen und KollegInnen ebenfalls als Ziel vor Augen haben, Sozialpädagogik als eine an Politik und Gesellschaft maßgebend zu beteiligende Disziplin zu profilieren. Ich wünsche Ihnen, daß dieses Buch mit seinem Rundumblick wie mit seinem eindringlicheren Durchschreiten verschiedener Dimensionen Ihnen dazu verhilft, Ihr eigenes Verständnis von Sozialpädagogik herauszufinden.

Köln, im August 1995 Hansjosef Buchkremer

1. EINLEITENDES

1.1 Über den Aufbau des Buches

Dieses Buch befaßt sich mit übergreifenden und insofern allgemeinen Problemen der Sozialpädagogik. Im wesentlichen orientiert es sich dabei vom Aufbau her an vier Dimensionen, die ich im folgenden Abschnitt skizziere und mit denen ich die Absicht einer systematischen Binnendifferenzierung verfolge. Gleichsam als Orientierungshilfe und Bezugsgröße dienen die drei Abschnitte dieses einleitenden Kapitels. Dieser Abschnitt erläutert den Aufbau des Buches. Der folgende führt die vier Dimensionen ein und liefert gleichzeitig ein professionelles Wahrnehmungs- und Sichtungsschema für sozialpädagogische Fragestellungen. Der dritte Abschnitt dieses einleitenden Kapitels schließlich bietet eine Verbildlichung der vorgestellten Dimensionen und somit eine grafische Hilfe für die Lesbarkeit des Buches.

Um im nächsten Kapitel Fragestellungen der theoretischen Dimension herauszuarbeiten, beschäftigen wir uns zunächst im engeren Sinne mit ihren systematischen Anteilen (Abschn. 2.1): Mit der politisch gesellschaftlichen und wissenschaftsdisziplinären „Mengenlehre" betrachten wir Aspekte der systematischen Zuordnung.

Mit der Oberflächlichkeit, die eine knappe Einführung in das Gesamtthema nicht vermeiden kann, werden wir die systematische Grundlegung schon bald unterbrechen und uns in Abschnitt 2.2 mit Definitionen befassen.

Definitionen sind notwendig, damit Menschen, die an einem Gespräch beteiligt sind, möglichst genau wissen, was der jeweils andere meint. Sozialpädagogik ist gewissermaßen ein inzwischen über ca. 200 Jahre stattfindendes Gespräch, ausgeführt in mündlichen Verhandlungen, Tagungen, Konferenzen, Vorlesungen, Seminaren und auch in Aufsätzen und Büchern. Mit Definitionen grenzen wir Begriffsinhalte ein und machen Gesagtes von Autor zu Autor oder auch von Generation zu Generation verständlich.

Nach den Definitionen geht es in Abschnitt 2.3 um Theorien der Sozialpädagogik, mit denen versucht wurde und wird, die Wirklichkeit der Sozialpädagogik jeweils wie aus einem Entwurf zu erklären.

Die hierbei von uns herangezogenen Autoren sind teilweise schon

Klassiker der Sozialpädagogik. Wir hätten ihre Ansätze durchaus auch in der historischen Dimension betrachten können. Darüber hinaus sind die vorgetragenen Aspekte nur Kernpunkte umfangreicher Ansätze. Sie hätten sich bei noch stringenterer Kürzung auch unter dem Gesichtspunkt des Definitorischen abhandeln lassen. Damit wird klar, daß die Vermessungslinien, die Dimensionen, fast nie in Reinkultur verfolgt werden können, sondern daß die betrachteten Teile – hier die theoretischen Entwürfe – immer vernetzt sind mit dem dimensionalen Systemganzen. Vergleichen läßt sich die Vernetzung mit der Zuordnung von geografischen Punkten, die sich je und je unter den Daten der Längen- und Breitengrade „dingfest" machen lassen.

In Abschnitt 2.4 stehen die Methoden zur Diskussion, mit denen die Sozialpädagogik als Wissenschaft zu arbeiten hat. Wir dürfen sie nicht verwechseln mit den Methoden der sozialpädagogischen Praxis. Diese, z. B. Methoden der Beratung oder der Gruppenarbeit, werden zwar auch wissenschaftlich entwickelt und sind ebenfalls wissenschaftlich auswertbar. Sie sind jedoch selbst nicht mit den Methoden, mit denen die Wissenschaft arbeitet, gleichzusetzen.

Schließlich wird es in Abschnitt 2.5 um Metatheorien gehen. Metatheorien sind solche Theorien, die nicht innerhalb einer Wissenschaft errichtet werden. In ihnen geht es um die Wissenschaft selbst, normalerweise um das Verständnis aller Wissenschaft und ihrer Disziplinen. Die griechische Vorsilbe „meta" bedeutet soviel wie „jenseits", „darüber hinaus". Metatheorien gehen über Einzeltheorien der Wissenschaften hinaus. Sie versuchen, einen Überblick zu geben über die Relativität des Wissenschaftlichen. Letztlich sind sie eine Art Philosophie über Wissenschaft.

Die Kapitel 3, 4 und 5 stellen die drei weiteren Dimensionen dar. Dabei wirft das dritte Kapitel anthropologische, ethische und sozialkritische Fragen auf. In Kapitel 4 wird die historische und vergleichende Dimension unsere Ausführungen leiten. Im fünften Kapitel schließlich kommt die praktische Dimension mit solchen gesellschaftlichen Gegebenheiten zu Wort, die übergreifend und allgemein in einer Vielzahl von sozialpädagogischen Arbeitsfeldern und Zeitproblemen gleichsinnig wirksam sind.

Das sechste Kapitel schließt mit seinen unterschiedlichen Perspektiven und Ausblicken das „Handbuch Sozialpädagogik" ab.

1.2 Linien der Vermessung: die Dimensionen

Die Sicht auf das Grobganze von Gesellschaft, Erziehung und Subsidiärer Erziehung ist gewissermaßen mit bloßem Auge möglich. Nähern wir uns den konkreten Arbeitsfeldern oder gar den noch konkreteren Einzelproblemen der Sozialpädagogik, so empfiehlt es sich, sie mit einem beruflichen bzw. professionellen Wahrnehmungsschema anzugehen. Die Vorgehensweise hat zwei Vorteile:

- Einerseits strukturieren wir die ansonsten ungeordnete Vielfalt der Erscheinungen: Wir bekommen Übersicht.
- Andererseits erreichen wir ein höheres Maß an Verständigung: Wir werden füreinander kommunikabel.

Nachfolgend stelle ich ein solches Sichtungsschema für sozialpädagogische Fragestellungen vor. Wir verwenden es in Köln seit mehr als 20 Jahren nach einer Konferenz in Bad Kreuznach, der unser Nestor, Heinrich Lenzen, vorstand und an der Ingrid Blanke, Hansjosef Buchkremer, Helmuth E. Lück und Dieter Wenzlawski beteiligt waren. Unser Sichtungsschema sollte dazu dienen, Fragestellungen und Lösungsansätze der Sozialpädagogik zu systematisieren. Inzwischen hat es eine gewisse Langlebigkeit erreicht. Diese verdankt es neben seiner Praktikabilität auch der freundlichen Aufnahme und kollegialen Mitbenutzung durch Kollegen und Studierende.

Da es sich bei unserem sozialpädagogischen Wahrnehmungsschema um „Vermessungslinien“ handelt, sprechen wir von Dimensionen. Insgesamt sichten wir Problemstellungen unter vier Ausrichtungen (s. auch Abb. 1). Diese sind:

1. die theoretische Dimension,
2. die anthropologische, ethische und sozialkritische Dimension,
3. die historische und vergleichende Dimension,
4. die praktische Dimension.

Zu 1: Die theoretische Dimension geht mit den Problemen der Sozialpädagogik als Wissenschaft um. Ihre Fragenkomplexe sind:

- Systematik,
- Definitionen,
- Theorien,
- (Wissenschafts-)Methoden,
- Metatheorien.

Zu 2: Die anthropologische, ethische und sozialkritische Dimension sucht in Abwägung von natur-, sozial- und geisteswissenschaftlichen Erkenntnissen Antworten auf die Frage nach der sozialen Konstitution des Menschen, nach seinen urwüchsigen und gesellschaftlich über-

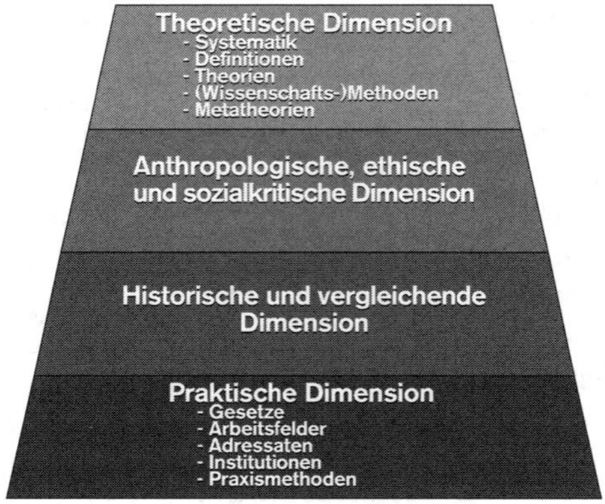

Abb. 1: Die vier Dimensionen der Sozialpädagogik – ein praktikables Sichtungs- und Wahrnehmungsschema.

formten Gruppierungen wie Familie, Peers, Teams, Vereinen, Parteien, Glaubensgemeinschaften, Gemeinden, Staaten, Gesellschaften, Menschheit. Ihr besonderes Interesse gilt dem erziehlichen Einfluß auf ein solches Zusammenleben von Menschen, in dem Benachteiligungen aktiv bekämpft und Privilegien öffentlich als ungerecht bloßgestellt werden.

Zu 3: Die historische und vergleichende Dimension fragt nach dem geschichtlichen Vorlauf aktueller sozialpädagogischer Probleme. Sie vergleicht moderne und postmoderne „Risiken" (vgl. Beck 1986) mit gestrigen und antiken. Aus dem Verständnis erfolgreicher und gescheiterter Lösungsversuche der Vergangenheit nimmt sie Rat und Hilfe an für neue Entwürfe. Ebenso sucht sie Rat und Hilfe aus zeitgleichen sozialen und sozialpädagogischen Konzepten benachbarter und ferner Gesellschaften und Kulturen.

Zu 4: Die praktische Dimension befaßt sich mit den gesellschaftlichen Ausgangslagen, mit Gesetzen und Konventionen, mit Arbeitsfeldern und Institutionen und mit den Verfahren und Methoden der sozialpädagogischen Praxis sowie deren Adressaten.

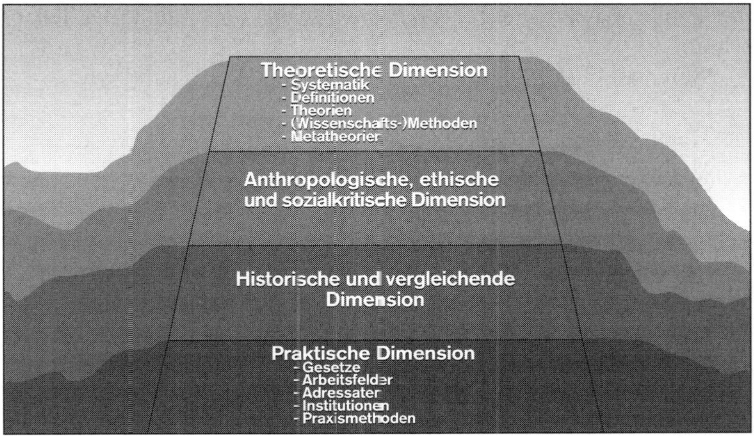

Abb. 2: Die vier Dimensionen der Sozialpädagogik als geologische Schichtung.

1.3 Darstellung der Dimensionen: eine geologische Schichtung

Unsere linke Gehirnhälfte hat jetzt eine Menge systematisch Formales aufnehmen müssen. Es ist an der Zeit, ihr von der rechten Gehirnhälfte eine Unterstützung zukommen zu lassen. Dies tun wir zunächst, indem wir die bisher verbal vorgestellte Struktur in ein Bild setzen.

Stellen Sie sich bitte vor, die Sozialpädagogik wäre eine Gebirgslandschaft. Wer sie durchwandert, würde eine Vielzahl von Einzelerhebungen vorfinden (z. B. die Massive von Kindergarten, Schulsozialpädagogik, Ausländerintegration, Aidshilfe, Altenarbeit und andere mehr). Wir selbst befinden uns augenblicklich nahe dem Gipfel des zentral gelegenen Massivs. Glücklicherweise haben wir einen Fesselballon zur Verfügung. Mit seiner Hilfe können wir uns über das ganze Gebirge erheben. Deshalb erkennen wir trotz der Vielheit der Berge bei allen gleichartige vierschichtige Verwerfungslinien. Wir identifizieren sie als die vier Dimensionen, die sich durch alle Einzelmassive der Sozialpädagogik gleichsinnig verfolgen lassen (Abb. 2).

Auf dem Gipfel des Zentralmassivs, von dem der Ballon aufgestiegen ist, entdecken wir ein Schild mit der Bezeichnung „Allgemeines". Unser Ballonführer klärt uns auf, daß dieses Massiv die Verkörperung aller *allgemeinen* Eigenschaften des Gebirges darstellt.

Danach setzt er uns wieder ab. Wir befinden uns im obersten Bereich des Zentralmassivs, der *Theoretischen Dimension*, mit ihren Teilabschnitten:

- Systematisches,
- Definitorisches,
- Theoretisches,
- Methodologisches,
- Metatheoretisches.

Ehe wir die Talsohle erreichen, werden wir zuvor die Abschnitte der anthropologisch-ethisch-sozialkritischen, der historischen und vergleichenden und der gesellschafts-praktischen Dimension durchwandern müssen.

2. THEORETISCHES

Sozialpädagogik ist Bestandteil der gesellschaftlichen Wirklichkeit. Sie ist wirksam als dynamischer Faktor innerhalb von Politik und Gesellschaftswissenschaft, Erziehung und Erziehungswissenschaft, Subsidiärer Erziehung und Theorie Subsidiärer Erziehung. Ihren Standort und Stellenwert und damit ihre Identität auszumachen, soll Ziel dieses Kapitels sein.

2.1 Systematisches

2.1.1 Kleine Mengenlehre von Zuordnungen

Jede Gesellschaft ist ein Gesamtsystem aus Individuen und Gruppen, die hinsichtlich ihrer Bedürfnisse und Leistungen aufeinander bezogen sind. Die Regeln, nach denen der gesellschaftliche Austausch erfolgt, bestehen aus ungeschriebenen und geschriebenen Konventionen und Gesetzen. Ihre Einhaltung wird einerseits durch das subjektive Bedürfnis nach Gruppenzugehörigkeit bzw. Gruppenkonformität, andererseits durch die Organe staatlicher Macht gesichert. Gesellschaftswissenschaft im weitesten Sinne hat somit zwei Aufgaben: zum einen die Motive der sozialen Bedürfnisse und die Inhalte der sozialen Konsense zu erforschen und zu reflektieren, zum anderen die Mittel, Methoden und Mandate gesellschaftlicher Macht zu untersuchen und ihren Anspruch auf Legitimität zu hinterfragen.

Nun gilt für jedes Gesellschaftssystem der Tatbestand, daß fortgesetzt eine Vielzahl von Individuen neu eingegliedert und eingeordnet werden muß. Den größten Anteil dieser Personen stellen Kinder und Jugendliche, die auf die Regeln des gesellschaftlichen Kanons verpflichtet werden. Aber auch Erwachsene stellen z. B. als Einwanderer, Übersiedler, „Gastarbeiter", als Asylbewerber und Flüchtlinge oder auch als Besatzer die verschiedenen Gesellschaften vor die Aufgabe einer gruppenspezifischen Eingliederung. Eine weitere Integrationsaufgabe erwächst den Gesellschaften durch jene Gruppen, deren bisherige Funktionen im gesellschaftlichen Wandel verlorengehen und die daher durch eine neue Beziehung vor dem Herausfallen aus dem sozialen Austausch bewahrt werden müssen. Zu denken ist hier im aktuellen Kontext z. B. an Senioren und Arbeitslose.

Abgesehen von den Systemen militärischer Rekrutierung und wirtschaftlicher Werbung überlassen die meisten Gesellschaften den größten Teil dieser Integrationsaufgaben der Erziehung. Dabei können die Erziehungs- oder Sozialisationsinstanzen ihren Adressaten meist einen zeitlichen und ökonomischen Freiraum zur Verfügung stellen, in dessen Rahmen eine schrittweise Eingliederung der Individuen bis zur gänzlichen Erfüllung der gesellschaftlichen Erwartung angestrebt wird. Am deutlichsten wird dieses Moratorium bei der normalen Schul- und Ausbildungszeit der Kindheits- und Jugendphase. Aber auch andere Gruppen, z. B. Übersiedler und Einwanderer, erhalten über Schulungsangebote die Zumutung und Chance der Einpassung.

Als Erziehungswissenschaft bezeichnen wir jenen Teil des Erziehungskomplexes, der die Erziehungswirklichkeit theoretisch und mit wissenschaftlicher Methodik untersucht. Als Teil der Gesellschaftswissenschaft hat sie vordergründig die Aufgabe, in Anbetracht der körperlichen, seelischen und sozialen Beschaffenheit der zu Erziehenden die Mittel und Wege zu ihrer Eingliederung in das gesellschaftliche Ganze zu erforschen. Hintergründig aber ist zugleich Berechtigung und Unrecht des gesellschaftlichen Anspruchs und Auftrags sowie Recht und Autonomie der Individuen und Gruppen Gegenstand ihrer Fragestellungen.

Praktische Sozialpädagogik stellt neben Sozialarbeit, Rehabilitation, Heil- und Sonderpädagogik einen Spezialfall hilfreicher Erziehung dar. Sie versucht, gesellschaftlich bedingte Eingliederungsprobleme zu beheben und das Überhandnehmen systemauflösender Kräfte einzudämmen. Da im gesellschaftlichen Wandel die Problemgruppen relativ schnell wechseln, steht Sozialpädagogik als Wissenschaft vor immer neuen Fragestellungen nach den erziehungsrichtigen Methoden ihrer Spezialaufgabe. Zugleich jedoch wird sie unter den immer neuen Hindernissen bei der Verwirklichung erzieherischer Ziele intensiv mit der Frage konfrontiert, woher Ziele und Methoden ihre Berechtigung nehmen und wieweit ihre Legitimation reicht. Es ist denkbar, daß sie aus der Erkenntnis der Grenzfälle des Systems das System selbst in Frage stellt. Fassen wir das Beschriebene in einige Statements:

– Sozialpädagogik ist ein Moment gesellschaftlicher Praxis.

Sozialpädagogik ist zuständig für die soziale Eingliederung von Individuen und Gruppen. Damit ist sie ein Polit-Faktor, wenn wir Politik nicht allein auf Parteien-, Ressort- und Staatspolitik reduzieren, sondern im aristotelischen Sinne als die Gesamtheit des nicht privaten Lebens verstehen.

– Sozialpädagogik ist ein Moment gesellschaftlicher Theorie.

Als wissenschaftliche Disziplin reflektiert Sozialpädagogik die Eingliederung von Menschen, vor allem von Gruppen, in gesellschaftliche Funktionen und Zusammenhänge hinsichtlich Ziel und Methode. Folglich ist Sozialpädagogik ein Teilgebiet der Gesellschaftswissenschaft (vgl. Rössner 1973, S. 28).

– Sozialpädagogik ist ein Teilbereich von Erziehung und somit sittlich fundiert.

Erziehliche Beeinflussung von Menschen ist dadurch charakterisiert, daß sie sittlich orientiert ist und ihre Objekte in den Zustand größerer Unabhängigkeit, Selbstbestimmung und Freiheit versetzen will. (Erziehung unterscheidet sich grundlegend von anderen sozialen Eingliederungsvorgängen wie Werbung, Drill, Dressur, die auf ökonomische oder machtmäßige Vorteile der Eingliedernden oder ihrer Auftraggeber, nicht jedoch der Einzugliedernden ausgerichtet sind.) Praktische Sozialpädagogik ist am sozialen und personalen Wachstum ihrer Adressaten interessiert.

– Sozialpädagogik ist Teil der Erziehungswissenschaft.

Als Erziehungswissenschaft reflektiert und begründet Sozialpädagogik ihre sittliche Fundierung und ihre erziehliche Zielsetzung. Ihre praktischen Verfahren entwickelt und überprüft sie mit wissenschaftlichen Methoden.

– Sozialpädagogik ist Teil eines Systems zusätzlicher Erziehungshilfe, der „Subsidiären Intervention".

Sozialpädagogik ist ein Sonderfall von Pädagogik. Als solchen weist sie der Wortteil „Sozial" aus. Ausgehend von ihrer gesellschaftlichen Entstehung läßt sie sich als Nothilfepädagogik bezeichnen, die z. B. „Lücken in der normalen Leistung der Familie" (Bäumer 1929, S. 3) füllt.

Darüber hinaus füllt sie auch Lücken in anderen gesellschaftlich etablierten Erziehungssystemen wie Schule, Berufs-, Erwachsenen- und Freizeitbildung.

Sozialpädagogische Praxis springt da ein, wo vorhandene Erziehungssysteme hinsichtlich bestimmter Aufgaben und Personen nicht ausreichen. Sozialpädagogische Erziehung ist somit ein Spezialfall hilfreicher Erziehung. Sie steht im Verbund anderer, ebenfalls besonderer Eingliederungsansätze und sozialer Entwicklungshilfe wie Sozialarbeit, Heil-, Sonder- und Behindertenpädagogik, Rehabilitation und Resozialisation. Wir nennen diesen Verbund „Subsidiäre Intervention".

- Sozialpädagogik ist Teil der gemeinsamen Theorie der Subsidiären Intervention.

Theoretische Sozialpädagogik hat es mit den ethischen und sozialkritischen Grundlagen ihrer Erziehungsrealität zu tun und mit den wissenschaftlich zu entwickelnden und zu vervollkommnenden Methoden der subsidiären Praxis. Damit ist sie mit zuständig für eine gemeinsame Theorie der Disziplinen, die als besondere Hilfssysteme die Subsidiäre Intervention ausmachen.

2.1.2 Subsidiäre Intervention und ihre Theorie: Einheit und differentielle Profile ihrer Einzeldisziplinen

Prolog: Sozialpädagogik neben, unter oder über Sozialarbeit

Der Terminus Sozialpädagogik hat vielen Anfeindungen zum Trotz in den 70er Jahren entscheidende institutionelle Hilfe erfahren. Durch Gründung der Fachhochschulen und ihrer Fachbereiche Sozialwesen oder sogar Sozialpädagogik (z. B. in Hamburg) sind im gesamten bundesdeutschen Gebiet zahlreiche Professuren mit dem Aufgabenbereich Sozialpädagogik eingerichtet worden. Parallel hierzu wurden an mehreren wissenschaftlichen Hochschulen ebenfalls sozialpädagogische Lehrstühle geschaffen, die als Anlaufstelle für graduierte Sozialpädagogen und Sozialarbeiter das Angebot der Diplomierung und Promotion repräsentieren. Trotzdem befinden sich auch heute nicht alle Vertreter dieses Lehrgebietes in einhelliger Übereinstimmung mit dem Etikett ihres Auftrages.

Konsens herrscht über den Zeitpunkt, zu dem die „Sozialpädagogik“ zum ersten Mal als die Pädagogik der besonderen Notfälle terminologisch und institutionell zugleich gefaßt wurde. In Gefolgschaft der Ideen Pestalozzis und Wicherns und unter Aufnahme des von Mager (1844), Diesterweg (1850) und Natorp (1899) eingeführten und explizierten Begriffs Sozialpädagogik verstehen die Vertreter der frühen Jugendhilfe nach dem Ersten Weltkrieg ihren eigenen Ansatz als „sozialpädagogische Bewegung“. Verfolgt man ihre Entwicklung, so ist festzustellen, wie „sich mit den Namen Klumker, Fischer, Bäumer, Mennicke und Nohl die ersten Ansätze einer sozialpädagogischen Theorie verbinden“ (Mollenhauer 1976, S. 14). Wir werden in den Abschnitten unter 2.3 diesen Ansätzen Zug um Zug nachgehen.

Im Grunde wirkt die sozialpädagogische Bewegung nach und die induktive Theoriebildung wird fortgeführt; so ist bis heute ein deskriptiver Einschlag bei der Bestimmung von Sozialpädagogik wirksam. Wie die Erziehungsfürsorge als Nothilfe entstand, so befindet sich auch heute Sozialpädagogik im Status der pädagogischen Feuerwehr. Sie wird überall dort eingesetzt, wo herkömmliche pädagogische Sozialeinheiten und Institutionen krisenhaften Prozessen nicht mehr Herr werden.

„Die Not der Jahre nach 1945 (Flüchtlingsschicksale, Verwahrlosung, Berufsnot usw.) fügte den alten Einrichtungen eine Reihe neuer hinzu; durch die gesteigerte pädagogische Phantasie, die sich in den Institutionen des Jugendsozialwerkes, Jugendaufbauwerkes, der Jugendpflege und der Heimerziehung besonders auswirkte, kamen die Diskussionen über Grundfragen der Sozialpädagogik wieder in Gang" (Mollenhauer 1976, S. 16).

Neue Notlagen sozialpädagogischer Bedürftigkeit in den 70er und 80er Jahren waren die Probleme der „Gastarbeiter", speziell ihrer Kinder, die aufkommende Arbeitslosigkeit, speziell die Jugendarbeitslosigkeit, aber auch die Situation von Um- bzw. Rücksiedlern oder die der vietnamesischen „boat people". Heute sind es die Lebenslagen von Ausländern, Asylbewerbern, Flüchtlingen, von Aidsbetroffenen, Suchtabhängigen, von Arbeitslosen, von Behinderten, aber auch die Szenen von Gewalt und Rassismus, die eine Gemengelage alter und neuer Probleme der Sozialpädagogik darstellen.

Wie gehabt bleibt der sozialpädagogische Aufgabenbereich mehr als jeder andere pädagogische Arbeitssektor in dauernder Veränderung. Die Begründung hierfür geht schon aus den klassischen Bestimmungsversuchen hervor: Während die anderen „Pädagogiken", Schulpädagogik, Heil- und Sonderpädagogik, je bestimmten Adressatenkreisen zugewandt und in spezifischen Institutionen verankert sind, hat Sozialpädagogik es vor allem mit defizitären Erscheinungen aus allen diesen Erziehungsfeldern zu tun. Aus den wechselhaften Notlagen ihrer Praxis fällt ihr das Erstellen einer fundierten Theorie verständlicherweise schwerer als ihren Schwesterdisziplinen.

Exemplarisch präzisiert Mollenhauer diese besondere Ausgangslage der Sozialpädagogik im Vergleich zur Schulpädagogik; und zwar stellt er fest, „daß hier

1. nicht eine gesellschaftlich objektive Leistungsanforderung, sondern ein Konflikt den Anlaß aller Maßnahmen darstellt,
2. nicht ein kanonisierbares Wissen, sondern die subjektive Erfahrungs- und Schicksalslage eines einzelnen den Gegenstand der Erziehungstätigkeit bilden und
3. das Erziehungsgeschehen nicht die Struktur der kollektiven Lehre hat, sondern aus der Struktur der Beratung sich entwickelnd, jede

beliebige Form annehmen kann, ja gerade durch die Vielfalt und den methodisch eingesetzten Kombinationsreichtum ausgezeichnet ist" (Mollenhauer 1966, S. 40).

Indem auf diese Weise die Besonderheit der Sozialpädagogik gegenüber der „Normal"pädagogik Gestalt gewinnt, gilt es, sie mit der „Zwillingsschwester" sozialer Nothilfe, der Sozialarbeit, abzugleichen. Historisch läßt sich eine Unterscheidung relativ leicht treffen: Während die Sozialpädagogik ursprünglich Antwort auf die Erziehungsprobleme und Jugendnöte des deutschsprachigen Raumes darstellt, haben wir es bei der Sozialarbeit mit einem System sozialer Hilfen und Interventionen zu tun, das seinen Ursprung in den USA genommen hat. Anders als bei der Sozialpädagogik ist die Intention der Sozialarbeit nicht in erster Linie pädagogisch, allenfalls „sozialisierend". Zugegebenermaßen beinhaltet der Ansatz von Alice Salomon, mit dem Sozialarbeit in Deutschland erste theoretische Züge annimmt, aber auch educative Anteile sozialpädagogischer Art (s. auch 2.3.13).

Trotzdem: Der Adressatenkreis ihrer Bemühung besteht, anders als bei der Sozialpädagogik, in den Anfängen ihrer Entwicklung nicht primär aus Kindern und Jugendlichen. Zwar geht es auch der Sozialarbeit um Beeinflussung von Menschen. Ihre methodischen Einsichten sind jedoch eher von der Soziologie her entwickelt als von der Pädagogik. Somit ist es auch nicht verwunderlich, daß, wie Tuggener 1971 (S. 136f.) feststellt, der Sozialisationsbegriff den Erziehungsbegriff innerhalb der Theorie der Sozialarbeit weitgehend ersetzt.

Ein besonderes Charakteristikum der Sozialarbeit ist ihr emanzipatorisches Interesse. Längst vor der emanzipatorischen „Bewegung der Nach-68er Zeit" hat sie bereits in ihren frühen Jahren ihren Klienten Hilfe zur Selbsthilfe zu geben versucht. Teilweise stammte diese Intention aus der Tatsache, daß Sozialarbeit in ihren Anfängen eine typische Frauenbewegung ist. Das emanzipatorische Selbstinteresse der amerikanischen Pionierfrauen findet hier einen ins Altruistische gewendeten Ausdruck. In Gestalt und Wirkung von Alice Salomon steht uns die deutsche Version dieser Bewegung vor Augen. Das emanzipatorisch demokratische Selbstverständnis der US-Gründungszeit und sein sozialoptimistischer Grundtenor schlagen sich, wie wir in Anlehnung an Tuggener feststellen möchten, in der positivistischen Methodenkonzeption und -gläubigkeit der Sozialarbeit nieder: Das sozialtechnisch Machbare wird zum Gegenstand der Methodenreflexion und gestaltet sich in den Einzelmethoden von case work, group work und community work (s. 5.3) zum lehrbaren Instrumentarium. Dessen Gegenstände sind die durch Sozialisationsdefekte und soziale Dysfunktionalität gekennzeichneten Einzelmenschen, Gruppen oder größeren Sozialsysteme. Ziel ist die Re- oder Postsozialisation zur Funktionalität, wobei ein höchstmögliches Maß an Selbstbestimmung gewahrt und gewonnen werden soll.

Bis in die 80er Jahre hinein war die definitorische Abgrenzung von Sozialpädagogik und Sozialarbeit ein Thema der Experten. Dabei ging es um Neben-, Unter- und Überordnung der beiden Termini Sozialpädagogik und Sozialarbeit. Die weitesten Forderungen gingen dahin, jeweils einen der Begriffe unter den anderen zu subsumieren oder ganz aufzugeben.

Mit der Absicht eines exemplarischen Aufweisens seien für die verschiedenen Standpunkte einige Vertreter genannt. Rössner stellte von einer Extremposition aus fest: „... daß wir den Begriff 'Sozialarbeit' dem Begriff 'Sozialpädagogik' vorziehen ... weil er zum einen der internationalen Fachsprache entspricht und weil er zum anderen weiter ist; denn unter ihn sind auch Maßnahmen zu subsumieren, die nicht erzieherisch (im strengen Sinne ...) sind ..." (Rössner 1973, S. 120 ff.). „Wer an die alte Unterscheidung (zu) gewöhnt ist, für den sei hervorgehoben, daß die Theorie der Sozialarbeit zugleich Sozialpädagogik (als Theorie) ist" (ebd., S. 123).

Genau umgekehrt plädierte Fooken. Nach seiner Auffassung „gehört zu den Aufgaben der Sozialpädagogik ... die Erkenntnis ... dessen, was geschieht, in den Bereichen praktischer Sozialarbeit und Sozialpädagogik" (Fooken 1973, S. 15). Hier wird eindeutig die Sozialpädagogik als Theorie mit der theoretischen Klärung auch sozialarbeiterischer Wirklichkeit betraut.

Trotz des Ausschließlichkeitsanspruches, mit dem in den genannten Beispielen die Dominanz eines der beiden Termini behauptet wurde, waren sich die Vertreter dieser Positionen darin einig, es bei Sozialpädagogik und Sozialarbeit mit demselben Praxis- und Theoriebereich zu tun zu haben. Ihnen zur Seite gesellt finden wir jene, die unter Beibehaltung der Begriffe ihnen eine differenzierbare Aufgabe, wenn auch innerhalb gleichsinniger Zielvorstellungen zuschrieben (z. B. Mollenhauer 1976, S. 98). Verwandt ist der Standpunkt, der unter Bestätigung noch unterschiedlicher Bereiche eine wachsende Konvergenz festzustellen glaubte (z. B. Pfaffenberger/Friedländer 1969, S. 59). In etwa diesem Verständnis schlug Böttcher (1975), angelehnt an van Beugen, die Aufhebung der Definitionskonkurrenz vor. Durch Anerkennung einer Arbeitsdisziplin „Agogik" sollten die als Sozialarbeit und Sozialpädagogik bekannten Disziplinen zusammengefaßt werden.

Streng geschieden von all diesen Plädoyers für eine, wenn auch um

Nuancen schillernde, Identität von Sozialarbeit und Sozialpädagogik finden sich andere, in denen die Grundverschiedenheit der Aufgabenbereiche betont wird: „Fürsorge ist etwas anderes als Erziehung", stellte Moor (1969, S. 11) fest. Ebenso eindeutig formulierte Fischer (1966, S. 30): „Sozialarbeit als 'Fürsorge' bzw. 'soziale Hilfe' ist zwar eine 'der unerläßlichen Ermöglichungen von Erziehung, bleibt aber im vor- bzw. außerpädagogischen Raum'."

Fazit: Die Terminologen für die Gegenstandsbereiche re- und postsozialisierender Interventionen sowie sachvermittelnder Fürsorge befanden sich im Dilemma. Dem Gebrauch der Begriffe Sozialpädagogik und Sozialarbeit fehlte das Wesentliche einer Terminologie: die abgrenzende Klarheit.

Die Situation hat sich bis heute nicht wesentlich geändert. Es sei denn, wir würden es als eine Änderung betrachten, daß das Definitionsthema kaum noch aufgegriffen wird und man die beiden Begriffe Sozialpädagogik/Sozialarbeit pragmatisch mit Schrägstrich zu verbinden pflegt.

Sozialpädagogik als Teil der Subsidiären Intervention und deren Theorie

Wir blicken auf folgende Vorüberlegungen zurück: In einem ersten Herangehen wurde Sozialpädagogik als Faktor mehrerer miteinander verbundener gesellschaftlicher, politischer sowie sozial- und erziehungswissenschaftlicher Bereiche deutlich. Im letzten Abschnitt fanden wir in historischen und aktuellen Bestimmungsversuchen eine noch nicht zum Abschluß gekommene Diskussion über Einheit und Differenz von Sozialpädagogik und Sozialarbeit. Die hier anstehenden Erläuterungen wiederholen auf der Basis des bisher Festgestellten den Versuch, den spezifischen Anteil der Sozialpädagogik im Verbund der Nachbardisziplinen auszumachen und zugleich durch den Vorschlag eines Begriffssystems Differenz und Kongruenz der verschiedenen Nachbardisziplinen wie Heil-, Sonder-, Behindertenpädagogik, Rehabilitation, Sozialpädagogik und Sozialarbeit zu klären. Dabei sind zur Bestimmung eines eindeutigen Begriffssystems zwei triviale Regeln zu beachten: Der Oberbegriff muß das Gemeinsame akzentuieren, die Unterbegriffe die Verschiedenheiten.

Bestimmung des Oberbegriffes: Subsidiäre Intervention und ihre Theorie

Gemeinsam für alle genannten Ansätze gilt, daß es sich bei ihnen um Praxis und Theorie sozialer Eingriffe handelt, die über den üblichen erziehlichen Radius hinausgehen. Sie resultieren aus besonderen Problemlagen der Adressaten und versuchen zugunsten der Betroffenen einzuschreiten. Damit sind sie alle als Interventionen zu bezeichnen, worunter wir mit dem Volksbrockhaus (1971, S. 425) „Dazwischentreten, Einspringen, Vermitteln" verstehen.

Zur Abgrenzung gegenüber prozeß-, wechsel-, staats- oder börsenrechtlichen Interventionen bedarf es jedoch einer näheren Bestimmung: Grundsätzlich orientieren sich die von uns gemeinten Interventionen an den vorhandenen autonomen Wirkungsmöglichkeiten der Adressaten und ihrer Bezugsgruppen. Nur aushilfsweise unterstützen sie, wo die herkömmlichen und normalen Bedingungen nicht ausreichen oder nicht gegeben sind. Dabei verfolgen sie im Interesse der Betroffenen das Ziel deren größtmöglicher Unabhängigkeit, d.h. einer permanenten Abnahme bzw. der eigenen „Selbstabschaffung" der Interventionen.

Damit lassen sich die von uns gemeinten Interventionen als subsidiär (= aushilfsweise, Volksbrockhaus 1971, S. 902) bezeichnen, da sie dem Subsidiaritätsprinzip entsprechen, d.h. jenem Grundsatz, wonach im Gemeinschaftsleben die jeweils übergeordnete Gemeinschaft die Wirkungsmöglichkeiten der untergeordneten anerkennen muß und nur die Aufgaben an sich ziehen soll, die von dieser nicht erfüllt werden können (ebd., S. 902; s. auch 5.1 u. 5.2).

Als zusätzlich Besonderes der von uns betrachteten Subsidiären Interventionen läßt sich das Emanzipatorische begreifen. Da auch bei sozialarbeiterischen und rehabilitativen Interventionen die Abhängigkeit der Adressaten finanziell, administrativ beratend oder therapeutisch gemindert und im Gegenzug ihre Autonomie und Selbsthilfe gefördert werden sollen, haben wir es auch hier stets mit emanzipatorischen Zielen zu tun. Somit kommen wir bei einer Zusammenfassung des bisher Gesagten zu folgender Definition:

Unter dem Oberbegriff der Subsidiären Intervention sind alle Interventionen zu subsumieren, die (als heil-, sonder- und sozialpädagogisch, resozialisativ, rehabilitativ und sozialarbeiterisch verstanden) aus den Problemlagen von Adressaten resultieren und deren Ziel es ist, diese soweit wie möglich zu befähigen und zu stabilisieren, daß sie von solchen Subsidiären Interventionen wieder unabhängig werden. Subsidiäre Intervention hat insofern immer auch educative Züge, das heißt, sie sucht im Ursinne der Wörter „educare" und „erziehen" Menschen aus Abhängigkeiten „herauszuführen" oder aus Unterwerfungen „heraufzuziehen". Dabei hat die Rücknahme der Intervention in dem Maße zu erfolgen, wie die vom Adressaten angestrebte und für Leben und

Würde als notwendig erachtete Selbsthilfe und Autonomie schrittweise erreicht werden.

Zugeordnet dem praktischen Feld der Subsidiären Intervention ist die Theorie der Subsidiären Intervention. Ihre Aufgabe ist es, für die verschiedenen Bereiche der Heil-, Sonder- und Sozialpädagogik, der Rehabilitation und der Sozialarbeit die gemeinsamen Fragen zu formulieren und zu klären. Als vorrangig erscheinen uns hier folgende Komplexe:

1. Differenzierende Einordnung der Unterbereiche Subsidiärer Intervention, d. h. terminologische und sachlogische Unterscheidung der Unterbereiche.
2. Bildung einer übergreifenden ethischen und sozialkritischen Argumentation für die Gesamtheit der Bereiche.
3. Aufdeckung des Legitimationsproblems hinsichtlich der Entscheidung über die Hilfsbedürftigkeit der Klienten sowie über die Wertvorstellungen Subsidiärer Intervention und der maßgeblichen Beteiligung der Adressaten.

Einordnung der Sozialpädagogik bei der Bestimmung der Unterbereiche der Subsidiären Intervention und ihrer Theorie

Hinsichtlich der Unterscheidung der Unterbereiche der Subsidiären Intervention richten wir uns nach folgenden Regeln:

1. Beibehalten der Termini für bestehende Anteile, die einmalig in ihnen vertreten sind.
2. Abgrenzen voneinander.
3. Erzeugen von Wortevidenz, damit auch „Nicht-Eingeweihte“ von den Bezeichnungen her das Bezeichnete erfassen können.
4. Berücksichtigen anderer Vorschläge der terminologischen Diskussion, soweit möglich.

Zur Differenzierung möchte ich induktiv, und zwar dem üblichen Lebenslauf in unserer Gesellschaft folgend, die Lebenslagen benennen, in denen die verschiedenen Subsysteme von Erziehung und Subsidiärer Intervention greifen bzw. eingreifen:

Die meisten Kinder verbringen ihre frühe Kindheit vornehmlich in der Familie, manche – in der ehemaligen DDR sogar die Mehrheit – zusätzlich in einer sozialpädagogischen „Krippe“, danach erhalten viele einen Platz im sozialpädagogischen Kindergarten, auf ihn folgt die Regelschule, oftmals, insgesamt zu selten, abgestützt durch Schulsozialarbeit und sozialpädagogische Angebote in Zeiten, die nicht durch den Unterricht bestimmt sind. Nach der Regelschulzeit folgt eine Berufsausbildung. Vor allem Jugendliche aus benachteiligten Lebenslagen benötigen hierzu häufig sozialpädagogische Unterstützung.

Oft werden die sozialpädagogischen Einrichtungen Krippe, Kindergarten, Berufsförderungswerk, manchmal und nötigerweise öfter auch die Schule, durch ein System der Beratung, der administrativen Assistenz und der ökonomischen Abstützung für ihre Adressaten begleitet. Ja, auch in Lebenslagen, die mit Schule, Ausbildung und Erziehung kaum etwas oder nichts zu tun haben, bedarf es der Abstützung von Individuen und Gruppen, damit diese nicht aus existenzbegründenden gesellschaftlichen Zusammenhängen herausfallen. Hier sei z. B. verwiesen auf die Antinomien von Arbeitsmarkt und Arbeitslosigkeit, von Wohnungsmarkt und Obdachlosigkeit, von Bürgerrechten und Ausländer-/Flüchtlingsstatus. Die hier notwendigen, nicht im engeren Sinne sozialpädagogischen Maßnahmen betrachten wir als sozialarbeiterischen Anteil der Subsidiären Intervention.

Außerhalb der institutionellen Regelsysteme von Erziehung, Schule und Ausbildung erstreckt sich ein umfangreiches Netzwerk sozialpädagogischer Angebote mit einem geringeren Grad an Institutionalisierung und Formalisierung; denken wir z. B. an kirchliche, gewerkschaftliche oder kommunale Jugendarbeit, an Heime der Offenen Tür, an Kinder- und Jugendfreizeiten und dergleichen.

Das ganze Set der Subsidiären Intervention soll dazu beitragen, daß junge Menschen schließlich einmünden in einen Status der Erwachsenheit, in der der Einfluß von Erziehung, häufig auch der der Elternfamilie, abgelöst wird durch eine autonome Fortentwicklung. Dieses idealtypische „curriculum vitae“ stellt Abb. 3 dar, bei der die grau abgestuften Ringe den Hintergrund des üblichen Erziehungssytems von Familie, Schule und Berufsausbildung verdeutlichen. Die hervorgehobenen Segmente der konzentrischen Kreise kennzeichnen mögliche komplementäre subsidiäre Angebote. Die willkürlich versprengten Paßstücke entsprechen dem weniger institutionalisierten und reglementierten sozialpädagogischen Angebot. Jeder denkbare Radius bedeutet die Lebenslinie eines Individuums. Individuelle Lebenslinien greifen dabei unterschiedlich auf sozialpädagogische/sozialarbeiterische Angebote zurück, die idealtypische Lebenslinie ist in allen Phasen sozialpädagogisch/sozialarbeiterisch unterstützt.

Nun sind die Lebensläufe vieler Menschen nicht idealtypisch. Mit den geringen sozialpädagogischen und sozialarbeiterischen Angeboten kommen viele nicht aus. Anders ausgedrückt: Viele Individuen haben aufgrund einer besonderen Ausstattung zusätzliche Bedürfnisse, „special needs“, gegenüber dem Erziehungssystem. In gezielten Maßnahmen der Behindertenpädagogik z. B. werden durch Institutionen oder spezielle pädagogische Methoden die „curriculae vitae“ behin-

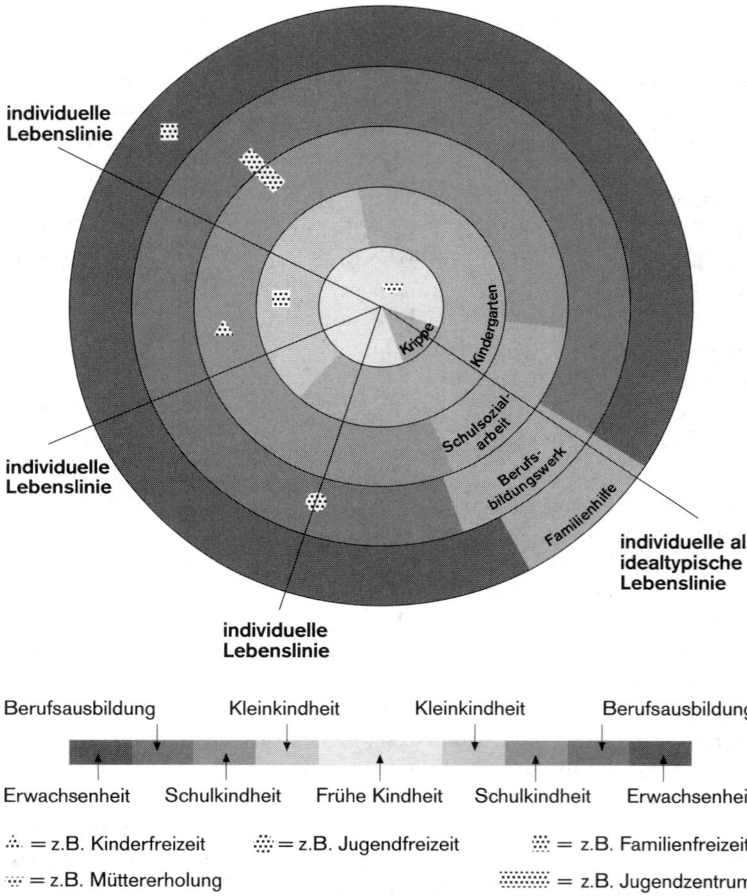

Abb. 3: Curriculae vitae – idealtypische oder auch individuelle Lebenslinien von der frühen Kindheit bis zur Erwachsenheit mit möglichen sozialpädagogischen/ sozialarbeiterischen Angeboten.

derter Kinder, Jugendlicher und Erwachsener zusätzlich versorgt. Nicht immer, jedoch wünschenswerterweise werden die Hilfen flankierend im Rahmen der normalsozialpädagogischen und sozialarbeiterischen Angebote gegeben. Grafisch stellen wir sie wie Verstärkungsstreifen der radialen Lebenslinien dar (Abb. 4).

Häufig werden Individuen mit ähnlichen special needs zusammengefaßt. Diese behindertenpädagogischen Bündelungen von Lebensradien

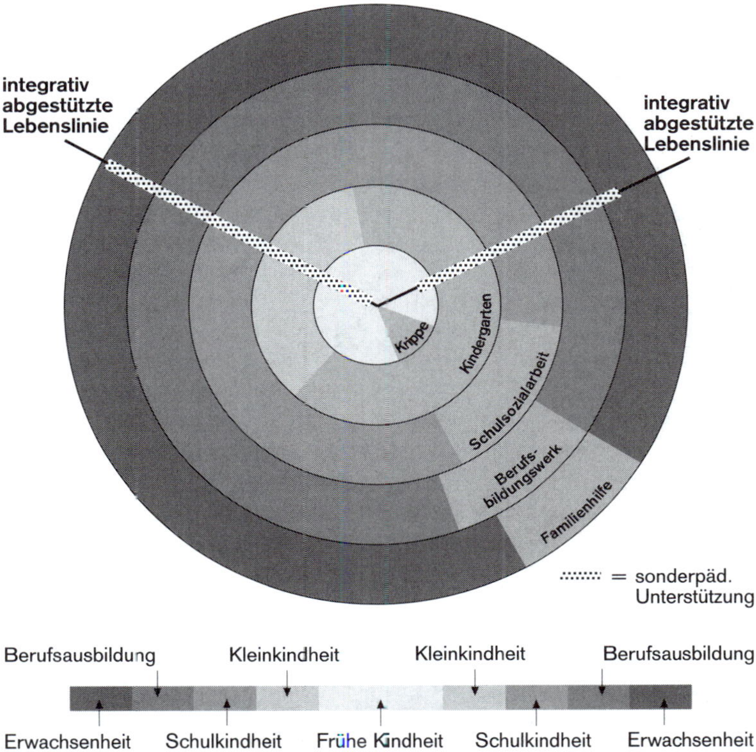

Abb. 4: Lebenslinie mit integrativen, sonderpädagogischen Angeboten für „special needs" Behinderter.

lassen sich grafisch als Segmentierung darstellen (Abb. 5). Sie schließen dabei die Angebote von „Normal"-Pädagogik, Sozialpädagogik und Sozialarbeit ein.

In einigen Bereichen erzielen die behindertenspezifischen pädagogischen Methoden den Erfolg, daß die Behinderungen sich zurückbilden oder gänzlich verschwinden. Dies kann zum Beispiel für den Bereich der Sprachbehinderungen, für Haltungs- und Bewegungsschäden, aber auch für seelische Störungen der Ich-Identität gelten, die oft mit Behinderungen einhergehen. In diesen Fällen erhält die Behindertenpädagogik den Charakter und die Bezeichnung von Heilpädagogik. Heilpädagogik läßt sich insofern als potentieller Sonderfall von Behindertenpädagogik verstehen. Das Gesamt der Segmente, soweit es die Bün-

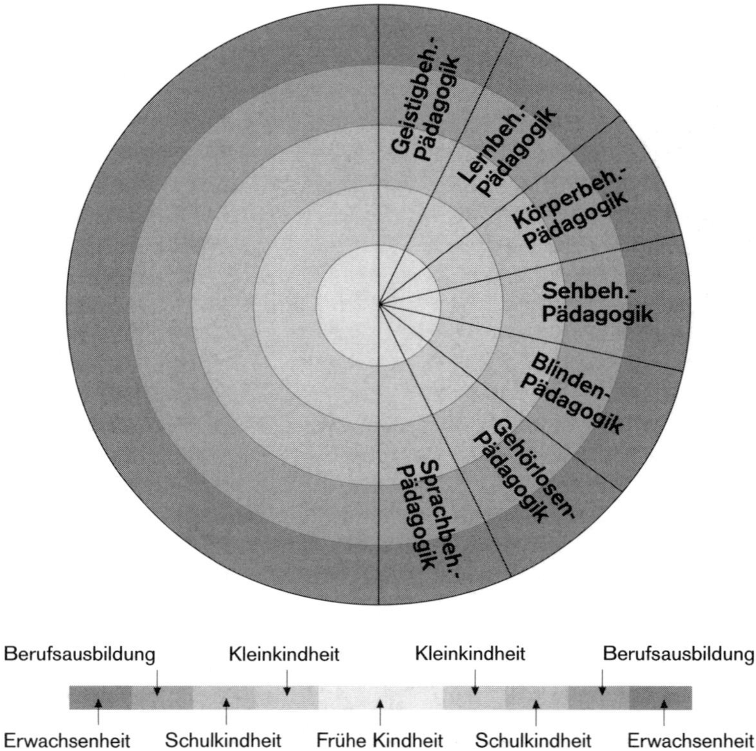

Abb. 5: Behindertenpädagogische Bündelung von Lebenslinien.

delungen auf der Grundlage von Behinderungen wiedergibt, läßt sich als Behinderten(Heil)pädagogik darstellen (Abb. 6). Wir verstehen darunter das Gesamt der Ausschnittpädagogiken, deren Klienten durch physische, psychische und/oder kognitive Defizite ohne zusätzliche Erziehungshilfe an normaler Teilhabe verhindert sind, so daß mit speziellen didaktischen Methoden und Medien versucht wird, die besonderen Behinderungen wichtiger Lebensvollzüge und Lernprozesse auszugleichen.

Nun gibt es außer Behinderten noch andere Personengruppen, für die spezielle Pädagogiken entwickelt wurden. Zu denken ist an Hochbegabten-Pädagogik, Kriminal-Pädagogik, Kranken-Pädagogik, an „Migranten-“ oder „Ausländer-Pädagogik“ – heute zu Recht, „Inländer“ einbeziehend, in „Interkulturelle Pädagogik“ umbenannt –, schließlich auch an

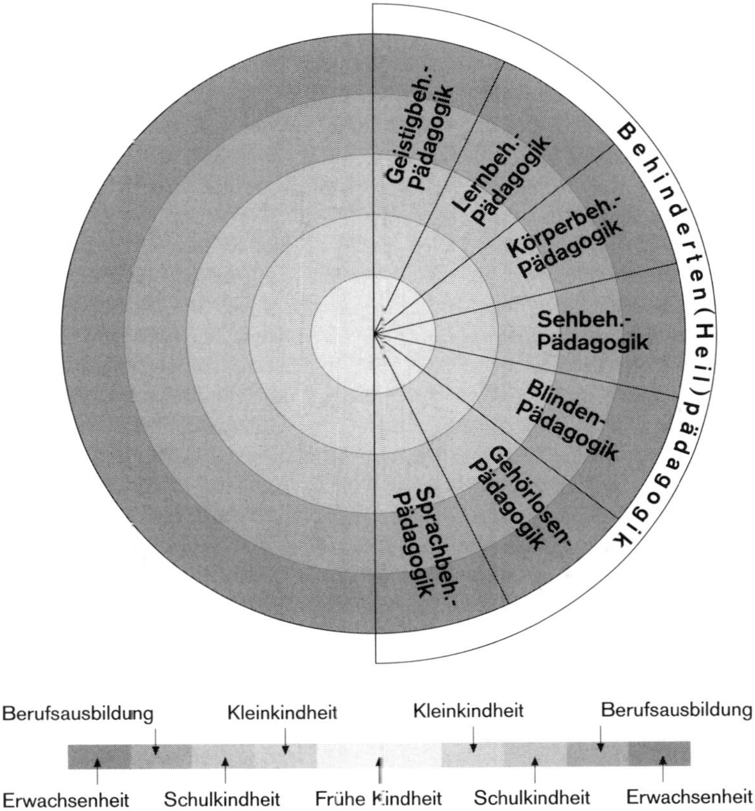

Abb. 6: Behinderten(Heil)pädagogik als Gesamt der behindertenspezifischen Ausschnittpädagogiken.

Altenpädagogik bzw. Gerontagogik oder Andragogik. Auch diese Sonderformen lassen sich grafisch als Segmente neben das Bündel der Behindertenpädagogik stellen. Mit den Behindertenpädagogiken zusammen bilden sie das Gesamt der Sonderpädagogiken (Abb. 7).

Als Nachtrag bleibt noch die Frage zu klären: Welche Positionen nehmen Rehabilitation und Resozialisation ein?

Für das „curriculum vitae" eines behinderten oder straffällig gewordenen Menschen verknüpfen sich die normal- und sozialpädagogischen sowie die sozialarbeiterischen Angebote aus den konzentrischen Kreisen der Grafik und die flankierenden sonderpädagogisch institutio-

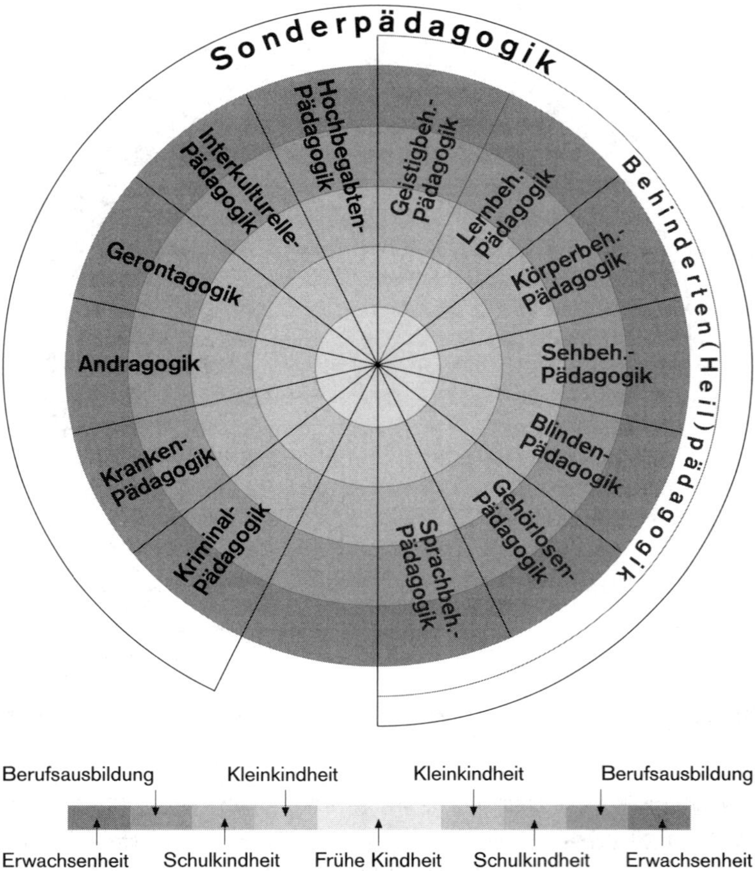

Abb. 7: Sonderpädagogik als Gesamt spezieller Pädagogiken *und* der Behindertenpädagogik.

nellen und methodischen Ansätze der Segmente zu intensiven Geflechten von Erziehungs-, Sozialisations- und Integrationsplänen. Das gesamte Arrangement läßt sich im Falle behinderter Adressaten als Rehabilitation, im Falle devianter Personengruppen als Resozialisation bezeichnen (Abb. 8). Dabei kennzeichnet also Rehabilitation das Gesamt subsidiärer Unterstützung von Lebenslinien bei schwerer Behinderung. Daß Rehabilitation in bestimmten Fällen frühkindlicher Behinderung bereits am Lebensanfang beginnen kann, versteht sich von

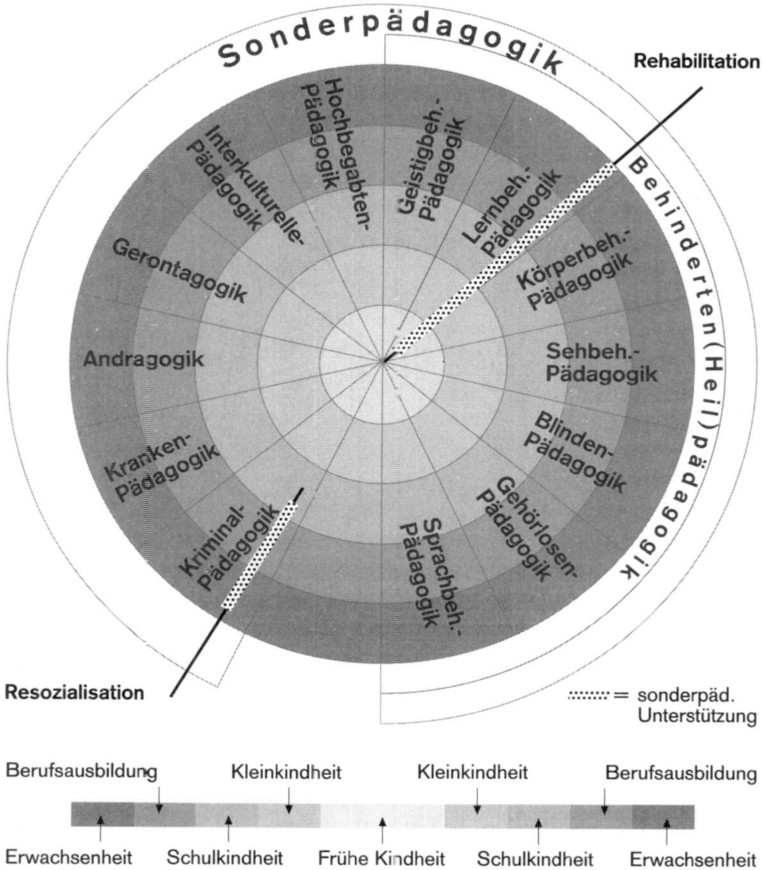

Abb. 8: Rehabilitation und Resozialisation als curriculae vitae in ihrer Zuordnung zur Behinderten- und Sonderpädagogik.

selbst. Resozialisation kennzeichnet das Gesamt der subsidiären Unterstützung von Lebenslinien bei schwerer Devianz; sie kann – mit gleicher Logik – immer erst an einem fortgeschrittenen Punkt der Lebenslinie nach vorhergehender Abweichung ansetzen. Eventuell kann für einzelne der gesamte Verbund der sozialen Intervention rehabilitativen oder resozialisativen Charakter annehmen. Damit sind die Lebenslinien bzw. curriculae vitae begreifbar unter den übergreifenden Begriffen von Rehabilitation und Resozialisation.

Betrachten wir Subsidiäre Intervention als Systemganzes, so stellen die Sonderpädagogiken den radialen Anteil, allgemeine Pädagogik, Sozialpädagogik und Sozialarbeit den konzentrischen Anteil dar. Damit ist zum Ausdruck gebracht, daß in jede subsidiär-lebenslagenzentrierte Pädagogik, wie z. B. Gerontagogik, allgemein pädagogische, sozialarbeiterische sowie sozial-, sonder- und heilpädagogische Probleme, Ziele und Methoden eingehen können.

Operationale Zuwendungen

Bis hier haben wir systematisch an Lebenslauf und Sonderbedürfnissen orientierte Zuordnungen innerhalb der Subsidiären Intervention verfolgt. Ich möchte nun noch klären, worin die unterschiedlichen operationalen Schwerpunkte der verschiedenen Segmente und Partien bestehen.

Beginnen wir mit der *Sozialarbeit*. Allgemein verstehen wir unter Sozialarbeit das jeweils besondere Angebot für einzelne Personen, Gruppen oder Gemeinwesen, das auf Abhilfe verschiedener Problemlagen wie Benachteiligung, Abhängigkeit und Unselbständigkeit zielt. Sozialarbeit geht beispielsweise einem bestimmten Drogenabhängigen nach oder einem einzelnen in Resozialisationsschwierigkeiten befindlichen Klienten. Sie versucht, die konkrete Lethargie einer konkreten Obdachlosensiedlung zu durchbrechen und vielleicht mangelnde Nachbarschaftlichkeit oder Vorurteilsbeladenheit eines bestimmten Gemeinwesens Minderheiten gegenüber aufzuheben. Folglich steht ihr, außer gewissen finanziellen Möglichkeiten und gesellschaftlichen Intentionen, meist kein institutioneller Rahmen, zumindest keiner von überregionaler Bedeutung, zur Verfügung. Allgemein: Sie kümmert sich um die Lage ihrer Adressaten, soweit diesen die gesellschaftliche Integration erschwert ist, relativ unabhängig von typischen Gemeinsamkeiten anthropologischer Bestimmung wie Geschlecht und Alter oder gesellschaftsnormierter Bestimmung wie Beruf, Stand und dergleichen, relativ abhängig jedoch von typischen Gemeinsamkeiten gesellschaftlicher Diskriminierung und Ausgrenzung wie Arbeitslosigkeit, Flucht, Obdachlosigkeit, AIDS und ähnliches.

Die *Sozialpädagogik* dagegen befaßt sich gerade mit Lebensproblemen, die einer Erschwerung allgemeiner und typischer Lebenssituationen im Zusammenhang mit Altersphasen entspringen und die deshalb im Rahmen der gesellschaftlichen Umstände einen gewissen Allgemeincharakter besitzen. In ihren historischen Anfängen nahm sie sich der Jugendlichen an, die durch Schwächung der Familien der Verwahrlosung ausgesetzt waren. Mit Kindergärten und vorschulischer Erziehung, mit Kinderhorten und Heimen der offenen Tür, mit Kinder- und Jugendfreizeiten, in den Häusern öffentlicher Erziehung, in Kinder- und Jugenddörfern sowie in Berufsbildungswerken antwortet sie Zug um Zug auf neue Zeitprobleme der menschlichen Ungeborgenheit. Dabei fällt auf, daß sie es mit allgemeinen gesellschaftlichen Problemen zu tun hat, von denen zahlreiche Individuen gleicher Lebensphase wie Kinder, Jugendliche, Berufsanfänger, Eltern, Senioren ähnlich betroffen sind.

Hinsichtlich der Institutionalisierungstendenz verhält es sich bei der Sozialpädagogik umgekehrt wie bei der Sozialarbeit. Zugewandt den generellen Problemen, wie sie aus gesellschaftlichen und anthropogenen Bedingungen entstehen, hat Sozialpädagogik zahlreiche institutionalisierte Berufsfelder hervorgebracht. Denken wir z.B. an Heime, Kindergärten und Berufsbildungswerke: In ihnen findet die sozialpädagogische Arbeit des einzelnen Mitarbeiters schon bei Beginn sozialpädagogisch vorstrukturierte Bedingungen. Trotzdem bleibt auch Sozialpädagogik oft im Dilemma, daß sie als „Nothilfepädagogik" im Sinne der zitierten G. Bäumer mit praktischen und theoretischen Provisorien akute Notstände zu steuern hat. Wo es ihr gelingt, durch organisierte Formen spezifische Arbeitsbereiche zu schaffen – im Sinne heutiger Sprachregelung: „sozialpädagogische Orte" –, ist es durchaus üblich, daß diese stärker das Gesicht adressatenbezogener Segmentspädagogiken zeigen (Jugendheim, Altentreff, Kinder- und Familienfreizeiten, Elternbildung, Heim- und Internatserziehung usw.). Dabei kommt es vor, daß solche Felder ursprünglich sozialpädagogischer Arbeit in den Zustand normalpädagogischer Institutionalisierung gelangen und damit nur noch eingeschränkt dem Bereich Subsidiärer Intervention zuzurechnen sind. Ein solcher Prozeß findet m.E. zur Zeit für die Elementarerziehung seinen Abschluß. Geboren aus der Notlage der erziehungsinsuffizienten Familie, ist im Zuge der sozialpädagogischen Intervention inzwischen die öffentliche Erziehung des „Kindergarten-Kindes" selbstverständlich geworden. Ihre damit erreichte „Normalität" hat sie mehr und mehr aus dem Nothilfestatus der Sozialpädagogik herausgelöst. Als gegenläufig kann man jedoch auch feststellen, daß die Politik der gegenwärtigen Wirtschaftskrise das Versprechen des Regelkindergartenplatzes weiterhin verschiebt. Trotzdem: Eine neue Disziplin „Pädagogik der frühen Kindheit und Familie" – verbunden mit dem Lebenswerk von Thea Sprey-Wessing – zeigt die Tendenz der „Normalisierung" des sozialpädagogischen Zweiges der Kindergartenpädagogik an.

Im Gegensatz zur Sozialpädagogik ist die Heilpädagogik individualpädagogisch orientiert. Wir haben schon geäußert, daß im Sinne der Wortevidenz von Heilpädagogik da die Rede sein sollte, wo eine physisch-biologische oder auch intellektuelle Schwäche mit pädagogischen Mitteln geheilt oder ihr zuvorgekommen werden soll. Als Modell denken wir an heilpädagogisches Turnen, an Legasthenikerförderung oder Sprachheilbehandlung. Dieser Wortgebrauch entspricht ältester heilpädagogischer Tradition, aber auch neueren Beiträgen, wie dem von Klauer (1970, S. 37f.). In diesem Fall ist die Heilpädagogik ein Sonderfall der Behindertenpädagogik bzw. ihre prophylaktische Entsprechung.

Ein weiterer und ebenfalls wesentlicher Bereich der Heilpädagogik ist die Heilung „beschädigter Identität" im Sinne Bittners (1972), soweit sie mit pädagogischen Mitteln versucht werden kann. Fast alle Klienten Subsidiärer Intervention dürften neben ihren körperlich behinderten, seelisch abnormen oder soziokulturell benachteiligten Bedingtheiten gleichzeitig an starken Verletzungen des Selbstwertgefühls leiden. Somit können sie alle auch Hilfe aus dem Bereich der Heilpädagogik erfahren.

In der Zweidimensionalität unserer konzentrischen und segmentierten Kreise der Subsidiären Intervention läßt sich dieser Gedanke einer allgemeinen Heilpädagogik, die sich auf die „beschädigte Identität" potentiell aller Menschen in allen Lebensphasen und Lebenslagen bezieht, nicht mehr darstellen. Wir wählen deshalb eine neue Form der Darstellung (Abb. 9), in der ein Fundament eine dritte Dimension eines heilpädagogischen Reservoirs andeutet, das für uns alle als Individuen heilpädagogische Identitätshilfen enthalten könnte oder sollte.

Beispiele

Jede Adressatengruppe (Segmentanteile) der Subsidiären Erziehung kann Objekt aller Unterbereiche sein. Dies soll an einem Beispiel verdeutlicht werden:

Ein von Verwahrlosung bedrohter Jugendlicher wird nach wiederholtem Schulschwänzen dem Jugendamt gemeldet. Die Begegnung mit der professionellen Betreuerin erfolgt vorwiegend ohne institutionelle Vorstrukturierung (Sozialarbeit). Die Sozialarbeiterin vermittelt, daß der Jugendliche an einer Jugendfreizeit teilnimmt (Sozialpädagogik). Außerdem führt sie den Klienten einer Berufsaufbauklasse für Lernbehinderte zum nachträglichen Erwerb des Abschlusses der Hauptschule zu (Sonderpädagogik). Hier findet gleichzeitig ein Lese-Rechtschreibtraining statt (Heilpädagogik). Der Sozialarbeiter verschafft dem Jugendlichen im Verbund mit dem Arbeitsamt eine Ausbildungsstelle. Ihn und die ausbildenden Personen betreut er bei den entstehenden beruf-

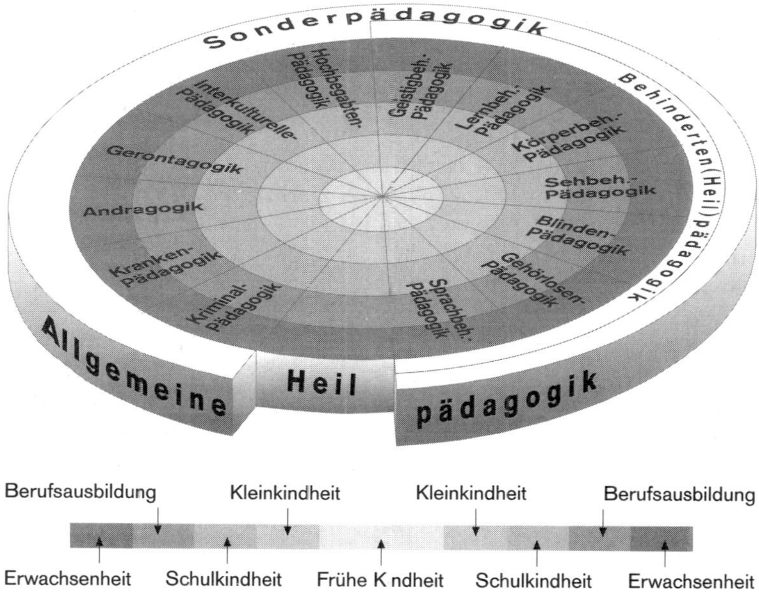

Abb. 9: Subsidiäre Interventionen aus dem Bereich der Sonderpädagogik basieren auf dem Reservoir einer allgemeinen Heilpädagogik.

lichen und arbeitsrechtlichen Problemen (Sozialarbeit). Die berufliche Ausbildung wird durch Einzelbetreuung und Gruppenarbeit fachlich und erziehlich abgestützt (Sozialpädagogik). Alle Bemühungen, speziell aber eine Gruppentherapie, die von einer Erziehungsberatungsstelle unter Leitung eines Heilpädagogen angeboten wird, haben das Ziel, über die Vermittlung von Gefühlen sozialer Akzeptiertheit und sozialen Erfolges die Ich-Identität des Jugendlichen zu stabilisieren (Heilpädagogik).

Wie dieses Beispiel zeigt, erfolgen erziehliche Bemühungen unter erschwerten Bedingungen meist als konzertierte Aktion aus mehreren Teildisziplinen der Subsidiären Intervention. Wir haben bereits darauf hingewiesen, daß der juristische, der umgangssprachliche und auch der wissenschaftliche Sprachgebrauch für zwei wesentliche Arbeitsbereiche hieraus die Konsequenz gezogen haben, indem sie für das Gesamt der subsidiären Bemühungen um Behinderte den Terminus Rehabilitation, für die Einheit der Subsidiären Intervention bei Straffälligen von Resozialisation sprechen.

Betrachten wir zur Verdeutlichung hierzu zwei weitere Beispiele:

Eine 40jährige, alleinerziehende Mutter zweier Kinder erleidet durch einen Verkehrsunfall eine Querschnittslähmung. Ein Sozialarbeiter kümmert sich um die zunächst alleinstehenden Kinder, er sichert die finanziellen Belange, informiert die Schule und besorgt eine Familienpflegerin (Sozialarbeit). Nach einem halbjährigen Krankenhausaufenthalt mit anschließender Rekonvaleszenz erhält die Behinderte durch Vermittlung des Arbeitsamtes einen Platz in einem Rehabilitationszentrum. Die internatsmäßige Unterbringung, das Freizeitangebot, die Anknüpfung neuer Sozialkontakte werden von sozialpädagogischen Kräften unterstützt (Sozialpädagogik). Durch eine spezielle Heilgymnastik werden sekundäre, aus der Behinderung folgende, körperliche Schäden angegangen. Bei der Patientin wird die Motivation aufgebaut, diese Übungen auch schließlich ohne Anleitung auszuführen (Heilpädagogik). Gleichzeitig werden ihr neue Sportarten beigebracht, die trotz der Behinderung ausgeübt werden können (Sonderpädagogik). In Lehrgängen wird eine Umschulung unter Berücksichtigung der eingeschränkten Bewegungsmöglichkeiten vermittelt (Sonderpädagogische Berufsausbildung). In Einzelberatung und in therapeutisch betreuten Gruppengesprächen wird versucht, die verletzte Identität der Klientin unter Bearbeitung ihres Behindertenschicksales wieder zu stabilisieren (Heilpädagogik/Psychotherapie). Im Verbund von SozialarbeiterIn und FamilienpflegerIn wird die Rückkehr in die Familie ermöglicht und der Übergang in eine behinderungsgerechte Arbeitsstelle erleichtert (Sozialarbeit). Auch die Kinder brauchen eine intensive Beratung und Unterstützung, um mit der neuen familiären Situation fertig zu werden (Heilpädagogik).

Diese gesamte konzertierte Aktion subsidiärer Maßnahmen läßt sich vom Prozeß wie vom Ergebnis her als Rehabilitation bezeichnen.

Für das zweite Beispiel gehen wir von den subsidiären Aktivitäten aus, die zur Wiedereingliederung eines Sexualtäters unternommen werden. Es handele sich um einen 30jährigen Mann, der nach wiederholten exhibitionistischen und notzüchtigen Handlungen an Kindern mit einer Freiheitsstrafe belegt wurde. Der für die spätere Bewährungshilfe vorgesehene Sozialarbeiter nimmt Kontakt mit dem Herkunftsmilieu des Delinquenten auf. Er erhebt eine Anamnese und versucht in ersten Gesprächen eine seelische Entlastung der Angehörigen des Täters zu bewirken (Sozialarbeit/Heilpädagogik). Im Strafvollzug schließt sich der Strafgefangene einer Freizeitgruppe an (Sozialpädagogik). In einer Einzelbetreuung wird der Informationsrückstand hinsichtlich sexueller Themen zugleich erwachsenengerecht und unter Berücksichtigung der sexuellen Abweichung aufgearbeitet (Sonderpädagogik). Zugleich werden durch individual- und gruppentherapeutische Angebote soziale und sexuelle Gehemmtheiten abgebaut (Psychotherapie/Heilpädagogik). Dem Klienten wird geholfen, ein Gefühl der sozialen Vollwertigkeit aufzubauen (Heilpädagogik). Die Übernahme einer neuen Arbeitsstelle und der Übergang in die Freiheit wird durch den Sozialarbeiter bzw. Bewährungshelfer begleitet und erleichtert (Sozialarbeit/Bewährungshilfe).

Eine solche konzertierte Aktion subsidiärer Maßnahmen läßt sich vom Vorgang wie vom Ziel her als Resozialisation bezeichnen.

2.2 Definitorisches

Da Sprache sich im Prozeß der Sprachgemeinschaften wandelt, da Wort und Begriffsverständnis auch von Individuum zu Individuum unterschiedlich sind, müssen wir uns über das, was jeweils gemeint ist, verständigen. Wir bilden dabei um ein Wort mehrere Wörter, um einen Begriff mehrere Begriffe. Natürlich sind auch die definierenden Sätze ebenso wie der definierte Begriff jeweils subjektive Hilfsmittel zur intersubjektiven Verständigung. Kommunikative Gemeinschaften gehen jedoch im allgemeinen davon aus, daß der Grad des Mißverstehens bei Zuhilfenahme von Definitionen abnimmt. Mit der gleichen Annahme werden wir deshalb einige Definitionen solcher Begriffe geben, die in der Sozialpädagogik eine wichtige Rolle spielen, allen voran der Begriff „Sozialpädagogik" selbst.

Sozialpädagogik

Da es in diesem Buch um die Sozialpädagogik geht, soll dieser Begriff etwas ausführlicher behandelt werden. Daher wollen wir die eigentliche Definition noch etwas zurückstellen und zunächst die Bedeutungsinhalte des zu bestimmenden Wortes Schritt für Schritt abschreiten. Dem Wort Sozialpädagogik sind nämlich vor einer terminologischen Feststellung mehrere mögliche Bedeutungskomplexe zu entnehmen. Dies irritiert den Laien und behindert Praktiker und Theoretiker. Grob gesehen gibt es hierfür drei Gründe:

Zum einen werden der Sozialpädagogik fortgesetzt neue Aufgaben zugeordnet und alte umverteilt. Als Beispiel für ein in den letzten Jahren hinzugekommenes Problem läßt sich die Welle von Gewalt und Ausländerfeindlichkeit anführen: Von der Sozialpädagogik wird erwartet, daß sie einen wesentlichen Beitrag zur Lösung dieser neuen Pro-

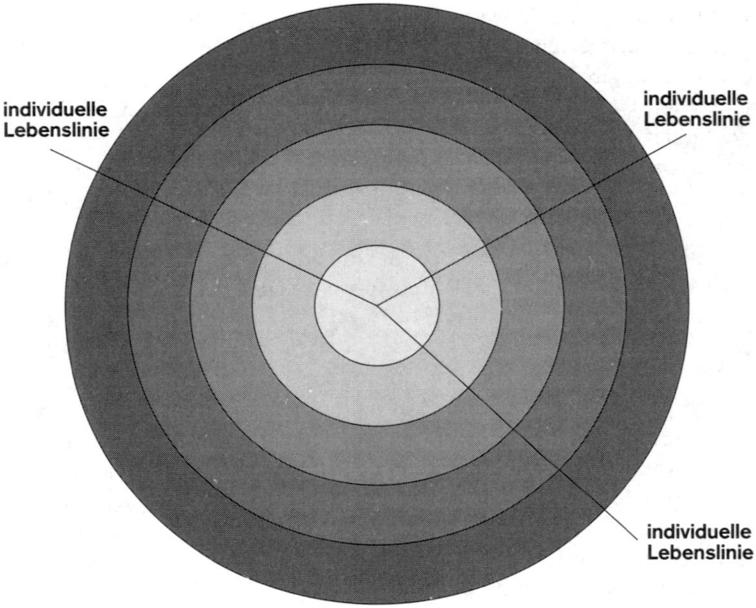

Abb. 10: Sozialpädagogik als Prinzip sozialer Erziehung aller in der und durch die Gesellschaft sowie als soziale Erziehung des einzelnen.

bleme leistet. Als Exempel für die Umverteilung von Aufgaben sei die im Prozeß befindliche gemeinsame Erziehung behinderter und nicht behinderter Kinder im Kindergarten genannt, die für die Sozialpädagogik ein neues Arrangement mit der Heil- und Sonderpädagogik verlangt. Der Umstand der permanenten Neuzuordnung und Umgruppierung sozialpädagogischer Aufgabenfelder verleiht verständlicherweise einem Teil der theoretischen Bemühungen den Charakter von Vorläufigkeit und innovativer Herausforderung.

Der zweite Grund für die Unschärfe des Begriffs Sozialpädagogik liegt in dem mehrdeutigen und nicht immer kongruenten Gebrauch seit seiner Einführung und bei seiner Weiterverwendung.

Der dritte Grund für das „Changieren" des Begriffs Sozialpädagogik liegt in seiner engen Verknüpfung mit dem der Sozialarbeit. Daß dies an einer offensichtlich unauflösbaren Verbindung von sozialarbeiterischer und sozialpädagogischer Praxis liegt, wird weiter unten behandelt.

Zum Zweck einer Orientierungshilfe soll zunächst eine Übersicht über verschiedene definitorische Standpunkte gegeben werden. Diese wird in einem Schema dargestellt und zwar so, daß es die Positionen der verschiedenen Vertreter der Sozialpädagogik verdeutlichen hilft: In einem Teil sozialpädagogischer Publikationen wird Sozialpädagogik verstanden als soziale Erziehung. Dabei werden einerseits das Individuum, andererseits die Gemeinschaft als die Objekte gesehen, die zu (pro-)sozialem Verhalten zu erziehen sind (Abb. 10).

Unterschiedlich sind die Standpunkte hinsichtlich der individuellen Erziehung des Individuums. Eine Position betrachtet die individuelle Erziehung als besonderen Bestandteil der sozialen Erziehung. Diese Auffassung ist durch Abb. 10 mit verbildlicht.

Eine gegensätzliche Auffassung versteht „Individualpädagogik" als eigenständig außerhalb des Rahmens der Sozialpädagogik (Abb. 11).

Bis hierher wird der Terminus Sozialpädagogik dazu benutzt, wesentliche Ziele jeder Erziehung zu bestimmen oder zumindest zu akzentuieren.

In einer mehr pragmatischen Verwendung hat er mehr die Funktion eines Sammelbegriffs, und zwar meint er die Erziehungsmaßnahmen solcher Einrichtungen, die aufgrund der akuten Erziehungsnotstände und -lücken der familiären und schulischen Erziehung notwendig sind. Die Träger dieser sozialpädagogischen Interventionen sind demnach außerhalb herkömmlicher Familien- und Schulerziehung zu suchen, und zwar im Angebot einer vielseitigen Erziehungs- und Sozialisationshilfe staatlich-kommunaler und freier Träger. Dabei kann das Angebot sowohl durchgängig sein – d.h. phasenübergreifend: wie z.B. für die frühe Kindheit der Kindergarten – als auch situativ, fast zufällig wie das Angebot einer Kinderfreizeit oder einer Jugendfahrt.

Das Doppelspektrum, das der Begriff Sozialpädagogik seit seiner Findung hat abdecken helfen, läßt sich durch Abb. 12 verdeutlichen.

Mit Abb. 12 ist die räumliche Erhebung der Individualpädagogik verschwunden. Dies muß nicht so sein. Auch Vertreter einer eigenständigen Individualpädagogik sind „versöhnbar" mit dem Doppelspektrum der Sozialerziehung. Grafisch läßt sich das dann wie in Abb. 13 gestalten.

Mit dem Doppelspektrum und der Abhebung einer eigenständig gedachten Individualpädagogik hat es allerdings noch nicht sein Bewenden: Waren bereits in Ursprungszeiten der Sozialpädagogik ihre Engagements häufig mit sozialfürsorgerischen verbunden, so haben sich in dem halben Jahrhundert seit dem Zweiten Weltkrieg die Arbeitsbereiche von Sozialpädagogik und Sozialarbeit so stark verschränkt, daß die Doppelbezeichnung „Sozialarbeit/Sozialpädagogik" üblich geworden ist.

Durch die enge Verschmelzung mit sozialarbeiterischen Aufgaben er-

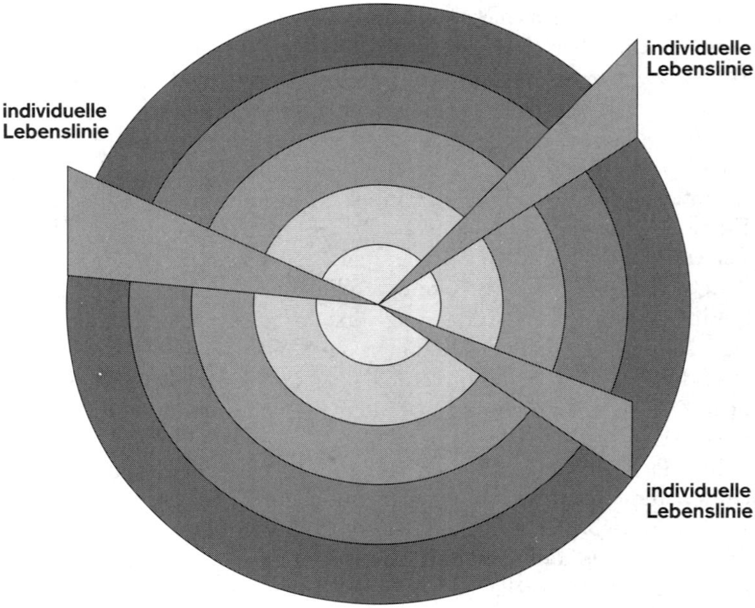

Abb. 11: Individualpädagogik hebt sich als eigenständig von der Sozialpädagogik als Sozialerziehung ab.

weitert sich konsequenterweise die Menge des mit Sozialpädagogik Bezeichneten. So werden auch solche Konzepte und Maßnahmen als sozialpädagogisch verstanden, die nicht im engeren Sinne erziehlich sind. Ihr sozialpädagogisches Kriterium besteht dann darin, daß sie benachteiligten Personengruppen (z. B. Aidskranken, türkischen Familien, arbeitslosen Jugendlichen, Behinderten, alten Menschen) helfen, ihre benachteiligte Lebenslage nicht resignativ hinzunehmen, sondern mit den Mitteln der Solidarisierung und Skandalisierung auf sich aufmerksam zu machen, Lebensumstände konkret und gesellschaftlich zu verbessern und eigene Prozesse geplanter, selbstverantworteter Persönlichkeitsveränderung zu bestehen.

Solidarisierung heißt wörtlich, sich auf den gemeinsamen, sozialen Boden zu besinnen und ihn für die Abstützung der jeweils Labileren zur Stabilisierung bereitzustellen. Wir haben diesen Gedanken grafisch schon einmal für die Heilpädagogik verwandt. An dieser Stelle will ich zum Ausdruck bringen, daß Sozialpädagogik/Sozialarbeit der gemeinsame Boden, das gemeinsame Fundament für alle prosoziale und erzie-

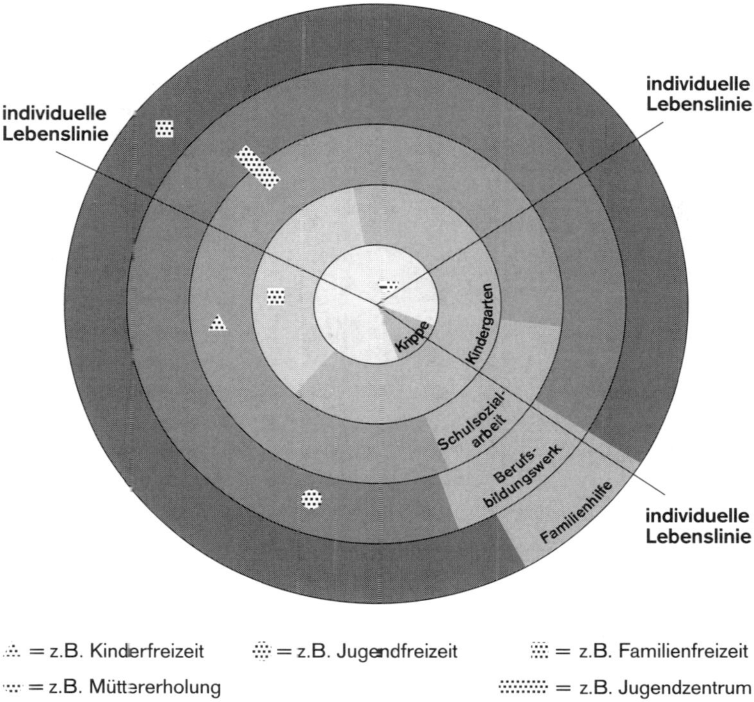

Abb. 12: Sozialpädagogik als soziale Erziehung mit zusätzlichen Anteilen von Erziehungs- und Sozialisationshilfen in besonderen Lebenslagen.

herische Subsidiarität bereitstellen sollte. Grafisch läßt sich das abbilden, indem der individualpädagogische Überbau ein solidarisches Pendant als Unterbau erhält.

Die in Abb. 13 verwendete Grafik der Sozialpädagogik erfährt somit eine neue Tiefenwirkung (Abb. 14).

Wagen wir uns nach dieser Übersicht an eine für dieses Buch verbindliche *Definition* von Sozialpädagogik: Sozialpädagogik ist der Bereich von Erziehung und Erziehungswissenschaft, der in besonderer Weise an (pro)sozialem Verhalten orientiert ist. Zum einen sind Prosozialität und Solidarität die Ziele der Sozialpädagogik. Diese sucht sie mit erziehlichen Mitteln bei Individuen, menschlichen Gemeinschaften und Gesellschaften zu entwickeln. Zum andern sind Prosozialität und Solidarität die von der Sozialpädagogik vorausgesetzten und eingeforderten Motive der Gesellschaft und Politik.

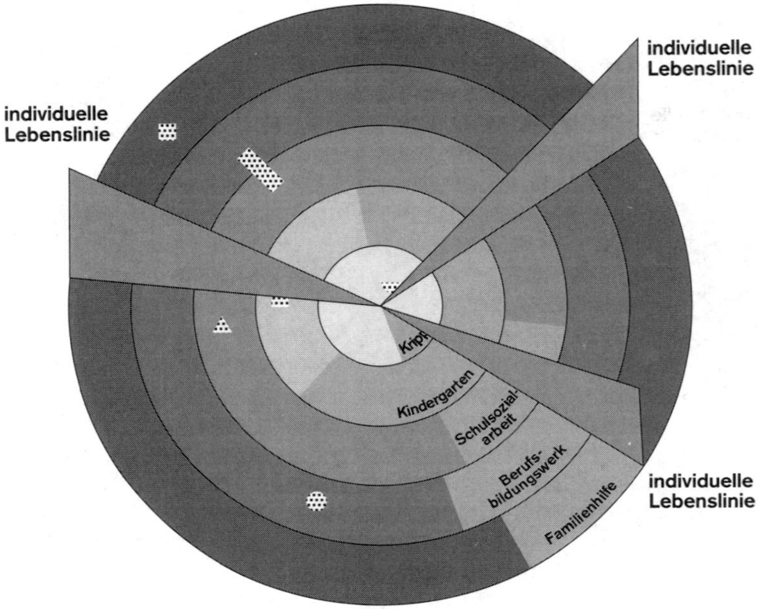

∴ = z.B. Kinderfreizeit ⁘ = z.B. Jugendfreizeit ⁙ = z.B. Familienfreizeit

⁖ = z.B. Müttererholung ⁙ = z.B. Jugendzentrum

Abb. 13: Individualpädagogik mit sich abhebenden, zusätzlichen Anteilen zur Sozialpädagogik als Sozialerziehung.

Im Gegenzug zu ihrer Anforderung an die Gesellschaft steht Sozialpädagogik selbst unter der Anforderung, mit ihren Mitteln dazu beizutragen, daß Menschen in riskanten und problematischen Lebenslagen für die Gesellschaft produktiv bleiben oder (wieder) werden.

Auf dem Hintergrund und vor dem Horizont von Prosozialität und Solidarität hält die Sozialpädagogik eine Vielzahl von erziehlichen Einrichtungen und Angeboten bereit, um Solidaritätslücken zu schließen und Fehlanpassungen zu vermeiden. Darüber hinaus ist sie aktiv beteiligt an der nicht im engeren Sinne erziehlich verstehbaren Solidarisierung mit Personen und Gruppen, deren gesellschaftliche Benachteiligung unter dem Gesichtspunkt der Solidarität nicht geduldet werden kann.

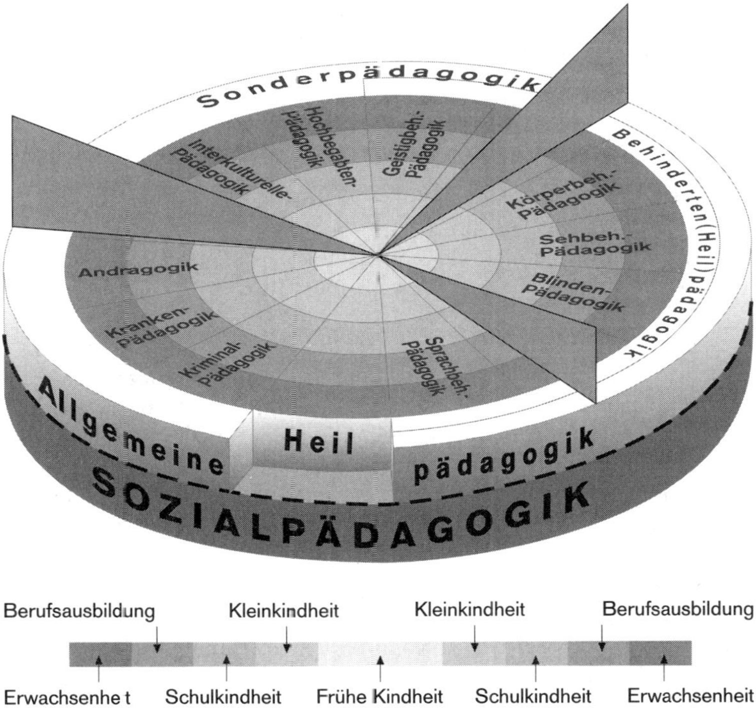

Abb. 14: Sozialpädagogik als soziale Erziehung, die das Fundament für alle Formen der Erziehungs- und Sozialisationshilfen abgibt.

Erziehung

Erziehung ist der Vorgang, in dem menschliche Gruppen, Gesellschaften und Einzelpersonen ihre Mitglieder Schritt für Schritt unter Berücksichtigung entwicklungs-, anlage- und situationsbedingter Bedürfnisse sowie individueller Eigenschaften mit den sozialen Umgangsformen, den Konventionen, Normen, Riten und den technischen Fertigkeiten und Instrumentarien vertraut machen mit dem Ziel, daß die zu Erziehenden von Erziehung unabhängig werden und sich verantwortlich an der Aufrechterhaltung des sozialen Systems beteiligen. In einer demokratischen Gesellschaft gehört zur Aufrechterhaltung des sozialen Systems und damit zum Ziel der Erziehung auch die Meinungsautonomie von einzelnen und Minderheiten sowie die geregelte Zulassung von Veränderungen und Verbesserungen der Verhältnisse.

Erziehung kann planmäßig erfolgen und wird dann als intentionale Erziehung bezeichnet. Läuft sie unplanmäßig als mehr oder weniger zufällige Funktion von Vorbildern, Modellen, sozialen und simulierten Situationen, so spricht man von funktionaler Erziehung.

Sozialerziehung

Als Sozialerziehung versteht man Erziehung dann, wenn ihr vorrangiges Ziel und/oder Ergebnis darin besteht, daß der zu Erziehende (pro)soziale Einstellungen und Verhaltensweisen gegenüber Partnern, Gruppen, Gesellschaft und Menschheit erwirbt.

Sozialisation

Sozialisation meint die Entwicklung von Menschen unter dem Einfluß gesellschaftlicher Bedingungen, die weit umfassender und einflußreicher sind als das unter intentionaler und funktionaler Erziehung Gemeinte, ja, zu denen Erziehung sogar im Verhältnis einer abhängigen Variable steht. Die unterschiedliche Beteiligung von unterschiedlichen Milieus und Schichten an Macht, Status und wirtschaftlichen Ressourcen beeinflußt das Selbst- und Rollenverhältnis ihrer Mitglieder, ihren Interaktions-, Kommunikations- und Erziehungsstil und prägt, sprich sozialisiert, damit auch die heranwachsenden Generationen. Im Gegensatz zum thematischen Komplex der Erziehung sind im Kontext der Sozialisation Fragestellungen allgemein-menschlicher, entwicklungsbedingter und individueller Bedürfnisse des Heranwachsens weniger beachtet worden. Auch die Werteproblematik in bezug auf Sozialisationsziele, -ergebnisse und -methoden ist bisher kein zentraler Gegenstand der Sozialisationsforschung.

Subsidiaritätsprinzip

Das Subsidiaritätsprinzip ist ein gesellschaftsphilosophischer Grundsatz, nach dem das Verhältnis zwischen dem einzelnen, den gesellschaftlichen Gebilden (z. B. Familie, Gemeinde, Kirchen, Parteien, Vereine) und dem Staat, möglicherweise auch überstaatlichen Bündnissen (z. B. UNO), geregelt werden kann. Der Begriff ist von dem lateinischen „subsidium“ = Hilfe abgeleitet und läßt sich als Sammelbecken aus drei Zuflußsystemen verstehen:

- Juristisch bedeutet „subsidiär“ soviel wie „ersatzweise“. Der Anwalt beantragt z. B. Freispruch, für den Fall des Nichterfolgs jedoch „subsidiär“ eine möglichst geringe Strafe.
- Gesellschaftstheoretisch vertritt der Liberalismus die These, daß der Staat die Privatsphäre des Bürgers sowie den gesellschaftlichen und

merkantilen Austausch zwar zu schützen habe, sich jedoch nicht in ihn einmischen dürfe.

- In der katholischen Soziallehre wird unter Berufung auf das Subsidiaritätsprinzip verlangt, daß der säkularisierte Staat seine Teilgliederungen wie Familie und Gemeinde, folglich auch die Kirchen in ihrer freien Verantwortlichkeit unterstützt und sich nicht ohne Notwendigkeit in ihre gesellschaftlichen Aufgaben einmischt.

Vor diesem Hintergrund verlangt das Subsidiaritätsprinzip,

- daß der einzelne bzw. die jeweils kleinere soziale Einheit einen Hilfeanspruch gegenüber der jeweiligen größeren hat, wenn wesentliche Grundbedingungen von Wohlfahrt und Existenz nicht aus eigenen Kräften gewährleistet werden können;
- daß die jeweils größere soziale Einheit Recht und Pflicht der eingreifenden Hilfe hat, wenn die kleinere Einheit bzw. das Individuum ohne sie nicht zurechtkommen;
- daß nur „hilfreich ist der Beistand, der die Selbstentfaltung fördert; schädlich ist, der sie beeinträchtigt“ (Nell-Breuning 1976, S. 8).

„Seine zentrale Bedeutung hat der Begriff der Subsidiarität im institutionellen Bereich des Verhältnisses zwischen privaten (sog. freien) Trägern und den hoheitlichen Organisationen (Behörden, insbesondere Jugendamt, Sozialamt) der Sozialarbeit/Sozialpädagogik. Der Begriff des Subsidiaritätsprinzips wird hier formal verstanden als der Vorrang der privaten vor den hoheitlichen Organisationen“ (Münder 1987, S. 1147).

Subsidiäre Erziehung

Der Begriff Subsidiäre Erziehung wird gebraucht als Sammelbegriff für solche Erziehungsformen und Einrichtungen, die hilfreichen Beistand leisten, um übliche und „normale Erziehungsvorgänge“ bei deren Ungenügen oder Versagen zu ergänzen bzw. zu ersetzen. Der Begriff wurde bereits 1976 von mir in einem Aufsatz (Buchkremer 1976, S. 59 ff.) und dann 1982 in der Erstauflage dieses Buches vorgeschlagen für das Ensemble der „Zusatzpädagogiken“ wie Heil-, Sonder-, Behinderten- und Sozialpädagogik. Er bedient sich des Hintergrundes des Subsidiaritätsprinzips, insbesondere unter dem Gesichtspunkt, daß Subsidiäre Erziehung der Selbstentfaltung der Eigenkräfte ihrer Adressaten und der „normalen“, nicht besonderen Erziehungsvorgänge zu dienen und sich selbst dabei möglichst überflüssig zu machen habe. Einen gleichsinnigen Vorstoß machte Tuggener 1987 für den Bereich der Heimerziehung, ohne daß er allerdings meinen Vorschlag zu kennen schien (vgl. Tuggener 1987).

Subsidiäre Intervention

Als Subsidiäre Intervention lassen sich alle sozialen Engagements bezeichnen, die dazu angetan sind, Einzelpersonen, Gruppen, Gemeinschaften, Minderheiten in einer sozialen Schwächelage Beistand zu leisten und ihre Kräfte der Selbsterhaltung, Selbstbestimmung, Selbstachtung und ihre gesellschaftliche Respektierung zu stärken. Vorgänge Subsidiärer Erziehung sind somit eine Teilmenge möglicher Subsidiärer Interventionen.

Hermeneutik

Hermeneutik ist eine Methode der Geisteswissenschaft, bei der es um das Verstehen von Sinnzusammenhängen geht (s. auch eine ausführliche Darstellung in 2.4.1). Das Wort ist abgeleitet von dem Namen des griechischen Gottes Hermes. Die Griechen glaubten, daß Hermes mit seiner Kunst der Hermeneutik den Menschen Sinn und Wollen der Götter verständlich machen konnte. Im wissenschaftlichen Sinne geht es um die Auslegung von Sinn aus Kontexten, z. B. Schriften oder Darstellungen der Kunst aus anderen Epochen und Kulturen als denen des Wissenschaftlers. Darüber hinaus bedienen wir uns auch hermeneutischer Methoden, um Grundverhältnisse des Menschen zur Natur und zu sich selbst, die präkultureller Art sind, zu erschließen.

2.3 Theoretische Entwürfe der Sozialpädagogik

Nachdem wir mit dem Rüstzeug der vorhergehenden Definitionen ausgestattet sind, werden wir Stil und Struktur verschiedener theoretischer Entwürfe zur Sozialpädagogik besser entschlüsseln können. Diese Entwürfe werden wir chronologisch vorstellen, wobei das Geburtsjahr des/der Beschriebenen die Systematik bestimmt. Dabei beginnen wir mit Ansätzen, die heute historischen Charakter haben. Sie hätten also ebensogut in die historische Dimension unserer Abhandlung gepaßt. Wir bringen sie trotzdem an dieser Stelle, weil ihre begrifflichen Entscheidungen, die in ihnen enthaltene Dialektik zwischen Individual- und Sozialerziehung sowie bedeutsame programmatische Entwürfe bis heute wirksam geblieben sind und in den modernen bis „postmodernen“ Positionen immer wieder aktuell verhandelt werden.

2.3.1 Johann Heinrich Pestalozzi (1746–1827)

In diesem Abschnitt werden wir ausführen, daß und mit welcher Inhaltlichkeit der Begriff Sozialpädagogik vor der Mitte des 19. Jahrhunderts aufkommt. Zu dieser Zeit lebte Pestalozzi bereits nicht mehr. Trotzdem führen wir ihn als ersten Vertreter eines theoretischen Entwurfes unserer Disziplin an, weil seine Aussagen über die Erziehung des Menschen und die „Entwicklung des Menschengeschlechtes" von hoher sozialpädagogischer Bedeutung sind.

Eine von Pestalozzis Grundideen ist die von der „Individualbestimmung" des Menschen. Er ist der Auffassung, „daß jeder Einzelne von seinem Standort und mit seinen Gaben das letzte und höchste Ziel der Bildung erreichen könne, daß darin die Sicherheit des Lebens begründet sei, und daß sich hierin seine 'Natur'-Bestimmung vollende" (Delekat 1926, S. 117f.). Seine Naturbestimmung ist dabei, einen Beitrag zu leisten zur Entwicklung des Menschengeschlechtes. „Für Pestalozzi war der Mensch die Hauptsache, aber auch nicht der einzelne Mensch aus diesem oder jenem Grunde. Er hat die armen Kinder ... nicht deshalb lieb, weil sie bedürftig waren. ... Sondern deshalb, weil er in ihnen die unverdorbenen Repräsentanten der Menschheit sah. Denn seine Liebe ging, so absonderlich das klingen mag, auf das ganze Geschlecht. Und darin liegt nun das geheimnisvolle Rätsel, daß der Einzelne geliebt wird und doch merkt, daß etwas anderes gemeint ist" (Delekat 1926, S. 59). Gemeint ist: mit dem einzelnen und durch ihn die Beförderung des Menschengeschlechtes in einen höheren Zustand der Sittlichkeit.

Pestalozzi geht von drei möglichen Zuständen aus, die den Menschen in sittlicher Hinsicht kennzeichnen: Im Kampf aller gegen alle sieht er den tierischen Zustand. Als die nächst höhere Ebene betrachtet er den gesellschaftlichen Zustand, in welchem Gesetze den chaotischen Kampf aller gegen alle eindämmen. Grundlage dieser Art des Zusammenlebens ist der egoistische, wenn auch gegenseitige Vorteil von Begrenzung der jeweils anderen und ihrer einforderbaren Unterstützung. Als Zielvorstellung gilt der sittliche Zustand; in ihm wird es dem einzelnen möglich, aus freiem Selbstentscheid über das Naturhafte hinaus das zu tun, was aus sittlichen Gründen sein soll (vgl. Russ 1963, S. 77f.).

Gesellschaftliche Zustände sind insofern in jedem einzelnen zu überwindende, vorläufige und sittlich unvollkommene Zustände. Damit bedeutet Erziehung des Menschen immer auch kritische Distanz zur gesellschaftlichen Realität. Man kann den Gedankengang Pestalozzis als durch und durch sozialpädagogisch betrachten: Die Erziehung des einzelnen zielt auf die Entwicklung der Menschheit durch fortgesetzte

Übersteigung gesellschaftlicher Vorläufigkeiten und Unvollkommenheit.

Es gibt zwei weitere Argumentationslinien von eindeutigem sozialpädagogischen Charakter. In beiden handelt es sich um eine Anwaltschaft für die Benachteiligten der Gesellschaft: In der Gedankenführung geht es um uneingeschränkte Beteiligung aller an emanzipatorischer Bildung und Befreiung von wirtschaftlicher Abhängigkeit. „Die Bedeutung, die Pestalozzi jedem individuellen Bildungsvorgang unabhängig von speziellen Behinderungen und gesellschaftlicher Benachteiligung beimißt, begleitet alle seine konkreten Erziehungsbemühungen; sei es, daß er in Neuhof sich intensiv um die Erziehung eines schwer geistig behinderten Mädchens kümmert (vgl. Beschel 1965, S. 52f.), sei es seine lebenslange Liebesmüh um die armen Kinder. Ihre Armut verstand er als besondere erziehliche Chance, ohne Vorstellungen von unnützem gesellschaftlichen Tand und Stand, die Bereitschaft zu wecken und Fertigkeiten zu üben, ein selbstbestimmtes und selbsterhaltendes Leben in Freiheit zu führen. Pestalozzis Postulat, jedem Menschen die Möglichkeit zu geben, durch nutzbringendes Tun sich selbst als wertvolles Mitglied der Gesellschaft fühlen zu können, hat für heutige Sonder- und Sozialpädagogik nichts an Aktualität eingebüßt" (Buchkremer 1990, S. 61).

Der andere anwaltliche, ebenfalls sozialpädagogische Argumentationsstrang nimmt die in Schutz, die unter dem Druck der gesellschaftlichen Verhältnisse in Kriminalität und Schuld geraten.

Obwohl er selbst unzweifelhaft von größter Liebe zu Kindern erfüllt war, nimmt er in seiner Abhandlung „Über Gesetzgebung und Kindermord" (1780) die ledigen Mütter in Schutz vor einseitiger Schuldzuweisung, wenn sie aus Verzweiflung wegen der drohenden gesellschaftlichen Vernichtung ihrer moralischen und wirtschaftlichen Existenz den schrecklichen Ausweg der Kindestötung wählen. Mutig und unwahrscheinlich modern wirkt seine Anklage der Mitschuld von Obrigkeit und Gesetzgebung.

Gemeinsam mit Heil- und Sonderpädagogik kann die Sozialpädagogik Pestalozzi als einen ersten Begründer ihrer Disziplin ansehen:

- Überzeugend bringt er das Spannungsverhältnis von individualer und sozialer Erziehung zur Synthese im Zielpunkt des sittlichen Zustandes von Einzelmensch und Menschengeschlecht.
- Anwaltlich verteidigt er die ungerecht Ausgestoßenen und damit an der Entwicklung ihrer Sittlichkeit Verhinderten.
- In philosophischer wie in praktischer Hinsicht übt er Kritik an Staat und Gesellschaft.

2.3.2 Friedrich Fröbel (1782–1852)

Ähnlich wie Pestalozzi, der lange vor Begriff und Systematik einer sozialpädagogischen Disziplin diese in Theorie und Praxis vorbereiten half, verhält es sich mit Fröbel. Fröbel war Pestalozzis Schüler. Die Domäne seiner Wirksamkeit war das frühe Kindesalter. Er ist der Begründer des „Kindergartens", der sich auch als Wort und Begriff Fröbel verdankt und unter der deutschen Bezeichnung Eingang in die internationale Welt gefunden hat.

Weltanschaulich erkennt Theodor Heuss bei Fröbel ein „Ineinander von rationalistischen und romantischen Elementen" (Heuss 1951, S. 104). „Hat er wohl auch inneren Anteil an den 'ganzheitlichen', an den 'organischen' Auffassungen der Natur und des natürlichen Lebens (der Romantik, d. Verf.)", so läßt sich „aber in der Anlage seiner erzieherischen Methode, in der etwas umständlichen Pedanterie, wie er sie ausbreitet, ein rationalistisches Element erkennen – der 'Aufklärung' ist, eingeboren, ein stärkerer pädagogischer Optimismus zu eigen, wenn sie auf den Menschen blickt und ihn, mit Rousseau, für 'gut' erklärt; das ist auch, religiös betont, Fröbels Auffassung. Und jener sehr lebhafte Sinn für Maß, Ordnung, Zahl ist auch ein Erbe des 18. Jahrhunderts: 'Menschenerziehung ohne Mathematik ... ist darum ein haltloses Stück- und Flickwerk ... Menschengeist und Mathematik sind so unzertrennlich als Menschengemüt und Religion'" (ebd., S. 103). Soweit eine kurze Allgemein-Skizze zu Fröbels biografischer und weltanschaulicher Orientierung.

Inwiefern ist Fröbel nun jedoch Sozialpädagoge? Hierfür gibt es drei hervorragende Gründe auszuführen:

1. Er legt das Fundament für die frühkindliche Erziehung, bei der der Individualcharakter und -wert jedes Kindes höchste Beachtung findet und den zu entwickeln und zu fördern bedeutet, daß das Kind innerhalb der Gemeinschaft mit Mutter, Familie, Kindergartengruppe und Kindergärtnerin gemeinschaftsbezogen und mit einem gezielten pädagogischen Angebot zum Guten heranwächst. Damit erfüllt seine Pädagogik die Kriterien der Sozialpädagogik als wirkliche Pädagogik, die die Einseitigkeiten von Staats- und Individualpädagogik aufhebt (s. Mager, Absch. 2.3.5).
2. Fröbel nimmt sich mit der frühen Kindheit einer Lebenslage an, die für seine Zeit – und wohl auch noch immer – als benachteiligt weil vernachlässigt angesehen werden muß. In der Zuwendung zu den aus gesellschaftlichen Gründen Benachteiligten ist ein allgemeiner Charakterzug der Sozialpädagogik auszumachen.

3. Fröbel entwickelt theoretische Ansätze, die bis heute sozialpädagogische Bedeutsamkeit behalten haben. Ihretwegen steht er hier in der Riege der klassischen Vertreter der Sozialpädagogik. Ihnen soll daher im einzelnen nachgegangen werden.

Fröbels Erziehungsphilosophie ist gekennzeichnet durch einen Verbund anthropologischer und psychologischer Elemente, lange bevor die Disziplinen, denen sie heute zuschreibbar sind, etabliert waren.

Ein erster Grundsatz, der Fröbels Lebenswerk durchzieht, kann in Kurzform lauten: Der Mensch und als solcher auch das Kind der ersten Lebensjahre ist von Natur aus gut. Schlecht kann es nur durch schlechte Erziehung werden. Bei Fröbel selbst liest sich das z. B. so: „Darum liegt aller Erscheinung der Fehlerhaftigkeit in dem Menschen eigentlich und ursprünglich eine zerdrückte oder verrückte gute Eigenschaft, ein gutes Streben, nur zurückgedrängt, mißverstanden und mißgeleitet, verleitet, zugrunde, und darum besteht das einzige, aber auch nie trügende Mittel, alle Fehlerhaftigkeit, ja Bosheit und Schlechtigkeit zu vernichten und aufzuheben, darin, sich zu bemühen, die ursprünglich gute Quelle, Seite des menschlichen Wesens aufzusuchen und aufzufinden, in deren Zerdrückung, Störung oder Mißleitung die Fehlerhaftigkeit ihren Grund hat, diese dann zu nähren, zu pflegen, aufzurichten, recht zu leiten; so wird die Fehlerhaftigkeit endlich, wenn auch mit mühseligem Kampf gegen die Gewohnheit, nicht gegen ursprünglich Böses im Menschen, schwinden, und dies um so schneller und sicherer, weil der Mensch selbst den Weg der Fehlerhaftigkeit verläßt; denn der Mensch will lieber das Rechte als das Schlechte“ (nach Rattner 1981, S. 149 f.).

Eine zweite Position Fröbels – bezogen auf den Menschen – ist, daß er ihn in jeder Stufe seiner Entwicklung als vollwertig ansieht, daß nicht eine Lebensphase dem Zweck einer nachfolgenden geopfert werde, letztlich, daß das Leben des kleinen Kindes seinen Sinn in sich und nicht außer sich z. B. im Ziele des Erwachsenwerdens hat. Dieser Grundsatz ist in der ersten Hälfte des 20. Jahrhunderts von Herman Nohl (s. 2.3.15) mit gleicher Intensität für den Eigenwert der Jugend wiederholt worden.

Als dritte Markierung der Fröbelschen Theorie ist die Hervorhebung der Eigentätigkeit zu nennen. Von Pestalozzi hatte er den Zentralwert der Anschauung bei allem Lehren und Erziehen gelernt. Er selbst geht darüber hinaus, indem er den tätigen Umgang mit dem Angeschauten als die dem Menschen, speziell dem Kinde eigene Aneignungsform stark unterstreicht.

Als vierte Grundlinie fällt auf, als wie wichtig er eine atmosphärisch innige und zeitaufwendige Erziehung durch Mutter, Elternhaus und

Kindergarten ansieht: „Vor allem die ‘höheren Stände’ nahmen sich in der damaligen Epoche wenig Zeit, mit ihren Kindern Umgang zu haben; Ammen, Dienstboten und Hausmeister erzogen die Kinder des Adels, während es vielfach für die Eltern Stunden des Amüsements waren, in denen sie sich ihre Kinder vorführen ließen. In diese Zeit und in diese Zustände, die auch schon die Kritik anderer gegeißelt hatte, dringt nun der Fröbelsche Ruf: ‘Kommt, laßt uns unseren Kindern leben!’“ (Rattner 1981, S. 150).

Schließlich muß als fünftes herausgehoben werden Fröbels Auffassung von der Atmosphäre der Erziehung: Seinen Kindergarten sieht er als „Spielschule“, in der Rhythmus und Gymnastik, Vers und Lied eine freudige Grundstimmung gewährleisten. Druck und Strafe hält Fröbel für vollkommen ungeeignete Erziehungsmittel. Nur von ihnen her rühren seiner Meinung nach die verqueren Eigenschaften der Kinder, die dann angeblich mit ihnen bekämpft werden sollen.

Soweit die theoretischen Grundannahmen Fröbels. Sie korrespondieren in der praktischen Dimension mit einer sorgfältig bedachten Methodenlehre, die sich neben Vers, Reim und Lied vor allem auf die von Fröbel als „Gaben“ entwickelten Spielzeuge beziehen. 1850 bringt Fröbel das lebenslang Entwickelte in die endgültige Form: Den Spielsatz oder Spielschatz führt an der für die Kinderhand passende Ball in den Farben des Regenbogens. Ihm folgen als räumliche Grundelemente Kugel, Würfel, Walze, Balken und Klötze, Dreieckskörper und Legeflächen, Stäbchen, Erbsen sowie kleine Steine. Fröbel geht davon aus, daß im spielerischen Nacheinander des Umgangs mit den Gaben sich die grundlegenden Erkenntnisse und Verhältnisse zum Raum, zu Geometrie, zur Architektur bilden. „Flechten mit Papierstreifen, Papier-Falten, Modellieren in Wachs, Lehm und Ton, Ausschneiden von Formen, Zergliedern von Körpern usw.: Dies alles umfaßte die niedere Stufe der Spielschule. Auf der höheren Stufe traten dann die Rollen, Rad, Welle und Wagen auf; das Kind wird mit allen diesen Gegenständen immer zur Tätigkeit angeregt, zum Schaffen, Gestalten, schöpferischen Tun. Die Spielzeuge sind deshalb möglichst unkompliziert, um die Phantasie des Kindes anzuregen; aus demselben Grunde wird bei den meisten Tätigkeiten gesungen, kleine Verse oder Lieder begleiten die kindliche Aktivität, oder aber auch Erzählungen, die sinnreich auf das aktuelle Spiel Bezug nehmen. Auch die Gymnastik findet ihren Platz und gibt nicht nur Anlaß, den Körper zu kräftigen, sondern wird auch dazu benützt, das Kind spielerisch in manche menschliche Berufe und Arbeiten einzuführen. Zeichnen und Gesang vervollständigen den Umkreis der kindlichen Spielmöglichkeiten, erste Ansätze einer Kunst-Erziehung, die natürlich dem frühen Alter gemäß sein müssen, wenn sie das Kind erfreuen und beglücken sollen; an der Freude des Kindes bei seiner Tätigkeit ist alles gelegen, und weder Spiel noch Unterricht können schöpferische Kräfte entbinden, wenn sie nicht von Glück, Heiterkeit und Humor getragen sind. Fröbel war sich stets klar darüber, daß sein Werk im Dienste der kindlichen Lebensfreude stand" (ebd., S. 148).

Neben der Gründung des Kindergartens selbst als sozialpädagogischen Institutionstypus, der Methodenlehre und der mit ihr verbundenen „Gaben" ist die von Fröbel ins Leben gerufene Kindergärtnerinnen-Ausbildung zu nennen. Einerseits besticht sie als frühe professionelle Grundlegung des so eminent wichtigen Berufes, zum anderen leistet sie einen Beitrag zur Emanzipation der benachteiligten Frauen, für die sich hier eines der ersten anerkannten Berufsfelder erschloß.

Gesellschaftskritik hat Fröbel insofern geübt, als er immer wieder die Eltern auf die Verantwortung für die Erziehung der Kinder hinwies. Sein Motto in diesem Zusammenhang wurde schon erwähnt: „Laßt uns unseren Kindern leben!" Auch eine im engeren Sinne als Staatskritik auffaßbare Publizistik wurde von ihm betrieben, so wenn er 1836 die Notlage des Familienlebens aus staatspolitischen Gründen beschreibt und anprangert. Trotzdem wurde wohl eher seine Haupttätigkeit als kirchen- und staatsgefährdend betrachtet: In der Schweiz bekämpfte ihn der Klerus wegen seiner überkonfessionellen Christlichkeit, in Preußen wurden von 1851 bis 1861 alle Kindergärten Fröbelscher Herkunft verboten, wohl auch, wie Theodor Heuss andeutet, wegen der gemeinsamen Linie mit der Frauenemanzipation (vgl. Heuss 1951, S. 108).

Fröbel hat die Abschaffung dieses Verbotes nicht mehr erlebt, konnte jedoch mit einem gewissen Trost die Entwicklung der Kindergartenbewegung in den anderen deutschen Staaten sowie im Auslande beobachten. Heute ist der Kindergarten vielerorts und vielerstaats zu einer selbstverständlichen Einrichtung geworden, an der die sozialpädagogischen Bedingungen seiner Gründerzeit nur noch mit besonderer Aufmerksamkeit erkennbar sind.

2.3.3 Adolf Diesterweg (1790–1866)

Diesterweg gibt im „Wegweiser zur Bildung für deutsche Lehrer" 1851 dem Begriff „Sozial-Pädagogik" eine eigene Prägung. Er meint damit einerseits die Erziehung des Individuums zu sozialer Mündigkeit und Emanzipation, andererseits die Aufgabe – speziell des Lehrers –, das soziale Leben in Kollegium, Schule und Gemeinde im Sinne einer höchstmöglichen, emanzipativen und kooperativen Teilnahme aller Zugehörigen zu gestalten. Wenn Diesterweg auch die Zusammengehörigkeit und Einheit individueller *und* sozialer Menschwerdung und Erziehung sieht und betont, so will er mit dem Begriff Sozialpädagogik doch den Anteil der sozialen Zielsetzung von Erziehung akzentuieren. Deutlich wird die polarisierende Interpretation in Formulierungen wie dieser: „Darum nicht bloß individuelle, sondern auch soziale, nicht bloß allgemeinmenschliche, sondern auch nationale – mit einem Worte wahre Bildung" (Diesterweg 1851, S. 130).

Diesterwegs Beitrag besteht somit zunächst in Definition und Explikation des Begriffs Sozialpädagogik. Darüber hinaus pointiert er die emanzipatorische Idee der Sozialpädagogik als sozialkritisch. Drittens bestimmt er den erzieherischen Auftrag des Lehrers als sozial-emanzipatorisch und damit gesellschaftspolitisch. Daß damit zusätzliche Adressaten wichtig werden: „ungebildete" Mütter, Väter, Arbeiter und sozialpädagogische Praktiker, d. h. Volksschullehrer, macht ihn vor allem für das Erstellen der Adressatenliste der praktischen Dimension der Sozialpädagogik interessant.

2.3.4 Johann Hinrich Wichern (1808–1881)

Als „Genie der Barmherzigkeit" wird J. H. Wichern bezeichnet (Beyreuther, zit. n. Hegel 1968, S. 43). Er leistete Beiträge zur theologischen Fortentwicklung des Pietismus, zur sozialpädagogischen Rettung verwahrloster Kinder und Jugendlicher, zur Staatskritik des Zeitalters der Säkularisation, zur Gründung und Organisation der „Inneren Mission", die im Wohlfahrtsverband des Diakonischen Werkes der Evangelischen Kirche Deutschlands bis heute besteht. Wicherns Beiträge sind sowohl theoretischer Art im Sinne ganzheitlicher Entwürfe und Zusammenhänge, als auch gesellschaftspraktischer Art durch die Initiierung von Wohlfahrts- und Erziehungseinrichtungen mit sozialpädagogischer Ausrichtung. Wir wollen nachfolgend die Skizze seines theoretischen Beitrags zur Sozialpädagogik an der Gründung und Begründung des „Rauhen Hauses" und der nach seinem Modell errichteten Rettungshäuser orientieren.

Wir reklamieren erhebliche Anteile von Wicherns Lebenswerk als sozialpädagogisch, obwohl er selbst „Sozialpädagogik" als Begriff nicht verwendet, der Begiff ja auch nie, wie wir sehen werden, zeitgleich mit Wicherns Lebenswerk von Mager, Diesterweg und Natorp gesetzt und expliziert wird. Zu dieser „Vereinnahmung“ sehen wir uns berechtigt, weil Wicherns umfangreiches Schrifttum Grundzüge der von Mager systematisierten Sozialpädagogik aufweist:

- Wichern kümmert sich theoretisch wie praktisch um eine „wirkliche“ Erziehung, in der die Ansprüche des Individuums und der Gemeinschaft wohlabgewogen zu ihrem Recht kommen.
- Wicherns Staats- und Gesellschaftskritik prangert an, daß menschennotwendige Bedingungen für das Aufwachsen und Erziehen vorenthalten werden. Diese Umstände gehen einher mit der Zerrüttung von Familien und Einzelnen und verursachen schließlich – so Wichern – insgesamt die Zerrüttung des gesellschaftlichen Ganzen.

Folgen wir in einigen Kernbereichen Wicherns theoretischen Grundlinien.

Sein Gedankengebäude ist theologisch und insofern aus der Sicht der Sozialpädagogik metatheoretisch fundiert: Wichern geht davon aus, daß in der Geschichte der „Menschengemeinschaft“ die Sünde als überindividuelles Prinzip, als „Urmacht“, wirksam ist. „Die Urmacht der Sünde wird konkret nicht nur im Zerfall der individuellen Sittlichkeit, sondern auch in den antisozialen Tendenzen des verwahrlosten Kindes wirksam. Der Mangel an Bewahrung, der Entzug der elterlichen Liebe, die zu einer Verwahrlosung des Kindes führen, deutet Wichern als Wirkung der Macht der Sünde. Nicht die Kinder können verantwortlich gemacht werden für die ‘Einzelsünden’, sondern ihre Erzieher. Sie sind der Macht der Sünde unterworfen.

In der Christusoffenbarung hat Gott zum Gegenschlag gegen diese Macht ausgeholt. Seitdem stehen sich Reich Gottes und Reich der Sünde in dramatischer Auseinandersetzung gegenüber. In dieses Geschichtsdrama zwischen Glauben und Unglauben (...) ist der Mensch hineingenommen; seine Rettung ist möglich. Durch die vorbehaltlose Vergebung Gottes kann der Mensch den Anfang einer Geschichte mit Gott beginnen“ (Hegel 1968, S. 44). Wir werden sehen, wie diese theologische Vorannahme in Theorie und Praxis von Wicherns Sozialpädagogik hineinwirkt.

Vorweg aber noch eine andere axiomatische Grundanschauung Wicherns – diesmal anthropologischer Art, obwohl wiederum theologisch unterlegt: Wichern geht davon aus, daß die Familie der natürliche Ort der Menschenwerdung, auch und vor allem im sittlichen Sinne, ist, „daß das Eigentümliche der Familie, soweit dieselbe überhaupt nachgebildet werden kann, gerade darin besteht, daß in ihr, als der von Gott geordneten, ursprünglichen Menschengemeinschaft, zugleich das individuelle und individuellste Leben zu seinem vollen Rechte und jedes einzelne Glied der Familie, wenn die Familie ist, was sie nach Gottes Willen sein soll, zu dem Genuß einer persönlichsten, liebenden, fürsorgenden Pflege des inneren und äußeren Lebens gelangen kann und gelangen muß" (nach Hegel 1968, S. 45 f., Fn. 21).

Die beiden Grundannahmen führen zu tiefgreifenden Konsequenzen in Wicherns sozialpädagogischem Konzept: Das pädagogische Verhältnis zum Kinde wird im Erstbezug begründet in einem Akt der Vergebung; mit ihr sollte eine neue Identität ermöglicht werden, manchmal sogar dadurch symbolisiert, daß Wichern den Kindern neue Vornamen gab als Zeichen für den Neuanfang. Da aber die Sünde nur zum Teil als individuelle Schuld angesehen und vergeben werden konnte, gehörte zu ihrem Nachlaß unmittelbar hinzu, dem Kind und Jugendlichen die familialen Bedingungen der Sittlichkeit und des Genusses einer persönlichen, liebenden, fürsorgenden Pflege des inneren und äußeren Lebens zu verschaffen. Damit erreichen wir als Konzept des Rettungshauses das Familienprinzip:

- Wichern richtet für damalige Verhältnisse ungewöhnlich kleine Gruppen von 12–14 Kindern verschiedener Altersstufen ein, die Wohn-, Tisch- und Spielgemeinschaften sein sollten.
- Mauern, Zäune, Schlösser, Riegel, Spionage sind verboten. Haus und Umfeld der Kinder müssen bereits äußerlich Zeugnis geben von dem allseitigen familiären Vertrauen.
- An die Stelle von Zucht und Strafe setzt Wichern Liebe und Geduld.
- In der innerfamiliären Atmosphäre ist die gemeinsame gegenseitige, füreinander bestimmte Arbeit ein wichtiges Ordnungsprinzip.
- „Die Leitung der Gruppe war in die Hand eines 'Bruders' gelegt, der nicht Vorgesetzter, sondern Glied, ältestes Glied unter jüngeren sein sollte (...). Der Gedanke der Partnerschaft innerhalb der Erziehungsgemeinde wird erkannt und realisiert: An die Stelle der formalen Autorität des Erziehers als Vorgesetzter über den 'Zögling', soll die innere Autorität des Erziehers als Bezugsperson treten." (ebd., S. 47). Natürliche Familien haben ein Repertoire quasi natürlicher Umgangsformen von Mütterlichkeit, Väterlichkeit, Kindlichkeit und Geschwisterlichkeit. Wichern sah, daß die „künstliche Familie" nicht vorrangig auf die „natürlichen", gewissermaßen mit der Familie gegebenen Anlagen und Modelle des Umgangs mit der Familie zurückgreifen konnte, anders als die natürliche Familie. Aus diesem Grunde schuf er 1839 ein Ausbildungshaus für seine „Familienbrüder", in denen sie sich das notwendige berufliche Können systematisch, abgestützt durch die christliche Gesinnungsgemeinschaft der Mitbrüder, aneignen sollten.

Wir haben wie angekündigt gesehen, wie Wichern im Prinzip familialer Erziehung die Rechte des Individuums auf „den Genuß einer persönlichen, liebenden, fürsorgenden Pflege“ und seinen Einbezug in die Sittlichkeit der Gemeinschaft als ein und dieselbe Notwendigkeit ansieht und damit – im Sinne Magers – wirkliche Sozialpädagogik realisiert. Dieser Blick auf die elementaren menschlichen Gemeinschaften macht Wichern zugleich zu ihrem Anwalt gegenüber Staat, Kirche und Gesellschaft.

Die massierte Zuwanderung in den Städten als Industriezentren, die Wohnungsnot, die Entfremdung von der mechanisierten Arbeit und dem Produkt, die räumliche, familiäre und weltanschauliche Heimatlosigkeit, die Verarmung des Proletariats führen zu Bedingungen von massiertem Jugendelend und Verwahrlosung. Der Zusammenhang von Verelendung und sittlichem Verfall machte die Mitverantwortung der Gesellschaft deutlich. Rettung für Gott war nur möglich, wenn die Individuen in eine sittliche Sozialität sichernd aufgenommen wurden, wenn sie resozialisiert wurden. „Während das Sturmjahr 1848 von allzu vielen Kirchenmännern mit verständnisloser Empörung bekrittelt wurde, indessen nur einige wenige ahnen mochten, es müsse ‘etwas geschehen’, um die offenbar gewordenen Nöte zu heilen, die aufgebrochenen Gegensätze zwischen den Schichten unseres Volkes zu überbrücken, und die Kirche könnte möglicherweise dabei eine ganz besondere Aufgabe haben – erkannte Wichern klar das Gebot der Stunde. Seine ‘Fliegenden Blätter’ enthalten Rufe an das soziale Gewissen der Zeit, Rufe zu einem christlichen Sozialismus, Rufe zugleich zur Einigung des gesamten deutschen Protestantismus in der Tat der Liebe“ (Bartsch 1984, S. 171).

Wichern war wohl kurz davor, eine prosoziale Gesellschaftsidee so einheitlich durchschlagend zu formulieren und durchzusetzen, wie es für das 19. Jahrhundert und bis heute nötig war und ist. Leider jedoch blieb der Begriff des „christlichen Sozialismus“, wie Theodor Heuss konstatiert (zit. n. Hegel 1968, S. 50), etwas Gestaltloses. Eine letztendliche Beziehung des sozialpädagogischen Konzeptes auf die Makroebene des Staates, der Wirtschaft, der Kirchen blieb aus.

Hinsichtlich der praktischen Dimension seines Werkes verändert Wichern allerdings die Makroebene mit unwahrscheinlichen Erfolgen:

- die Rettungshäuser seines Modells weiteten sich europaweit, selbst in katholischen Ländern aus,
- seine Berufsausbildung für Familienbrüder wurde zur Vorlage von sozialpädagogischen Ausbildungs- und Qualifizierungsmodellen, wenn auch teilweise unter anderen Bezeichnungen,

- die „Innere Mission“ wurde zum Spitzenverband evangelischer Wohlfahrtspflege und Modell der weiteren konfessionell und weltanschaulich orientierten Wohlfahrtsverbände,
- in der preußischen, später auch reichs- und bundesdeutschen Gesetzgebung zum Jugendstraf- und Fürsorgerecht wirken sich bis heute die Vorstellungen und Ziele Wicherns, wenn auch immer noch nicht ganz zufriedenstellend, aus: „In dem preußischen ‘Gesetz betreffend der Unterbringung verwahrloster Kinder’ vom 15.3.1878 (bekannt unter dem Namen ‘Zwangserziehungsgesetz’) steht an Stelle des Bestrafungsprinzipes das Erziehungsprinzip. Dieser erste Schritt wurde im Fürsorgegesetz vom Jahre 1901 im Geiste Wicherns weitergeführt. Erst jetzt löste sich der Begriff Fürsorge von dem der Strafe und des Zwanges ab. Der Gedanke der vorbeugenden Hilfe kommt dann 1922 im Reichsjugendwohlfahrtsgesetz zum Ausdruck“ (Hegel 1968, S. 50, Fn. 37).

2.3.5 Karl Mager (1810–1858)

Noch in der vorherigen Auflage dieses Buches ging auch ich vom Weitersagen und Weiterlesen aus, daß es Diesterweg gewesen sei, der den Begriff Sozialpädagogik aus der Taufe gehoben habe. Seit 1980 aber steht fest, daß Karl Mager der Vater des Begriffes ist. In einem meisterhaften philologischen und hermeneutischen Traktat hat Heinrich Kronen (1980) dies belegt. Er verweist dabei auf die Mai-Ausgabe der Pädagogischen Revue von 1844, in der Mager den Terminus „Socialpädagogik“ erstmals verwendet; intensiv ausgeführt und erläutert hat Mager den Begriff dann 1845 in weiteren Beiträgen dieser Zeitschrift (vgl. Kronen 1980, S. 60).

Wie läßt sich kurz auf den Punkt bringen, was Kronen über Karl Magers Begriffssetzung ausführt? Magers Leistung für die Sozialpädagogik ist im Rahmen unserer Einteilung vor allem der theoretischen Dimension zuzuordnen. Sie ist ein hervorragender Beitrag für die Systematik der Pädagogik, innerhalb derer die Sozialpädagogik einen besonderen Stellenwert erhält.

Mager geht davon aus, daß es eine allgemeine und eine relative Pädagogik gibt. Unter allgemeiner Pädagogik versteht er all jene Fragestellungen über die Erziehbarkeit und Unterrichtbarkeit des Menschen, übergreifend über seine Lebensphasen und unabhängig von historischen, kulturellen und gesellschaftlichen Vorgaben. Gewissermaßen ist die *allgemeine* Pädagogik Magers mit dem anthropologischen Tatbestand der Erziehungsbedürftigkeit und Erziehbarkeit des Menschen wie mit einer platonischen Idee befaßt.

Wirklich stattfindende Erziehung hat nun zwar teil an dieser Idee; durch konkrete Einbindung in Kultur, Gesellschaft, Staat, Zeitgeschehen, Stand (Klasse, Schicht) und aufgrund individueller Besonderheiten von zu Erziehenden wie von Erziehenden ist diese Teilhabe jedoch immer nur relativ. Der *allgemeinen* Pädagogik stellt Mager insofern eine *relative* Pädagogik gegenüber. Wie nun lassen sich im wissenschaftlichen Verstehen Allgemein-Pädagogisches und Relativ-Pädagogisches unterscheiden? Hierzu gibt es nur den Weg, pädagogische Phänomene einem historischen oder zeitgleichen kulturellen, gesellschaftlichen Vergleich zu unterziehen. Mit dieser Methode lassen sich alle changierenden, zeitlich überschaubar verändernden Elemente, z.B. Schulsysteme oder Lehrmethoden als Anteile der relativen Pädagogik ausmachen. Anscheinend unveränderbare und gleiche Phänomene, z.B. die Funktionen des Lehrens oder Lernens, werden dagegen so lange als allgemein-pädagogisch angesehen, bis ihre Konstanz und Ubiquität aufgrund von Phänomenen und Fakten in Zweifel gestellt werden müssen.

Mit der Gegenüberstellung von allgemeiner und relativer Pädagogik hat Mager eine Systematik formuliert, innerhalb derer die Sozialpädagogik ihren Ort findet: Die Relativität des Pädagogischen, so ist zu argumentieren, verdankt sich zwei unterschiedlichen Ursachenpolen: Stammt sie aus oder richtet sie sich auf Besonderheiten der Individuen, so begründet sie die Individualpädagogik. Ist sie zurückzuführen auf normative Setzungen und Gewaltverhältnisse, die Besonderheiten von Kultur, Gesellschaft und Staat in Raum und Zeit sichern und tradieren wollen, so begründen sie die Kollektiv- oder Staatspädagogik. „Sowohl die Kollektiv-, als auch die Individualpädagogik, jede für sich genommen, sind – nach Mager – falsche Pädagogiken; sie sind nur Thesis und Antithesis. Mager benennt sogleich die Synthesis, die 'Social-Pädagogik'" (Kronen 1980, S. 56).

Damit ist früh der sozialkritische Auftrag der Sozialpädagogik, wie wir ihn mit der anthropologischen und sozialkritischen Dimension herausheben wollen, auf den Punkt gebracht. Die Leistung der Synthesis 'Sozialpädagogik' hat nämlich den Einseitigkeiten von Individual- und Kollektiv-/Staatspädagogik entgegenzuwirken.

Mager selbst gibt entscheidende Hinweise, in welche Richtungen sich die Synthese zu entwickeln habe:

– Er formuliert die Erzieh- und Bildbarkeit des Menschen über alle Lebensphasen hinweg.

- Er fordert „gleichwertige Bildung für alle gesellschaftlichen Stände; 1838“ (Kronen 1980, S. 58).
- Er entwickelt eine „Theorie der Bildung für alle Gesellschaftsglieder; 1840“ (Kronen 1980, S. 59), bei der eine Kulturpolitik (1842 als „Bildung von Staats wegen“) sich ergänzt mit dem Motiv der Selbstvervollkommnung“ (ebd., S. 60).

Die von Mager postulierten Bedingungen der Sozialpädagogik sind in der relativen Pädagogik seiner Zeit nicht auszumachen. Er entwirft sie somit als kritische Perspektiven seiner Gesellschaft. Damit wird bereits beim Vater des Begriffes Sozialpädagogik das gesellschaftskritische Verhältnis dieser Wissenschaft expliziert, ebenso ihr Engagement für bildungsbenachteiligte „Stände“. Diese Inhalte wie auch der kritische Abstand der Sozialpädagogik zu Schul- und Staatspädagogik ist als Magers Erbe erhalten geblieben.

Nur noch verdünnt ist der prinzipielle Anspruch der Magerschen Sozialpädagogik als prinzipielle Synthese von Individual- und Kollektiv-/Staatspädagogik für alle Gesellschaftsmitglieder wirksam. Zwar nehmen auch auf Mager folgende Klassiker und heutige Vertreter das Recht der Sozialpädagogik in Anspruch, die Gesellschaft kritisch zu beeinflussen. Dabei geht es aber fast immer ausschließlich um die soziale und bildungsmäßige Besserstellung sozial Benachteiligter.

Vielleicht sollte sich Sozialpädagogik – orientiert an Mager – wieder mehr als Anwalt der gesamten Gesellschaft sehen. Sie könnte einen anthropologischen und ethischen Diskurs moderieren, bei dem es darum ginge, die Gesellschaft als ganze vom gegenwärtigen in einen besseren Zustand zu befördern.

2.3.6 Adolf Kolping (1813–1865)

Kolping wird 1813 als Kind einer unbegüterten Landarbeiterfamilie in Kerpen, einem Dorf bei Köln, geboren. Wegen der Armut seiner Eltern bleibt ihm zunächst ein höherer Bildungsweg verschlossen, und er wird Schuhmacher. Von 1829–1837 übt er nach der Lehre seinen Beruf als Schustergeselle aus. Durch Unterstützung befreundeter Lehrer und Priester wird ihm die Möglichkeit zu neuem Schulbesuch und Abitur gegeben. Danach studiert er Theologie und kommt 1845 als Kaplan nach Elberfeld. Hier engagiert er sich in dem „Katholischen Gesellenverein“, der gerade von dem Lehrer Johann Gregor Breuer und einigen Handwerksgesellen gegründet worden war.

Diese Erstgründung wird für Kolping das Modell für sein Lebenswerk: Nach seinem Weggang von Elberfeld gründet er 1849 in Köln einen Ableger des Gesellenvereins, der als „Rheinischer Gesellenbund“ bald über Köln hinaus wirksam wurde und sich 1851 in Mainz bei der Versammlung der deutschen Katholiken – umbenannt in „Katholischer Gesellenbund“ – dem Anschluß anderer Vereine öffnete. Beim Tode Kolpings existierten über 400 Ortsvereine mit 24 000 Mitgliedern. Diese waren nach Zielsetzung des Gesellenvereins vornehmlich junge Männer ab 18 Jahren, die dem Handwerkerstande bzw. der Fabrikarbeiter- oder frühen Facharbeiterschaft angehörten. Der Gesellenverein bot ihnen, den oft durch Arbeitsmigration isoliert von Herkunftsfamilien und Heimat lebenden Individuen, Räume, Bildungs- und Freizeitangebote zu einer solidarischen und familiären Gesellung als Schutz gegen Vereinzelung und Verwahrlosung.

Bei Kolping lesen sich die Beschreibung des Adressatenkreises und die gewünschte Atmosphäre des Umganges folgendermaßen: „Aus allem, was wir bisher mitgeteilt, geht hervor, welchem Stande und welchem Alter unsere Sorge gilt. Es ist der ledige Handwerkerstand, der Gesellenstand, der den *Junggesellenstand* (im Original fett gedruckt, Anm. d. Autors) gleichen Alters nicht ausschließt. Das Alter und die Umstände dieses Alters müssen bei der Zusammensetzung des Vereins durchaus berücksichtigt werden. Der Verein soll für die Mitglieder ein Familienhaus sein, in dem sie gewissermaßen ihre Familie, gleichgesinnte und gleichberechtigte Freunde, wiederfinden und mit ihnen in inniger, freundschaftlicher Weise zusammenleben, Freud und Leid gemeinschaftlich austauschen und in gemeinsamer Verbrüderung den Grund ihres künftigen Fortkommens legen, den begonnenen Bau ihres Lebensglückes weiter führen und nach Umständen vollenden sollen. Das Vereinsleben erfordert also eine große Vertraulichkeit der Mitglieder untereinander. Diese ist aber eine notwendige Bedingung seines geistigen Wachstums; eine Voraussetzung, ohne welche sein eigentlicher Zweck nicht erreicht wird“ (Kolping 1921, S. 23).

Was macht den katholischen Priester Kolping zu einem großen Sozialpädagogen, dem wir neben einem bewundernswerten institutionellen und praxisorientierten Lebenswerk auch bedeutsame theoretische Ansätze verdanken? Seine praktischen Mittel und Methoden wirken sozialpädagogisch modern: Da ist zum einen sein Bemühen um die Bereitstellung von Räumen für die Gesellenarbeit. Schulen akzeptiert er nur als vorübergehende Notlösungen; Wohnraum- und Freizeitraumcharakter sollen die Häuser des Gesellenvereins haben. Das neuere Theorem von der Raumbezogenheit der Sozialpädagogik (s. auch 2.3.21) nimmt Kolping auf diese Weise handelnd vorweg: „Ohne

Freude, ohne Erheiterung kann das Menschenherz nicht sein, am wenigsten in der Jugend, im Vereinsleben gebührt ihr eine wesentliche Stelle. Wie es völlig verkehrt wäre, den Verein bloß zur Unterhaltung, zum gemeinsamen Vergnügen herzurichten, so wäre es eben so verkehrt, wollte man der Erheiterung keinen Raum und nicht genug Raum gönnen. Wer eine ganze, lange Woche zwischen vier engen Wänden, meist in Schmutz und Staub gesessen, oft in einer Kameradschaft, die nichts weniger vermag, als ein Herz zu erfreuen, oft in einer Umgebung, die Tag aus, Tag ein mit Sorgen, Kummer und Not ringt, wer eine ganze Woche lang Luft und Licht entbehrte und der süßen Freude an Himmel und Land, an fröhlichen, heiteren Menschengesichtern beraubt war, der kann und soll auch am Sonntage, oder in einer freien Abendstunde Anspruch auf Erholung, auf anständige Erfreuung machen dürfen. ... Soviel es nur immer tunlich, sollen im *Vereinslokale* (im Original fett gedruckt, Anm. d. Autors) gemeinsame Feste und Erheiterungen stattfinden; oft die Gelegenheit ergriffen werden, mit Gesang, Scherz und Spiel eine Stunde auszufüllen" (ebd., S. 30).

Neben dem Angebot des Raumes als sozialpädagogisches Prinzip und Methode gibt es in Kolpings Praxisbezug noch eine weitere, höchst moderne Attitüde: Ohne Einschränkung läßt sich sein Ansatz als „erfahrungsbezogen" bezeichnen – wie Belardi (1975) die Jugendbildungsarbeit der 70er Jahre verstanden wissen will. Kolping formuliert mehr als 100 Jahre vorher: „Man kann doch nur das mit Erfolg pflegen, bessern und erziehen, was man zunächst gründlich kennt, also müssen zunächst die Verhältnisse, die Bildungsstufe und Bildungsfähigkeit des Gesellen, dann seine wahrscheinliche Zukunft genau erwogen und gebührend berücksichtigt werden" (nach Kracht 1977, o. S.). Noch deutlicher heißt es an anderer Stelle: „Nützliche Kolloquien mit den Burschen werden Sie in das innere Leben dieser Klasse einführen und Ihnen den zu behandelnden Stoff an die Hand geben" (ebd., o. S.).

Nun zu Kolpings theoretischem Konzept, dessentwegen wir ihn eigentlich in die Riege der inzwischen klassischen Theoretiker aufgenommen haben: Kolpings Theorie ist zutiefst metaphysisch-theologisch, letztlich damit metatheoretisch begründet. Er geht aus von der Gottebenbildlichkeit des Menschen. Hiervon leitet er ab einen konsequenten Respekt vor dem Menschen, in seinem Arbeitsfeld vor seinen Gesellen als einzelne, die in die Freiheit ihrer Entscheidung und Selbstwerdung gestellt sind. Bildung begreift er als die je und je zunehmende aktive Entwicklung der Gottebenbildlichkeit. Sie wird gewährleistet im Dreiklang von Beten – Lernen – Arbeiten. Pointiert fügt er dabei dem

„Ora et Labora!" des Benedict von Nursia das Lernen als dritten Ton des Akkords zu.

Zum Bildungsprozeß, insbesondere zu dem fortwährenden Lernprozeß, soll den Gesellen ein geeignetes Angebot gemacht werden. Dabei geht es Kolping nicht um reines Fachwissen – und auch nicht um Wissen im Sinne des humanistischen Bildungsideals. Ähnlich wie in der Reformpädagogik Kerschensteiners oder wie der nachfolgend in unserer Reihe aufgeführte Anton Heinen will er das Lernen und Wissen mit den Lebenswelten seiner Gesellen verknüpfen; seine Methode der Erfahrungsbezogenheit findet insofern in der theoretischen Annahme des Eigenwertes dieser Lebenswelten ihre Entsprechung. Und Wissenschaft wird relativiert zum Hilfswerk für Wissen und Bildung. Alleinige Quelle des Wissens zu sein, mit dem Anspruch der Lösbarkeit aller Probleme, spricht Kolping der Wissenschaft ab. Für die Erziehung wird ihre Relativität in folgenden Sätzen deutlich: „Erziehung ist Leben und setzt Leben voraus; ... und wenn auch das Leben Gesetze hat und Sätze draus folgen, so sind alle diese Sätze und Gesetze, Regeln und Formeln das Leben noch nicht". Oder: „Wenn wir auf deren (der Wissenschaft) Endurteil und zuverlässigen Bescheid warten wollen, bis wir die Grundlage für die rechte Erziehung finden, dann läuft die Menschheit noch eher auf allen vieren, und stürtzt das Himmelsgewölbe ein, bevor wir mit einem einzigen Satz auf dem Reinen sind" (ebd., o. S.).

Erziehung und Bildung sind einmalige, individuelle, letztlich eben gottebenbildliche Prozesse, die die Allgemeinheit, Abstraktheit und Unvollständigkeit wissenschaftlicher Begründungen und Erklärungen übersteigen.

Aber der Wert des individuellen Menschen geht bei Kolping dann doch nicht in einer Individuallage auf, sondern im Kontext des solidarischen und geselligen Miteinanders.

Zunächst zum Solidarischen: Wir haben aufgeführt, wie Kolping dem einzelnen Autonomie zugesteht bei Gestaltung und Entscheid über den eigenen Bildungsprozeß, z. B. über die Teilnahme am Bildungsangebot, ja sogar über die Ausübung religiöser Pflichten (vgl. Kolping 1921, S. 27ff.).

Dem entspricht für die Solidargruppen der Gesellenvereine deren Anerkenntnis als selbständige Selbsthilfegruppen, für die Präses und Kurslehrer nur subsidiäre Raum-, Bildungs- und Freizeithilfe leisten. Daß die Anerkenntnis der Selbständigkeit der Gesellen ernst gemeint war, zeigt das hohe Maß an Beteiligung an den Führungsgremien des Gesellenvereins. Und ähnlich wie Wichern wollte Kolping die Kraft der Selbsthilfe durch die Gründung vereinsinterner Kranken- und Sparkassen in Form von Solidargesellschaften auch auf wirtschaftliche Füße stellen.

Erstaunlich ist in diesem Zusammenhang, daß die Statuten des Gesellenvereins eine politische Betätigung von Vereinsmitgliedern streng untersagen. Kolping selbst war nämlich durchaus ein politischer Mensch, wenn man hier Gesellschaftspraxis im aristotelischen Sinne versteht; dies nicht nur, indem er mit der Gründung des Gesellenvereins selbst ein Politikum schuf, sondern auch durch öffentliche Stellungnahmen, z. B. zu sozialen Fragen oder zum Verhältnis der Arbeitgeber zu den Arbeitnehmervereinigungen. Zur sozialen Frage lautet sein Klartext, daß diese „nicht in Gnade und Barmherzigkeit sondern in Gerechtigkeit gelöst (werden). Das soziale Leben in allen seinen Verzweigungen ruht auf dem richtigen Recht und soll in den entsprechenden Gesetzen seinen wahren Schutz und seine Wehr finden" (nach Kracht 1977, o. S.).

„Bei einer Versammlung der Prominenz der sozialen Katholiken Frankreichs im Mai 1853 in St. Sulpice entwickelte Kolping seine Auffassung, der Unternehmer dürfe in den Arbeiterverbänden keinen Einfluß erhalten. Die Selbständigkeit des Arbeiters, die er gerade fördern wollte, würde sonst schon im Ansatz erstickt" (ebd., o.S.).

Trotz Kolpings eigener, solcherart eindeutiger politischer Stellungnahmen im engeren Sinne verbieten die Statuten seines Gesellenvereins diesem politische Aktivitäten jedweder Art. Es ist bis heute dieser Widerspruch zwischen theoretischem, aber auch nachweislich realisierter Hochschätzung der Selbständigkeit der Gesellen und dem Verbot ihrer politischen Betätigung nicht ganz nachvollziehbar. Soviel zum Solidarcharakter der von Kolping gewollten Gesellenvereinigungen.

Auch in Hinsicht auf eine im engeren Sinne ästhetische, emotionale, gefühl- und genußvolle Geselligkeit hat Kolping sympathische Vorstellungen: Eine große Nähe zu der von Dänemark ausgehenden Volkshochschulbewegung ist unverkennbar. (Von der dänischen hat die deutsche Volkshochschule zwar ihren Namen, stellt jedoch schon seit ihrer Gründung nur einen verwässerten Aufguß des dänischen Extraktes dar.) Die dänische Volkshochschule verstand sich nämlich – und darin gleicht ihr Kolpings Bildungswerk – als eine Bewegung, die gerichtet ist gegen „die schwarze Schule", „die Schule des Todes" – wie Grundtvig die humanistische Schule nennt (vgl. Kolping 1921, S. 10 f.). „In seiner Vorrede zu der '*Großen Mythologie*', die 1832 zuerst erschien, rollte Grundtvig das Problem der Volksbildung im Gegensatz zur Gelehrtenschule auf. 'Das gelehrte Studium wird besonders bei den eigentlichen Buchgelehrten in falsche Bahnen führen, wenn ihm keine Volksbildung gegenübersteht, die es zwingt, das Leben der Gegenwart und den

Augenblick in Betracht zu ziehen, gleichwie die Volksbildung bald zu einer oberflächlichen Politur ausarten wird, wenn das gelehrte Studium ihr nicht immer wieder neuen Geist zuführt.' Diese Volksbildungsarbeit soll eine selbständige, in sich geschlossene Bildung vermitteln. Eine Lebensschule soll sie sein, um nützliche Bürger heranzuziehen. Wurde auch der Elementarunterricht in den meisten Volkshochschulen fortgesetzt, um die Schulkenntnisse aufzufrischen und zu erweitern, so sollte jedoch das Ziel der Schule dadurch erreicht werden, daß die *Persönlichkeitsausgestaltung* in jedem Schüler angeregt und diese mit den *nationalen Gemeinschaftsgedanken* erfüllt würde. Alles Wissen sollte innerlich verarbeitet werden zum Aufbau einer festen *Weltanschauung* in jedem Schüler" (ebd., S. 11; Kursives ist im Original fett gedruckt, Anm. d. Autors).

Ebenso hätte Kolping reden oder schreiben können. Er tut es expressis verbis, wenn er den Gesellenverein zum „Ausbau zur 'Volksschule'" bestimmt (vgl. Kolping 1921, S. 33 ff.): Auch er ist bemüht, das Gemüthafte und Ästhetische in seiner Bildungsarbeit als Musik, Kunst(handwerk), Glaubenslehre und Feier gleichberechtigt neben die fachliche Wissensvermittlung zu stellen. Das Volkstümliche behält so Geltung und Wert.

Und doch wird auch dieses nicht volkstümelnd abgegrenzt, sondern wie der einzelne im solidarischen Miteinander, so das lokal, volkstümlich und national Besondere aufgehoben in einem Weltzusammenhang, der für Kolping katholisch ist. Authentisch liest sich das so: „Wogegen wir nur aus allen Kräften uns erklären müßten, wäre das Betonen einer bestimmten Nationalität im Vereine, und zwar in dem Sinne, daß dadurch das allgemeine brüderliche Band gelockert oder endlich gar zerissen würde. Wir respektieren jedes *gute* Recht, aber das erste Recht bleibt uns der gemeinsame Glaube, der weit über alle Nationalitäten geht, und die gemeinsame katholische Liebe, die keinen Unterschied der Stämme und Völkerschaften kennt" (nach Kracht 1977, o. S.).

Fassen wir zusammen:

Kolping ist als Sozialpädagoge anzusehen in erster Linie, weil er, dem „Stande" der (Jung-)Gesellen zugewandt, für Menschen einer bestimmten Lebenslage Volkserziehung – im Sinne Magers die „wirkliche" Pädagogik der Sozialpädagogik – praktiziert, organisiert und gelehrt hat.

Sein theoretisches Konzept garantiert den Eigenwert des Einzellebens und der Einzelbildung, fast wie eine Vorwegnahme Nohlscher Gedanken. Er sucht diesem Einzelleben Sinn zu geben in Solidarität, Verantwortung und Geselligkeit innerhalb selbstbewußter, sozialer

Einbindungen. Diese wiederum entgrenzen sich in einer als katholisch verstandenen Weltgemeinschaft, „die keinen Unterschied der Stämme und Völkerschaften kennt".

Kolping denkt in moderner Weise für das Individuum emanzipativ, für die Solidargemeinschaft subsidiär, bildungsmäßig wissenschaftskritisch ganzheitlich. Gesellschaftspolitisch äußert er sich selbst durchaus kritisch, verbietet jedoch – paradoxerweise – seinem Gesellenverein politische Aktivität.

Trotzdem: Kolping ist ein außerordentlich großer Sozialpädagoge, der eine überzeugende Theorie mit einer überzeugenden Praxis eigener Sozialpädagogik vor Ort, einer wirksamen Öffentlichkeitsarbeit als Autor und Redner verband und dazu ein großes, auf Solidarität ausgerichtetes institutionelles Netz von Gesellen- und Kolpinghäusern flocht und hinterließ.

2.3.7 Otto Willmann (1839–1920)

Willmann ist ebenfalls von der Einheit der Erziehung überzeugt. Insofern wendet er sich mit Bedenken dem pragmatischen Gebrauch des Wortes Sozialpädagogik als Akzentuierung des sozialen Elementes zu: „Die Sozialpädagogik ist daher nicht eine besondere Gestalt der Pädagogik, sondern ein Teil derselben, mit dem ihr zugehörigen Teil der Individualpädagogik eng verwachsen. Daher wäre strenggenommen die Wortbildung unstatthaft" (Willmann 1900, S. 241).

Aber: „Wenn das Schlagwort 'Sozialpädagogik' in dem Sinne verstanden wird, daß es auf alle Sozialverbände als Augenmerk der Erziehung hinweist und die Gemeinschaftsnatur des werdenden Menschen nach allen diesen Richtungen in Erinnerung bringt, dann ist es mit Dank willkommen zu heißen" (ebd., S. 245). Mit der bisher belegten Verwendung des Begriffes Sozialpädagogik beteiligt sich Willmann an der Auslegung der Spannung und Ergänzung von sozialer und individualer Erziehung. Soweit läßt auch sein Beitrag sich eindeutig als definitorisch ausmachen. Darüber hinaus bringt Willmann eine neuartige Sicht der Sozialpädagogik, indem er die kontroverse Doppelbeziehung hervorhebt, in der Sozialpädagogik steht: „Eine Sozialpädagogik tritt einerseits der Individualpädagogik, andererseits aber der Staatspädagogik gegenüber, und wenn dies mit der Absicht geschieht, beide zu ergänzen, so hat der Ausdruck einen wertvollen Erkenntnisgehalt" (Willmann 1904, S. 247). Bei Natorp (s. 2.3.9) kongruierte noch bei der Kritik des gegenwärtigen Staates der sozialpädagogische mit einem als ideal gedachten staatspädagogischen Gehalt. Willmann deckt auf, daß das staatspädagogische Ziel durchaus dem humanpädagogischen Anspruch von Individuum und Gemeinschaft widersprechen kann. Damit nimmt seine sozialkritische Einstellung zugleich Aspekte der anthropologischen Dimension in den Blick.

Insgesamt werden für die wissenschaftliche Disziplin Sozialpädagogik wie für ihre Anwendungsbereiche drei wesentliche Zuständigkeiten umschrieben:

1. Als Sachwalter einer außerhistorisch vorgegebenen Wesensbeschaffenheit des Menschen hat sie diese auszulegen; diese Anschauung von der sittlichen Welt faßt das Geschehen in dieser wohl geschichtlich auf, aber durch übergeschichtliche Gesetze und bleibende, in der Bestimmung des Menschen gegebene Aufgaben orientiert. Trotz der Veränderbarkeit geschichtlich kultureller Bedingungen besitzt die Natur des Menschen Konstanz. An sie reicht der Wechsel der Meinungen und Sitten, der von der menschlichen Unvollkommenheit herrührt, nicht heran. Wenn jetzt und hier etwas anderes gilt als einst und anderwärts, so sind darin lediglich verschiedene Auffassungen des An-sich-Gültigen, nicht aber ein Wechsel und Wandel in diesem selbst zu erkennen. Willmann ist stark am theologischen Naturrecht orientiert und verweist auf den Römerbrief 2,14. Die Auslegung der Natur des Menschen, die auf die ewigen Gesetze gerichtete Deutung, ist die erste hermeneutische Aufgabe der Sozialpädagogik im Sinne Willmanns, vergleichbar der mythologischen Hermeneutik des Hermes selbst, wenn er den Sterblichen den Sinn der Unsterblichen auslegte. Hier wird, wenn auch nicht in Art einer operationalen Methodenlehre, implizit die hermeneutische Methode zum Königsweg der Sozialpädagogik erwählt. Im Sinne unserer Dimensionen gehören die hier von Willmann aufgeworfenen Fragestellungen selbst zu den anthropologischen und ethisch-sozialkritischen; die ihnen adäquate Methode der Antwortsuche und -findung wäre dann, wie schon gesagt, hermeneutischer Art.
2. Aus der Verbindung von anthropologischer und historischer Perspektive erhält die Sozialpädagogik als Träger und Verwalter des historischen Erbes eine weitere Bestimmung. Ist das Überkommene auch dem Wandel unterworfen, so besitzt es doch Gültigkeit in seinen Bezügen zu den ewigen Leitbildern und Grundgesetzen menschlichen Lebens. Die Bausteine der Kultur: Sprache, Sitte, Religion, Philosophie, Kunst, Wissenschaft, „haben in gewissem Sinne ihr Dasein außer dem Individuum und vor demselben, wenngleich sie ihr Volldasein erst gewinnen, wenn sie in das individuelle Seelen-

leben eingerückt werden. Nur diese Ansicht vermag sie vor Verflüchtigung zu individuellen Zuständen zu bewahren und ihnen den Charakter sozialhistorischer Mächte zu geben" (Willmann 1904, S. 314). Die Vererbung der Kulturgüter und die Überlieferung der geistigen Inhalte sind somit das Gebiet der Sozialpädagogik. Im Sinne unserer Vermessungslinien befinden wir uns mit diesen Themenstellungen in der historischen und vergleichenden Dimension.

3. Die entscheidend neue Aufgabe der Sozialpädagogik, die Willmann formuliert, besteht in ihrem spannungsgeladenen Verhältnis zur Staatspädagogik. Im Gegensatz zur Sozialdemokratie seiner Zeit, aber auch in Absetzung zu Natorp behauptet er den Vorrang der sozialen „Geglieder" von Ehe, Familie, Kirche. Der Staat findet sie vor und stiftet sie nicht – er sieht sie fortwährend sich neu erzeugen und hat die Aufgabe, sie zu erkennen und zu bekräftigen. Den solcherart vorgefundenen Sozialformen verpflichtet Willmann die Sozialpädagogik. Er weist ihr die Aufgabe des Dammbaus zu gegenüber einer „Sozialethik, die das Individuum durch den allmächtigen Staat ergänzt und alle Leitlinien und Haltpunkte des Menschenlebens durch den Weltprozeß weggespült hat" (ebd., S. 309). (Weltprozeß ist hier ein Terminus technicus, der im Sinne der materialistischen Auffassung alles Menschliche im absoluten Geschichtsrelativismus als instabil und ablösungswert betrachtet.) Während also Sozialpädagogik den vorstaatlichen Sozialformen positiv verpflichtet ist, begegnet sie der Staatspädagogik mit kritischer Distanz. Interessanterweise wird hier von einem gewissermaßen historisch konservativen Pädagogen bereits kritisches Gedankengut entwickelt, das mit der „Kritischen Erziehungswissenschaft" der Frankfurter Schule hohe Ähnlichkeit hat. Auf jeden Fall läßt sich noch einmal feststellen, daß hier sozialkritische Fragestellungen der Sozialpädagogik früh auf den Punkt gebracht werden.

Zusammenfassend läßt sich sagen: Sozialpädagogik ist im Willmannschen Sinne mit der hermeneutischen und stets prozeßhaften Aufgabe betraut, die soziale Natur des Menschen und seiner Gemeinschaften zu entdecken, zu entwickeln und zu vervollkommnen. Andererseits stehen ihr Pflicht und Recht der verändernden Kritik gegenüber staatlichen Organen zu, wenn diese die soziale und individuale Menschwerdung behindern.

2.3.8 Helene Lange (1848–1930)

Es wäre anmaßend, Helene Lange als Sozialpädagogin zu vereinnahmen. In erster Linie ist sie die „unbestrittene Führerin der dt. Frauenbewegung der ersten Generation“ (Dauzenroth 1971, S. 30). Pädagogisch läßt sie sich als Schulpädagogin mit weitestreichender politischer Wirksamkeit verstehen: Ihr vor allem ist es zu verdanken, daß die Oberstufe des Gymnasiums auch für Mädchen eingerichtet wurde, daß es somit eine allgemeine Hochschulreife für Mädchen gab und damit Frauen Zug um Zug die Universitäten und akademischen Berufe aufgetan wurden.

Warum also wird die große Frau hier im Register der Personen mit theoretischen Vorgaben für die Sozialpädagogik aufgeführt? Meines Erachtens setzt sie auf zwei metatheoretische Axiome, die zutiefst auch aller wahren Sozialpädagogik vorgegeben sind und die mit modernen humanistischen Grundanschauungen übereinstimmen:

1. Menschen sind gleichwertig und haben das Recht auf gleiche Chancen.

Helene Lange geht es in diesem Zusammenhang um die Aufhebung der Bildungsbenachteiligung der Mädchen und der politischen Ausschaltung der Frauen. Für die Bildungstheorie liest sich das so: „Wenn wir das Prinzip, nach dem jetzt unsere höhere Mädchenschule bewußt oder unbewußt arbeitet, auf die einfachste Formel zu bringen versuchen, so dürfte es diese sein: Der Frau soll an Bildungsgütern gegeben werden, was nötig ist, um dem Manne die genügende geistige Resonanz zu bieten, seine interessierte Gefährtin zu sein, um sein Haus zu schmücken und in der Geselligkeit der sogenannten höheren Stände die ihr durch Sitte und Herkommen dort zugewiesene Rolle zu spielen. ...

Was für ein Prinzip haben *wir*, die wir nicht einen Ausbau, sondern einen vollständigen Neubau der höheren Mädchenschule wollen, dem gegenüber zu stellen?

Ich würde es einfach so formulieren: der Frau muß an Bildungsgütern gegeben werden, einerseits, was sie als zukünftige *Mutter* in dem für diese Schulgattung maßgebenden Wirkungskreis nötig hat, andererseits, was eine brauchbare Grundlage für den Eintritt in mittlere und höhere Berufe bildet. Zwischen der bisherigen – sagen wir kurz: Resonanztheorie, auf der die jetzige höhere Mädchenschule fußte, und der von uns aufgestellten Forderung klafft der ganze Abgrund, der den nur zum *Auf*nehmen, zum *Anteil*nehmen bestimmten Menschen von dem Menschen, der *geben* kann, trennt, dem Menschen mit Eigenbildung, mit dem Wissen, das zum Prüfen, zur Bildung selbständiger Überzeugungen führt; zwischen dem Menschen, der *kennt* und dem Menschen, der *kann*" (Lange 1908, S. 2; Kursives ist im Original gesperrt gedruckt, Anm. d. Autors).

Noch deutlicher heißt es an anderer Stelle: „Mit der ausschließlichen Beziehung der ganzen Entwicklung unserer Mädchen auf den Mann … fällt auch ihre ausschließliche Erziehung durch den Mann; ja, solche Frauen, wie wir sie wollen, *können gar nicht durch Männer allein gebildet werden* (im Original gesperrt gedruckt, Anm. d. Autors); es bedarf dazu aus vielen Gründen durchaus des erziehenden Fraueneinflusses" (zit. n. Bäumer 1901, S. 83).

2. Frauen haben das Recht auf politische Gleichberechtigung.

Für die politische Gleichberechtigung der Frau polemisiert Helene Lange auf hohem theoretischen Niveau ihr Leben lang. Eine vorzügliche Stelle, ebenfalls von Gertrud Bäumer als bedeutsam herausgestellt, liest sich folgendermaßen:

„Sobald die Erkenntnis der Bedeutung der Frau für das Gemeinwohl in den Kreisen der Männer genügend Wurzel gefasst hat, dann, aber auch erst dann, wird der Augenblick gekommen sein, in dem die gesetzgebenden Faktoren, von der öffentlichen Meinung gedrängt, für das Frauenstimmrecht eintreten werden.

Und so ist uns unser Weg gewiesen. Es gilt zunächst – und diese Arbeit haben wir schon mit Energie in Angriff genommen – die Hindernisse zu beseitigen, die uns am Leisten hindern. Es gilt einzudringen in die Arbeit der Gemeinden, in die Schulverwaltungen, die Universitäten, die verschiedenen Berufszweige, und überall zu zeigen: das *kann* (im Original gesperrt gedruckt, Anm. d. Autors) die Frau" (zit. n. Bäumer 1901, S. 149).

3. Politisches Engagement der Frauen erfordert Zielsetzungen.

Helene Lange, die gleiches Bildungsrecht und politische Gleichstellung für Frauen fordert, postuliert für ein politisches Engagement der Frauen Zielsetzungen, die sich genuin als sozialpädagogisch verstehen lassen: „Es gilt, der 'Dame' entgegenzutreten, die durch das parfümierte Taschentuch den 'Armeleutegeruch' fernhalten möchte; es gilt das Laster in seinen Schlupfwinkeln aufzusuchen, die Kindlein zu uns kommen zu lassen, den Verwaisten und Verlassenen Pflegerinnen zu sein und unerschrocken die Wahrheit zu sagen über alles, was da faul ist auf sozialem Gebiet, mag uns noch so oft das allmählich doch etwas in Misskredit geratende 'Unweiblich' entgegengeschleudert werden. Der Weg ist weit; aber er ist kein Umweg. Denn wir nehmen viel mit unterwegs, all das Rüstzeug, das wir für eine spätere Zeit brauchen" (ebd., S. 149).

Der sozialpädagogische Impetus der großen Frauenrechtlerin macht klar, daß es keine geteilte Gerechtigkeit gibt: Der Anspruch der Emanzipation der einen, hier der Frauen, geht einher, eng verschwistert, mit dem Anspruch der Aufhebung von Benachteiligung anderer. Ferner kongruiert das schulpädagogische Engagement zugunsten der Mädchen mit einer Kritik der „Staatspädagogik" der einseitigen Männerbildung. Ich erkenne hier eine Übereinstimmung mit Magers Standortbestimmung der Sozialpädagogik, die er als „wirkliche" Pädagogiksynthese absetzt gegen die Einseitigkeiten der Staats- und Individualpädagogik.

Wie sehr die von mir unterstellte Nähe der theoretischen Entwürfe Helene Langes, der Frauenrechtlerin, auch biographisch nachvollziehbar ist, zeigt ihre freundschaftliche Nähe zu der jüngeren Gertrud Bäumer, mit der sie gemeinsame Politik und wissenschaftliche Herausgeberschaften insbesondere im „Handbuch der Frauenbewegung" (1901) verbindet. Auch Alice Salomon ist Koautorin in diesen Editionen.

2.3.9 Friedrich Natorp (1854–1924)

Natorp will mit dem neuen Terminus den bei Diesterweg gewissermaßen zugestandenen Dualismus überwinden: „Gemeint ist damit also nicht ein abtrennbarer Teil der Erziehungslehre etwa neben der individualen, sondern die konkrete Fassung der Aufgabe der Pädagogik überhaupt und besonders der Pädagogik des Willens. ... während nach meiner These zwischen Individuum und Gemeinschaft eine so enge Wechselbeziehung besteht, daß eine äußere Scheidung einer individualen von einer sozialen Pädagogik überhaupt sinnlos wird. Zwar ist eine bloß individuale Betrachtung als Abstraktion allenfalls möglich, obwohl inkomplett: aber die soziale Betrachtung schließt die individuale notwendig ein, oder enthält wenigstens die Prinzipien für sie" (Natorp 1974, S. 98 f.).

Hinsichtlich der Zusammengehörigkeit von sozialer und individualer Erziehung und individualer Menschenbildung stimmt Natorp also durchaus mit Diesterweg überein. Das Wort Sozialpädagogik verwendet er jedoch nicht zur Hervorhebung des sozialen Aspektes, sondern als Beleg der Einheit der Erziehung unter dem Primat des Sozialen.

Orientiert an der Platonischen Philosophie schränkt Natorp vielfach das Soziale auf das Staatliche ein, ohne die vor- und außerstaatliche Sozialität des Menschen entsprechend zu würdigen. Dabei gilt festzuhalten, daß Natorp den Staat und die von ihm vertretenen Gesellschaftsformen keineswegs als absolute Größen sieht. Ganz entschieden kritisiert er das staatlich geordnete öffentliche Leben unter sozialpädagogischen Gesichtspunkten. Damit wird auch bei Natorp die kritische Dimension zur Aufgabe der Sozialpädagogik erhoben. „Meine Sozialpädagogik", so schreibt Natorp (ebd., S. 91 f.), „hat es gewagt, an den vorhandenen Gemeinschaften, so wie sie sind, einschneidende Kritik zu üben, den gegebenen sozialen Zustand lediglich als Durchgang zu betrachten zwischen vergangenen sozialen Ordnungen, die längst unhaltbar geworden sind, und kommenden, die erst von ferne sich ankündigen, und hat dann die ganze Arbeit der Erziehung auf diese kritische Stellung zu den gegebenen sozialen Ordnungen orientieren wollen."

Die Schwerpunkte der sozialpädagogischen Grundlegung sind demnach auch bei Natorp definitorischen und sozialkritischen Charakters. Darüber hinaus ist festzuhalten, daß seine philosophische Orientierung an der Platonischen Staatslehre einen frühen theoretischen Entwurf der Sozialpädagogik darstellt.

2.3.10 Johann Tews (1860–1937)

Tews bleibt als einer der Klassiker der Sozialpädagogik oftmals unerwähnt. Das mag daran liegen, daß er zu einer Zeit, in der Willmann und Natorp mit der Grundsatzdiskussion befaßt waren, Sozialpädagogik auf die konkreten Aufgaben der Volkserziehung, der Fürsorge, der Frauenfrage und der Einkommensverteilung verweist. Aus heutiger Sicht mutet diese Ausrichtung in Art einer Handlungswissenschaft außerordentlich modern an. Wissenschaftsmethodisch läßt sich Tews somit als Vorläufer des „action research" ausmachen. Aus der Perspektive der stark sozialphilosophisch orientierten frühen Sozialpädagogik mag Tews' Beitrag trivial erscheinen und übergangen worden sein. Ich halte es für erforderlich, das Ungleichgewicht der Würdigung zu vermindern oder zu beheben. Dies gilt vor allem deshalb, weil Tews' Programm der „Sozialpädagogischen Reformen" (1900) in weiten Teilen auch heute noch sozialkritische Aktualität besitzt.

Auf den Streit der dualistischen oder monistischen Auffassung des Verhältnisses von Sozial- und Individualpädagogik und der definitorischen Abgrenzung antwortet Tews folgendermaßen:

„Die Gesamtheit der Bemühungen, Wissenschaft und Kunst im Volke zu verbreiten, nicht nur durch die Schulen, sondern darüber hinaus bei Kindern und Erwachsenen, welche zu lernen und zu genießen willig sind, durch mannigfache andere Mittel, kann man mit dem Ausdruck Sozialpädagogik bezeichnen. Dies und nichts anderes möchte ich unter diesem Ausdruck hier verstanden wissen. Ich will damit keinen Gegensatz etwa zur Individualpädagogik hervorheben, wie es seitens anderer Pädagogen geschehen ist. Man kann ja einen solchen Gegensatz konstruieren, indem man gewisse Seiten der pädagogischen Arbeit stärker betont.

Wenn man das Individuum als den Mittelpunkt und als das Ziel der pädagogischen Bemühungen auffaßt, wenn man die Aufgabe der Erziehung nur darin erblickt, starke, gute, harmonisch entwickelte Individuen zu bilden, so kann diese Auffassung der Erziehung als Individualpädagogik bezeichnet werden. Wenn man dagegen die Aufgabe der Erziehung darin erblickt, das ererbte Kulturgut, das ja niemals von einem Individuum, sondern von der ganzen Generation getragen wird, an die neue Generation zu übermitteln und diese Generation mit all dem auszurüsten, was erforderlich ist, um die Aufgaben, die im sozialen Organismus zu erfüllen sind, auf sich zu nehmen, so ist eine solche Auffassung der Pädagogik sehr wohl als Sozialpädagogik zu bezeichnen.

Die Gegensätze entstehen jedoch nur dadurch, daß man das eine Mal auf die eine und das andere Mal auf eine andere Seite der Erziehung das größte Gewicht legt. Derartige Schlaglichter und Schlagwörterbezeichnungen sind gar zu sehr geeignet, die Geister zu verwirren und für einseitige Auffassungen gefangenzunehmen. Aus diesem Grunde kann ich dieser Auffassung von Sozialpädagogik auch das Wort nicht reden" (Tews 1900, S. 4f.).

Indem Tews auf die wiedergegebene Weise sich der unerledigten Grundsatzdiskussionen entzieht, wird er frei, einer praktischen Sozialpädagogik ihre Ziele zu setzen und darüber hinaus aus ihrer sozialkritischen Perspektive massive Reformen sozialpolitischer Art zu fordern.

Fürs erste schließt er – wie vor ihm Mager – die Erwachsenenbildung in den sozialpädagogischen Aufgabenkatalog ein: „Alle die Veranstaltungen, welche notwendig sind, um die Erwachsenen mit den Ergebnissen der Wissenschaft und den Erzeugnissen der Kunst in Verbindung zu bringen und zu halten, schließe ich in das Gebiet der sozialpädagogischen Tätigkeit ein" (ebd., S. 6). Damit ist für die praktische Dimension der Sozialpädagogik hinsichtlich ihres Adressatenkreises eine Entscheidung gefallen, die bis heute wirksam geblieben ist. Wir sehen sie repräsentiert in der sozialpädagogischen Anteil- und Parteinahme für das Schicksal und die Sozialisation von Eltern, Ausländern, Alten, Aidskranken und anderen nicht jugendlichen Adressaten unserer Profession.

Im gleichen Sinne soll nach Tews vor allem die Frauenfrage durch sozialpädagogische Reformen beantwortet werden. „Denn auf die Erziehung der heranwachsenden weiblichen Jugend wird die Sozialpädagogik der Zukunft ein ganz besonderes Gewicht legen müssen. Das Weib muß in unserem sozialen Organismus für einen doppelten Beruf unterrichtet und erzogen werden, für das Erwerbsleben und für ihre Aufgaben als Hausfrau und Mutter. Der letztere Beruf ist der allgemeinere und wertvollere“ (ebd., S. 18).

Aus den weiteren Ausführungen geht hervor, daß Tews vor allem die Mutter der Arbeiterfamilie durch mehr Bildung und durch eine gerechtere Einkommensverteilung aus der existentiellen Überlastung befreien will. Die dringend geforderten Hilfen versteht er jedoch im Widerspruch zur zeitgenössischen Sozialdemokratie nur als unvollkommene Ersatzleistungen für die im Prinzip höher zu bewertende Erziehung durch die Familie: „Man wird vielmehr sich nach Reformen umsehen müssen, die die gegenwärtige Familie nicht nur in ihrem Bestande und in ihrer Wirksamkeit erhalten, sondern sie weiter ausbauen und ihre pädagogischen Leistungen vervollkommnen“ (ebd., S. 15). Tews' Gedanken nehmen hier den modernen Charakter des Subsidiaritätsprinzips, das heißt eine sozialpolitische, sozialkritische Wertposition ein, indem er betont, daß sozialpädagogische Einrichtungen aushilfs-, ersatzweise und nach Möglichkeit wieder ablösbar einspringen sollen. Er formuliert unmißverständlich:

„Wir haben Krippen, Kinderbewahranstalten, Kindergärten, Kinderhorte usw. Diese Anstalten können nie und nimmer die Familie ersetzen; aber sie werden auch bei verbesserter Familienerziehung nicht völlig überflüssig werden ... Sobald sie aber mehr sein sollen als Not- und Aushilfsinstitute, ist man auf dem Wege, die Hauserziehung zur Kasernenzucht umzugestalten“ (ebd., S. 15). Unausgesprochen und doch nicht unüberhörbar melden sich hier anthropologische, aber auch ethische und sozialkritische Wertsetzungen an, für die auch heutige Vertreter der Sozialpädagogik einstehen.

Wir wollen festhalten: Tews nimmt mit seinen Äußerungen Gedankengut vorweg, das in den Zeiten der sozialpädagogischen Bewegung Bäumers (s. 2.3.14) und Nohls (s. 2.3.15) zum Tragen kommt und bis heute Gültigkeit behält. Zum ersten Mal wird der institutionelle Bestand an außerschulischen Erziehungshilfen ausdrücklich Bestandteil des Verständnisses der Sozialpädagogik. Tews' Ausweitung des sozialpädagogischen Ansatzes auf die Erwachsenen-, speziell Frauenbildung und Sozialpolitik sowie die Artikulation sozialpädagogischer Subsidiarität sind bis heute aktuell geblieben. Im Sinne unserer Vermessungslinien der Sozialpädagogik verdanken die praktische Dimension in bezug auf Handlungsbezogenheit und Adressaten, die anthropologische und sozialkritische Dimension hinsichtlich der Werte und Zielsetzungen Tews' eine Reihe von Schwerpunktsetzungen.

2.3.11 Christian Jasper Klumker (1868–1942)

Klumkers Lebenswerk ist so umfangreich und differenziert, daß in nahezu allen Feldern unserer Dimensionen Beiträge zu verzeichnen sind.

Persönlich zeichnet ihn eine herzhafte Menschenfreundlichkeit aus, mit der er sich für verschiedene Gruppen Benachteiligter einsetzte. Benachteiligungen aufzuheben, sah er als vordringliches Ziel der Sozialpolitik an. Das Energiezentrum seines Wirkens läßt sich nach unserem Schema im Bereich der anthropologischen und sozialkritischen Dimension bestimmen.

Sein Menschenbild orientiert sich am Phänomen der Hilfsbedürftigkeit. Schon als 32jähriger weist er 1901 auf der Jahreshauptversammlung des Deutschen Vereins für öffentliche und private Fürsorge in Lübeck das bis dahin geltende Prinzip von Verschuldung und Unverschuldetheit notvoller Lebenslagen zurück:

„Ich kann in der Unterscheidung zwischen verschuldeter und unverschuldeter Armut in keiner Weise eine soziale Ausgestaltung der Armenpflege erblicken. Auf den Gebieten, die am meisten des Fortschritts bedürfen, ist man zu wirklichen Fortschritten hauptsächlich dadurch gekommen, daß man diesen Unterschied hat zurücktreten lassen; ich erinnere an die Kinderpflege, an die Krankenpflege, auf welchen beiden Gebieten die Frage nach der Würdigkeit und nach dem Verschulden fast verschwunden ist; ich erinnere an die Irrenpflege und an das Thema der Trunksucht und der Trunksüchtigen – nichts hat auf diesem Gebiet eine wirksame Betätigung mehr gehindert als die ewige Beurteilung von moralischen Gesichtspunkten aus; ein Fortschritt hat sich erst angebahnt, als man diesen Gesichtspunkt zurückgedrängt und andere Gesichtspunkte in den Vordergrund gestellt hat. ... Viel wichtiger scheint mir die Frage der Heilbarkeit und Unheilbarkeit eines Falles. Darum handelt es sich zunächst bei jedem sozialpolitischen Fortschritt auf unserem Gebiete, daß in allen den Fällen, wo wirklich dauernde Hilfe geschaffen werden kann, das Eintreten der öffentlichen Fürsorge wie der privaten (sie sei organisiert oder nicht) nach diesem Gesichtspunkt eingerichtet werde. Nicht ob der einzelne Arme sein Elend selbst verschuldet hat oder nicht, sondern die Frage: Kann ich diesem Manne wirklich helfen? ist das wichtigste. Ich halte es auch geradezu für ein Unrecht, wenn ich einem Armen, der vollständig sein Elend verschuldet hat, dem ich diese Verschuldung in jedem Stücke nachweisen kann, dem ich aber – selbst mit Aufwendung bedeutender Mittel – wirklich wieder zu einer neuen Existenz verhelfen kann, diese Beihilfe abschlage, weil er sein Elend verschuldet hat. In all diesen Fällen sollte man nur nach dem Gesichtspunkt der Heilbarkeit gehen. … Ich habe ein klein wenig das Gefühl, daß man bei der grundsätzlichen Hervorhebung der Unschuld (die sehr selten wirklich nachzuweisen ist) die Mängel der Weltordnung mit ein bißchen mehr Wurst zum trockenen Brot nachträglich ausbessern und der Gerechtigkeit Gottes etwas nachhelfen möchte. Sozialpolitisch ist dieser Gesichtspunkt durchaus unfruchtbar“ (zit. n. Neises 1968, S. 1 f.).

Wie aus diesem Zitat ersichtlich, folgert Klumker aus seinem Menschenbild von prinzipieller Hilfsbedürftigkeit und unverweigerbarem Hilfsanspruch sozialkritische, damit sozialpolitische Forderungen. Erfolgreich bekämpft er die Benachteiligung unehelicher Kinder, ihrer Mütter, Väter und Stiefväter. Hartnäckig betreibt er als Promotor der Amtsvormundschaft und durch persönliche Übernahme dieses Amtes für zahlreiche Mündel ihre notwendige Unterstützung und Erziehung. Zuvor waren diese Kinder großenteils der Vernachlässigung durch ihre Zwangs-Vormünder ausgesetzt. Darüber hinaus verweigerten viele Gemeinden, sie ins Personenregister aufzunehmen, um die gesetzliche Leistungspflicht zu vermeiden. Durch die Einrichtung der Amtsvormundschaft und die persönliche Obhut Klumkers erhalten sie und ihre Mütter einen einflußreichen Schutz vor der Benachteiligung. Ein durchschlagender politischer Erfolg gelingt Klumker 1914 durch Aufhebung des Reichsgesetzes von 1888, wonach uneheliche Kinder von den Unterhaltsleistungen bei Einberufung ihrer Stiefväter ausgeschlossen wurden.

Nicht nur als Promotor sozialer Gesetzgebung, sondern auch als Begründer sozialer Institutionen macht sich Klumker verdient:

Arbeitsbereiche, in denen sich bis heute wirksame Einflüsse Klumkers auffinden, sind Heimerziehung, sozialdiagnostische Zentren zur Erfassung individueller Erziehungsbedürfnisse, Berufseingliederungshilfe, Nicht-Seßhaftenfürsorge, Gerichtshilfe und Systematisierung des Almosenwesens. Neben seiner einflußreichen Mitwirkung vor Ort betreibt er mit größtem Einsatz Öffentlichkeitsarbeit: zum einen, um die Politik in die Richtung der Solidarisierung mit den Benachteiligten zu bewegen; zum andern, um die selbstgerechten Vorurteile der Bevölkerung gegenüber den Randständigen zu erweichen.

Neben den Adressaten, die sich aus Klumkers Gesetzesinitiativen und praktisch institutionellen Ansätzen ergeben, wird in seinem Sozialjournalismus die Öffentlichkeit selbst zum Adressaten seiner sozialpädagogischen Einflußnahme. Sehen wir seine Öffentlichkeitsarbeit als außerordentlich modernes Verfahren heutiger Non-Profit-Arbeit, so besticht auf der anderen Seite Klumkers Forderung nach Einfühlung und Verständnis als Praxismethoden, die dem Individualanspruch von Menschen gerecht werden.

Selbst hinter den Fällen der „Unheilbarkeit" stehen für ihn Menschen, die einen Anspruch haben auf Respekt und Würdigung ihres eigenen Lebensstils. Bereits 1901 fordert er in dem bereits erwähnten Zusammenhang in diesem Sinne für die Verarmten: „Über diese Fälle hinaus, wo Heilbarkeit möglich ist, kann eine soziale Ausgestaltung auch bei den Fällen in Frage kommen, wo es sich um eine dauernde Unterstützung, um Versorgung des betreffenden handelt. Da scheint mir neben anderen doch ein sehr wichtiger Gesichtspunkt die Rücksichtnahme bei der Versorgung der Armen auf ihre sozialen Gewohnheiten, ihre gesellschaftlichen Anschauungen, ihre Sitten und Gebräuche" (zit. n. Neises 1968, S. 2).

Einfühlende Akzeptanz zeigt er auch mit seiner Absicht in seiner Beobachtungsanstalt, die er 1908 in Steinmühle bei Frankfurt einrichtete mit dem Ziel der individuellen Diagnose und Prognose von Frühzöglingen und der beruflichen Eingliederung entlassener Hilfsschüler: „Erst die Beobachtungsanstalt macht wieder aus diesem Papier (der Akten) Menschen, Kinder mit Fleisch und Blut, mit besonderen Anlagen, Vorzügen und Fehlern, die eine sorgsame Beobachtung gerade bei der ersten Unterbringung erheischen, damit das Kind so bald wie möglich ein neues Heim finde" (ebd., S. 15).

Expressis verbis verlangt Klumker, daß solcherart Empathie nicht nur eine private Eigenschaft einzelner Sozialpädagogen und Fürsorger bleibe, sondern ein berufliches Qualifikationsmerkmal und eine methodische Kompetenz als notwendige Ausstattungen für die „Beamten der Wohlfahrtspflege" werde (vgl. ebd., S. 22).

Es würde verwundern, wenn ein Mensch mit solchem Einfluß auf Sozialpolitik, Fürsorge und praktische Sozialpädagogik auch innerhalb von Forschung und Theorie hervortreten würde. Doch auch hier tritt Klumker hervor. Daher ist die Behandlung seines Wirkens innerhalb dieser theoretischen Entwürfe durchaus wichtig.

Zunächst möchten wir seinen historischen Beitrag beleuchten; Klumker war es bewußt, wie sehr auch ins Vergessen geratene Anteile historischer Kräfte und Ideen auf eine Gegenwart einwirken können:

Er belegt, daß den Vorurteilen historisch verwurzelte Zerrbilder vorausgehen. Aus diesem Grunde erforscht er den verhängnisvollen Einfluß der Malthusschen „Verhungerungstheorie“. Malthus (1766–1834) hatte die Auffassung vertreten, daß das Bevölkerungswachstum in eine Verhungerungskatastrophe weiter Bevölkerungskreise einmünden werde. Als „Alltagstheorie“ lieferte die Malthussche Anschauung – so der Nachweis Klumkers – das Legitimationsmaterial für die systematische Vernachlässigung der unehelichen Kinder als der unwillkommensten Mitesser.

Klumker erkennt, daß prosoziale Erneuerungen oft nur durch ein historisches Zusammenwirken über Generationen hin wirksam werden können. Aus diesem Grunde arbeitet er über Pestalozzi als Wegweiser der Armenpflege und Fürsorge.

Er insistiert, daß zur Vermeidung von Fehlerwiederholungen eine Chronik der Entwicklung bestimmter Regelungen notwendig ist. Aus diesem Grunde legt er 1907 in Heft 81 der Schriften des Deutschen Vereins einen Bericht vor über „Die Entstehung der Berufsvormundschaft und ihr heutiger Rechtsstand“; dieser wird ergänzt durch ein zweites Heft (Nr. 82 der Schriften) mit „Materialien“, die neben den Ergebnissen einer umfangreichen Enquete eine reiche Auswahl von Gesetzen, Verordnungen, Motiven und Verhandlungen enthält – angefangen von der französischen Revolutionsgesetzgebung (vgl. Neises 1968, S. 11).

Auch für den zeitgleichen Vergleich der historischen und vergleichenden Dimension lassen sich moderne Beiträge Klumkers ausmachen. So zieht er für die Verstärkung des Erziehungsgedankens im Jugendgerichtswesen z. B. einen kritischen Vergleich zu den „Ländern englischen Rechts“ und zu Belgien heran (ebd., S. 48).

Für die Konstituierung seiner bereits erwähnten „Beobachtungsanstalt“ orientiert er sich an dänischen Vorbildern, deren Publikationen er sorgfältig auswertet, um sie bei einer Forschungsreise (berichtet im Jahrbuch der Fürsorge 4/1919, S. 41–55) selbst in Augenschein zu nehmen.

Gemäß unserem Dimensionenschema gilt es noch zu klären, ob auch das Feld der theoretischen Dimension von der Wirksamkeit Klumkers profitiert.

In zwei Bereichen verdanken wir Klumker Anstöße: Speziell im definitorischen Bereich besticht er mit einer Reihe von Stichwortbearbeitungen in der 4. Auflage des „Handwörterbuchs der Staatswissenschaften“. Wissenschaftsmethodisch reicht das breite Spektrum seiner Verfahren von der Hermeneutik des Einzelfallverstehens bis zur zeitkritischen Auslegung der latenten Malthusschen Folgen, über Feldforschung bis zu empirisch statistischen Expertisen.

Eindeutig werden Geist und Handschrift Klumkers bei Formulierungen über Feldforschungen seines Freundes und Forschungspartners Spann spürbar. Letztlich stehen auch die für Klumkers Zeit so fortschrittliche empirische Wissenschaftsmethode und die Auslegung ihrer Ergebnisse unter dem Primat eines Menschenbildes, das anwaltliche und helfende Akzeptanz für Menschen in schwierigen Lebenslagen verlangt.

Selbst zur Metatheorie unserer Wissenschaft gibt es eine beherzigenswerte Position Klumkers: Da es gilt, die Werte und Methoden in das Alltagsgeschehen der Gesellschaft zu übersetzen muß die Sozialpädagogik als Wissenschaft für die Frau und den Mann auf der Straße und ebenso für die politisch Verantwortlichen verstehbar und kommunizierbar sein. Somit ist Sozialpädagogik als Wissenschaft dazu da, Verhältnisse in einem sozialkritischen und ethischen Sinne verbessern zu helfen, und nicht allein dazu, sie – in ihren meist unvollkommenen und ungerechten Zuständen – zu beschreiben und zu analysieren.

2.3.12 Anton Heinen (1869–1934)

Wer Anton Heinen kennt, wird sich vielleicht wundern, daß ich ihn hier in die Reihe derer aufnehme, die einen bis heute wirksamen theoretischen Beitrag zur Sozialpädagogik geleistet haben. Er ist nämlich katholischer Priester gewesen, Großstadtkaplan im Ruhrgebiet (in Mühlheim-Ruhr), Religionslehrer (in Eupen), Jugend-, vor allem Mädchenseelsorger (in Mönchengladbach), Publizist (des katholischen „Volksvereins" – ebenfalls in Mönchengladbach), schließlich Dorfpfarrer der kleinen Gemeinde Rickelrath im heutigen Wegberg.

Was hat dieser Mann mit Sozialpädagogik zu tun? In der Liste der zuvor beschriebenen Sozialpädagogen paßt er in je besonderer Weise zu Mager, Diesterweg und Kolping:

In Magers Linie steht er mit seinem theoretischen und praktischen Wirken der Volkserziehung. Ihm geht es darum, das ganze Volk mit den Mitteln der Erziehung und Bildung für eine gemüthafte und selbstbewußte soziale Verantwortungsübernahme zu gewinnen.

In Diesterwegs Fußstapfen geht er vielleicht indirekt über die Fußspur seines Vaters, der 40 Jahre lang Dorfschullehrer in einer einklassigen, d.h. acht Schuljahre umfassenden Schule, Lehrer war. Immer wieder geht es ihm in seiner praktischen Lehrerbildung und Publizistik um Lehrer, die nicht Vertreter für Buch- und Fachwissen sind. Statt dessen sollen sie mit mütterlicher und väterlicher Sympathie gemeinsam mit den Eltern ihrer Schüler für diese eine Lebenswelt des sozialen Miteinanders der Arbeit und des Feierns gestalten, aus der Menschen mit individueller Bildung und solidarischer Verantwortlichkeit hervorgehen.

Mit Kolping schließlich verbindet ihn, daß er einerseits in direkter Gefolgschaft während der Mühlheimer Zeit Bildungsarbeit im Gesellenverein leistet, darüber hinaus aber, daß er lebenslang um die emanzipatorische Bildung des benachteiligten Arbeiterstandes – und zwar speziell um Fabrikarbeiterinnen – bemüht blieb.

Heinen selbst hat sich nicht als Sozialpädagoge bezeichnet, wohl jedoch als Volkserzieher und „Bildner": „Kommt man als Bildner, so ist die Frage: vor welchen Lebensaufgaben und Schwierigkeiten stehen sie? Wie kannst du ihnen helfen, daß sie sich auf ihre Aufgaben besinnen; daß sie mit ihnen zurechtkommen? Der Wissenschaftler kommt als Fremder und bleibt fremd; der Demagoge kommt, um die Masse für sich zu gewinnen; der Pädagoge kommt, um Menschen für ihre Lebensaufgaben innerhalb des Ganzen zu gewinnen, in dem sie gliedhaft stehen" (Heinen o.J., S. 28f.). Immer wieder hat Heinen Aufgabe und Funktion des Volkserziehers und Bildners beschrieben und expliziert. Damit hat er eine Fundgrube wertvoller definitorischer Ansätze angelegt, die noch eingehender Erforschung und Diskussion bedürfen.

Im engeren Sinne theoretischer Ansätze verdanken wir Heinen zwei Beitragsrichtungen sozialpädagogischer Relevanz:

1. In einer Reihe von Aufsätzen und Vorträgen befaßt er sich mit einer Grundlegung der Jugendpflege. Als Schwerpunkt sieht er die Aufgabe der Jugendpflege darin, bei den Jugendlichen „rechte Berufsfreude" zu wecken. „Der Weg zum Staatsbürger führt über den Beruf. Ein Volk, das sich aus berufstüchtigen und berufsfreudigen Menschen zusammensetzt, aus Menschen, die in ihrem Beruf die Basis erkennen, von der aus sie ihre Aufgaben und Pflichten gegen andere Berufsstände, gegen Gemeinwesen und Vaterland zu erfüllen haben, ist ein innerlich gesundes Volk. Deshalb wird auch die Jugendpflege es als ihre Zentralaufgabe anzusehen haben, den jungen Menschen behilflich zu sein, daß Berufstüchtigkeit und Berufsfreude in ihnen wächst und reift, daß sie von ihrem Berufe aus ihre gegenwärtigen und zukünftigen Lebensaufgaben anzuschauen und zu lösen lernen und so durch ihren Beruf als mitschaffende, mitgestaltende Glieder mit dem Ganzen verwachsen.

Vor allen Dingen dürfte es nun darauf ankommen, daß die Jugend das richtige innere, seelische Verhältnis zu ihrem Lebensberuf findet. Daran fehlt es heute in erschreckender Weise. Viele Jugendliche sehen nicht mehr den Beruf selbst, sondern bloß jene Äußerlichkeiten, die mit dem Beruf verknüpft sind: das Geld, das sie verdienen, die Genüsse, zu denen die Berufsarbeit, eine 'verwünschte Notwendigkeit' an und für sich, ihnen die Tür öffnen soll. Damit tritt der Beruf in ihrer Vorstellung, in ihrem seelischen Empfinden als etwas Dunkles, Freudloses in den Hintergrund, dem jungen Menschen schwebt gefühlsmäßig die Idee vor, er sei auf Erden, nicht, um seine Pflicht zu erfüllen, sondern um Geld zu verdienen und 'etwas vom Leben zu haben'" (Heinen 1917, S. 12f.).

Offensichtlich ist er hier besonders von dem großen Schulpädagogen Kerschensteiner (1854–1932) beeinflußt. Es gibt jedoch im Vergleich zu Kerschensteiner einen unterschiedlichen bzw. besser: komplementären Akzent; Heinen will die Berufswerdung und Berufsidentität nicht innerhalb der Schule oder am Arbeitsplatz selbst, sondern im freien Bereich der Jugendpflege – im heutigen Sinne: der Sozialpädagogik – subsidiär unterstützen.

2. Eine andere Grundlinie sozialpädagogisch relevanter Theorie zeichnet Heinen durch sein Verständnis der Sprache. Er sieht eine kardinale Kluft zwischen Wissenschafts- und Volkssprache. Für die Arbeit der Volkserziehung und -bildung und logischerweise für den Bereich der Jugendpflege fordert er die Volkssprache als das genuine Umgangsmedium.

In seinen Lebenserinnerungen bringt er diese Gegensätzlichkeit der Sprachen einmal mehr auf den Punkt: „... wie unterscheidet sich die Volkssprache von der Gelehrtensprache? Die Volkssprache kennt vor allem nicht die begriffliche Abstraktion. Sie ist wirklichkeitsnahe; nicht wissenschaftlich, sondern – ich möchte sagen – gläubig. Darum ist sie lebendig. Sie spricht in Bildern und Gleichnissen. Es ist die Sprache des Jubels, der Verwunderung, des Zornes, der Entrüstung. Sie ist mit den irrationalen Kräften des Gemüts geladen. ... Es handelt sich also bei der Volkssprache nicht etwa um 'Popularisierung' der wissenschaftlichen Sprache. Diese Popularsierung führt zu dem verwaschenen Zeitungsdeutsch, an dem die Sprache heute krankt. Volkstum und seine Sprache ist ursprünglich, darum urwüchsig, derb ..." (Heinen o. J., S. 27f.).

Diesen theoretischen Gegensatz der Sprachen begründet Heinen in einer metatheoretischen Antinomie, die er für Wissenschaft auf der einen, Bildung auf der anderen, Zweck auf jener, Sinn auf dieser Seite des Lebens setzt.

Nach seiner Erkenntnis dient Wissenschaft der fachlichen Verzwekkung, Bildung aber der je und je wachsenden, staunenden, gemüthaften Teilhabe am lebendigen Ganzen. Gewissermaßen nimmt er mit dieser Polarisierung Erich Fromms (1976) Gegensatz zweier kultureller Lebensstile vorweg, von dem der eine auf (verzwecktem) Haben und der andere auf (sinnhaftem) Sein beruht.

Mit Bildung will Heinen den benachteiligten Volksgruppen der ländlichen Region und der Arbeiterschaft den Sinn ihres Lebens und ihrer Berufe, die er achtet wie die der Ärzte und Priester, wertbewußt machen. Wie schon gesagt dient Heinen in diesem Kontext besonders den jungen Fabrikarbeiterinnen zu Selbstfindung und Würde.

Der leitende Gesichtspunkt, Anton Heinen hier aufzuführen, ist wie bei allen anderen hier Genannten sein theoretischer Beitrag zur Sozialpädagogik. Darüber hinaus will ich jedoch, ebenfalls wie bei den meisten anderen, einige wenige Zeilen seinem anthropologisch-ethischen Denken und seinem praktischen Wirken widmen. Anthropologisch geht sein Ansatz unter besonderer Berufung auf Pestalozzi von den Grundkräften der Familie, speziell der Mutterkraft, aus. Ähnlich wie Pestalozzi selbst ist auch Heinen ein mütterlicher Mensch. „Der Bildner leidet, einer echten Mutter vergleichbar, an aller Hilflosigkeit, Not und Ungeformtheit der Menschen seiner Umgebung. Sein Wesen ist verstehende Güte ... Das Herz des echten Bildners gehört vor allem der Jugend. In ihr ist ja noch die plastische Kraft, aus der lebendige Zukunft sich formen will und die auf den Anruf des Bildners wartet, daß in ihr der Wille zur Erneuerung aus dem lebendigen Geist erwache" (Rhein. Lehrerzeitung 1933, S. 665, zit. n. Heinen o. J., S. 52).

Immer wieder plädiert Heinen für das Einbeziehen der Familie – auch der an Krippe, Kindergarten, Heime, Hort, Lehensfamilie und Kosthaus abgebenden Familie – in das bildnerische (sozialpädagogische) Bemühen.

Moderne Anthropologie muß ihm, insbesondere hinsichtlich der Mutterthematik, recht geben. Ja, es ließe sich zu den Annahmen Heinens als Hypothese eine Verifikation zusammenstellen von Portmann (1951) über Spitz (1973) zu Renggli (1974), Dröscher (1991), aber auch Hofstätter (1973) und Fromm (1976): Ethologische und humanethologische Befunde stützen die Annahmen der Bedeutsamkeit der Mutter und – zweitrangig – Väter/Familienbeziehung für gelingende Individualbiographien und ganze Gesellschaften.

Ein Letztes sei noch zur Praxis Heinens gesagt: Heinen ist kein „Schreibtischtäter". Seine Theorie ist praktisch. Von Kindheit an durfte er kleine Lerngruppen in der einklassigen Dorfschule seines Vaters unterstützen und unterrichten. Im Gesellenverein versuchte er, Handwerker und Arbeiter mit Erkenntnissen der Wissenschaft vertraut zu machen. Im Windberger Kreis (Mönchengladbach) sammelte er – fast berufslebenslang – vor allem Fabrikarbeiterinnen, aber auch andere Menschen aller Generationen um sich zu einer partnerschaftlichen Kommunikation über das sinnhafte Leben. In der Publizistik – heute würden wir sagen: Öffentlichkeitsarbeit – der (katholischen) Volksbildung ist er einer der ganz Großen des ebenfalls ganz großen „Volksvereins". Beim Versuch eines Wiederaufbaus Deutschlands nach dem Ersten Weltkrieg spielt er 1920 bei der Reichsschulkonferenz und bis zum Dritten Reich eine inspirierende Rolle für die Idee der Volksschule. Nachdem seine Volksbildungsarbeit „unter den schweren Nöten der Nachkriegszeit mit Währungszerfall und Wirtschaftskrise empfindlich gestört und gelähmt wurde" (Heinen o. J., S. 36), ja Heinen selbst 1932/33 sein damaliges Domizil in Paderborn verlassen mußte, wurde er Dorfpfarrer in Rickelrath/Wegberg (nahe Mönchengladbach und nicht fern von Buchheim). Die Landleute verstanden ihn in der gemeinsamen Volkssprache wie die Fabrikarbeiterinnen vordem. Ich denke, Anton Heinen ist eine vornehme sozialpädagogische Gestalt.

2.3.13 Alice Salomon (1872–1948)

In der ersten Auflage dieses Buches von 1982 fehlt Alice Salomon. Damals verfolgte ich noch die Intention einer neben der Sozialarbeit zwar geschwisterhaften, jedoch eigenständigen Sozialpädagogik und rechnete Alice Salomon eindeutig der Sozialen Arbeit zu. Heute ist die Entwicklung wohl aus Gründen einer gemeinsamen Praxis über die Trennungslinien der beiden subsidiären Interventionsbereiche hinweggegangen; um es im Bilde zu sagen: Die beiden Geschwister erweisen sich als symbiotische Zwillinge. So dürfen wir auch Alice Salomon, die Begründerin der professionellen Sozialen Arbeit Deutschlands als Mitbegründerin heutiger Theorie und Praxis von Sozialpädagogik „vereinnahmen". Dies fällt um so leichter, als Alice Salomon soziale Arbeit eindeutig als erziehliche Aufgabe der Menschen- und Gesellschaftsveränderung begreift.

Folgen wir dem Dimensionenschema, so lassen sich für den Bereich der praktischen Dimension zunächst die Adressaten ausmachen, für die Alice Salomon ihre soziale Arbeit entwickelt. Es handelt sich um zwei verschiedene Gruppen aus zwei weit entfernten Lebenslagen: die

Frauen der begüterten Oberschicht, aus der sie selbst stammt, und die in materielle und soziale Not geratenen Familien, in der Regel Angehörige des Proletariats. Auch hier setzt sie in erster Linie auf die Frauen und Mütter als Hoffnungsträgerinnen einer erziehlichen und bildungsmäßigen Anstrengung der Selbsthilfe. Während die bürgerlichen Frauen sich aus dem Parasitismus der „Nichts als Dame" lösen (Salomon 1910, S. 653) und aus sozialer Verpflichtung sich der Verbesserung der sozialen Verhältnisse des Proletariats annehmen sollen, soll speziell den Müttern der benachteiligten Familien Unterstützung, Entlastung, Bildung angeboten werden, um aus der Misere des Alltags mit neuen eigenen Kräften herauszukommen. In ihrem Bericht „Zum sozialen Frieden – Über die Arbeit des Hamburger Volksbildungsheimes" (1905) hält Alice Salomon fest, daß vor allem Arbeiterinnen das Angebot des Hauses wahrnahmen. „Damit sieht sie die Hoffnung bestärkt, daß die Frauen am besten geeignet sind, ein Bindeglied zwischen den Klassen zu sein. Trotz immer größer werdender Belastung durch Haus- und Erwerbsarbeit fühlten sich die Arbeiterfrauen für ihre Familien verantwortlich, ja, sie kamen sogar zu Beratungsstunden, die eigentlich für die Angelegenheiten der Männer eingerichtet waren. Alice Salomon hatte die Vision, daß sich die Frauen beider Klassen versöhnlich die Hände reichen, während sich die Männer in fruchtlosen und gewaltsamen Auseinandersetzungen bekämpfen" (Simmel 1981).

Man könnte einem Irrtum unterliegen, wenn man nur die in Notlagen befindlichen Familien als eigentliche Adressaten der Sozialarbeit, die helfenden Sozialarbeiterinnen dagegen allein als berufliche „Senderinnen" betrachten würde. Der von Alice Salomon angeprangerte Parasitismus der bürgerlichen „Nichts als Dame" macht diese selbst zum Adressaten sozialer Arbeit. Gewissermaßen soll der Aufschwung und das Engagement dieser Frauen ein Akt der Selbstbefreiung und Emanzipation sein, eine frühe Selbsthilfegruppe im modernen Sinne.

Mit Blick auf die Adressatenkreise entwirft und entwickelt Alice Salomon Verfahren für die Praxis: Als obersten Grundsatz verficht sie die Anerkennung der Einzigartigkeit jeder sozialarbeiterischen Problemstellung, jeder einzelnen menschlichen Person. In ihren beiden Büchern „Soziale Diagnose" und „Soziale Therapie" (beide 1926) schlägt sie im Prinzip bereits Verfahren vor, wie sie Mollenhauer/Uhlendorff (1992) in ihren „Sozialpädagogische Diagnosen" anwenden (s. auch 2.3.19). Aus dem Charakter- und Kompetenzprofil lassen sich folgende Forderungen an den Idealtypus der Sozialarbeiterin gemäß Salomonscher Vorstellung stellen:

- Respekt vor der Würde des Hilfeempfängers hat diesen stets vor jeglicher Demütigung durch die professionelle Sozialarbeit zu bewahren.
- Eine umfassende Allgemeinbildung hat den Hintergrund für ein solides, am amerikanischen „social work" orientiertes Fachwissen abzugeben.
- Ein hohes Maß an Initiativen und die Fähigkeit der reflexiven Auswertung persönlicher Erfahrung sollen den Wissensbestand beständig ergänzen.
- In einem sittlichen Gesamtentwurf soll der Beruf verstanden werden als eine „Tätigkeit, die auf das Ganze des Menschen zurückgreift" (Simmel 1981, S. 378). Nur von hier aus werden die SozialarbeiterInnen „die Übernahme der Verantwortung für immer weitere Gebiete des Einzellebens durch die Gesamtheit und den Eingriff des Staates in das Privatleben innerlich begründen können. Sie brauchen eine allgemeine geistige Grundlage für ihren Beruf, eine Auffassung der gesellschaftlichen Zustände, aus der ihre Haltung zur sozialen Arbeit sich bestimmt" (Salomon, zit. n. Neuffer 1990, S. 34 f.). Das Grundmotiv des beruflichen Handelns muß ein sittliches sein. Gelderwerb – wenn überhaupt – wird nur als sekundäre Nebenerscheinung von Bedeutung sein.
- Schließlich, was Alice Salomons Bild von der Klientel der sozialen Arbeit betrifft, so mutet auch dieses in seiner Wertschätzung und einem Glauben an die Selbsthilfekräfte außerordentlich modern an: „Wenn man sieht, welche Anstrengungen sie machen, um ihre Schwierigkeiten zu überwinden, so vertieft sich der Glaube an ihre Fähigkeit, sich selbst zu helfen" (ebd., S. 58).

Betrachten wir Alice Salomons Beitrag im Bereich der anthropologischen und sozialkritischen Dimension, so läßt sich ihre Wirksamkeit in direktem Zusammenhang mit ihrem Menschenbild sehen:

Weltanschaulich läßt sie sich als sozialdemokratisch reformistisch verstehen. Sie möchte den Klassengegensatz auf der Grundlage moralischer Prinzipien aufheben, ohne daß sie dabei die Klassengesellschaft selbst in Frage stellt. Eine große Energiereserve für dieses Ziel unterstellt sie den aus ihrer Sicht geschlechtsspezifischen Fähigkeiten der Frau. Einem rational analytischen Zergliederungspotential des Mannes stellt sie geschlechtspolar eine synthetische Kraft der Frau gegenüber. Mit ihr – gebündelt in der Sozialen Arbeit – hofft sie die ungerechte Benachteiligung des Proletariats und damit die Kluft zwischen den Klassen zu überbrücken. Dabei ist Bildung und Ausbildung aller, speziell der mitwirkenden Frauen auf beiden Seiten, das entscheidende

Mittel. Wieweit Kultur und Bildung jeweils eine Funktion der herrschenden Klasse ist, und auch im Bildungsprozeß Verhältnisse von Dominanz und Abhängigkeit reproduziert werden können, reflektiert Salomon nicht.

Trotzdem, sie fordert das Ende der Ausbeutung, die gegenseitige Verpflichtung aller Glieder des „Volkskörpers", die soziale Reform unter Vermeidung revolutionärer Umstürze und weiterer Elendsvermehrung. Der sozialen Arbeit spricht sie dabei eine hohe Mitverantwortung zu: „Für sie stand fest, daß menschliche Not nicht allein in den äußeren Lebensumständen, sondern ebenso in der menschlichen Natur begründet sei. Soziale Arbeit sollte auf die Natur des Menschen kulturell einwirken, wozu es der erzieherischen Kräfte des ganzen Volkes bedürfe. Damit legte sich das Schwergewicht der sozialen Arbeit auch für die Zeit nach einer möglichen sozialistischen Revolution eindeutig auf die sozialpädagogischen Aspekte der Fürsorge und nicht so sehr auf die wirtschaftlichen" (Simmel 1981, S. 380). Soviel zu Alice Salomons Verständnis der sozialen Arbeit als erziehliche Aufgabe gegenüber Individuen und Gesellschaft.

Auch für die theoretische Dimension hat Alice Salomon wertvolle Beiträge geleistet; wissenschaftstheoretisch ist sie an der Bildung einer eigenen Wissenschaft der sozialen Arbeit erfolgreich beteiligt gewesen. Sie selbst war in ihrer wissenschaftlichen Laufbahn persönlich bestens unterstützt worden: Auf Anregung des bekannten Staatswissenschaftlers Alfred Weber wurde ihr die Möglichkeit geboten, ohne Abitur zu promovieren. Trotzdem traute sie der deutschen Universität die Entwicklung einer Sozialarbeitswissenschaft nicht zu. Konstatierend bemerkt sie: „Der Amerikaner glaubt mehr als der Europäer, daß jede Arbeit eine erlernbare Technik hat, daß die Praxis durch die Wissenschaft befruchtet wird und daß man für jedes Gebiet des Handelns eine Wissenschaft entwickeln soll" (Salomon, zit. n. Neuffer 1990, S. 35). Sie bewundert diesen amerikanischen Wissenschaftspragmatismus und möchte ihn für die neue deutsche Sozialarbeitswissenschaft verbindlich machen: Eine metatheoretische Setzung von entscheidender Bedeutung.

Maßgeblich beteiligte sie sich an der Gründung der „Deutschen Akademie für soziale und pädagogische Frauenarbeit". Hier werden kräftige Impulse einer sozialarbeiterisch sozialpädagogischen Forschung gesetzt. Dabei stand die Familie mit ihren Risiken und Brüchigkeiten, aber auch mit ihrer Menschen und Gesellschaft aushaltenden Solidarität im Mittelpunkt der Fragestellungen. Als Hilfswissenschaften der neuen Disziplin „Soziale Arbeit" nimmt Salomon das Ensemble der anderen

„Menschwissenschaften" in Anspruch: „Der soziale Arbeiter muß deshalb seine eigenen Methoden erarbeiten. Er kann sie nicht von anderen Wissenschaften übernehmen. Aber er kann doch von der Methodik der anderen lernen. Er kann von den Juristen lernen, verschiedene Arten von Beweismaterial zu unterscheiden (unmittelbar feststellbare Tatsachen, Aussagen und Indizienbeweise). Von den Historikern kann er die Wichtigkeit der strengen Prüfung der Quellen und ihrer Vertrauenswürdigkeit übernehmen. Von Medizinern und Psychologen hat er am meisten zu lernen, da er in vielen Fällen die Mitwirkung des Arztes braucht und in anderen die Untersuchungsmethoden des Psychologen anwenden muß" (Salomon, zit. n. Neuffer 1990, S. 30 f.).

Wenn diese methodische Inanspruchnahme auch mehr für die Praxis formuliert ist, so läßt sie sich doch auf das Wissenschaftsmethodische übertragen. Insgesamt gab Alice Salomon den hermeneutischen Methoden in Forschungsdesigns, die heute an Handlungsforschung erinnern, den Vorrang. Sie lehnte Forschungsmethoden in den Humanwissenschaften nach naturwissenschaftlichem Modell ab. Sie war davon überzeugt, daß sich Kulturerscheinungen nicht mit denselben Methoden erfassen lassen wie Naturerscheinungen, denn im Bereich des Psychologischen bleibe jede Theorie zuletzt Deutung, die nur für eine bestimmte Bewußtseinslage gültig sein könne.

Praktikerinnen, die zur Weiterbildung kamen, und Forscherinnen, die eng mit der Praxis verbunden waren, beteiligten sich in der „Deutschen Akademie für soziale und pädagogische Frauenarbeit" an dem Prozeß der Entwicklung von Fragestellungen für die Forschung. Bevölkerungs- und Einkommensstatistiken bilden die quantitative Basis. Um eine der Problemstellung angemessenere Methode zu haben, wurde die Monographie entwickelt, die eben jenen von Alice Salomon befürworteten Deutungsprozeß ermöglicht. Bis 1933 sind 13 Forschungsberichte veröffentlicht worden, die sich mit dem Bestand und den Erschütterungen des „Familienlebens in der Gegenwart" beschäftigen. „Die erste Veröffentlichung enthielt 183 Familienmonographien, in weiteren Arbeiten wurde auf besondere Problemgruppen eingegangen, wie Kinder, Jugendliche, alleinerziehende oder erwerbstätige Mütter" (Simmel 1981, S. 390). In enger Verwandtschaft mit den Wissenschaftsmethoden stehen die von Alice Salomon vorgesehenen und teilweise entwickelten Praxismethoden, auf die wir bereits hingewiesen haben.

Das ganze sozialarbeiterische und sozialarbeitswissenschaftliche Leben Alice Salomons ist gekennzeichnet durch ein hohes Maß an Interkulturalität; damit bringt sie Erhebliches ein im Sinne der vergleichenden Dimension:

– Über die Frauen wollte sie die Kultur unterschiedlicher Klassen verbinden.
– Aus profunder Kenntnis US-amerikanischer Sozialarbeit suchte sie das für gut Befundene in die deutsche Sozialpolitik und -arbeit zu implementieren.

Alice Salomon war Deutsche. Sie war zugleich Jüdin. 1933 wurde ihr durch die nationalsozialistische Gesetzgebung die deutsche Nationalität aberkannt. 1937 mußte sie Deutschland verlassen. Sie fand Asyl in den USA.

2.3.14 Gertrud Bäumer (1873–1954)

Bäumer kommt das Verdienst zu, dem Gedankengut sozialpädagogischer Theorie zu verstärkter politischer Wirksamkeit verholfen zu haben. Sie macht mit der politischen Verantwortung der Sozialpädagogik ernst – wie wir es vorbildlich bereits bei Klumker gesehen haben. Während der gesamten Weimarer Zeit (1919–1933) war sie politisch verantwortlich, und zwar als Ministerialrätin im Reichsinnenministerium, als Vorsitzende des interkonfessionellen Bundes deutscher Frauenvereine und als Reichstagsabgeordnete. Damit leistete Bäumer vor allem im Bereich sozialfürsorgerischer und -pädagogischer Gesetzesentwicklung und Administration Praktisches im Sinne der praktischen Dimension. Das alleine würde nicht rechtfertigen, sie innerhalb der Ausführungen dieses Buches aufzuführen. Darüber hinaus sind es aber auch theoretisch systematische Leistungen, die sie für eine Berücksichtigung in diesem Rahmen qualifizieren.

Als Mitarbeiterin Nohls (s. 2.3.15) zeichnet sie verantwortlich für wesentliche Teile des Bandes V Sozialpädagogik in dem von Nohl/Pallat (1929) herausgegebenen „Handbuch der Pädagogik".

Ihre Fähigkeit, Sozialpädagogik auf Praxis hin zu betreiben – heute würde man sagen: als Handlungswissenschaft zu verstehen – zeigt sich in der Definition, die sie zu Beginn des obengenannten „Handbuch"-Bandes V gibt: „Im Aufbau dieses Buches ist der Begriff Sozialpädagogik in einem ganz besonderen Sinn gebraucht. Er bezeichnet nicht ein Prinzip, dem die gesamte Pädagogik, sowohl ihre Theorie wie ihre Methoden, wie ihre Anstalten und Werke – also vor allem die Schule – unterstellt ist, sondern einen Ausschnitt: alles was Erziehung, aber nicht Schule und nicht Familie ist. Sozialpädagogik bedeutet hier den Inbegriff der gesellschaftlichen und staatlichen Erziehungsfürsorge, sofern sie außerhalb der Schule liegt" (Bäumer 1929, S. 3).

Hatten Mager, Diesterweg, Natorp und Willmann im Ringen um die Spannung des Erzieherischen zwischen Individualität und Sozialität ihre Theorieansätze gesucht, so definiert Bäumer die sozialpädagogische Aufgabe von der praktischen, gesellschaftlichen und staatlichen Bedürfnislage her.

Damit findet eine Weichenstellung statt, mit der ein Hauptzug der bisherigen sozialpädagogischen Diskussion um die seit Mager immer wieder behauptete gesamtgesellschaftliche Zuständigkeit abgekoppelt wird.

Gertrud Bäumers definitorische Entscheidung trifft die Sozialpädagogik allerdings nicht ganz unvorbereitet. Mit Tews' Augenmerk auf die institutionellen „Not- und Aushilfeinstitute" (Tews 1900, S. 15), durch Fischers Zuwendung zur Milieuproblematik der Erziehung und ihrer sozialpädagogischen Beantwortung (Fischer 1932) war das Thema der sozialpädagogischen Aushilfsleistung bereits artikuliert worden. In Nohls Auffassung einer politisch und sozialpädagogisch zu bewirkenden Wohlfahrt wird es auch und vor allem für die verwahrloste und kranke Jugend prononciert.

Bäumer steht in dieser Tradition und führt sie konsequent, allerdings zugleich einschränkend, fort. Nicht, daß sie damit den aus der prinzipiellen sozialpädagogischen Theorie und Anthropologie abgeleiteten Grundsätzen ihre Bedeutung nahm. Erhalten bleibt der Hintergrund der theoretischen Diskussion insofern, als ihre Ergebnisse als Leitlinien in die pragmatisch definierte Sozialpädagogik eingehen, ohne jedoch weiterhin der Sozialpädagogik selbst die Federführung einer pädagogischen Anthropologie und Ethik zuzugestehen.

Die pragmatische Sicht Bäumers tritt auch in ihrer historischen Betrachtung der sozialpädagogischen Entwicklung zu Tage; rein deskriptiv, damit aber auch akzeptierend und nicht wertend, wie wir es bei Tews gelesen haben, stellt sie fest: „Die öffentliche Erziehungsfürsorge entstand gewiß zunächst als Nothilfe ... Dann aber entwickelte sich auch auf diesen Gebieten erziehlicher Tätigkeit außerhalb der Schule ein neues System mit einem neuen Träger, dem normalerweise – und nicht nur ausnahmsweise – gewisse Leistungen in dem Ganzen der von Familie, Gesellschaft und Staat getragenen Bildung des Nachwuchses zufielen. Mit dieser Entwicklung änderten sich dann auch Auffassung, Wesen und Methode der sozialen Erziehungsfürsorge" (Bäumer 1929, S. 3 f.).

Bäumer und ihre Koautoren im Band V des Handbuches benennen drei Zuflüsse, aus denen der Strom der Sozialpädagogik als dritter Erziehungsbereich neben Familie und Schule gespeist wird:

1. die sozialpädagogisch beeinflußte Reform des Familienrechtes durch das Reichsjugendwohlfahrtsgesetz von 1922,
2. die fürsorgeerzieherische Nothilfe als Antwort auf die akuten Notlagen der Zeit mit ihrer Ausweitung zu prophylaktisch wirksamen Festangeboten der Säuglingsfürsorge, des Kindergartens und der Jugendpflege,
3. die Erziehungshilfe bei Fehlentwicklungen oder zu ihrer Verhinderung mit den Einrichtungen der heilpädagogischen Anstalten, den neu entstehenden Erziehungsberatungsstellen, den Fürsorgeerziehungsheimen sowie im Rahmen der Kriminalpädagogik.

Der Zuschnitt, den Bäumer der Sozialpädagogik gewissermaßen als feldbezogene Handlungswissenschaft „verpaßt", hätte durch Konzentration auf das Machbare einen Fortschritt für gesellschaftliche Praxis und Politik erbringen können. Leider konnte aufgrund der Ausschaltung Bäumers wie auch Nohls durch die Machthaber des Dritten Reiches nicht einmal das Erreichte gehalten werden. Wie ein Bulldozer ebnete die nationalsozialistische „Staatspädagogik" die mit ihren klassischen Vertretern so auf kritischen und erneuernden Abstand bedacht gewesene Sozialpädagogik ein.

2.3.15 Herman Nohl (1879–1960)

Nohl macht in seinen sozialpädagogischen Schriften das Verhältnis von Sozialpädagogik und Politik zu einem Zentralthema, ja zum Ausgangspunkt einer systematischen Festlegung: „Es gibt zwei Wege, ein Volk zu gestalten: Die Politik und die Pädagogik" (Nohl 1957, S. 228.). So heißt es lapidar im „Handbuch der Pädagogik", das er in Zusammenarbeit mit Pallat ab 1928 herausgab.

Im Angesichte der sozialen Frage (Kriegs- und Nachkriegszeit, Weltwirtschaftskrise, Massenarbeitslosigkeit) und bemüht, sie mit pädagogischen Mitteln lösen zu helfen, betont er die Autonomie der Pädagogik. Speziell in zwei Aspekten möchte er den Vorrang der Sozialpädagogik gesichert sehen; beide lassen sich als sozialkritisch, der zweite auch als sozialinnovativ und -inspirativ verstehen:

1. Während christlich caritative Verbände dem hilfsbedürftigen Individuum die religiöse Zielsetzung oktroyieren, während die Staatspolitik zu einseitig die Reibungslosigkeit politischer Abläufe intendiert, vertritt die Sozialpädagogik das Recht des Individuums auf sein irdisches und eigenes Glück, auf sein eigenes Wohl: „Dieser Genuß des Lebens und diese Entfaltung der Kräfte, die ein Leben

lebenswert machen, ist aber ein absolut berechtigtes Moment der menschlichen Existenz. Solche Befriedigung des Subjekts gehört allerdings in den Sinn des Lebens, und keine Ethik oder Religion kann auf sie verzichten ... Die neue Einstellung der Wohlfahrtspflege ist die Anerkennung dieses Lebensrechtes jedes Individuums, zu seinem Wohlsein zu kommen. Sie tritt nicht bloß mit der Frage irgendwelcher objektiven Werte fordernd an das Individuum heran, sondern sieht sich zunächst dem armen hilflosen Ich gegenüber, das nach seinem Glück strebt, und bejaht die Berechtigung seiner Triebe, zu wohnen und zu essen, zu arbeiten und seine Muße zu haben wie ein Mensch, sein Liebesverlangen wie sein Elternrecht, vor allem auch sein Recht, erzogen zu werden um seiner selbst willen zur Entfaltung seiner Tüchtigkeit" (Nohl 1926, S. 17f.).

In diesen Äußerungen wird das alte Thema der Polarität von Individual- und Sozialerziehung neu angesprochen. Aus den Überlegungen Diesterwegs, Natorps, Willmanns und Fischers ist es uns bekannt. Neu ist hier der engagierte Eintritt für das Recht des Individuums aus sozialpädagogischer Sicht. Hoben die anderen Klassiker der Sozialpädagogik mehr den Wert, ja bei Natorp ausdrücklich den Primat des Sozialen im Erziehungsgefüge hervor, so war diese Argumentation eine Entgegensetzung zur Individualitätsgläubigkeit und Persönlichkeitsidee des Neuhumanismus gewesen. – Für Nohl wird diese zuvor notwendige bildungsphilosophische Auseinandersetzung zweitrangig angesichts der „sozialen Frage" und der bei ihren politischen Lösungsversuchen im Massenexperiment vergessenen Individuen. Sein Eintreten für das Individuum ist nicht in erster Linie an dessen humanistischer Selbstwerdung orientiert, sondern an seiner realen Wohlfahrts- und Glückssehnsucht. Wir können demnach festhalten, daß Nohl das Recht des Individuums auf sein eigenes Wohl als vorrangiges Ziel, als genuine Aufgabe der Sozialpädagogik behauptet, durch die ihre Autonomie gegenüber jeder anderen gesellschaftlichen Macht begründet ist.

2. Das andere, autonom pädagogische Prinzip, das Nohl mit der Lösung der sozialen Frage verknüpfen will – wir haben es als zugleich innovativ und inspirativ bezeichnet –, ist die Wendung „von der Heilung und Rettung irgendwie verwahrloster und kranker Jugend auf die Vorbeugung, von der Therapie auf die Prophylaxe" (Nohl/Pallat 1929, S. 46). Im Grunde ist dieser Gedanke gleichsinnig mit der von Fischer gesehenen Notwendigkeit, die Quellen der sozialpädagogisch interessierenden Notlagen zu verstopfen und somit die „sukzessive Selbstabschaffung der Fürsorge als System" (Fischer 1925,

S. 333) zu betreiben. Deutlich wird auch die Übereinstimmung zwischen Willmann und Nohl, wenn wir uns Willmanns Anstöße zur Erneuerung der sozialen Einheiten Familie, Gemein- und Volksleben, Kirche und Staat aus sozialpädagogischer Perspektive vergegenwärtigen.

Trotzdem erscheint der Gesichtspunkt der Prophylaxe, wie Nohl ihn artikuliert, in einer Hinsicht pädagogisch profilierter zu sein: Sozialpädagogische Aktivität soll nicht mehr allein reaktive Intervention auf die Notstände einzelner Menschen und Gruppen sein. Statt dessen steht sie unter dem Auftrag, eine „Erziehung zur Kraft und zum Mut der Selbsthilfe in der Gemeinschaft" zu betreiben. Damit erhält Sozialpädagogik für viele ihrer Initiativen einen Primat vor dem staatlichen Auftrag, indem sie deutlich die Kräfte der Selbsthilfe stützt. Ja, in mancher Hinsicht wird sie der Inspirator und Auftraggeber für staatliche Maßnahmen, die sie vor dem Hintergrund einer sozialpädagogischen, auf Menschlichkeit und Einzelwohl bezogenen Ethik zu fordern hat.

Halten wir fest: Nohl postuliert mit Nachdruck die Autonomie der Sozialpädagogik. Er macht sie manifest an dem gegenüber Staat und Gesellschaft behaupteten anwaltlichen Anspruch, das Wohl des einzelnen zu vertreten. Er artikuliert den Vorrang pädagogischer Prophylaxe vor dem Eingriff in Notstände, die bei rechtzeitiger Vorbeugung vermieden werden können.

2.3.16 Aloys Fischer (1880–1937)

Fischer stellt in zahlreichen Abhandlungen Überlegungen zum Selbstverständnis und Aufgabenbereich der Sozialpädagogik an. Aus seinem Menschenbild, das vor allem ethisch, d.h. im Sinne unserer Systematik anthropologisch und sozialkritisch begründet ist, leitet er die Aufgabe der Sozialpädagogik ab. Mit Natorp stimmt er darin überein, daß Theorie und Praxis dieser Disziplin nicht durch die Formulierung einzelner sozialer Erziehungsziele konstituiert werden könnten (vgl. Fischer 1924). Erst die Geschlossenheit des Erziehungsanspruches unter dem Leitbild eines sozialen Humanismus kann für ihn den Horizont der Sozialpädagogik bilden. Ihre Erziehungserfolge fänden operationalen Ausdruck in gelebter Solidarität und Verantwortung der Erzogenen.

Trotz der Ganzheitlichkeit der Betrachtungsweise sieht Fischer jedoch anders als Natorp in der Sozialpädagogik nicht die Gesamtheit des

Erziehlichen. Er bezeichnet sie ausdrücklich als Teildisziplin der Pädagogik (vgl. Fischer 1924). Ihre Thematik ist die pädagogische Vermittlung zwischen individuellen Bedürfnislagen und individueller Selbstwerdung gegenüber objektiven Forderungsgehalten von Natur und Kultur im Rahmen gesellschaftlicher und historisch unverwechselbarer Bedingungen. Dabei erinnern gleichsinnige Überlegungen Fischers an die kritischen Gedanken zur Spannungslage zwischen Sozialpädagogik und Staatspädagogik, wie wir sie bei Willmann und zuvor schon bei Mager gefunden haben; und zwar wird die Aufgabe der Kritik der Staatspädagogik durch die Sozialpädagogik zur Verantwortungsübernahme für sozialpolitische Veränderung ausgeweitet. Die Sicherung des sozialen Systems kann nur unter dem übergeordneten Zielpunkt seiner stetigen Verbesserung sinnvoll sein. So ist auch Fischers Sozialpädagogik mit der Forderung nach sozialpädagogischer Kritik, Verantwortung und Erneuerung von Gesellschaft und Politik Vorläufer einer „kritischen Pädagogik".

Für die praktische Dimension macht Fischer operationale Vorgaben, die bis heute Gültigkeit haben. Als grundsätzliches Ziel aller sozialfürsorgerischen Maßnahmen fordert er, daß sie sich durch Verstopfung der Quellen, aus denen die vorhandenen Notlagen entspringen, wieder überflüssig machen. Hierzu sind zwei Wege zu beschreiten:

- Zum einen müssen die Menschen durch Erziehung beeinflußt werden, jene Unzulänglichkeiten zu überwinden, die die Notlagen und Abhängigkeiten mit verursachen. Damit erhält die Sozialfürsorge eine sozialpädagogische Ausrichtung, eine Verbindung, die im Junktim zwischen Sozialarbeit und Sozialpädagogik auch heute Bestand hat.
- Zum anderen hat Sozialfürsorge die sozialpolitischen Interventionen einzuleiten, die notwendig sind, die gesellschaftlichen Ursachen sozialer Benachteiligung und Not zu beheben. Damit ist – wie bei Mager, Natorp, Willmann, Tews, Klumker und Salomon – wiederum der gesellschaftskritische Aspekt deutlich gemacht. Zugleich wird eine moderne Sicht deprivierender Lebensverhältnisse artikuliert, für deren Behebung die Gesellschaft unter Mithilfe der Benachteiligten verantwortlich ist.

2.3.17 Carl A. Mennicke (1887–1959)

1937, selbst ein halbes Jahrhundert alt, von dem das erste Viertel dem ausgehenden 19. Jh. angehört, legt Carl Mennicke ein geschlossenes Werk zur Sozialpädagogik vor; es trägt den Titel „Sociale Paedagogie" ergänzt durch den Untertitel: „Grondslagen, Vormen en Middelen der Gemeenschapsopvoeding" (opvoeding = Erziehung). Der Titel ist holländisch, das Buch ist in Holländisch geschrieben, der Autor, unter dem Druck des Naziregimes nach Holland emigriert, hat es im niederländischen Sprach- und Freiraum verfaßt. Dort hat er gearbeitet, bis er 1941 infolge des deutschen Überfalls auf die Niederlande trotz Emigration in die Hände der deutschen Besatzung fiel und ins KZ Sachsenhausen deportiert wurde. 1943 wurde er entlassen und bis 1945 in einer Berliner Metallfabrik dienstverpflichtet. Seine späte Wiedereinsetzung in die Ämter an der Universität Frankfurt, die er bei der Emigration hatte aufgeben müssen, hat leider nicht mehr dazu geführt, daß die „Sociale Paedagogie" ins Deutsche übertragen wurde. So ist im großen und ganzen diese hervorragende Gesamtschau der Sozialpädagogik im deutschen Sprachraum wenig beachtet worden.

Was die theoretische Dimension der Arbeit betrifft, so wäre in definitorischer Hinsicht vor allem die gegenseitige Erhellung des deutsch Angedachten und holländisch zu Ende Gebrachten und Geschriebenen der Explikation wert. Dafür reicht hier jedoch der Rahmen nicht. So läßt sich nur lapidar feststellen, daß Mennicke mit dem holländischen Wort „Sociale Paedagogie" wohl das gleiche meint wie mit dem deutschen Wort Sozialpädagogik. Als Begriff verwendet er es einerseits für den praktischen Part der Sozialerziehung, Gemeinschaftserziehung bzw. Erziehung zur Gemeinschaft. Diese Praxis der Sozialpädagogik bezeichnet er wie schon im Untertitel holländisch auch als „gemeenschapsopvoeding" wörtlich übersetzt: Gemeinschaftserziehung. Sociale paedagogie steht aber auch für den wissenschaftlichen Teil der sozialwissenschaftlichen Forschung, die die Grundlagen, weltanschaulichen Rechtfertigungen und Methoden der praktischen Sozialpädagogik zu erarbeiten hat.

Die Systematik von Mennickes Sociale Paedagogie umfaßt drei große Bereiche:

- Grundlagen, die er in historische, soziologische/sozialpsychologische und weltanschauliche (geestelijke) unterteilt,
- Formen, die er vom Prinzip her differenziert als (funktional) reaktiv im Sinne von restaurativ, (intentional) bewußt mit freien Zügen und (intentional) bewußt mit Zwangscharakter sowie gesellschaftliche

Anwendungsbereiche, als da sind das Gebiet der Hygiene, das Gebiet des Sozialen (im engeren Sinne sozialpädagogischen) und das Gebiet des Strafrechts,

– Methoden (middelen) und Angebote, die er vergleicht nach ihren weltanschaulichen Herkünften (christlich, aufklärerisch, nationalhistorisch: „gebaseerd op natuur en historie") und synthetisch, wobei letzteres Attribut einer Ideologien vermittelnden, transzendental orientierten, toleranten und liberalen Weltanschauung der Moderne zukommen soll.

Der theoretische Grundgedanke, der sich durch Mennickes Argumentation zieht, läßt sich folgendermaßen zusammenfassen: Sozialpädagogik hat die Aufgabe, vor allem die Jugend, aber auch unterschiedliche Randgruppen zielgerichtet in das moderne Gesellschaftssystem einzugliedern. Die Notwendigkeit ist hierzu seiner Meinung nach entstanden, erstens durch zunehmende Verwissenschaftlichung und damit Autoritätsverlust von Ideologien, zweitens aufgrund wachsender Technisierung und Industrialisierung und dem damit einhergehenden Verlust wirtschaftlicher Selbstreproduktion vormaliger Sozialgebilde wie Sippen, Gemeinden, vor allem aber beruflicher Stände. Mit der Auflösung zugleich weltanschaulicher und wirtschaftlicher Sozialeinheiten verfiel auch ihre selbstverständliche und unreflektierte funktionale sozialisierende Wirksamkeit. Insofern ist die intendierte Sozialpädagogik eine Antwort auf eine Bedarfslage der Moderne.

Damit wird klar, daß Mennicke ein Vertreter jener Sichtweise von Sozialpädagogik ist, die diese zuständig sieht für die gesamte Gesellschaft und nicht nur für die Gruppen Benachteiligter, Außenseiter und Minderheiten. Trotzdem entwickelt er das sozialpädagogische Selbstverständnis am historischen Prozeß des Umgangs mit Randexistenzen. In der historischen Gesellschaft des Ständewesens, so argumentiert er, war es das Schicksal aller Devianten, sich unter dem Zwang der Traditionen, Hierarchien und der sie untermauernden Weltanschauung zu unterwerfen, oder – als vogelfrei ausgestoßen – schlimmstenfalls verfolgt zu verderben. Der tatsächliche Rückhalt von Lebensfristung und religiöser Übereinstimmung, den die Angepaßten als Lohn für ihre Einfügung in Anspruch nehmen konnten, hatte für das Gros der Menschen die unreflektierte Beweiskraft für die Richtigkeit des Gelebten und Geglaubten sowie für die Rechtmäßigkeit der Ausstoßung Andersdenkender und -handelnder. Nun, da das einheitliche Wirtschaftsgefüge und Weltbild zerbrochen ist, stehen die modernen Gesellschaften vor dem Problem, es potentiell nur noch mit Außenseitern und Devianten zu tun zu haben. Mennicke weist der Sozialpädagogik die Aufgabe zu, das einigende Band für eine plurale Gesellschaft herzustellen.

Damit erreicht seine Theorie den Charakter der Metatheorie: Einer ideologisch neutralen sozialpädagogischen Wissenschaft erteilt er eine Absage; ja, umgekehrtermaßen erwartet er von ihr die Synthese widerstreitender Weltanschauungen, als die er anführt:

- die christlichen Konfessionen von Katholizismus, Luthertum und Calvinismus,
- die aufklärerisch „rational idealistische" Richtung, wie er sagt, und
- die natur- und geschichtliche Orientierung, als deren Negativ-Extrem er den Nationalsozialismus und Faschismus begreift.

Wie schon in diesen kurzen Ausführungen deutlich geworden sein dürfte, nimmt Mennicke immer wieder vergleichend Maß an historischen Zuständen der mittelalterlichen und neuzeitlichen Gesellschaften. Als deutscher Wissenschaftler im holländischen Asyl ist der Gesellschaftsvergleich dieser zeitgleichen, bis zum Überfall auf Holland weit auseinanderdriftenden Gesellschaftsformen ein stetiger und immanenter Anteil seiner Schrift. Aber weit darüber hinaus stellt er immer wieder Bezüge zu den skandinavischen Ländern, zu England, den USA, auch zu Rußland her. Es würde zu weit führen, seinen Beitrag für die historisch vergleichende Dimension der Sozialpädagogik eingehend zu belegen.

Statt dessen wollen wir den zuletzt als metatheoretisch verstandenen Gedanken der weltanschaulichen Beteiligung der Sozialpädagogik in die anthropologische und ethische Dimension verfolgen.

Mennickes anthropologische Kernannahme ist folgende: „Het denken heeft in de mens twee functies: een orienterende, die hem de eindige wereld leert kennen en beheersen en een metaphysische, die hem doet vragen naar zijn principiele positie in de wereld en dus naar zijn verhouding tot het geheel der wereld" (Mennicke 1937, S. 79). Übersetzt: „Das Denken hat im Menschen zwei Funktionen: eine orientierende, die ihn die endliche Welt kennen und beherrschen lehrt, und eine metaphysische, die ihn fragen läßt nach seiner prinzipiellen Position in der Welt und infolgedessen nach seinem Verhältnis zum Ganzen der Welt."

Unabhängig von allen Besonderheiten an Weltanschauungen haben sie demzufolge übereinstimmend die Tendenz, ihre Angehörigen ganzheitlich in ein (Welt-)Bild zu setzen und ihnen Aufgabe und Verantwortung für das Ganze aufzuerlegen.

Auf dem Boden dieser anthropologischen Feststellung gewinnt Mennicke eine ethische Position für die Sozialpädagogik: Sie hat den Widerstreit der Weltanschauungen in der Synthese aufzuheben, daß sie den ihr Anvertrauten den metaphysischen Horizont öffnet und die Erkenntnis und Bereitschaft zu einer gemeinsamen Verantwortlichkeit für Gesellschaft und Welt weckt und vertieft. Konkret heißt dies, daß die Sozialpädagogik ihre Erziehungskunst an Menschen richtet, die sich als Ergebnis einer gelungenen Erziehung und Entwicklung als metaphysisch verantwortliche Subjekte von Gesellschaften verstehen, für deren Änderung und Verbesserung sie selbst mit zuständig sind.

Mit der Frage „Wie soll das geschehen?“ nähern wir uns der praktischen Dimension der Sozialpädagogik. Sie wird von Mennicke ausführlich behandelt, wenn er über die Formen im Sinne von Sozialstrukturen und Institutionen und über die Mittel der Sozialerziehung schreibt sowie beide Bereiche zunächst deskriptiv an den Weltanschauungen von Konfessionen und Bewegungen orientiert.

Angesichts der notwendigen Knappheit der Darstellung möchte ich nur auf eine bemerkenswerte Konsequenz hinweisen, die Mennicke aus der von ihm geforderten Synthese eines Gemeinschaftsideals ableitet: Im Gegensatz zu religiösen oder auf Natur und Historie berufenen autoritären Systemen verlangt er die Freiheit der Meinung und der Öffentlichkeit, auch wenn das Geäußerte fraglich, falsch oder gar gefährlich erscheint. Darin stimmt er mit der rational-idealistischen Bewegung überein. Er setzt sich jedoch von ihr ab, wenn er nachdrücklich betont, daß nicht nur kognitive Belehrung die Methode der Sozialpädagogik sein soll. Im Gegenteil fordert er den engagierten Einsatz auch gefühlsadressierter, suggestiver Erziehungsmethoden und emotions- und gemeinschaftsbindender Symbolik.

Leider ist dieser Anstoß Mennickes in der Sozialpädagogik bisher nicht aufgenommen worden. Es gibt z. B. keine kultur- oder auch nur einschlägig sozialpädagogische Literatur über die Wirklichkeit, Wirksamkeit und Rechtfertigung von Symbolen. Die rechte politische Szene ebenso wie die Wirtschaft können insofern ungeniert und pädagogisch unbeantwortet Menschenbeeinflussungsmittel nützen, ohne sich an erziehlichen oder ethischen Maßstäben und Methoden messen und verantworten zu müssen.

Ich schlage vor, die meines Erachtens originäre Position Mennickes neu zu überdenken und durch Forschung der sozialpädagogischen Praxis und Reflexion zugänglich zu machen.

2.3.18 Zeitschwelle (1933–1945)

Mit den zuletzt dargestellten Ansätzen sind wir an einen „Wall" getreten, bei deren Übertritt wir (zumindest ich, Jahrgang 1940) das eigene Zeitalter erreichen. Der Wall selbst läßt sich als das „Dritte Reich" ausmachen. Wie in seiner 12jährigen Dauer die Sozialpädagogik systematisch in den Strudel der Staatspädagogik gezogen wurde und ihr Eigenprofil verlor, werden wir unter dem Aspekt der historischen Dimension näher betrachten (s. 4.1.7). Hier verfolgen wir den nach dem Zweiten Weltkrieg wieder auftretenden Strom der sozialpädagogischen Theoriebildung weiter über zwei „Wehrstufen", an denen er sich vorübergehend sammelt. Diese identifizieren wir mit den Namen Mollenhauer und Thiersch. Beide befassen sich zentral mit Fragen der Jugendhilfe, obwohl sie zugleich lebensphasenüberschreitend auch Fragen anderer Alters- und Gesellschaftslagen behandeln.

2.3.19 Klaus Mollenhauer (*1931)

Unseres Wissens ist Mollenhauers „Einführung in die Sozialpädagogik" in der 1. Auflage von 1964 die erste Übersicht dieser Art. In der Einleitung stellt er meines Erachtens – denken wir an Mager oder Mennicke – nicht ganz zu Recht fest, „daß keine sozialpädagogische Theorie existiert" (1976, S. 12). Für sein eigenes Vorhaben schränkt er ein: „Eine solche Theorie nun kann auf diesen Seiten unmöglich gegeben werden" (ebd.). Trotzdem gelingt es Mollenhauer, nach einem historisch-vergleichenden Rückblick zwei für die Sozialpädagogik konstitutive Problemkomplexe herauszuarbeiten und in Beziehung zu setzen.

Wie sehen die Markierungen aus? Mollenhauer macht auf zwei gesellschaftliche Verwerfungslinien aufmerksam, an denen der Verkehr der Industriegesellschaft ins Stocken gerät und an denen Hilfen der Sozialpädagogik gefragt sind:

1. die Konfliktlinie zwischen den Generationen und
2. die Kluft zwischen Familie und Gesellschaft.

Zu 1: Den Generationenkonflikt konstatiert Mollenhauer als ein Spezifikum der Neuzeit, insbesondere des Industriellen Zeitalters. Überlieferung des Hergebrachten in Tagwerk und Feier, Ritus und Magie, Zeugung und Elternschaft von Generation zu Generation finden nicht mehr selbstverständlich statt, sondern sind prinzipiell problematisiert.

„Durch Bevölkerungswachstum und Differenzierung der Gesellschaften aber wurde das Generationen-Verhältnis komplizierter; der Vorgang der Überlieferung wurde erschwert und in seiner Art verändert, da das zu Lernende nicht mehr ‘auf der Straße’ lag, sondern durch besondere Unterrichts- und Erziehungstechniken vermittelt werden mußte. Die Distanz der Generationen vergrößert sich ... Die erste Generation, für die das Generationen-Verhältnis als ein Problem der Lebenspraxis auftauchte, war die Generation des ‘Sturm und Drang’. Die jungen Leute wollten ihr Recht, ihre ‘Natur’, gegen die Generation der Erwachsenen, die Repräsentanten der Gesellschaft, zur Geltung bringen. Die bruchlose Kontinuität im Vorgang der Überlieferung war in Frage gestellt und gestört“ (Mollenhauer 1976, S. 32).

Dies „spitzt sich jedoch erst in der Sozialpädagogik in Schärfe zu. Denn sie hat es nicht mit einer durch Institutionen in vorbestimmten Gruppen (Klassen) formierten Jugend mit traditionell kanonisierten Lernanforderungen zu tun, sondern mit dieser Jugend selbst, mit ihren pädagogisch vermittelten Motiven, Impulsen, Schwierigkeiten, Vorstellungen und Problemen. Wer ist diese Jugend?“ (ebd., S. 33).

Zu 2: Parallel zur Verwerfungslinie der Generationen verläuft die zwischen dem intim persönlichen Lebensstil der Familie und dem auf Zweckrationalität, Anpassung und Leistung ausgerichteten der „Leistungsgesellschaft“. Es ist interessant zu lesen, wie Mollenhauer noch 1964 der Familie eine hohe „Beharrlichkeit“ des Erscheinungsbildes im Vergleich der Jahrhunderte bescheinigt und die Grabenbildung ursächlich den Veränderungen der ihr entgegengestellten Gesellschaft zuschreibt. „Die Wandlungen in der Familienstruktur, die für den Verlauf der letzten Jahrhunderte behauptet werden, sind bei weitem nicht so tiefgreifend, wie die gleichzeitigen Veränderungen in anderen Bereichen der Kultur. Verglichen mit dem Entstehen der industriellen Arbeitsformen und der Struktur öffentlicher Kommunikation, der gesellschaftlichen Großorganisation oder auch der neuen Form des Freizeitlebens ist die moderne Familie nur eine Variante dessen, was auch vor 250 Jahren nicht entscheidend anders war: Sie ist immer noch eine kleine, von persönlichen Bindungen wesentlich bestimmte Gruppe, in der durch den jahrelangen intimen Umgang der Glieder miteinander die fundamentalen Persönlichkeitsstrukturen gebildet werden. Die Beharrlichkeit und die gleichzeitige, der gesellschaftlichen Entwicklung gegenläufigen Tendenzen, das personale Moment besonders nachdrücklich auszubilden, haben dazu geführt, daß zwischen Familie und ‘Gesellschaft’ sich im Verlauf der industriellen Entwicklung eine immer tiefere Kluft auftat, ein Widerspruch schließlich, den zu überwinden oder doch zu durchlaufen eine zusätzliche Komplikation des Heranwachsens bedeutet, da die sogenannten primären (Familie, Freundesgruppe, Jugendgruppe etc.) und sekundären (Großorganisationen, Betriebe, Verbände, Öffentlichkeit etc.) Systeme je einen eigengearteten Verhaltensstil ausgebildet haben, deren letzterer nicht mehr aus dem ersten abzuleiten und zu verstehen ist" (Mollenhauer 1976, S. 35).

Das Ergebnis der vergleichend-historischen Analyse führt zu Folgerungen für die praktische Dimension der Sozialpädagogik: Die sozialpädagogische Herausforderung besteht darin, Überbrückungen zu erbringen, um die Gräben zwischen den Generationen einerseits und zwischen Familie und Gesellschaft andererseits zu überwinden. Das soziale Medium, in dem sozialpädagogische Jugendhilfe geschehen kann, sind die Gruppen gleichaltriger Jugendlicher und Heranwachsender. Hier läßt sich ein dritter Markierungspunkt Mollenhauers ausmachen. Die Adressaten der Sozialpädagogik werden als selbstverantwortliche Partner gesehen. Die Professionellen treten zurück und geben den Selbstbetroffenen Vortritt. Bei Mollenhauer liest sich das so: „Das rationale, auf unverrückbare Leitbilder verzichtende, analytische Interesse an der Jugend und ihrem Verhaltens- und Wertprofil wird von nahezu allen an der Erziehung Beteiligten geteilt; und zwar nicht, um sie dann desto besser und wirksamer in die vorgegebene Ordnung einpassen zu können, sondern um sie als Partner im Erziehungsgeschäft zu erkennen und ernst zu nehmen. Diese Haltung ist für Sozialpädagogik geradezu konstitutiv geworden" (ebd., S. 25). Diese spätaufklärerische Setzung eines Wertpluralismus aus individueller Entscheidung steht allerdings in polarer Spannung zu den Zielen einer als vorausgesetzt gedachten demokratischen und industriellen Gesellschaft. Es ist dies sicherlich ein sozialkritischer Aspekt, wenn auf die Uneingelöstheit der demokratischen Postulate abgehoben wird. Mollenhauer schreibt: „Dabei steht die Richtung, die sich in der Sozialpädagogik immer deutlicher ausdrückt, in einem direkten Wechselverhältnis zum Bilde des demokratischen Bürgers und zu den Anforderungen der Industriegesellschaft, deren Herausforderungen der Sozialpädagoge ja gerade mit seinen Maßnahmen zu beantworten sucht ... Immer geht es darum, die Selbsttätigkeit zu unterstützen, die Spontaneität zu fördern und zu ermöglichen, Ordnungen im Spiel der Gruppenkräfte entstehen zu lassen, Rollen zu lernen, Aufgaben zu übernehmen und zu verantworten, über sich selbst Aufklärung zu erlangen. Dagegen tritt zurück: in vorgegebene Ordnung sich einfügen, Autorität anerkennen, behütet und isoliert werden, gehorchen lernen, Vorbildern nacheifern" (Mollenhauer 1976, S. 24).

Aus den historisch-vergleichenden wert- und sozialkritischen Standpunkten folgert Mollenhauer Konsequenzen für die berufliche Praxis und das Qualifikationsprofil des Sozialpädagogen. Letzteres ist stark versachlicht: Emotionales, Charismatisches, Persönliches werden zurückgedrängt; versachlicht ist auch der „persönliche Bezug", der in der Pädagogik Nohls als Schlüsselfiguration des Pädagogischen herausgearbeitet worden war.

„In den aufgezählten Fällen ist ohne weiteres deutlich, wie eine direkte Beeinflussung des Heranwachsenden durch den Erzieher zurücktritt zugunsten eines Arrangements der materiellen Erziehungsbedingungen. Ein großer Teil dessen, was wir heute Sozialarbeit nennen, besteht aus Verfahrensweisen dieser Art. Sie sind pädagogisch, weil sie als zweckentsprechende gar nicht gedacht werden können ohne Hinblick auf die Veränderung der Personen, für die sie arrangiert werden. Aber nicht nur für solche, gleichsam äußerliche Arrangements gilt die Behauptung von dem Zurücktreten des persönlichen pädagogischen Bezugs; sie trifft ebenso zu für die Formen direkter menschlicher Kommunikation im Erziehungszusammenhang. So deutet sich in den neuen gruppenpädagogischen Praktiken der Jugendpflege, im Casework und im Groupwork ein methodisches Prinzip an, das jede irrationalistische Interpretation des persönlich-pädagogischen Verhältnisses so weit wie möglich auszuschließen versucht, dieses Verhältnis sehr weitgehend als ein technisches Problem versteht, also als ein planbares und erlernbares, in dem persönliches Charisma, pädagogischer Eros oder caritative Hingabe eine minimale, wenn nicht überhaupt keine Rolle mehr spielen. Das bedeutet aber, daß der persönlich formende, bildende und erweckende Einfluß des Sozialpädagogen als ein nur einzuplanender Faktor des Erziehungsgeschehens verstanden wird; die sozialpädagogische Aktion richtet sich nicht unmittelbar auf den zu Erziehenden, sondern von vornherein und prinzipiell auf das sozialpädagogische Feld, in dem er sich befindet, bzw. strukturiert dieses Feld erst als ein sozialpädagogisches" (ebd., S. 22 f.).

Gewissermaßen wird der Sozialpädagoge Mollenhauerscher Vorstellung selbst zu einem Teil des Inventars, mit dem er das Arrangement für „gesundes Heranwachsen" ausstattet. Er tritt zurück, nimmt Meinungen der jungen Menschen mit Interesse zur Kenntnis, versucht sie zu verstehen und den Sprechenden selbst zur Reflexion zu bringen. Positiv lassen sich hier Ähnlichkeiten zur Humanistischen Psychologie Rogers erkennen, die allerdings 1964, im Erscheinungsjahr von Mollenhauers „Einführung in die Sozialpädagogik" in der Bundesrepublik kaum bekannt war. Allerdings ist auch Nähe zu einer Pädagogik vermutbar, die sich auf die Technizität ihrer „Wenn-Dann-Beziehungen"

– im Wortgebrauch Mollenhauers: auf „Arrangements“ – zurückziehen zu können glaubt.

Ein neues Werk Mollenhauers – zusammen mit Uhlendorff – widerlegt allerdings den Verdacht eines erziehungstechnologischen Verständnisses der Sozialpädagogik: Mit dem Buch „Sozialpädagogische Diagnosen“ (1992) liegt ein Forschungsbericht „Über Jugendliche in schwierigen Lebenslagen“ vor, mit dem zugleich ein Verfahren für die praktische Dimension der Sozialpädagogik vorgestellt wird:

In narrativen Interviews kommen die befragten Jugendlichen ausführlich zu Wort. Ziel ist es, mit ihnen, für sie (und im Buch über sie) Deutungsmuster ihres biographischen Selbst- und Weltverhältnisses und Entwicklungslinien für ihre Zukunft zu finden. Es liegt sicher nahe, an Alfred Adlers Deutungsmethode von Lebensstil und Lebensleitlinie zu denken. Die Autoren ihrerseits beziehen sich auf die ethnomethodologische Methode, speziell auf Alfred Schütz (1974) mit der Frage „in welchen Dimensionen (z.B. Zeit, Raum, Sozialwelt) eine Person ihre lebenswichtigen Gewißheiten bestimmt, wie sie also ihre Lebenswelt konstituiert. Im Unterschied zum gegenwärtig nicht seltenen Sprachgebrauch bedeutet ‘Lebenswelt’ hier nicht eine soziale Lage von Individuen – so als könnte man zu solchen Lagen, nach verschiedenen Gesichtspunkten geordnet, etwa materielle Disparitäten, Regionen, Ethnien usw. zählen –, sondern das erkenntnistheoretische Problem: wie kommen wir überhaupt zu subjektiven Gewißheiten, die auch bei peinlicher Selbstprüfung nicht in Zweifel gezogen werden können?“ (Mollenhauer/Uhlendorff 1992, S.20).

Als jeweils vorläufiges Ziel des Verfahrens entwickeln die Autoren nach der hermeneutischen Auslegung der Interviewsequenz sozialpädagogische Hypothesen in Form praktischer Empfehlungen. Daß nur eine Minderzahl der Hypothesen verifiziert werden konnte, geben sie freimütig zu (ebd., S.16).

So bleibt am Ende allen hermeneutischen Verstehens auch das Mißverstehen, die irrige Annahme und Prognose ebenso möglich wie zutreffende Deutungshilfe und Wegfindung. Dies gilt für die Frage nach dem Selbstentwurf des einzelnen Jugendlichen, darüber hinaus auch für die Eigenwertbesetzung der Jugend.

Mollenhauers sozialpädagogischer Ansatz zeichnet sich dadurch aus, daß er Grundprobleme der Sozialpädagogik diagnostisch auf den Punkt bringt. In der sozialpädagogischen Beratung von Gesellschaft und Individuum als stellvertretende Selbstdeutung der Klientel hat sein Konzept schicksalhaften Anteil an deren eigener Mehrdeutigkeit und Mißdeutung – und damit häufig an ihrer Ratlosigkeit.

2.3.20 Hans Thiersch (*1935)

Thierschs Wirken als Sozialpädagoge ist gekennzeichnet durch intensive Einflußnahme auf gesellschaftspolitische Weichenstellungen sozialer Praxis und auf den Ausbau der Sozialpädagogik als wissenschaftliche Disziplin und eigenständigen Studiengang. Z.B. war er Mitglied der Sachverständigenkommission für den Jugendbericht der Bundesregierung von 1990.

Ich möchte die Würdigung des theoretischen Ansatzes Thierschs nicht an einem Frühwerk, sondern an einer Arbeit aus dem Jahre 1992 orientieren. In seinem Buch „Lebensweltorientierte Soziale Arbeit" schränkt auch Thiersch – ähnlich, wie Mollenhauer auf den Anspruch verzichtet, mit seiner Einführung eine eigene Theorie vorzulegen – die Reichweite seines Ansatzes ein: „Lebensweltorientierte Jugendhilfe ist nicht der Titel für eine Theorie der Jugendhilfe überhaupt, sondern bezeichnet nur einen bestimmten Aspekt. Eine Theorie der Jugendhilfe umfaßt auch die Entwicklung der gesellschaftlich bedingten Lebensverhältnisse und der Theorie des Lebenslaufs und der lebenslaufspezifischen Lebens- und Bewältigungsmuster" (Thiersch 1992, S. 24f.). Damit ist der Rahmen für eine Theorie gesteckt, zu der der Autor einen bestimmten Baustein beitragen will.

Was meint Lebensweltorientierung, Alltagsorientierung (ebd., S. 6) als Prinzip von Sozialpädagogik und Sozialarbeit?

Vor dem Hintergrund und unter Einbezug der „rechtlich gesicherten, institutionell strukturierten und professionell verantworteten Jugendhilfe" (ebd., S. 25) versteht Thiersch Lebensweltorientierung als sozialpädagogischen Ausgleichsversuch gegen die „Ungleichheiten, wie sie sich in der pluralen, vielfältigen Gesellschaft zeigen" (ebd., S. 26).

Sie sucht Hilfe zu bieten zur „Klärung und Unterstützung in der Normalität unserer Verhältnisse ... in den Zumutungen und Belastungen der Normalität unter schwieriger werdenden Lebensverhältnissen" (ebd., S. 26). Hier wird ein gesellschaftsallgemeiner Aufgabenbereich sichtbar, allerdings doch im engeren Sinne bezogen auf einen Adressatenkreis, der als benachteiligt bezeichnet werden kann:

„Lebensweltorientierte Jugendhilfe muß also festhalten an der, ihr aus ihrer Tradition zugewiesenen Aufgabe, Hilfen vor allem für Menschen anzubieten, die in unserer Gesellschaft mit den gegebenen Ressourcen nicht zurechtkommen, die am Rand leben. Für diese Hilfen braucht sie besonderen, gleichsam kompensatorischen Aufwand" (ebd., S. 26).

Aus der Benennung von Aufgabe und Adressaten ergeben sich die praktischen Ansätze, Räume und Verfahren der Sozialpädagogik: „Schließlich: Wenn lebensweltorientierte Jugendhilfe so in den Brüchen und Schwierigkeiten heutiger Lebenswelt agiert, braucht sie Aufwand für Klärung, Unterstützung und Beratung in den gegebenen Schwierigkeiten, sie braucht aber auch Anstrengungen, um Lebensverhältnisse trotz der gegebenen Brüche und Schwierigkeiten lebbar zu machen. Lebensweltorientierte Jugendhilfe inszeniert soziale Beziehungen in der Nachbarschaft, unter Kollegen, unter Menschen, die in gleiche Probleme involviert sind; sie arrangiert Räume, Situationen und Gelegenheiten für Kinder und Heranwachsende: Sie engagiert sich in den Anstrengungen um lebensweltliche Erfahrungen und Räume in Institutionen und sozialen Netzen, auch im Stadtteil, in der Stadt, in der Region" (ebd., S. 26 f.).

Wie sehr sich doch die Argumente vom sozialpädagogischen „Arrangement" bei Mollenhauer und den „Inszenierungen" sozialer Beziehungen bei Thiersch gleichen! Gibt es auch Unterschiede?

Einer scheint mir darin zu bestehen, daß die „Sozialpädagogischen Diagnosen" der „schwierigen Lebenslagen" von Mollenhauer/Uhlendorff (1992) sehr stark auf den individuellen Lebensentwurf ausgerichtet sind. Ich hatte bereits auf die Affinität zu Lebensstil und Lebensleitlinie im Sinne Alfred Adlers hingewiesen. Wenn dieser Vergleich richtig ist, so dürften wesentliche Module der von Mollenhauer/Uhlendorff diagnostizierten „Lebenswelten" und „Lebensgewißheiten" bereits in früher Kindheit Gestalt angenommen haben.

Dagegen ist das mit „Individualisierung" Gemeinte bei Thiersch ein Prozeß, der sich prä-, inter- und postpubertär abzeichnet und lebenslang anhält. Theoretisch ist er aufgehoben in der Polarität von Pluralität und Individualisierung, die nach Becks „Risikogesellschaft" (1986) Konstruktions- und Verständigungselemente auch der Sozialpädagogik geworden sind. Lassen wir uns für einen Augenblick auf diese Polarität ein, um die Thiersche Position besser zu verstehen:

„Pluralisierung von Lebenslagen" meint über den geläufigen Gebrauch von der weltanschaulich pluralen Gesellschaft hinaus auch jene „Pluralitäten und Unterschiedlichkeiten" von Strukturen in Stadt und Land, für Ausländer, Übersiedler und „eingeborene Deutsche", für Jungen und Mädchen; Pluralisierung meint aber auch die Unterschiedlichkeit der Lebensbedingungen, wie sie durch die Zugehörigkeit zu Jahreskohorten gegeben ist.

„Individualisierung der Lebensführung" meint, daß tradierte Lebensformen und Deutungsmuster in ihrem Verständnis brüchig werden und sich damit neue, offenere Möglichkeiten der Lebensführung für

Gruppen und für einzelne ergeben. Individualisierende Möglichkeiten sind z. B. gegeben in bezug auf die Arbeitskarriere im Wechsel zwischen Arbeitsplätzen oder im Wechsel zwischen Phasen intensiveren Arbeitsengagements und privat-familiärer Aufgaben; z. B. in der Gestaltung der Wohn-, Verwandtschafts- und Nachbarschaftsverhältnisse, z. B. in dem Arrangement des Zusammenlebens zwischen den Settings einer „traditionellen" Familie, eines Zusammenlebens auf Zeit, allein oder im Leben mit Kindern. Im Kontext der Individualisierung wird auch betont, daß sich unterschiedliche Optionen ergeben in bezug auf das politische Engagement zwischen Parteien und Bürgerinitiativen, also zwischen der verfaßten öffentlichen Meinungsbildung und den vielfältigen Möglichkeiten eines gleichsam informellen Engagements.

„Individualisierung" aber ist ambivalent: „Die Aufgabe, sich zu orientieren, wird eine eigene, aufwendige und schwierige; sie bedeutet in der Zumutung der Selbstbehauptung zugleich Chance und Überforderung" (Thiersch 1992, S. 20 f.). Beides: individuelle Gewißheit (Mollenhauer), mit eigenem Sinn und Eigensinn seit früher Kindheit formiert, *und* Individualisierung (Thiersch), als individuelle Auswahl und Präferenz für Zugehörigkeit und Absetzung aus dem je und je unterschiedlichen Pool pluraler Möglichkeiten, sind zusammengenommen das, was Identität von Personen ausmacht. Insofern stehen die Diagnosen und Deutungsansätze Mollenhauers und Thierschs auch nicht im Widerspruch zueinander, sondern ergänzen sich gegenseitig.

Sehen wir noch etwas genauer hin: Im Gang durch die „Praxisaufgaben" dekliniert Thiersch (1992) die Vielzahl möglicher Optionen innerhalb gesellschaftlich vorgegebener, jedoch nicht festgelegter Bedingungen. Mit hermeneutischen Methoden fragt er nach dem potentiellen Entscheidungsrahmen, innerhalb dessen sich Gruppen und Individuen ihre Eigenprofile geben können; dies liest sich für die Praxisaufgabe „Pflegefamilie" z. B. so: „Gibt es eigentlich die Pflegefamilie, gibt es nicht vielmehr ganz unterschiedliche Konstellationen von Pflegefamilien?" (ebd., S. 80). „So wird Familienleben zum Vermittlungsakt zwischen immer wieder neu auszuhandelnden Rollen und widersprüchlichen Ansprüchen von Intimität und gesellschaftlichen Einflüssen; es verlangt eine aufwendige Balance. Diese allgemeinen Strukturprinzipien würden plastisch, wenn ich sie in die Kasuistik des pädagogischen Alltags hinein konkretisierte, also verfolgte in die Verhandlungen

- z. B. über die Vermittlung der unterschiedlichen Zeitstrukturen im familialen Kontext (also der Zeitmuster der Kinder, der Jugendlichen und der Erwachsenen),
- z. B. über die Vermittlung der Raumhoheit; (wer darf bestimmen

über die Raumnutzung, die Ordentlichkeit im Raum und auch über den Geräuschpegel),
- z. B. über die Vermittlung der sozialen Bezüge (ist es ein offenes, für alle einladendes, sich damit auch allen Außeneinflüssen aussetzendes Haus oder eines, das sich eher auf sich selbst und die Attraktivität des Binnenlebens konzentriert?),
- z. B. über die Vermittlung der Rollenansprüche (wer hat in bezug auf was Entscheidungsrecht?),
- z. B. über die geschlechtsspezifischen Rollenmöglichkeiten (wie vertragen sich männliche und weibliche, jungenhafte und mädchenhafte Lebensvorstellungen und Umgangsformen, wie können sie beeinflußt werden?),
- z. B. über die Vermittlung zum Medienkonsum (sehen und wirken lassen, diskutieren – wenn ja, auch sehr oft ohne Wirkung?),
- z. B. über die Vermittlung der Lebensperspektiven (wie und wieweit „dürfen" die Heranwachsenden in bezug auf Schul-, Arbeits- und Freundschaftsperspektiven ihren eigenen Weg gehen, sich der Familienkultur entziehen, verweigern? Wieweit dürfen sie sich in ihren Lebensmöglichkeiten riskieren, in Freundschaftscliquen, in Alkohol, Medikamenten und Drogenkonsum?)" (Thiersch 1992, S. 86f.).

Am Beispiel der Pflegefamilie wird deutlich: Verweigerung und Zulassung der Möglichkeiten und Varianten machen die einzelne Pflegefamilie zu etwas Besonderem, den sozialpädagogischen Einzelfall zu etwas Einzigartigem. Die Lebenslage, gesellschaftlich mitbedingt, zeigt am Ende individuelle Züge, die sich im Prozeß der Individualisierung gestalten und umgestalten.

Was läßt sich für die Sozialpädagogik folgern? Tendenziell verschiebt sich ihre Aufgabenstellung: Anwaltschaft für und Integration von gesellschaftlich verursachten Problemgruppen sind nicht mehr ihre einzige Zielvorstellung. Es geht auch um Ernstnahme und Interesse an den in den Problemgruppen enthaltenen Individualitäten und an ihren Wachstumsmöglichkeiten in ihrer ausgegrenzten, aber eben auch eigenständigen Existenz.

Noch einmal wird Ähnlichkeit zur Mollenhauerschen Sicht deutlich. Zugleich aber bleibt der Zorn der sozialpädagogischen Kritik an amputierenden gesellschaftlichen Bedingungen, durch die viele Lebenslagen Benachteiligter dominiert sind. Thierschs Kritik schlägt hier den Bogen zur Weltgesellschaft, wenn er „Praxisaufgaben" nachgeht von der „Arbeit mit Straßenkindern in der 3. Welt" bis zu „Überlegungen zum Generationenvertrag" (ebd.). Bäumers engere Hinführung auf den Adressatenkreis der Benachteiligten ist bis heute wirksam geblieben. Dies gilt implizit auch für Thierschs Ansatz. Mit seiner Globalperspektive jedoch wird die Gesellschaftskritik zu einer Kritik der Weltpolitik. Damit richtet sich – diesmal aus dem Bereich der sozialkritischen Dimension – die Sozialpädagogik erneut auf das Ganze des menschlichen Zusammenlebens.

2.3.21 Schnittpunkt 1995 oder das Vertrauen in den Genius loci

Mit Thiersch soll die Skizzierung der theoretischen Entwürfe, soweit wir sie an Personen festgemacht haben, beendet sein. Mit einem letzten Abschnitt wollen wir autorenübergreifend einen Blick auf die gegenwärtige Diskussion um eine Theorie der Sozialpädagogik werfen. Dabei stellt sich heraus, daß der „sozialpädagogische Ort" für Theorie und Praxis zum Zentralbegriff der Erörterung geworden ist.

Vordergründig betrachtet hat Erziehung die Aufgabe, auf die zu Erziehenden dahingehend einzuwirken, daß sie auf dem rechten Weg das rechte Ziel erreichen. Vordergründig gilt dies auch für Sozialpädagogik und Sozialarbeit. Ihr besonderes Problem ist es jedoch, daß sie es größtenteils mit Menschen zu tun haben, für die es einen „rechten Weg" nie gab oder die ihn verloren haben oder die kein Ziel erkennen bzw. an den Zielen ihres Lebens zweifeln oder verzweifelt sind. Sie leben in existentiellen Differenzen zu den Erwartungen ihrer Umgebung und/oder zu den Entwürfen ihrer selbst. Nohl war der erste, der die Jetztlage der Weg- und Ausweglosen in den Mittelpunkt rückte. Er wollte sozialpädagogische Intervention nicht in erster Linie vom Zielpunkt einer erziehlichen Bestimmung planen. Anstelle einer fremdbestimmten Bildungs- und Entwicklungsaufgabe sollte die Anerkenntnis des Glückstrebens stehen, die Bejahung der Bedürfnisse zu wohnen und zu essen, zu arbeiten und Muße zu haben, zu lieben als Mann und Frau, als Mutter und Vater. Dafür wollte Nohl auch mit sozialpädagogischen Mitteln Bedingungen schaffen und bereithalten. Dieses Thema verfolgt die Sozialpädagogik in je und je modulierter Weise bis heute weiter. Wir hörten es bei Mollenhauer als „Arrangement der materiellen Erziehungsbedingungen" (Mollenhauer 1976, S. 22), als „sozialpädagogische Aktion", die sich prinzipiell in erster Linie nicht auf den zu Erziehenden richtet, sondern auf das sozialpädagogische Feld, in dem er sich befindet.

In einschlägigen Beiträgen der letzten Jahre wird das Thema weitergeführt. Die Modulation besteht jetzt darin, daß die topische Ausrichtung im wahrsten Sinne auf den Punkt gebracht wird: Der „Topos" selbst, d.h. Ort und Raum, werden zum Angelpunkt sozialpädagogischer Theoriebildung.

Winkler spricht von den Begriffen „Subjekt“ und „Ort“ als den Grundbestimmungen des sozialpädagogischen Handelns“ (vgl. Winkler 1988, S. 163 ff.). Während er für die Theorie feststellt, daß der Diskurs diese Termini explizit noch nicht einvernommen habe, und sie unter seinem eigenen Zugriff nur als „Kunstbegriffe“ geltend macht (vgl. ebd., S. 265), konstatiert er der Praxis gewissermaßen, vorbegrifflich die zentrale Bedeutung von Subjekt und Ort immer schon gewußt zu haben. „Sozialpädagogik will somit in ihrem eigenen Selbstverständnis helfen, daß die Individuen ihre Rolle als Opfer von Verhältnissen überwinden und ihre Lebensbedingungen als Subjekte selbst ausfüllen. Dazu sucht sie Lebensräume zu eröffnen:“ (ebd., S. 265).

- Sie bemüht sich um die Einrichtung von Armen- und Waisenhäusern bei gleichzeitiger Sorge um die Sicherung der „familiären Wohnstube“;
- sie schafft das „Rauhe Haus“, welches zugleich auch Zentrum einer lebendigen, in sich ruhenden Gemeinde sein sollte;
- mit Samuel und Henrietta Barnetts „Toynbee Hall“ im Londoner Viertel Whitechapel und Jane Adams „Hull-House“ in Chicago verfolgt sie die Ziele der Einheit von Lebens- und Arbeitsraum. Immer bildet die Etablierung von Lebensorten den methodisch ersten Zugang (vgl. ebd., S. 265 f.).

Im Rahmen der Winklerschen Überlegungen wird noch einmal die Verlagerung der erziehlichen Potenz sichtbar: Die Zuständigkeit des Sozialpädagogischen erfolgt über den provozierenden Zustand des sozialpädagogisch angebotenen Raumes. Dieser ist zu begreifen als eine Art Werkstatt für schöpferische Neuentwürfe, nach zuvor problematischen bis existenzbedrohlichen Differenzen zum gesellschaftlich Erwarteten. Relativ risikogeschützt sollen im so verstandenen und bereiteten Raum andere Überlebensformen und Lebensstile experimentell erprobt werden. Das Restrisiko des Scheiterns aller Versuche, vor allem das des Übertritts vom sozialpädagogischen Schonraum in die gesellschaftliche Großwetterlage läßt sich dabei jedoch nicht ausschalten. „Mehr noch: Im Kern ist jedes sozialpädagogische Geschehen zum Scheitern verurteilt. Gelingt nämlich dem Subjekt eine subjektiv-individuelle Aneignung seines Lebensortes, dann überwindet es diesen schon. Der sozialpädagogische Impuls wird überflüssig oder muß in anderer Weise gesetzt werden“ (ebd., S. 282) Dabei ist „das Grunddilemma sozialen Handelns in der Risikogesellschaft“ kritisch unter die Lupe zu nehmen und der „Rationalitätszuwachs" der Sozialpädagogik voranzutreiben (vgl. Rauschenbach/Gängler 1992).

Von sozialpädagogischer Selbstdeutung als Angebot räumlicher Aneignung handeln auch verschiedene Publikationen von und in Koautorenschaft mit Lothar Böhnisch. Schon in den Titeln klingt das topologische Verständnis von Sozialpädagogik an, z.B.:

- „Jugend im *Abseits*? Zur Lebenslage Jugendlicher im ländlichen *Raum*" (Böhnisch/Funk 1989),
- „Pädagogik des Jugend*raums*" (Böhnisch/Münchmeier 1990),
- „Jugendverbände im ländlichen *Raum*" (Böhnisch/Winter 1990).

Bezeichnenderweise heißt die Quelle dieser Auflistung „Pädagogische *Landnahme*; Einführung in die Jugendarbeit des ländlichen *Raumes*" (Böhnisch/Winter 1990).

Aus dieser Aufzählung nimmt das Buch „Pädagogik des Jugendraumes – Zur Begründung und Praxis einer sozialräumlichen Jugendpädagogik" (Böhnisch/Münchmeier 1990) die weiteste Perspektive ein. Daß es sich dabei lebensspezifisch auf das Jugendalter beschränkt, begrenzt die Vergleichbarkeit zum topologischen Ansatz in Winklers Theorie der Sozialpädagogik. Dennoch ist die übereinstimmende „Dominante" des Topologischen unüberhörbar.

Was bei Winkler angedeutet wird, die lange Vorgeschichte der Raumrelevanz in der Praxis der Sozialpädagogik, wird bei Böhnisch/Münchmeier (1990) ausgeführt: Die Entdeckung des Raumes in der Aufklärungspädagogik, Rousseaus Konzept der natürlichen Erziehung, Pestalozzis Pädagogik der Lebensformen, der Kampf um gesellschaftliche Gegenräume (gemeint hier in der sozialistischen Pädagogik der Weimarer Zeit). Vor allem aber stimmt folgendes mit der Konzeption Winklers überein: Dem sozialpädagogisch vorbereiteten Raum wird Auslösefunktion zugeschrieben für die Prozesse, in die sich die Jugendlichen hineinbegeben. „Die Umgebung einer Situation, das gesamte Arrangement, kann von den Mitarbeitern in der offenen Kinder- und Jugendarbeit stark beeinflußt werden, so daß hier für die Konstituierung von Situationen aktive pädagogische Möglichkeiten bestehen" (ebd., S. 66). Angeregt werden sollen Aneignungsprozesse vor allem des Raumes selbst. Der Sozialpädagoge beteiligt sich dabei zwar zusätzlich durch die Vorgabe, besser: Eingabe von Themen, die ihrerseits wiederum in engem Konnex zum Raum, zum Ort, zur Region zu stehen haben. „Der Zusammenhang von Raum-Situation und Thema läßt das 'Thema' als pädagogische Bezugsgröße aber in seiner sozialräumlichen Rückbindung hervortreten" (ebd., S. 66).

Ist es auch die Aufgabe des Sozialpädagogen, auf den initiierten Themen zu insistieren, so ist es doch nicht sein Recht, sie durchzusetzen. „Das Räumliche ist dabei keineswegs nur Medium, Transportmittel der Inhalte. Es besitzt, indem es für die Jugendlichen Orientierungs- und Verhaltensressource ist, genauso inhaltliche Qualität. Deshalb lernen Jugendliche in der offenen und freiwilligen Situation der Jugendarbeit in der Regel nicht entsprechend der thematischen Vorgabe der JugendpädagogInnen, also entlang einem eindeutigen 'Lernziel', sondern im Austausch von sozialräumlicher Struktur und thematischem Angebot. Was am Ende herauskommt, ist dann meist etwas anderes als das, was die PädagogInnen vielleicht thematisch erwartet hatten. Die Jugendlichen sind auf andere Themen gekommen, haben im Verlauf des Seminars, des Gruppenabends, der Studienreise oder der Wochenendveranstaltung mehr über sich und ihren Umgang miteinander entdeckt usw. Es gilt also jugendpädagogisch, daß das Thema so eingebracht werden muß, daß es thematische Veränderungen, Verfremdungen oder sogar Aufhebungen in der sozialräumlich-jugendkulturellen Dynamik zuläßt. Es gilt aber genauso, daß die Räume Möglichkeiten enthalten müssen, die jugendkulturelles Territorialverhalten ermöglichen; und schließlich: Es braucht JugendpädagogInnen, die imstande sind, mit diesen 'unvorhergesehenen' Verläufen zurechtzukommen und andere Ergebnisse als die intendierten pädagogisch zu akzeptieren" (Böhnisch/Münchmeier 1990, S. 67).

So ist auch hier der Sozialpädagoge in der Rolle „des getreuen Eckart" (einer Gestalt der deutschen Heldendichtung – Erzieher und Beschirmer): Er hält Räume bereit, schlägt Themen vor, hält die Aneignung der Räume und die Enteignung der Themen durch seine Adressaten aus, ja hält solches für gut. „Der konzeptionelle Kern: Raumaneignung" (Deinet 1990, S. 57) läßt sich sicher nicht nur für das hier besprochene Buch als paradigmatische Markierung bezeichnen, mit der die Sozialpädagogik des ausgehenden 20. Jahrhunderts dicht vor der Jahrtausendschwelle aufwartet.

Von hier lassen sich Feststellungen und eine Frage ableiten:

- Sozialpädagogische Theorieansätze der Gegenwart enthalten sich tendenziell der pädagogischen Zielvorgaben für ihre Adressaten und verlangen von Sozialpädagogen vor Ort ebensolche Abstinenz.
- Sozialpädagogische Theorieansätze der Gegenwart unterstellen in Übereinstimmung mit der humanistischen Psychologie dem Subjekt ein hohes Maß an schöpferischer Eigengestaltungs- und, wenn nötig, auch an Selbstheilungskraft; dies unter Zugeständnis und Zumutung selbstverantworteten Risikos bis hin zum Scheitern.

- Sozialpädagogische Theorieansätze der Gegenwart übernehmen für die Sozialpädagogik die Verantwortung der vorgehaltenen Räume, in denen Subjekte – sich selbst aushaltend – Aneigungsprozesse für erweiterte Handlungskompetenzen gewinnen können.
- Das utopische Moment, das der Erziehung mit dem ihr eigenen Blick in die Zukunften von Individuen, Gesellschaften und Menschheit eigen ist, tritt in der Sozialpädagogik der Gegenwart zurück. Nicht der U-Topos, der Nicht- oder Noch-Nicht-Ort philosophisch pädagogischer Entwürfe, leitet Theorie und Praxis, sondern das Bemühen um den „Pragma-Topos", um den Ort, in dem hier und heute Menschen gemäß den menschlichen Bedürfnissen und der mitmenschlichen Solidarität miteinander leben und handeln können.
- Ist vielleicht der „Pragmatopos" ein „Utopos" und die Idee vom menschgerechten Raum die Utopie unserer Tage?

2.4 Wissenschaftsmethodisches

Unser Pfad im Bereich der theoretischen Dimension hat uns bisher durch Zonen des Systematischen, des Definitorischen und der theoretischen Ansätze im engeren Sinne geführt. Wir erreichen nun den Abschnitt des Methodischen innerhalb der Sozialpädagogik als Wissenschaft. Zunächst ist es einleuchtend, daß es für eine Wissenschaft andere Methoden geben muß als für die Praxis, die auf ihr aufbaut. Betrachten wir zum Beispiel den Bau einer Brücke als Praxis, so kommen hier andere Methoden zur Anwendung als bei den wissenschaftlich mathematischen Forschungen um die Statik von Brücken oder auch bei Qualitäts- und Belastungsproben von Baumaterialien. Interessanterweise ist die methodische Differenz zwischen Wissenschaft und Praxis der Sozialpädagogik aber nur ein Teilaspekt. Anders als im Bereich technischer Wissenschaften – wie der des Bauwesens – gibt es in der „Gesellschaftswissenschaft" Sozialpädagogik auch große Übereinstimmungen zwischen ihren Wissenschaftsmethoden und den Methoden ihrer Praxis. Dies liegt daran, daß auch die Sozialpädagogik als Wissenschaft auf direktem Wege auf die Gesellschaft einzuwirken versucht. Insofern ist sie selbst ein Teil gesellschaftlicher Praxis und erprobt bereits – nicht nur experimentell, sondern mit „Ernstcharakter" – Methoden, die sie mit, für und während der Praxis entwickelt.

2.4.1 Hermeneutik

Die Wissenschaftsmethode der Hermeneutik ist der Königsweg der Sozialpädagogik als Wissenschaft. Hermeneutik ist ein Wort griechischen Ursprungs. Es geht zurück auf Hermes den Götterboten, der nach Auffassung der griechischen Mythologie zwischen den Göttern und Menschen Botschaften überbrachte. Er selbst war heimisch in beiden Welten und ihren Systemen des Fühlens, Wollens und Denkens. So vermochte er, Götter wie Menschen zu verstehen, zugleich aber auch, sie einander zu deuten, auszulegen und verständlich zu machen. Vor diesem Hintergrund läßt sich begreifen, wenn Friedrich Schleiermacher (1768–1834) die Hermeneutik als Kunstlehre des Verstehens bezeichnete (nach Brüggen 1987).

Zurückzuführen auf Schleiermacher, ist die Hermeneutik zum methodischen Ausgangspunkt der modernen Pädagogik als Wissenschaft geworden. Ursprünglich wurde sie dabei speziell auch von Schleiermacher als Verfahren zum Verständnis und zur Auslegung von Texten eingeführt. Im Zuge der hermeneutischen Entwicklung blieb die hermeneutische Textauswahl jedoch nicht auf poetische, philosophische und wissenschaftliche Texte beschränkt. Sie dehnte sich aus auf politische Reden, Gesetzestexte, Tagespresse, private Briefe und biographische Notizen, kurz auf alle möglichen sprachlich gefaßten „Zeitzeugnisse". Damit überschritt sie trotz hohen Verwandtschaftsgrades den „Familienkreis" der Philologie.

Konsequent ging Wilhelm Dilthey (1833–1911) noch einen Schritt weiter: Über die Deutung von Texten und Kontexten hinaus machte er das Verstehen aller, d.h. auch nicht-schriftlicher Zeichensysteme zur Aufgabe der „Hermeneutik des Lebens". Bedeutende Fragestellungen in verschiedenen gesellschaftswissenschaftlichen Bereichen sind nur im Zusammenhang mit Diltheys Methodenlehre verständlich. Wenn wir heute den Sinn und Unsinn von Statussymbolen, Architektur, Verkehrs- und Wirtschaftsformen, Raumplanung und Raumfahrt zu entschlüsseln versuchen, geht unsere Hoffnung auf Erfolg auf die folgende Grundannahme Diltheys zurück: Menschen können Zeichensysteme anderer Menschen, Kulturen und Epochen verstehen und Hermeneutik stellt hierzu eine wissenschaftliche Methode dar.

Im Mittelpunkt dieser Methode steht der hermeneutische Zirkel. Bei der noch vorrangig textorientierten Hermeneutik war mit hermeneutischem Zirkel gemeint, daß der Gesamttext und seine Einzelsätze in einem gegenseitigen Wechselkreis stehen: Sinn ergibt der Einzelsatz nur im Kontext der Abhandlung. Dieser jedoch ist nur verstehbar aus dem

Sinngefüge seiner Einzelsätze. So schweift die hermeneutische Deutung von einem noch unfertigen Vorverständnis des Ganzen zum punktuellen Verstehen des Einzelnen, bis aus den vielen einzelnen Punkten das nun adäquater verstandene Ganze entsteht, vergleichbar dem punktaufgelösten Bild eines Fernsehschirmes.

Im Fortschritt der Hermeneutik von Text- zu Lebenszusammenhängen behielt der hermeneutische Zirkel seine Kernbedeutung für das Verfahren. Auch in der Hermeneutik des Lebens geht es darum, die Einzelerscheinung als Teil eines Gesamtbildes zu verstehen und das Gesamtbild als Ergebnis seiner Einzelmotive zu erfassen.

Nun haben mit den hermeneutischen Schrittfolgen Schleiermacher und Dilthey einen wissenschaftsmethodischen Zusammenhang expliziert, der als solcher bereits von Aristoteles hergestellt wurde, wie Friedhelm Brüggen in einem Aufsatz zur Theoriegeschichte der Normenprobleme ausführt (1987, S. 679 ff.).

Aristoteles unterschied die in seinem Sinne theoretischen Wissenschaften wie Mathematik und Physik von den (lebens-)praktischen Wissenschaften. Die theoretischen Fragestellungen haben zu tun mit Dingen und Sachverhalten, die sich mit naturgesetzlicher Notwendigkeit so und nicht anders verhalten. (Denken wir z. B. an das Gesetz der kommunizierenden Röhren oder an den Satz des Pythagoras.) Die (lebens-)praktischen Wissenschaften befassen sich dagegen mit gesellschaftlichen Zusammenhängen, die so, wie sie sind, nicht sein müssen, sondern im Handel und Wandel der Menschen auch anders geregelt werden können.

Ziel der „theoretischen" Wissenschaftsanstrengung ist die Erkenntnis dessen, was naturnotwendig ist. Ziel der „praktischen" Wissenschaften ist das Handeln der Menschen, und zwar unter dem ethischen Aspekt des Gut-Handelns zum Zwecke des Gut-Lebens mit dem Befinden des Glücklich-Lebens. Gut handeln, gut leben, glücklich leben kann aber nie die isolierte Tat eines Einzelmenschen bewirken. Diese Qualitäten sind immer eingebunden in den Kontext der „Polis", des griechischen Stadtgemeinwesens. Gewissermaßen muß es im hermeneutischen Zirkel darum gehen, zwischen Individuum, individuellem Handeln und der Sinneinheit des Gemeinwesens die guten Handlungen zu erforschen und herauszuarbeiten. Demnach muß ein Hin- und Herschweifen stattfinden zwischen einem Teil und dem Ganzen, wie wir es aus dem textorientierten hermeneutischen Zirkel vom Einzelsatz zur Textgestalt schon kennen.

Im letzten Teil seiner „Nikomachischen Ethik" kommt Aristoteles auf die Pädagogik zu sprechen. Sie ist ein Teil der Lebenspraxis, für den die (lebens-)praktische Wissenschaft je und je nach besseren Handlungen sucht. Entscheidende Bedeutung für die Erziehung der Heranwachsenden zu guten Handlungen und zu einem glücklichen Gemeinwesen hat nach Aristoteles das gelebte Ethos der Polis in Recht und Brauchtum, in Gewohnheit und Vorbild. Veranlagung und gezielte Erziehung spielen dagegen nur eine untergeordnete Rolle. Wieder wird deutlich, daß für die Herausbildung des individuellen, jungen Einzellebens Lebenssinn und -stil der Gesellschaft die hermeneutischen Vorgaben bietet, auf die der individuelle Lebensentwurf wie im hermeneutischen Zirkel antwortet. So ist das Gut-Handeln des zu Erziehenden das Ziel der Erziehung, und das Gut-Handeln der Erziehenden sowie aller Verantwortlichen als Vorbilder ist von entscheidender erziehlicher Wirksamkeit. Auch der Pädagoge als Wissenschaftler kann sich aus dieser Einbindung nicht freisprechen. In der Praxis seines Lebens ist er in die Praxis der Polis einbezogen und verhält sich zu ihr wie der Satz zum Textganzen, wie der Ton zur Melodie.

So läßt sich an dieser Stelle noch einmal wiederholen: Wenn wir uns dem aristotelischen Gedankengang anschließen und ihn fortschreiben, verfolgt die Sozialpädagogik als Wissenschaft in engster Verbindung mit der Praxis das Ziel, Menschen zum Gut-Handeln zu bewegen und das Gemeinwesen in die Befindlichkeit eines möglichst glücklichen Gleichgewichtes zu befördern.

Halten wir zwei Essentials fest, die der hermeneutische Zirkel beinhaltet:

1. Nur aus dem Zusammenspiel von Satz und Text, von Einzelzeichen und Gesamtbild läßt sich der Sinn menschlichen Ausdruckverhaltens erschließen und verstehen.
2. Nur im gesamtgesellschaftlichen Konzert läßt sich das Einzelinstrument des zu Erziehenden stimmen, seine Spielkunst heranbilden und seine Virtuosität (virtus = die Tugend) steigern.

Wilhelm Flitner hat für diese beiden Akzente der Hermeneutik zwei Richtungen konstatiert: eine „historische" und eine „engagierte Hermeneutik" (Flitner 1966).

2.4.2 Empirische Verfahren der Sozialpädagogik

Bei der dargestellten Hermeneutik und der ihr verwandten Phänomenologie handelt es sich um zwei Forschungsmethoden, die dem erforschten Gegenstand Vorrang vor der Forschung einräumen. Ihre Annahmen gehen dahin, durch Wahrnehmung und Beschreibung von Satz und Text, von Einzelerscheinung und Zusammenhang zum Verstehen subjektiver und kultureller Ausdrucksformen zu gelangen.

Über eine nun wohl der Vergangenheit angehörende Zeit hat es eine Forschungsbewegung gegeben, die sich als „rein empirisch" verstand. In ihr galten als empirisch, d. h. erfahrbar und sozialwissenschaftlich angehbar nur solche Gegenstände, die wie Objekte der Naturwissenschaften gezählt und vergleichend gegeneinander abgewogen werden konnten. Zwei Richtungen, die sich in dieser Auffassung entsprechen, sind der „Neopositivismus" und der „kritische Rationalismus".

Im Gegensatz zu Hermeneutik und Phänomenologie beschnitten diese Schulen die zu erforschende Wirklichkeit in zweifacher Hinsicht:

- Die nicht-meßbaren Bereiche der Wirklichkeit wurden aus der Forschung ausgegrenzt.
- Die untersuchten Bereiche wurden prinzipiell unter Hypothesen betrachtet, die im Forschungsprozeß verifiziert – d. h. als wahr bewiesen – oder falsifiziert – d. h. als falsch erwiesen – werden sollten. Anteile von Wirklichkeit, die nicht in dieses Forschungsschema paßten, mußten zwangsläufig dem forschenden Blick entgehen. Nur in einer Hinsicht blieb der Primat der Wirklichkeit unangefochten: Ergebnisse der Forschung sollten prinzipiell als vorläufig angesehen werden. Mit neuen Methoden neue Seiten der Wirklichkeit aufzudecken und einseitig und falsch erscheinen zu lassen, ist ein Teil des Selbstverständnisses „reiner Empirie". In ihm schimmert ein Gedankenhintergrund durch, der auch als hermeneutisch gelten könnte.

In der Sozialpädagogik und Sozialarbeitswissenschaft haben Neopositivismus und kritischer Rationalismus nie richtig Fuß fassen können. Angesichts der Komplexität sozialer und gesellschaftlicher Verhältnisse haben namhafte Vertreter der Sozialpädagogik, insbesondere Mollenhauer und Thiersch, den Zusammenhang von Theorie und (Lebens-)Praxis weiter betont. Damit widerstanden sie der sozialwissenschaftlichen Versuchung, das Problem der Praxis in ein Problem der (Wissenschafts-)Technik umzudefinieren. Geht es bei Mollenhauer in Übereinstimmung mit Habermas vor allem um die stets hermeneutisch zu vertretende Emanzipation des Individuums und der Gesellschaft, so legt Thiersch den Schwerpunkt auf das ebenfalls nur hermeneutisch deutbare Recht und die Würde des Alltags und ihrer Entfaltung mit sozialpädagogischer Hilfe im Eigensinn ihres Verständnisses (vgl. Dießenbacher 1987).

Bewahrt vor der wissenschaftstechnologischen Einseitigkeit „reiner Empirie" hat die Sozialpädagogik dennoch eine entscheidende Herausforderung vom Methodenanspruch empirischer Sozialforschung erfahren. Letztlich kann und muß die Aufgabe des Verstehens und Denkens, der Zielentdeckung und des Erziehens auch unter Zuhilfenahme empirischer Methoden verbessert werden. Wissenschaftliche empirische Verfahren und Forschungskonzepte haben unter diesem Grundverständnis in den letzten Jahrzehnten die Methodenvielfalt von Sozialpädagogik/Sozialarbeit bereichert. Die wichtigsten sollen nachfolgend kurz skizziert werden. Dabei soll das Zusammenspiel des je und je empirischen Ansatzes und seiner hermeneutischen Ergänzung mitverfolgt werden.

Die Befragung

Die Befragung ist wohl das bekannteste Instrument empirischer Sozialforschung. Die empirisch „reinste" Form erreicht sie, wenn auf standardisierte Fragen mit vorgegebenen Antwortmöglichkeiten durch Ankreuzen der zutreffenden Kategorie reagiert werden kann. Scheinbar sind auf diese Weise subjektive Abweichungen des Verstehens und der Deutung eliminiert. Daß hier ein impliziter Verlaß auf die „Hermeneutik" der Befragten stattfindet, ist evident. Immerhin wird erwartet, daß diese die karge Fragestellung im Sinne der fernen Fragesteller begreifen und das Repertoire möglicher spontaner Antworten so zurechtstutzen, daß eine der angebotenen Antwortmöglichkeiten ihrem Selbstverständnis entspricht.

Neben der Fragebogenmethode gibt es eine Reihe halboffener bis offener Frageverfahren, die von vornherein den hermeneutischen Anteil des Verstehens einplanen: Bei Tiefeninterviews z. B. erhält der Befragte die Möglichkeit, eigene Antworten zu entwickeln. Damit wird die Chance des Verfahrens erhöht, während die Vergleichbarkeit der Antwortprotokolle verschiedener ProbandInnen erschwert wird und nur unter erheblichem Einbezug hermeneutischer Methodik gelingen kann.

Der Bogen der Befragung reicht über narrative Interviews, in denen die Frage selbst gegenüber dem Erzählstrom des Interviewpartners zurücktritt, zum soziobiographischen Ansatz, bei dem aus autobiographischen Gesamtbildern Allgemeingültiges für Individuen, soziales Umfeld und Gesellschaft erschlossen werden soll (vgl. Küchler 1987, S. 284). Die „sozialpädagogischen Diagnosen" von Mollenhauer/Uhlendorff (1992) basieren auf solcherart soziobiographischen Erhebungen und machen deutlich, wie mit der Komplexität der Fragestellung der hermeneutische Anteil von Frage- und Antwortverstehen zunimmt.

Die Einstellungsmessung

Die Einstellungsmessung ist wie die Befragung auf Einzelpersonen gerichtet. Soll auch vielleicht am Ende bestimmter Forschungsvorhaben das Gesamtbild von Einstellungsverteilungen in bestimmten Milieus, Schichten, Ethnien, Altersgruppen oder der gesellschaftlichen Gesamtpopulation stehen, so ist doch die Quelle der Erkenntnisse letztlich die Vielheit der Individuen. Mit Einstellungsmessungen versucht man, Beurteilungen, Vorurteile, Werthaltungen und Einschätzungen gegenüber komplexen sozialen Objektbereichen zu erfassen. Für Sozialpädagogik/Sozialarbeit könnten sich entsprechende Einstellungsmessungen z. B. richten auf so verschiedene gesellschaftsrelevante Themen wie Medien, Arbeitslosigkeit, Gewalt, Behinderte, Ausländer, AIDS, Parteien, Kirchen, Vereine usw. Meistens wird den ProbandInnen eine Vielzahl von Statements zum untersuchten Einstellungsbereich vorgegeben, durch deren Akzeptanz oder Ablehnung sie ihr eigenes Einstellungsprofil zu erkennen geben.

Anstelle der Statements können jedoch auch *semantische Profile* vorgegeben werden. In ihnen werden mit dem erforschten Thema gegensätzliche Attribute in Verbindung gebracht, die auf den ersten Blick nichts mit ihm zu tun haben, z. B. hell – dunkel, kalt – warm, hart – weich. Die Zuordnung der Attribute durch den Probanden soll aber – so die methodische Unterstellung – seine Gefühls-, Wertungs- und Vorurteilsgehalte gegenüber dem Objektbereich deutlich machen. Wie sehr hier semantische und intersubjektive Verstehensvorgänge für den Erfolg des Verfahrens notwendig sind, macht einmal mehr die Unverzichtbarkeit der Hermeneutik deutlich (vgl. Hofstätter 1973, S. 257 ff.).

Die Beobachtung

Die Beobachtung als Methode von Sozialpädagogik/Sozialarbeit kann wie die Befragung und Einstellungsmessung auf das Individuum als letzte und unteilbare Einheit seelischer Prozesse gerichtet sein. Sie kann auch orientiert sein an sozialen Austauschprozessen von Gruppen, bei denen Äußerung und Antwort, Aktion und Reaktion in zirkulären Gegenseitigkeiten einander bedingen.

Als Einzeläußerungen der beobachteten Einheit Individuum und/oder Gruppe finden neben dem gesprochenen Wort auch die Konnotationen von Mimik, Gestik, Körperhaltung, Blick- und Körperkontakt, Interaktionsabläufe und Raumaneignung Beachtung. Durch Aufzeichnung (Video, Tonband) lassen sich dabei intersubjektiv nachprüfbare Dokumente erstellen.

Die Beobachtung kann ohne Wissen der Beobachteten geschehen, so daß der Beobachtungsvorgang selbst die beobachteten Abläufe nicht stört, allerdings um den Preis der nicht-partnerschaftlichen Vergegenständlichung von menschlichem Austausch.

Eine faire Weise des Einvernehmens der Beobachteten bringt den Nachteil der Reduzierung von Spontaneität mit sich, weil der Vorgang des Beobachtens teilweise zur Ursache dessen wird, was beobachtet werden kann. Damit können „Artefakte", d.h. wissenschaftliche Kunstprodukte, erzeugt werden, mit denen sich die Forschung selbst täuscht.

Aus der Not zur Tugend wird das Involviertsein des Beobachters in den sozialen Vorgang bei der *teilnehmenden Beobachtung*. Hier wird von allen Beteiligten von vornherein und in Absprache miteinander der Zweck gemeinsamer Handlungen sowie Ziel und Methode der Beobachtung als Erfolgskontrolle vereinbart. Dabei bleibt es dem Team unbenommen, im Verlauf des Geschehens Ziele, Handlungspläne und Beobachtungsmethodik zu revidieren. Um dabei jedoch den intersubjektiven wissenschaftlichen Austausch mit Nicht-Beteiligten zu sichern, ist eine systematische Protokollierung der Einzelschritte und ihrer Ergebnisse sowie ihrer Begründungen bzw. Revisionen notwendig.

Über alle Designs möglicher Beobachtungen, einschließlich solcher, die an human-ethologischer Forschungsmethodik orientiert sind, ist eine hermeneutische Entschlüsselung des beobachteten Zusammenhangs das A und O der Sinnerfassung.

Die Soziometrie

Die Soziometrie geht zurück auf den Begründer des Psychodramas, J.L. Moreno (1959, S. 19f.). Sie steuert stärker standardisierte Meßinstrumente für die Struktur sozialer Gruppen bei. Sympathie- und Antipathiebeziehungen, Führer-, Opponenten-, Mitläufer- und Außenseiterrollen lassen sich durch geeignete Fragestellungen dingfest machen und grafisch veranschaulichen. Dem Sozialpädagogen vor Ort können sie Entscheidungshilfen für seinen eigenen gruppendynamischen Beitrag bzw. für gruppenpädagogische Interventionen geben.

Das Graphentheorem

Das Graphentheorem und seine Methode sind mit der Soziometrie verwandt und ebenfalls von sozialpädagogischer Bedeutung. Mit ihnen lassen sich Intensitätsgrade persönlicher Beziehungen von Individuen zu Mitgliedern unterschiedlicher Gruppen erfassen. Aus ihnen wiederum lassen sich die Abhängigkeiten von Einstellungen und Wertungen einschließlich ihrer Verfestigungen ableiten.

Trotz eines hohen Maßes an Intersubjektivität und Standardisierung lassen sich Befunde der Soziometrie und des Graphentheorems nicht ohne hermeneutisches Vorverständnis der Probanden und Gruppen ermitteln und deuten, noch lassen sich sozialpädagogische Konsequenzen aus ihnen ableiten.

Das Experiment

Das Experiment ist eine wissenschaftsmethodische Vorgehensweise, bei der Zusammenhang und gegenseitige Einwirkung bestimmter sozialer Faktoren aufeinander unter künstlicher Ausschaltung möglicher anderer Einflußgrößen geprüft werden.

Wie bei der verdeckten (heimlichen) Beobachtung stellt sich für das Experiment mit uneingeweihten Versuchspersonen die Frage der Forschungsfairneß.

Zwei beeindruckende klassische sozialpsychologische Experimente (vgl. Günther 1987 u. Bierbrauer 1987) sind auch für die Sozialpädagogik/Sozialarbeit bis heute von Bedeutung geblieben, da sie nachtmährische, alptraumartige Motivkomplexe des „normalen" Menschen offenlegen.

In seinem „Experiment Abraham" täuschte Milgram seine Versuchspersonen, indem er sie angeblich zu Versuchshelfern machte. Sie sollten andere Probanden mit Elektrostößen unterschiedlicher Stärke für rechnerische Fehlleistungen bei einem Laborversuch sanktionieren. (Die Stromstöße wurden entgegen der Falschinstruktion der „Versuchshelfer" nicht ausgeführt. Die vermeintlichen „Opfer" waren eingeweiht und simulierten mit lebensechten Schmerzschreien die vorgesehenen Wirkungen.) Erstaunlicherweise zeigten die Versuchshelfer wenig Hemmung, ihre Opfer zu strafen (=zu quälen). Selbst Zögerer übten beflissen ihr Folterwerk aus, wenn der echte Versuchsleiter an ihre Pflichterfüllung gegenüber dem Versuchsplan appellierte. Das Experiment macht deutlich, wie leicht wir zivilisierten Menschen als Individuen und Gruppen in die Barbarei von Folterknechten, KZ-Wärtern und Geheimpolizei verfallen können.

Ähnlich grausige Befunde erbrachte das Stanford-Gefängnisexperiment. In diesem Falle waren die Probanden über die Rollen, die sie zu spielen hatten, zutreffend aufgeklärt. Ein Teil von ihnen sollte in einem Gefängnisbau das Reglement der Aufseher, der andere Teil den Part der Gefangenen übernehmen. Schon nach wenigen Tagen mußte das Experiment abgebrochen werden, weil es zu brutalen Übergriffen der „Wärter" und zu seelischen Zusammenbrüchen der „Gefangenen" kam.

Beide Experimente machen nachdenklich und könnten wie alptraumartige Episoden abgetan werden, stünden sie nicht in hoher Ähnlichkeit zu Folterszenen in Gefangenenlagern und KZs. Auch werfen sie ein Licht auf eine abgrundtiefe Gewalttendenz des Menschen, wie sie z.B. in den aktuellen Ausbrüchen des Fremdenhasses und in sogenannten Vergewaltigungslagern des serbisch-bosnischen Krieges und in Ruanda hervorbrodelt.

Trotz der „klassischen" Bedeutung der beiden Experimente von Milgram und dem Team um Zimbardo steht die Sozialpädagogik vor der ungelösten Frage des Umganges mit Gewalt; Erziehung muß Auseinandersetzungsformen einüben und festigen, die Leben und Unversehrtheit der „Gegner" schonen. Hierzu entsprechende Experimente zu entwickeln, wäre eine verdienstvolle Aufgabe der Sozialpädagogik.

Die Feldtheorie

Die Feldtheorie als Forschungsansatz der Sozialpsychologie verdanken wir Kurt Lewin (1890–1947), der als deutscher Jude bzw. jüdischer Deutscher 1933 in die USA emigrieren mußte. Sie ist für Sozialpädagogik/Sozialarbeit von gleicher Bedeutung wie für die Herkunftsdisziplin, weil sie empirische und hermeneutische Anteile in idealer Form verbindet.

Die Grundformel der Feldtheorie macht die naturwissenschaftliche Seite des Ansatzes deutlich (Lück 1987, S. 103): „Menschliches Verhalten (V) ist für Lewin eine Funktion (f) von Person (P) und Umwelt (U) bzw. des Lebensraumes (L). $V = f(P \times U) = f(L)$".

Wenn heute die Sozialpädagogik insbesondere den Lebensraum und die Lebenslage zum leitenden Begriff ihrer Erörterungen wählt, so ist dies unter anderem als Spätfolge des Lewinschen Ansatzes zu verstehen.

Aus einer Reihe von Grundsätzen der feldtheoretischen Forschungsmethodik wird ein hermeneutischer Hintergrund deutlich, insbesondere wenn Lewin fordert, ein Feld zunächst als Gesamtsituation zu erfassen, bevor es in einzelnen Elementen analysiert wird. Als Beispiele für Gesamtcharakteristika sozialer Felder nennt Lewin die Weite der freien Bewegung oder die Freundlichkeit der Gesamtatmosphäre. Daß er ein solches Phänomen wie „Freundlichkeit der Gesamtatmosphäre" für meßbar hielt (nach Lück 1987), verdeutlicht wiederum seinen Brükkenschlag zu naturwissenschaftlichen Methoden.

Die Handlungsforschung

Die Handlungsforschung ist ebenfalls auf Lewin zurückzuführen. Während des Zweiten Weltkrieges versuchte er unter der Bezeichnung „action research" eine wissenschaftliche Methodik zu entwickeln, mit deren Hilfe Wissenschaftler und Praktiker aus Politik, Militär und Sozialbereichen gemeinsam eine Solidarisierung der antifaschistischen Kräfte bewirken könnten. Die gesellschaftspolitische und sozialpädagogische Absicht wird hier in gleicher Weise deutlich wie die konzertierte Aktion von Wissenschaft und Praxis bei einem gemeinsamen wissenschaftlichen und gesellschaftspolitischen Ziel. Die aristotelische Sicht von Einzelmitglied und gesellschaftlichem Ganzen wird in modernen Bezügen neu belebt. Die gemeinsame Verantwortung für das Gut-Leben ruht auf den Schultern theoretischer Praxis und praktischer Theorie. Ähnlich wie wir es für die teilnehmende Beobachtung bereits formuliert haben, gilt auch hier das Prinzip, daß Forschungs- und Handlungsziele sowie die gewählten Methoden im Prozeß einer kritischen Revision ausgesetzt werden dürfen und müssen. Sorgsame Beschreibung und Begründung von Vorgehensweisen, Ergebnissen und Methodenmodulation haben auch hier für die intersubjektive Verständigung mit Nicht-Teilnehmern zu sorgen.

Die Erkundung

Die Erkundung ist das kleine Geschwister der Handlungsforschung. Im Vergleich zu den großen Projekten des „action research“ sind ihre Radien auf kleine Forschungseinheiten und -gruppen beschränkt. Auch ihre zeitlichen Dimensionen sind bemessener und die Kontaktnahme mit den Personen des Untersuchungsbereichs sporadischer. „Dieser punktuelle Charakter schränkt die Möglichkeiten der Beteiligung der untersuchten Personen ein. Aber auch für Erkundungen gelten die leitenden Prinzipien der Handlungsforschung: Die ‘Forscher’ sollen nicht als neutrale Gesprächspartner oder Beobachter erscheinen, sondern eigene Interessen mitteilen und besonders auch latente Zusammenhänge und Handlungsmöglichkeiten im Untersuchungsfeld erkunden“ (Händle 1984, S. 357).

Die genannten Charakteristika der Erkundung betonen den Prozeßcharakter sozialen Handelns und sozialer Konstellationen, wobei die Untersuchten als Subjekte des sozialen Prozesses erkannt und anerkannt werden: Die Aufhebung der von ihnen im Kontakt mit den Untersuchenden erkannten Widersprüche gelingt nur gemeinsam mit ihnen; ein erster Schritt dazu ist die Aufdeckung einer zweiten Qualität: die der verborgenen Handlungsmöglichkeiten. Der im Rahmen der Erkundung offengelegte Beziehungs- und Handlungsstatus ist also nur von vorübergehender Dauer. Im Moment seiner Bewußtmachung ist er schon Vergangenheit, zugleich jedoch Motiv für die Veränderung der Lagen.

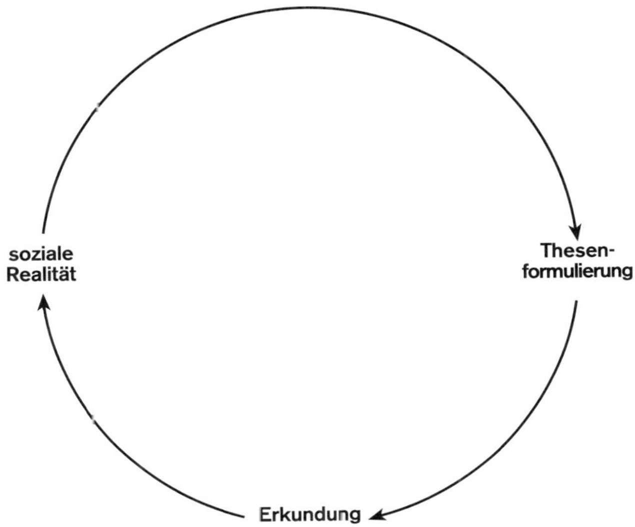

Abb. 15: Abhängigkeit von sozialer Realität im Untersuchungsfeld von Erkundung und Thesenformulierung (vgl. Emmerich 1991, S. 99).

Erkundungen mit ihrem beschränkbaren, ja wegen der Notwendigkeit persönlicher Kooperation unabdingbar zu beschränkendem Untersuchungsfeld und mit ihrem punktuellen Charakter sind in einer begrenzten Zeit leistbar.

Der Verzicht auf exakte und hochspezifizierte Daten ist zwangsläufig gegeben, weil das Erkennen versteckter und emanzipatorisch potenter sozialer Prozesse und von Möglichkeiten ihrer direkten Modifikation im Vordergrund steht. „Im Unterschied zu den bisher dominierenden hypothesenprüfenden Forschungsprojekten sollen in explorativen Forschungsprojekten relevante Hypothesen erst entwickelt werden. In der Auseinandersetzung mit noch wenig erforschten Problemfeldern werden in Erkundungen – ausgehend von globalen Annahmen – detaillierte Hypothesen und plausible Zusammenhänge als vorläufige Ergebnisse formuliert“ (ebd., S. 358).

Im Untersuchungsfeld von Erkundung und Thesenformulierung besteht eine Abhängigkeit von der sozialen Realität. Dies läßt sich als Zirkel abstrahieren. Realität wird erkundet, die Erkundung führt zu Thesen, die ihrerseits über die untersuchten Subjekte die Realität verändern; die Erkundung erhält dadurch einen neugestalteten Untersuchungsgegenstand und damit ein neues Profil.

Die Evaluationsforschung

Schließlich soll noch auf die Evaluationsforschung aufmerksam gemacht werden. Im Gegensatz zu Handlungsforschung und Erkundung ist sie an Suche und Modifikation der politischen und erzieherischen Ziele nicht beteiligt. Sie hat es auch nicht auf Partnerschaft mit den Subjekten der Praxis abgesehen. Statt dessen sind ihre Ziele, Personen und „Felder" der Untersuchung vorgegeben, denn sie erforscht Erfolg, Mißerfolg, Nebenwirkungen und Hindernisse aufgelegter Programme (z. B. von Aufklärungskampagnen der Aidsprophylaxe).

Auf Anhieb mag die Funktion der distanzierten Erfolgskontrolle ein negatives Image auf sie ziehen. Scheint sie doch weit vom hermeneutischen Zirkel sich gegenseitig verstehender Subjekte entfernt zu sein. Letztlich aber sind die Subjekte es sich selbst und ihren Programmen und Projekten schuldig, eine neutrale Reflexion über das Ergebnis ihrer Engagements einzuholen. Der objektivierende Anspruch der Evaluationsforschung steht der Tendenz eines narzistischen Selbstverstehens ohne Intersubjektivität entgegen. Fruchtbar wird jedoch auch er nur bei gleichzeitig hermeneutischem Verstehen der Ziele, Wege, Mißerfolge und Irrwege anderer „Regisseure" und „Drehbücher".

2.5 Metatheoretisches

Jede Wissenschaft steht vor der Aufgabe, allgemeingültige Grundsätze zu finden, aus denen sich konkrete Folgerungen ableiten lassen. Das gilt für Sozial- und Humanwissenschaften ebenso wie für Naturwissenschaften. Das Weltbild des Ptolemäus (100–160 n. Chr.) war ein solcher Grundsatz, aus dem Physik und Astrophysik weit über ein Jahrtausend ihre Folgerungen ableiteten. Das Weltbild des Thomas von Aquin (1225/26–1276 n. Chr.), gestützt auf die klassische Philosophie des Aristoteles, bestimmte über Jahrhunderte die Annahmen über das Zusammenleben in Gesellschaft und Staat. Beide Grundsätze mußten aufgegeben werden: die astrophysikalische Prämisse, nach der sich die Erde um die Sonne dreht, wurde trotz kirchlichen Bannes von Galilei und Kopernikus widerlegt; die 'Ordo' des thomistischen Gesellschaftsverständnisses, der gemäß Menschen in gottgegebene Standesverhältnisse hineingeboren und lebenslang verhaftet bleiben, kam nach philosophischen Diskursen z. B. von Thomas Moore oder Montesquieu endgültig mit der Französischen Revolution zu Fall.

Halten wir fest: Allgemeingültige Grundsätze von Wissenschaften sind nur zeitbegrenzt stabil. Dies gilt in gleichem Sinne für Natur- und

Geisteswissenschaften. Diese Erkenntnis auf den Punkt gebracht zu haben, verdanken wir Thomas C. Kuhn (1967). Kuhn bezeichnet die in diesem Sinne relativierten übergeordneten Grundsätze bzw. Theorien als Paradigmata, als Lehrbeispiele, an denen sich über Phasen oder Epochen Wissenschaften orientieren, bis sie in wissenschaftlichen Revolutionen im Streit der Geister und Gefühle gestürzt und aufgegeben werden. Wissenschaftliche Grundsätze, Theorien, Paradigmata sind also bei aller Beharrlichkeit wandelbar und ablösbar. Sie bleiben nicht zeitlos gültig. Solcher Art Überlegungen stehen außerhalb der Wissenschaften selbst. Sie sind Theorien über und jenseits der Untersuchungsgebiete, denen sich die Disziplinen intern zu widmen pflegen: sie sind metatheoretischer Art.

Für die Sozialpädagogik ist vor allem eine metatheoretische Entscheidung darüber zu treffen, welche Grundzüge das gesellschaftliche Leben, in das sie einzugliedern versucht, haben soll und wie das Verhältnis von Einzelmensch, sozialen Gruppen und Gesamtgesellschaft ideal gesehen wird.

Erstaunlicherweise hat es meines Erachtens vorübergehend den metatheoretischen Standpunkt gegeben, diese grundlegenden Wertentscheidungen aus dem wissenschaftlichen Geschäft auszuklammern und als Wissenschaft nur solche Untersuchungsgegenstände zuzulassen, über die eindeutig nachprüfbare Wenn-dann-Beziehungen festgestellt werden können. Eine solche überprüfbare Wenn-dann-Beziehung wäre z.B. die klassische, aus der Soziologie stammende Anomie-Theorie Durkheims (1973), daß bei Abnahme der Möglichkeiten, gesellschaftliche Zielvorgaben auch wirklich zu erreichen, die Selbstmordrate steigt. Formuliert man diese Annahme in eine sozialpädagogische Fragestellung um, so hätte eine wertfreie Sozialpädagogik z.B. gleichermaßen folgendes gut zu erforschen:

- Wie erzieht man Menschen, so daß sie das Nicht-Erreichen gesellschaftlicher Ziele resignativ ohne Selbstmord hinnehmen?

aber auch:

- Wie erzieht man Menschen, daß sie das Nicht-Erreichen gesellschaftlicher Ziele mit möglichst für die Gesellschaft unbelastenden Selbstmordmethoden quittieren.

Der Leser wird den Widersinn einer solchen, scheinbar wertfreien Sozialpädagogik belächeln. Trotzdem ist ernsthaft versucht worden, unsere Wissenschaft wertungsfrei zu machen. Bei Rössner, der Sozialarbeit synonym für Sozialpädagogik verwendet, liest sich das z.B. folgendermaßen: „Die Bemühungen um eine Sozialarbeitswissenschaft werden durch das Mißverständnis belastet, der Theoretiker der Sozialarbeit trage über die normale Verantwortung des Wissenschaftlers hinaus, die für ihn als zweitrangig gilt, auch die Verantwortung des Sozialarbeiters. Der für den Sozialarbeiter charakteristische Zwang zu werten, Entscheidungen zu treffen und zu handeln, auch wenn die Situation rational nicht völlig durchsichtig ist, wird von manchen Sozialarbeitswissenschaftlern sinngemäß auch sich selbst zugemutet: Zur Orientierung der Sozialarbeitspraxis glauben sie, Fragen beantworten zu müssen, die sich wissenschaftlich nicht beantworten lassen ... zumal Ziele der Erziehung bzw. der Sozialarbeit sich nicht aus Tatsachen ableiten lassen ..." (Rössner 1973, S. 49f.).

Ich persönlich halte diesen metatheoretischen Standpunkt für gefährlich, weil er das Feld der Wertentscheidungen freigibt für alle möglichen gesellschaftlichen Kräfte, die Mitglieder der sozialpädagogisch wissenschaftlichen Diskursgemeinschaft als solche jedoch vom Wertediskurs ausschließt. Umgekehrtermaßen halte ich es für die Sozialpädagogik für einen Glücksfall, daß ihre namhaften Vertreter, angefangen bei Mager, nahezu alle Gesellschaftskritik übten mit dem Ziel, die Bedingungen des Zusammenlebens für möglichst viele und insbesondere auch für Benachteiligte zufriedenstellender zu machen.

Meines Erachtens sind die folgenden *„Paradigmatischen Grundsätze innerhalb der Sozialpädagogik"* bis heute wirksam und relevant:

1. *Die Selbstverpflichtung der Sozialpädagogik zur innovativen Kritik an Staat und Gesellschaft.*

Schon Mager (s. 2.3.5) hatte „Social-Pädagogik" definiert als die Synthese aus einseitiger, insofern kritisierbarer Kollektiv-/Staatspädagogik und ebenso verengter Individualpädagogik.

2. *Das parteiliche Interesse an Menschen in benachteiligten Lebenslagen.*

Ebenfalls Mager hatte neben dem Anspruch, daß Sozialpädagogik die soziale Pädagogik für alle Gesellschaftsmitglieder sein solle, das Augenmerk in besonderer Weise auf die Bildungsbenachteiligten gerichtet. Im Laufe der weiteren theoretischen Ansätze kommen mehr und mehr Benachteiligte aus nachteiligen ökonomischen, ethnischen, rehabilitativen Lebenslagen in den Blick.

3. *Das emanzipatorische Engagement zugunsten der und mit den Adressaten.*

Individuallage (Pestalozzi), Bildungsemanzipation (Mager, Diesterweg, Tews u.a.), Frauenemanzipation (Salomon), Verteidigung der individuellen Lebensbedürfnisse (Nohl), Unterstützung von Selbsthilfe lassen sich als Schlaglichter der emanzipativen Ausrichtung betrachten.

4. Das Subsidiaritätsprinzip als Kehrseite der emanzipatorischen Maxime.

Spätestens seit Fischers Postulat, die Sozialpädagogik habe sich mit ihrem Wirken selbst überflüssig zu machen, ist deutlich geworden, daß sie nur vorübergehend helfend einspringen soll, wo herkömmliche gemeinschaftliche und individuelle Kräfte der Selbstregulierung und Selbstheilung nicht ausreichen.

Meines Erachtens kongruieren in der „Kritisch emanzipatorischen Erziehungswissenschaft" der Frankfurter Schule die paradigmatischen Grundsätze zu einem sozialpädagogisch einheitlichen Paradigma.

Verfolgen wir schrittweise ihren argumentativen Zusammenhang: Erziehung ist immer darauf aus, den zu Erziehenden zu befähigen, mit zunehmender Selbsttätigkeit zur Produktivität der Gesellschaft beizutragen. In der Idee zunehmender Selbsttätigkeit ist implizit die Möglichkeit des Eigenentscheids und der sittlichen Verantwortlichkeit für das selbständige Handeln enthalten. Kritische Erziehungswissenschaft leitet aus diesem Tatbestand als axiomatisches Erziehungsziel die Befreiung des einzelnen zu rationaler Lebensführung ab. Der Terminus technicus für den Zustand, in dem solcherart rationale Lebensführung gelingt, heißt „Emanzipation".

Bei Mollenhauer heißt es hierzu: „Für die Erziehungswissenschaft konstitutiv ist das Prinzip, das besagt, daß Erziehung und Bildung ihren Zweck in der Mündigkeit des Subjektes haben; dem korrespondiert, daß das erkenntnisleitende Interesse der Erziehungswissenschaft das Interesse an Emanzipation ist" (Mollenhauer 1976).

Soviel zum übergeordneten, insofern paradigmatischen Ziel kritischer Erziehungswissenschaft. Praktisch wird es, indem die gesellschaftlichen Bedingungen dahingehend untersucht werden, wieweit sie dem Zustand der Emanzipation entgegenstehen und/oder ihn unterstützen. Pädagogisches Wirken verfolgt hiernach zwei Richtungen. Zum einen versucht es, die Widersprüche zwischen dem Geist der Gesellschaft und ihrer Realität aufzudecken und politisches Handeln in Gang zu bringen oder – gemäß Schaller (1974) – die Wirklichkeit der konkreten Utopie ähnlich zu machen. Hier kongruiert Pädagogik mit Politik. Zum anderen versucht Erziehungswissenschaft, in den Individuen, die ihr aufgegeben sind, jene Fertigkeiten, Kräfte und Haltungen zu erzeugen, die nötig sind, um rational und solidarisch handeln, gegebenenfalls dabei auch die gesellschaftlichen Verhältnisse ändern zu können.

Rationalität und Brüderlichkeit, besser Geschwisterlichkeit, sind zwei Bewertungsattribute menschlich sozialen Handelns, die in moralischen Kategorien begründet sind:

- Auf der Grundlage christlichen Denkens hat der Mensch geschwisterlich zu sein wegen gemeinsamer Gotteskindschaft.
- Auf der Grundlage aufklärerischen Gedankengutes besteht nur mit der Rationalität die Chance der Mündigkeit, sprich Emanzipation.

Wenn wir mit der kritischen Erziehungswissenschaft geschwisterliche Solidarität und Rationalität als Maßstäbe des sozialen Lebens setzen wollen, entscheiden wir uns für einen Wertehorizont, der nicht innerhalb der Wissenschaftstheorien der Sozialpädagogik entwickelt werden kann, sondern Ergebnis ihrer Metatheorie ist.

Nun ist auch Metatheorie das Ergebnis kommunikativer Prozesse, wie diese – vice versa – Gegenstand sind von Metatheorie.

Wil Martens (1991) verdanken wir einen Essay über „Die Autopoiesis sozialer Systeme". Darin legt er dar, daß sich kommunikative Prozesse der Elemente von psychischen Vorgängen (Gedanken) und organischen Abläufen (neuronalen Funktionen) als Komponenten bedienen, um sich selbst als Austausch innerhalb sozialer Einheiten zu etablieren. Mit allen Vorbehalten der Revidierbarkeit von metatheoretischen Paradigmata läßt sich hier ein fünfter paradigmatischer Gedanke für die Sozialpädagogik aufstellen:

5. Die Solidarität für die Beteiligung am gesellschaftlichen Austausch.

Die seit Mager geforderte Besserstellung der Bildungsbenachteiligten und die Aufhebung von Benachteiligung anderer Randgruppen erhöht die Chance der Beteiligung und damit des Inputs in den gesellschaftlichen Kommunikationsprozeß in quantitativer und qualitativer Hinsicht. Das solidarische Motiv der Beteiligung von mehr Menschen am gesellschaftlichen Austausch ist angesichts der Optimierung zugleich ein rationales. Umgekehrt spricht alle Rationalität wegen der Optimierung für Solidarität.

Metatheoretisch lassen sich die theoretischen und praktischen Entwürfe und die Anstrengungen der Sozialpädagogik des 19. und 20. Jahrhunderts im Angesichte eines neuen Jahrtausends behaupten.

3. ANTHROPOLOGISCHES, ETHISCHES, SOZIALKRITISCHES

In diesem Kapitel geht es um die anthropologische, ethische und sozialkritische Dimension. Wie bereits in der Einleitung skizziert sucht diese Dimension Antworten auf die Frage nach der sozialen Konstitution des Menschen. Wenn ich in den folgenden Abschnitten die einzelnen Aspekte dieser Dimension darstelle, werde ich gegenüber der historischen Abfolge dieser Aspekte eine Umstellung vornehmen: Das Ethische gewinnt als etwas Gewolltes einen Vorrang, während das Anthropologische als etwas Vorgegebenes aus dieser Perspektive nachrangig behandelt werden soll.

3.1 Ethisches

Das Ethische steht im Mittelpunkt der drei leitenden Begriffe. Mit Ethik ist die Lehre vom moralisch guten Handeln gemeint. Zu diesem Handeln ist der Mensch von Natur aus vorgebildet und fähig, es auszuüben. So sieht es Aristoteles (384–322 v. Chr.) in seiner Schrift „Nikomachische Ethik“. Damit ist der Zusammenhang von anthropologischer Ausstattung und Disposition zum ethisch guten Handeln bereits in der klassischen Philosophie unterstellt. Hinzu kommt eine weitere Annahme oder Feststellung: Das gute Handeln vollendet sich erst durch Gewöhnung und Eingewöhnung derer, die zusammenwohnen. Ethos – ursprünglich: griechische Bezeichnung für Gewohnheit, Herkommen, Sitte – meint also das gute Miteinanderhandeln und -umgehen derer, die zusammen wohnen. Ethik als Lehre basiert somit auf der Erfahrungs-Grundlage guter Wohn- und Hausgemeinschaften, guter Nachbarschaften und Sitten, die als Sittlichkeit stabil werden. Damit ist neben dem Anthropologischen als Vorbedingung des Ethischen das Soziale als sein Ausdrucksfeld genannt. Die Trias von Ethischem, Anthropologischem, Sozialem ist demnach schon seit Aristoteles konstatiert.

Nun gibt es bei Aristoteles eine besondere Betonung des Sozialen, als er dieses in der Polis, dem Stadtstaat, als Einheit von Staat und Gesellschaft gültig und erhaltenswert vergegenständlicht sieht. Das Gut-

Leben des einzelnen, seine ethische Einfügung in das Gut-Leben der Miteinander-Wohnenden und -Handelnden, hat sich wertmäßig am Gut-Leben der Polis zu orientieren. Der gute Stadt-Staat ist der Orientierungspunkt für das Handeln der einzelnen und der Gemeinschaft. Der Gedanke, daß auch der Staat sich an der anthropologischen Grundausstattung des Menschen ausrichten müsse und die Sittlichkeit guter Nachbarschaften und guter Hausgemeinschaft sowohl zu repräsentieren als auch zu gewährleisten habe, fehlt bei Aristoteles und wird epochal erstmals durch die Aufklärung, speziell durch Rousseau herausgearbeitet. Sozialkritik als Staats- und Gesellschaftskritik ist somit ein Denkmuster der Moderne. Für die Sozialpädagogik wird sie bereits bei Mager, dem Begründer des Begriffs, konstitutiv. Bei Nohl haben wir gesehen, wie er die Sozialpädagogik in Anspruch nimmt, anwaltlich die anthropologischen Grundbedürfnisse des Individuums gegenüber Staat, Gesellschaft und Kirche zu vertreten, mit anderen Worten, Sozialkritik unter dem Gesichtspunkt verweigerter, jedoch berechtigter Individualansprüche zu üben.

Umgekehrt proportional zur Ethik der Antike, die das Individuum an den ihm vorgesetzten Belangen der Polis orientieren wollte, steht damit eine sozialpädagogische Ethik dafür ein, Staat und Gesellschaft auf das Glück und die Wohlfahrt seiner Individuen zu verpflichten. Wir tun gut daran, die Polarität der Maßstäbe wahrzunehmen und anzuwenden, ohne zu hoffen, daß es je möglich sein wird, auf einen zu verzichten.

Wir müssen uns darüber hinaus sogar noch einer dritten Perspektive annehmen: Nachdem die je und je konkrete „Polis" als bivalente „gute" wie „schlechte" Gewährleistung des Ethos erscheinen kann, öffnet sich auch der Blick dafür, daß die anthropologische Ausstattung des Menschen nicht allein für das moralisch gute Leben, sondern auch für das moralisch verwerfliche Leben prädisponiert scheint.

Beide Dispositionen gilt es zunächst als vorgegeben zu akzeptieren. Das heißt, auch die „Schattenseite" unserer Art darf weder übersehen und verdrängt, noch verteufelt werden. Wir haben sie als Disposition zu akzeptieren und unter unsere erziehliche und selbsterziehliche, sozialkritische und politische Obhut zu nehmen, um sie im Kontrakt der Sittlichkeit zum Gut-Leben zu erziehen.

3.1.1 Zur Bestimmung des Ethischen

Um das Ethische im Rahmen dieser „Einführung in die Sozialpädagogik“ noch eingehender darzustellen, kann der Blick in die Geschichte auch beschrieben werden anhand folgender Stationen und Positionen:
- von der Idee des Guten zum guten Gemeinwesen und
- von der Offenbarung zur „regula aurea“.

In der Trias „Anthropologisches – Ethisches – Sozialkritisches“ bleibt das Ethische im Mittelpunkt. Es geht aus von der anthropologischen Mitgift des Menschengeschlechts, es blickt aber auch zurück auf das Mitgegebene als Aufgegebenes, aus dem das Selbstgewollte und -bestimmte erst als Ethisches Wirklichkeit werden kann. Es ist ferner ausgerichtet auf eine ethisch gute Verfassung von Staat und Gesellschaft, die ihrerseits nur unter dem Gesichtspunkt eines guten Ethos beurteilt werden kann.

Woher nun läßt sich das ethische Urteil bilden, welches die anthropologische Ausstattung hier als verstärkungswürdig oder dort als (um-)erziehungsbedürftig unterscheidet und welches diese Seiten von Staat und Gesellschaft als erhaltenswert, jene als veränderungsnotwendig bewertet?

Philosophie und Ethik haben kaum eine Möglichkeit ausgelassen, Antworten auf diese Grundfrage zu suchen: Vor Aristoteles entwarf Platon seine Ideenlehre. Nach ihr hat der Mensch Anteil an den ewig unveränderlichen Ideen, die das eigentliche Sein ausmachen. Die realen Dinge sind nur ein Abglanz der Ideen, denen sie zugehören. Wenn ein Mensch zwei Dinge, z.B. zwei Pferde, als gleich erkennt, so deshalb, weil er zuvor ein Wissen darüber hat, was das eigentliche Pferd, die Idee der Pferdheit, ausmacht, und weil er deshalb erkennen kann, daß ein konkretes Pferd ein Exemplum der Einheiten ist, die in der Idee der Pferdheit kongruieren. Genau so verhalte es sich, nach Platon, mit den ethischen Tugenden. Weil der Mensch vor aller biografischen Erfahrung bereits weiß, was Gerechtigkeit, Tapferkeit und alle anderen ethisch wertvollen Maßstäbe und Motive sind, könne er gerechte, tapfere und andere gute Handlungen von schlechten unterscheiden.

Ungelöst bleibt bei Platons Ideenlehre, warum Menschen trotz ihrer Teilhabe an der Idee des Guten es in ihren Handlungen so wenig realisieren, vor allem auch, für wen das Gute gut sein soll, wenn unterschiedliche Vor- und Nachteile aus Handlungen erwachsen.

Die christliche Ethik versuchte das Dilemma der philosophischen Schulen zu überbrücken, indem sie Gott und die ihm zugeschriebene Offenbarung gewissermaßen als „deus ex machina“ (Gott aus der Maschine, Gott von der Höhe) zur Richtschnur des Ethischen machte. Gut ist demnach, was die Kirche in selbstangemaßter Unfehlbarkeit „ex cathedra“ (vom päpstlichen Stuhl) in ihrer Sittenlehre lehrt. Nachdem wir heute gewaltsame Missionierungen, Glaubenskriege, „Hexen-“ und „Ketzer-“Verbrennungen nicht mehr als ethisch gut bewerten können, fällt die dogmatische Verpflichtung zusammen, wie die Verpflichtungen auf Ideenhimmel oder real existierende Gesellschaften und Staaten.

Trotz des nicht ausgestandenen Dilemmas bei der Suche nach festen Maßstäben für die Beurteilung des ethisch Guten, gibt es über Jahrtausende und über unterschiedliche Kulturen hinweg einen Lösungsvorschlag, der zugleich konkret und trotzdem von höchster Allgemeinheit ist. Es handelt sich um das Prinzip der Gegenseitigkeit – ein Thema, das die verschiedensten Kulturen durchläuft und das letztlich jede menschliche Interaktion als Maßstab und Bedürfnis ansieht. Der Inhalt dieses Prinzips der Gegenseitigkeit ist in der Geschichte der Ethik bekannt unter dem Namen der „regula aurea“, der goldenen Regel. Sie besagt im negativen wie im positiven Sinne: „Was du nicht willst, das man dir tu’, das füg’ auch keinem andern zu!“ bzw. „Was du willst, das dir geschehe, das tue den anderen!“

So schlicht diese Sätze sind, so finden sie sich doch in allen Zeiten und allen Völkern als Grundlinie moralischer Systeme. Mit Recht stellt Hendrik van Oyen sogar für die Moraltheologie fest: „Es ist von großer Widrigkeit, auch innerhalb des Horizontes der theologischen Ethik zu fragen, inwiefern es eine Norm gibt, die durch alle Zeiten hindurch und für alle Völker als gültig erachtet wurde und die außerdem im Kader der evangelischen Richtlinien aufgenommen ist; ohne Zweifel trifft das auf die goldene Regel zu“ (Gründel/van Oyen 1970, S. 96 f.).

Ehe wir auf die sozialpädagogische Relevanz der goldenen Regel eingehen, soll in Auswahl der von van Oyen ausgegebenen Beispiele die Verbreitung der goldenen Regel angedeutet werden:

- Nach einem einzigen Wort als Maßstab für alles Handeln befragt, antwortet Konfuzius: „Die Nächstenliebe. Was du selber nicht willst, das tue auch keinem anderen.“
- Aus dem 5. Jahrhundert vor Christus stammen die babylonischen Achikar-Sprüche. Mit Nachdruck rät Achikar seinem Sohn, seinen Kameraden nicht anzutun, was ihm selber schlecht erscheine.
- Dazu zeitlich nahe, kulturell jedoch total verschieden, findet sich in der brahmanischen und buddhistischen Literatur ebenfalls der Grundsatz, daß die Liebe zu sich selbst zugleich Liebe zum Nächsten bedeute.

– Bei Herodot heißt es, daß ich das, was ich meinem Nächsten vorwerfe, selber nach Möglichkeit unterlassen soll.

Als weitere, hier nicht näher belegbare Vertreter der goldenen Regel führt van Oyen Isokrates, Epiktet, Ovid, Plinius, Seneca, die Stoa und die Patres an. Gewissermaßen ist die abendländische Ethik intensiv auf das Prinzip der Gegenseitigkeit bezogen. Dieser Umstand wird dadurch begünstigt, daß die geschichtliche Vereinigung hellenistisch-römischen und jüdisch-christlichen Kulturgutes gleich über zwei Zuflüsse der goldenen Regel verfügt. Aus dem römischen Quellgebiet fließt der römische Geist des „do, ut des" (ich gebe, damit du gibst), ein ethisches Prinzip, das im Rahmen der Staatsvertraglichkeiten heißt: „pacta sunt servanda!" (einmal eingegangene gegenseitige Abmachungen sind einzuhalten – kurz: Verträge sind zu bewahren).

Konkordant hierzu finden wir innerhalb der jüdisch-christlichen Überlieferung die postulierte Gegenseitigkeit der Bündnistreue von auserwähltem Volk und Jahwe sowie die Gleiches mit Gleichem vergeltende Gesetzgebung des Alten Bundes, das „jus talionis" (Auge um Auge). Die nicht mehr aufrechnende, absolut prosoziale Gegenseitigkeit, sondern eine nur an der Wahrnehmung der eigenen Wunschvorstellung und Bedürftigkeit orientierte Perspektivübernahme der Anliegen anderer verlangt schließlich das Jesuswort Matth. 7,12 und Lukas 6,31. Insgesamt läßt sich der Grundsatz der Reversibilität als Grundprinzip der Geschichte verstehen.

Genug der Belege an historisch-philosophischen Beispielen. Letztlich sollte es nur die Frage und Antwort nach der sozialpädagogischen Effizienz der regula aurea vorbereiten. Diese läßt sich in den Satz fassen: Legitimation erhalten sozialpädagogische Handlungen einschließlich ihrer kritischen Beiträge, wenn sie vom Grundsatz der Gegenseitigkeit, der Reversibilität, der Perspektivübernahme getragen sind.

Das gilt zunächst für den pädagogischen Bezug: Verhalte dich im pädagogischen Umgang mit den dir Anvertrauten, wie du wünschst, daß sie sich dir gegenüber verhalten, und wie du wünschst, daß andere Sozialpädagogen sich gegenüber dir oder denen, die zu dir gehören, verhalten sollen.

Das gilt darüber hinaus für die vermittelten Werte: Steigere durch pädagogische Einflußnahme die Hochachtung nur solcher Werte, die den zu Erziehenden ideell und praktisch in gleichwertige Partnerschaft, Gegenseitigkeit und Identifikation zu allen Menschen setzen.

Und schließlich gilt es für die sozialpädagogische Kritik an gesellschaftlichen Verhältnissen: Kritisiere mit sozialpädagogischen Kategorien alle Sozialstrukturen, in denen Menschen unter Verhinderung von Gegenseitigkeit an Information, Konsum, Mitbestimmung und Meinungsbildung nicht oder ungleich beteiligt werden.

3.1.2 Exkurs: Der gewürfelte Gesellschaftsvertrag (nach Rawls)

In der Einzelbegegnung von Menschen läßt sich die jeweilige Ausgestaltung der goldenen Regel leicht bestimmen. Das wird poetisch deutlich, wenn wir bei Konfuzius (551–479 v. Chr.) lesen: „Dem Vater dienen, wie man vom Sohn verlangt, dem Fürsten dienen, wie man vom Diener verlangt, dem älteren Bruder dienen, wie man vom jüngeren verlangt, den Freunden zuerst bieten, was man von ihnen verlangt!" (zit. n. Pyon 1994, S. 22).

Auf der Grundlage solcher, wenn auch personenversetzter Gegenseitigkeiten soll nach Konfuzius eine Menschenliebe gedeihen, die Menschen auch jenseits aller Familien-, Nachbarschafts- und Abhängigkeitsverhältnisse über die vier Weltmeere hinweg achtungsvoll und freundschaftlich verbindet.

Jesu Entwurf reicht ebensoweit: „Alles, was ihr wollt, daß Euch die anderen tun, das tut auch ihr ihnen", heißt bei Matth. 7,12 die Generalklausel; und sie wird noch erweitert: „Tut Gutes denen, die Euch hassen."

Vor dem Hintergrund konkreter menschlicher Verhältnisse von Vater und Sohn sowie Bruder und Bruder, und erhellt vom Gleichnis des Samariters, der sich dem ausgeplünderten und verletzten Volksfremden als „Nächster" erweist, wird die geforderte Menschenfreundlichkeit anschaulich. Für die Übertragung auf die gesellschaftlich verallgemeinerten Verhältnisse von Recht und Konventionen bedarf es einer gewissen Nacharbeit. Kant (1724–1804), der große Philosoph der Aufklärung, hat mit der Setzung des kategorischen Imperativs den bisher unübertroffenen Versuch gemacht, das Gegenseitigkeitsprinzip der regula aurea, losgelöst vom konkreten Einzelfall, abstrakt zu formulieren: „Handle so, daß die Maxime deines Willens jederzeit zugleich als Prinzip einer allgemeinen Gesetzgebung dienen könne" (Kant 1986, S. 447).

Die Anschaulichkeit, die uns die großen Menschheitslehren mit ihrem Rückgriff auf die konkreten, menschlichen Lebenslagen vermitteln, geht bei dieser Abstraktion notgedrungen verloren. Notgedrungen?! Der amerikanische Philosoph John Rawls (*1921) hat aus der Not eine Tugend gemacht. Mit einer Art Parabel veranschaulicht er, aus welchem Geiste und mit welchem methodischen Ansatz Menschen die allgemeinen menschlichen Dinge regeln könnten und sollten.

In einer Art Gedankenexperiment belegt Rawls die Menschen, die um die Bedingungen der gesellschaftlichen Verhältnisse ringen, mit einem „Schleier des Nichtwissens“ von:

– ihrem Platz in der Gesellschaft, ihrer Klassenzugehörigkeit oder ihrem Status, ihren natürlichen Gaben, ihrer Intelligenz, ihrer Körperkraft u. a.;
– Vorstellungen vom Guten, Einzelheiten ihres vernünftigen Lebensplans, Vorurteilen, Besonderheiten ihres Begehrens, Einstellungen zum Risiko u. a.;
– besonderen Verhältnissen ihrer Gesellschaft, der wirtschaftlichen und politischen Lage, dem Entwicklungsstand ihrer Zivilisation und Kultur und ihrer Generationszugehörigkeit (vgl. Rawls 1975, S. 136 f.).

Unter diesen Bedingungen nun sollen sie eine Gesellschaft aushandeln mit Rollen und Rechten, mit Macht und Vermögen, mit Armut und Abhängigkeit, mit Vorteilen und Nachteilen, mit Begabungen und Behinderungen. Unbekannt soll ihnen bei ihrem Aushandlungsprozeß der Bedingungen, Begünstigungen, Unterstützungen und Ansprüche ihre eigene Rolle sein, die ihnen wie die Zufallstreffer eines Würfelspiels am Ende der Verhandlung zufallen soll. „Da sich alle in der gleichen Lage befinden und niemand Grundsätze ausdenken kann, die ihn aufgrund seiner besonderen Verhältnisse bevorzugen, sind die Grundsätze der Gerechtigkeit das Ergebnis einer fairen Übereinkunft oder Verhandlung“ (Rawls 1975, S. 29).

Umgekehrt gesehen muß sogar jeder einzelne gedanklich vorwegnehmen, daß die ungünstigste Rolle der ausgehandelten Gesellschaft seine eigene werden könnte, unter Umständen zugewiesen und in der zuvor mit dem „Schleier des Unwissens“ beschlossenen Abhängigkeit vom ärgsten Feinde (vgl. ebd., S. 178).

„Die Entscheidung wird also aus der Perspektive der ungünstigen Situation getroffen, die eintreten könnte und die es abzuwenden bzw. zu mildern gelte. Dieser Auffassung entspricht es, daß sich die Aufmerksamkeit der Beteiligten nicht auf die Maximierung des möglichen Vorteils richtet, d. h. sie würden nicht nach dem Prinzip des ‘maximum maximorum’ handeln, sondern würden nach der Regel des ‘maximum minimorum’ (‘Maximin-Regel’) handeln“ (Bartkiewicz 1988, S. 16).

Rawls’ Parabel ist eine kluge und zugleich poetisch schöne Hilfe für die Diskussion, Kritik und Veränderung der Verhältnisse, die wir sozialpädagogisch und sozialpolitisch mitzuverantworten haben. Mit dem

Kunstgriff des Schleiers wird die Perspektivübernahme der Benachteiligten erleichtert.

Wer nicht glauben und hoffen kann,

- was er – im biblischen Sinne – dem geringsten seiner Brüder getan habe, das habe er dem Herrn Jesu getan,
- wem die Pietät und Liebe zu seinen Eltern und Geschwistern nicht im Sinne Konfuzius' zur allgemeinen Menschenliebe wächst,

dem ist mit der Rawlsschen Fiktion eine „Eselsbrücke" mit Realcharakter gebaut. Niemand nämlich kann sicher sein, immer gesund statt krank, uneingeschränkt chancenreich statt behindert, fortwährend jung statt alt, immer erfolgreich statt bankrott, immer zu Hause statt in der Fremde Asylant, Flüchtling und Fremder zu sein.

„Behandelt die Fremdlinge in eurem Lande wie Euresgleichen, denn ihr seid selbst Fremdlinge im Lande Ägypten gewesen", so die rückschauende Mahnung im Levitikus, dem 3. Buch Mose.

Rawls legt vorausschauend nahe, die allgemeinen menschlichen Verhältnisse aus Egoismen für die wie auch immer Benachteiligten auf das Günstigste zu regeln: Wir selbst könnten ihr Los aus der Lostrommel des Schicksals zugeworfen bekommen. Der Schleier des Unwissens ist insofern Wirklichkeit.

3.2 Anthropologische Vorgaben

Wir haben auf den Spuren des Aristoteles bereits festgestellt, daß für das Ethische anthropologische Vorgaben bestehen, die für ein Gut-Leben eingeplant, berücksichtigt und durch Gewöhnung und Pädagogik erzogen werden müssen. Seit uns Staat und Gesellschaft – anders als bei Aristoteles – verdächtig erscheinen, neben dem Gut-Leben auch das Schlecht-Leben einrichten zu können, wird uns zusätzlich eine anthropologische Ausstattung bewußt, die ihrerseits für das Schlecht-Leben die passende Disposition abgeben kann und für den Zweck des Gut-Lebens umerzogen werden muß.

Als Ziele der Sozialpädagogik haben wir benannt:

- Aufhebung von Benachteiligung,
- Emanzipation,
- Partizipation,
- Gegenseitigkeit.

Welche anthropologischen Vorgaben sind im Guten wie im Schlechten zu berücksichtigen, wenn es um die Verwirklichung dieser Ziele geht?

Aus den Grundtatsachen von Biologie, Psychologie, Ethologie, Völkerkunde und Soziologie sind Bedingungen herauszuschälen, die unerläßlich erfüllt werden müssen, wenn das über Zeit und Kulturkreise hinausreichend zielhaft Menschliche ermöglicht werden soll. In einigen Beispielen wollen wir versuchen, solche anthropologischen Schlüsse skizzenhaft zu vollziehen.

3.2.1 Zoologisch-Anthropologisches: die „physiologische Frühgeburt“ (nach Portmann)

Portmann stellt in seiner zoologischen Forschung fest, daß der Mensch in Abweichung zu vergleichbar hochentwickelten Säugern, d. h. auch zu nahverwandten Primaten, eine physiologische Frühgeburt darstellt. Primär ist der Homo sapiens einzuordnen in die Gruppe der Nestflüchter unter den Säugern. Durch den Umstand der Frühgeburt kommt er jedoch so unfertig zur Welt, daß er eines ganzen Jahres bedarf, bis er die Selbständigkeit erreicht, die man aufgrund seiner Stellung in der Artenreihe eigentlich bei der Geburt von ihm erwarten müßte. Portmann spricht deshalb vom sozialen Uterus des ersten Lebensjahres:

In der sozialen „Gebärmutter“ des Pflegeverbandes wird in unlösbarer Verbindung von physiologischer Pflege und soziokultureller Betreuung das eigentlich Menschliche zur Geburt gebracht: der mit Beginn des zweiten Lebensjahres durch sensomotorische Weiterentwicklung sozial verwurzelte, zu sprachlicher Kommunikation begabte Mensch wird erst jetzt auch mit den ersten Anzeichen des Nestflüchters ausgestattet.

Dieser zoologisch-anthropologische Befund enthält hinsichtlich der Kulturbezogenheit als existentielles Wesensmerkmal des Menschen eine Vielzahl wichtiger Implikationen. Sie in operationale Erziehungsschritte der Sozialpädagogik umzusetzen, kann von Schwierigkeit und Umfang der Aufgabe her im Rahmen dieses Buches nicht gelingen. Wir wollen beispielhaft nur das eine folgern. Es muß eine evident wichtige Aufgabe der Sozialpädagogik sein, inkomplette soziale Bedingungen des ersten Frühjahres subsidiär zu ergänzen, um die wesenhaften Möglichkeiten der Menschwerdung im sozial-embryonalen Zustand des sozialen Uterus zu sichern.

3.2.2 Anatomisch-Anthropologisches: die „Fötalisation“ (nach Bolk)

„Die Theorie Portmanns läßt sich sehr sinnvoll verknüpfen mit einer Entdeckung, die wir dem niederländischen Anatomen Bolk verdanken“ (Buchkremer 1990, S. 52). Die Verknüpfung habe ich auf den Spuren Arnold Gehlens (1971) in der auch hier gebotenen Kürze im Band X des Handbuches der Sonderpädagogik hergestellt, so daß ich mir erlaube, sie aus dem dortigen Essay zu zitieren:

„Danach ist die menschliche Spezies gekennzeichnet von einer konstitutionellen Verzögerung aller Wachstumstendenzen. Als die zwei auffallendsten Indizien für diese Retardation erwähnt er den mit verwandten Säugern verglichenen mehrmals unterbrochenen und gehemmten Zahnwechsel und die späte Geschlechtsreifung. Bolks Erkenntnis gipfelt in der Feststellung, daß der gesamte Lebenslauf des Menschen gekennzeichnet sei durch die Beibehaltung fötaler Eigenschaften. Darunter fallen die lebenslange sparsamste Körperbehaarung, die Beibehaltung der fötalen Krümmungen des Kopfes und des Unterleibes. Mit der letzten Tatsache begründet sich die ventralwärts verbleibende Lage der äußeren Geschlechtsteile der Frau, die bei keinem anderen Landsäuger anzutreffen ist. Bolk ist der Ansicht, daß die Ursache dieser Fötalisation des Menschen in endokrinen (hormonellen) Bedingungen zu suchen ist. Seines Erachtens steht die besondere Konstellation eines retardierenden und fötalisierenden Hormonkreislaufes am Anfang der Menschwerdung.

Bolk selbst verweist auf die besondere Wirkung der Retardation auch auf die Gewebe. ‘Eine, die unschwer zu verstehen ist, betrifft die Tatsache, daß bestimmte Gewebe auf einer mehr primitiven Entwicklungsstufe verharren. ... Wenn man diesen Gesichtspunkt konsequent verfolgt und auf jedes Knorpelgewebe anwendet, das als Profilerationszentrum für appositionelles Wachstum funktioniert, dann öffnet sich die Einsicht in die mögliche Ursache der massalen Zunahme des Körpers während der Anthropogenese. ... Eine allmählich sich vollziehende Retardierung der Verknöcherung der epiphysären Knorpel muß notwendig eine Vergrößerung der Gesamtform verursachen’ (Bolk 1926, 38f.).

Hier schließt sich der Kreis zur Theorie des extrauterinen Frühjahres nach Portmann: Gehen wir davon aus, daß die endokrine Abbremsung des Wachstums bereits im ursprünglich fötalen Zustand einsetzte. Der wie bei allen Säugern im Embryonalzustand wachstumsbegünstigte Kopf profitiert in besonderer Weise von der eingesetzten Verzögerung;

am liebsten möchte ich es englisch ausdrücken: it keeps growing. Wenn nun die entsprechenden Proportionen der Gebärmutter und des Geburtsweges der Expansion nicht in gleicher Weise folgen, erhalten die Individuen mit einer Tendenz zur Frühgeburt einen zunächst unerwarteten Selektionsvorteil: Die zu erwartende geburtliche Katastrophe, die der überdimensional große Kopf nach 21 Monaten Tragezeit für Mutter und Kind bedeuten würde, wird fürs erste verhindert. Gelingt es der Mutter unter Beteiligung der Familienmitglieder, das unausgereifte Kind (den 'sekundären Nesthocker' Portmanns) am Leben zu erhalten, so wird gleichzeitig seine Tendenz zu weiterem Kopfwachstum und damit vielleicht zur Vermehrung der intelligiblen Substanz begünstigt.

Die Proportion von Kindskopf und mütterlichem Geburtsweg, so wie wir ihn heute vorfinden, ist uralt. 1984 entdeckte Kamoya Kimeu, einer der Freunde und Mitarbeiter des Paläoanthropologen Leakey, das Skelett eines zwölf Jahre alten Jungen. Es ist 1,6 Millionen Jahre alt. Alan Walker, ein anderer Kollege aus dem kenianischen Forscherteam, vermaß das Skelett und errechnete, wie groß ein entsprechendes weibliches Becken zur Zeit der Geburt des Jungen gewesen sein muß: Es war zu klein, um ein 'nestflüchtiges' Menschenjunges zu gebären (Klingholz 1986, S.35). Wir können also davon ausgehen, daß homo sapiens seit mindestens dieser Zeit seinen 'sekundären Nestflüchter' während eines ganzen Jahres eigentlicher Fötalzeit extrauterine Aufzucht und Erziehung zukommen läßt und zukommen lassen muß. 'Haben wir nicht in der sehr langen Periode, während der das Menschenkind durch seine Eltern ernährt werden muß und des elterlichen Schutzes bedürftig ist, die natürliche Ursache zu erblicken für die Entstehung der menschlichen Familie, also des Grundelementes der ganzen menschlichen Gesellschaft? Die Retardation hat ein verlängertes Zusammenbleiben zweier aufeinander folgender Generationen zur notwendigen Folge. Darin ist für den Menschen die biologische Grundlage seines gesellschaftlichen Lebens gegeben' (Bolk 1926, S.20). Bleibt nur hinzuzufügen, daß auch über die frühe Kindheit hinaus von der Fötalisationstheorie des Niederländers erklärend abzuleiten ist, wieso der Mensch in einer lebenslangen Lernfähigkeit bzw. Soziabilität verbleibt: Die allgemeine Retardation beläßt bei homo sapiens einerseits das Instinktgefüge auf einem unreifen und unfertigen Niveau, andererseits hält sie das auch bei anderen Spezies in der Kindheit anzutreffende Neugier- und Lernverhalten auch über die Stadien des (nie ganz) Erwachsenwerdens in Gang.

Gemeinsam mit Erziehungswirklichkeit und -wissenschaft, deren Teile sie sind, finden Sonder- und Sozialpädagogik hier einen ersten Begründungszusammenhang. Er ergibt einen um so größeren Sinn, je mehr man bedenkt, daß die Spezies ihr Überleben und ihre Einzigartigkeit der Tatsache zu verdanken scheint, daß sie mit Pflege und Erziehung die ursprünglich mutative Katastrophe der spezifischen Frühgeburt in den Griff bekam. So stehen Pflege und Erziehung von behinderten und sozial besonders erziehungsbedürftigen Personen in einem Kontext mit paläoanthropologischen Grundlagen der Menschwerdung" (Buchkremer 1990, S. 52 f.).

3.2.3 Soziobiologisch-Anthropologisches: das „selbstsüchtige Gen" (nach Dawkins)

Obwohl die Psychobiologie die junge Schwester der Ethologie ist, reicht ihr Erklärungsansatz weiter. Deshalb behandeln wir sie zuvor.

Mit seinem im deutschen unter dem Titel „Biologie des Schicksals" veröffentlichten Buch weist Wilson (1980) umfassend auf die Sozio- oder Psychobiologie als neue Wissenschaft hin. Er stellt das Theorem auf, daß die psychischen und sozialen Motive aller Lebewesen einem einzigen Zweck gewidmet sind, das Überleben der Gene zu sichern, aus denen sie zusammengesetzt sind, bzw. das ihrer identischen Kopien in anderen verwandten Individuen der Erzeugung weiterer Kopien. Konkret: Die Katzenmutter beschafft Nahrung zum Erhalt ihrer, sie steuernden Gene zu deren Lebenserhalt in ihr, der Katze. In ihren Jungen leben Gene, die ihrem eigenen Gensatz entstammen und mit einem Teil ihrer eigenen Gene identisch sind. Ihre eigenen Gene „wissen" gewissermaßen um ihre identischen Kopien und steuern die Katze, für ihre Genkopien in den Individuen ihrer Jungen zu sorgen. Neigt sich die Aufzuchtphase ihrem Ende, ist die Katze zu neuer Kopulation und damit zur Erzeugung weiterer Genkopien ihres Chromosomensatzes bereit.

Anhand der Grundthese und des einfachen Beispieles läßt sich nun erklären, warum der psychobiologische Ansatz weiterreicht als die Ethologie: Während die Ethologie gewissermaßen als Erstgeborene aus der Evolutionstheorie Darwins die Folgerung zog, alle zweckgerichtete Aktivität der Lebewesen diene der Erhaltung der jeweiligen Arten, geht die Psychobiologie von der einfacheren und zugleich weiterreichenden Annahme aus, es handele sich um den Zweck der Erhaltung der jeweiligen aktivitätsbeteiligten Gene, ihrer Kopien oder ihrer Kopierbarkeit. Arterhaltung wird damit zu einem Sonderfall der Generhaltung, sind doch die Gene innerhalb der Arten so weit verwandt, daß – zumindest in homöopathischer Verdünnung – immer auch identische Gene in verschiedenen Exemplaren einer Art ihren eigenen Kopien dienen, wenn sie zum Erhalt der Art beitragen

Daß verschiedene Individuen trotzdem in Konkurrenz um den Lebenserhalt treten können, widerspricht nicht dem Grundsatz der Psychobiologie: Je identischer die Gensätze miteinander sind, um so schwächer wird der gen-„egoistische" Einsatz für die anderen Individuen. Bei Konkurrenzen um Lebensressourcen ist jeder sich selbst und seinen „Klonen" am nächsten.

Damit haben wir im aristotelischen Sinne die gute Disposition des „füreinander" Einstehens in der gemeinsamen Polis psychobiologisch begründet: Wo könnten die Gene identischer sein als im Pool einer Polis, die sich seit Generationen fortpflanzt.

Wir haben aber auch die im ethischen Sinne schlechte Disposition einer schlechten Polis begründet, in der sich Clans und Cliquen in Vetternwirtschaft (Gene!) begünstigen zum Nachteil der weniger Verwandten; vielmehr pochen die Einheimischen auf angestammte Privilegien und schließen die Genfremderen von gemeinsamen Ressourcen aus.

Wie groß sind nun die Chancen für altruistische Leistungen gegenüber Individuen, deren Genidentität mit der der Helfer nur noch als homöopatisch verdünnt angesehen werden kann? Genau diese Prosozialität ist es ja, auf die sich die gesetzlichen, institutionellen und beruflichen Intentionen von Sozialpädagogik und Sozialarbeit richten. Richard Dawkins (1978) untersucht in seinem hervorragenden psychobiologischen Klassiker die Frage, welche Genvorteile genetische Einheiten gewinnen können, wenn sie andere Einheiten

- erfolgreich, jedoch „betrügerisch" ohne Gegenleistung um Hilfe angehen oder
- erfolgreich, mit späterer aber verläßlicher Disposition zur Erwiderung.

Er kommt zu dem Ergebnis, daß betrügerische Inanspruchnahme von Unterstützung solange einen Selektionsvorteil darstellt, wie genug betrügbare Individuen zur Verfügung stehen. Der genetische Vorteil bewirkt jedoch, daß die Zahl der Betrügbaren abnimmt bis schließlich auch der Vorteil der Betrüger verloren ist.

Anders verhält es sich nach Dawkins, wenn die Hilfsbereiten ihren Altruismus dadurch schützen können, daß sie sich Betrüger merken und von zukünftigen Wohltaten ausschließen. Der Soziobiologe unterstellt, daß bei diesem System die mit Erinnerungserwartungen ausgestatteten Individuen einen Selektionsvorteil vor einseitigen Betrügern bzw. einseitig Ausnutzbaren haben werden. Weder vernichten sie durch eigenen (ungerechten) Selektionsvorteil die Ressourcen der hilfsbereiten Mutanden, noch gehen sie selbst als (naiv) ausgenutzte in negativer Zuchtwahl verloren. Das Geheimnis eines beständigen Altruismus für genetisch nicht verwandte Artmitglieder basiert demnach auf der durch Merkfähigkeit gesicherten Gegenseitigkeit.

Homo sapiens ist mit Sicherheit eine Spezies mit hoher Merkfähigkeit. Vielleicht ist die so hoch entwickelte Großhirnrinde mit ihren unwahrscheinlichen Leistungen letztlich ein „Nebenprodukt" der Selektion: Es könnten nämlich solche Individuen selektiv bevorzugt worden sein, die sich durch Merkfähigkeit und Gegenseitigkeit vor den Nachteilen der Ausrottung hilfewilliger Individuen ebenso zu schützen wußten wie vor der eigenen Ausbeutung bei spontaner Hilfeleistung.

In heutigen zivilisatorisch durchorganisierten Berufsbereichen ist das Prinzip der individuellen Reversibilität aufgehoben zugunsten der gesellschaftlichen Vertragssysteme. Das gilt für Medizin und Altersversorgung ähnlich wie für Sonder- und Sozialpädagogik. In den Vertragssystemen, so unpersönlich sie auch sind, bleibt jedoch die Gegenseitigkeit in zweifacher Weise gesichert: Zum einen arbeitet der professionelle Helfer nicht umsonst, er wird bezahlt. „Geld ist ein formales Symbol für den verzögerten gegenseitigen Altruismus" (Dawkins 1978, S. 220). Zum anderen steht dasselbe System, in dem er zeitweilig die Helferrolle spielt, auch ihm und den im direkten Genegoismus mit ihm verwandten Individuen bei eintretendem Bedarf zur Verfügung. In dem Bemerken des und der Identifikation mit dem Hilfebedürftigen merkt der Helfer für eine mögliche Zukunft eigene Hilfsquellen für sich selbst vor.

„Ich halte eine solche aus der Soziobiologie gewonnene Einstellung zum Sachverhalt professioneller Hilfe in Sonder- und Sozialpädagogik für entlastend. Sie befreit den Hilfeempfänger von einem unnötigen Pathos der Dankbarkeitspflicht. Dem Helfer hilft sie, sich nicht als Heros, sondern als normalen, gegen Entgeld arbeitenden Dienstleistenden wahrzunehmen, dessen Erwartung an persönliche Gegenseitigkeit durch gesellschaftliche Vertraglichkeit gesichert ist" (Buchkremer 1990, S. 53 f.).

Der Gedanke des Betruges bzw. der nicht auf Gegenseitigkeit beruhenden Vorteilsnahme und der impliziten Folgen verdient es, auf den weltweiten Austausch der Gesellschaften angewandt zu werden: Erich Fromm vertritt die Annahme, daß Menschgesellschaften mit dem Eintritt in den planmäßigen Ackerbau begonnen haben, andere Horden, Stämme, Völker zu vertreiben oder auch zum Zwecke der Ausbeutung zu unterjochen. Im historischen Kontext ist dieser Tatbestand fast ausschließlich das, was Historiker als Krieg und Eroberung zur Richtschnur ihrer Forschung machen. Letztlich ist dieser dominante Aspekt der Menschheitsgeschichte identisch mit einer gewaltsamen Vorteilsnahme auf Kosten anderer ohne Gegenseitigkeit. Die heutige Welt zeigt diesen Dauererfolg des Übervorteilens in der Lage der Dritten Welt.

Trotz der Ausweitung des Gedankens von Dawkins auf die Weltlage läßt sich mit ihm die riskante weltpolitische Situation erfassen. Die betrügerische, nicht auf Gegenseitigkeit beruhende Vorteilsnahme führt

- zur Zerstörung von Kulturen,
- zur Ausrottung von Völkern und auch
- zur Vernichtung von Ressourcen, die die Übervorteilten bisher für sich nutzen konnten (z.B. Regenwälder).

Schließlich wird der ungerechte Vorteil nicht mehr zu haben sein, weil ihn die Vorteilsnehmer verbraucht haben. Dann stehen auch keine Ersatzgüter eines gerechten Austauschs zur Verfügung.

Die Menschheit steht vor der Aufgabe, ihre Merkfähigkeit in eine zukunftsorientierte, von der Vorsehung bestimmte Gerechtigkeit zu investieren. Magers Konzept einer Sozialpädagogik, die eine politische Pädagogik der realen und insofern relativen Gesellschaft sein sollte, muß fortgedacht werden zu einer weltpolitischen Pädagogik für unsere reale und relativ einmalige Welt.

3.2.4 Ethologisch-Anthropologisches: die Aggression, das „sogenannte Böse“ (nach Lorenz)

Als ethologischen Beitrag zur anthropologischen Form sozialpädagogischer Zielfindung und Legitimation möchten wir kurz die Aggressionsforschung heranziehen. Trotz vehementer Kritik vor allem nichtethologischer Forschung schält sich als Tatbestand zahlreicher Beobachtungen der Lorenz-Schule an verschiedensten Arten heraus, daß

1. die Bereitschaft zur innerartlichen Aggression im instinkthaften Zusammenhang mit Reviererwerb und -behauptung sowie mit Schutz und Verteidigung des Sexualpartners und der Brut sinnvolle arterhaltene Aufgaben hat;
2. bei Nicht-Abrufung dieses aggressiven Potentials es zu spontaner, dann oftmals sinnloser Selbstentladung führt; (Dieser Umstand tritt in „natürlichen“ Verhältnissen relativ selten auf, da hier Anlässe zur aggressiven Situationsbeantwortung meist zur Genüge bestehen.

Dagegen ergibt er sich unter den Bedingungen der Domestikation oder des Experiments, wenn natürliche Konkurrenzen ausgeschaltet sind. Beim Menschen kann es sich dabei auch um „Selbstdomestikation“ zivilisatorischer Einschränkungen handeln.)

3. die menschliche innerartliche Aggressivität ähnlich der vergleichbarer Arten instinktiv angelegt, jedoch nicht festgelegt zu sein scheint; (Schon ganz kleine Kinder zeigen, ehe entsprechende Lernprozesse als Erklärung dienen könnten, durch bestimmte Schreisignale Wut als das Motivationssymptom der Aggression. Instinktentbunden jedoch, wie der Mensch in den meisten seiner Lebensvollzüge auftritt, gestalten sich die Ausdrucksformen der Aggression zusätzlich durch Lernen am Modell sowie durch Lernen an Erfolg und Mißerfolg.)
4. die Instinktentbundenheit der menschlichen Aggressivität mit gleichzeitiger Entbundenheit ihrer Hemmungsmechanismen einhergeht. (Mit der Lernbarkeit aggressiver Ausdrucksformen ist auch die Lernbarkeit individueller und kollektiver Artvernichtung gegeben, wie sie für tierische Arten undenkbar ist.)

Auch hier ist es unmöglich, auch nur die wichtigsten Implikationen dieses ethologischen Befundes in sozialpädagogische Zielvorstellungen zu übertragen. Wir gehen umgekehrt vor, wenn wir einige sozialpädagogische Leitgedanken vor dem Hintergrund dieser ethologisch-anthropologischen Erkenntnisse als legitim bezeichnen.

Legitimiert in diesem Sinne sind sozialpädagogische Intentionen, soweit sie eine primäre Aggressionsbereitschaft des Menschen in ihr Kalkül einbeziehen. Angesichts der zivilisationsbedingten Absicherung und damit Verengung der ursprünglichen Zielbereiche Selbsterhaltung, Revier, Sexualität und Nachwuchs werden sie sich in humanen Ersatzzielen verwirklichen. Solche können auf körperlich sportlichem, wirtschaftlichem, wissenschaftlichem und ideologischem Gebiet liegen. Dabei sollten sie sich in Dimensionen bewegen, die der Mehrheit der Individuen Teilnahme ermöglichen. (Daher können Star-Konkurrenzen, Konzern- und Kartellschlachten, wissenschaftliche Ausschlußprivilegien in Elfenbeintürmen und gigantomanisch dogmatisierte und zugleich simplifizierte Ideologieblöcke von Links und Rechts, Schwarz und Rot diesem Anspruch nicht gerecht werden.)

Weiterhin muß sich eine „Aggressionserziehung“ legitimieren durch geeignete Modelle und durch Methoden von Verstärkung und Extinktion. Durch sie sollen solche Aggressionsformen begünstigt werden, die, vergleichbar den meisten „comment-Kämpfen“ tierischer Arten, prinzipiell Leben sowie körperlich-seelische Gesundheit des Gegners schonen. Zugleich sollten sie die (im nachfolgenden völkerkundlichen Kontext gefundenen) Prinzipien der Gegenseitigkeit, d. h. gleiche Chancen in der Auseinandersetzung und ausgewogene Verhältnisse nach ihrer Beendigung, favorisieren. Letztlich sind durch kulturelle, demnach auch sozialpädagogische Regeln jene Mechanismen zu ersetzen, die bei instinktgebundenen Arten die Vernichtung des innerartlichen Gegners auf natürlichem Wege verhindern.

3.2.5 Archäologisch-Paläo-Anthropologisches: Nahrungsteilen (nach Isaac)

Die Archäologie befaßt sich mit dem Auffinden und Deuten prähistorischer Zeugnisse der Menschheit. Ihre paläologische Variante versucht, die Urzeit der Menschheit bis in die prä- und frühhominide Zeit zurückzuverfolgen.

Richard E. Leakey (1981) verdanken wir Vergleich und Synthese zur Tatsache des allen menschlichen Kulturen eigenen Essenteilens: Älteste Befunde aus hominider Zeit von vor 1,5 Millionen Jahren belegen, daß schon zu dieser Zeit Menschen ihr Essen gemeinsam an Lagern zusammenzutragen und dort miteinander zu verzehren pflegten. Diese Eigenschaft ist auch heute über alle menschlichen Kulturen hinweg verbreitet. Sie findet ebenso alltäglich statt, wie sie Zentrum von symbolischen Feiern bis zu religiösen Riten sind. In dieser Hinsicht unterscheidet sich der Mensch von seinen nahen Verwandten wie Schimpansen oder Pavianen.

Washburn vertritt den Standpunkt, daß Essenteilen ein Ergebnis der gemeinsamen Jagd sei (vgl. Leakey 1981, S. 92). Sally Slocum, Adrienne Zihlmann und Nancy Tanner verwerfen die Jagdhypothese. Nachvollziehbar weisen sie darauf hin, daß das „Jagdglück“ eine viel zu unsichere Basis für die Lebenssicherung, damit auch für evolutionäre Entwicklungen habe abgeben können. Das systematische Sammeln von Früchten und ihre Bevorratung konnte jedoch – so ihr Hinweis – eine sichere Quelle des Lebenserhaltes sowie eines Überflusses ergeben, die ihrerseits die Grundlage für Abgeben und Teilen bedeuten konnte. Diese sei ja in den biologisch verankerten Fütterungsbedingungen zwischen Mutter und Kind bestens vorgebildet gewesen und habe sich leicht auf sogenannte „kin-groups“, d.h. Gruppen engster Verwandtschaftsgrade, ausdehnen lassen.

Glynn Isaac verbindet die beiden Hypothesen des Jagd- und Sammel-Teilens zu einer Synthese. Unter Vermutung eines Übergewichtes des Beitrages der Sammlerinnen stimmt Leakey der Vorstellung Isaacs zu: „Die Anziehungskraft von Glynn Isaacs Theorie des Nahrungsteilens liegt darin, daß sie von einer Lebensweise ausgeht, die sowohl auf Fleisch wie auf pflanzliche Kost gegründet ist; eine solche Lebensweise hätte für die frühen Hominiden den Vorteil gehabt, daß damit das Spektrum der Nahrungsquellen, von denen die Existenz abhing, wesentlich verbreitert worden wäre. ... Ein wesentliches Element in Glynn Isaacs Theorie des Nahrungsteilens ist die Arbeitsteilung zwischen männlichen und weiblichen Angehörigen der Gruppe. Zum Beschaffen von Fleisch muß man sich viel weiter entfernen als zum Sammeln der Pflanzennahrung. Die Suche nach Fleisch birgt außerdem die Möglichkeit von Gefahren. Es ist daher nicht nur sinnvoll, daß die durch Kleinkinder behinderten weiblichen Individuen sich ganz der Suche nach der pflanzlichen Kost widmen, während die männlichen sich um das Fleisch kümmern. Eine solche Mischwirtschaft beruht also im wesentlichen auf einem 'Abkommen' zwischen den männlichen und den weiblichen Partnern der Gruppe. In der Tat ist eine Arbeitsteilung zwischen den Geschlechtern in vielen heutigen Jäger-Sammler-Gemeinschaften festzustellen" (Leakey 1981, S. 92).

Denken wir zurück an die Annahmen über die physiologische Frühgeburt und die Fötalisation des Menschen, so schließt sich der Kreis: Das Essenteilen schafft die soziale Vorbedingung, die unerläßlich notwendig ist, Menschenkinder über Jahre des Heranwachsens nahrungsmäßig abzusichern.

Für die Sozialpädagogik/Sozialarbeit läßt sich die Motivation zur Abgabe von Bevorratung als grundlegende Disposition für die Bereitschaft erkennen, Kindern und Jugendlichen die gemeinsamen Vorräte auch über biologische Verwandtschaft hinaus zur Verfügung zu stellen. Das Teilen von Lebensmitteln in kin-groups dürfte darüber hinaus die Anlage für gruppen- und gesellschaftsgemeinsame Vorsorge und Fürsorge bedeuten.

3.2.6 Völkerkundlich-Anthropologisches: Grundverhältnisse

Als weiteres Gebiet anthropologischer Grundlagenforschung wollen wir uns in unserer Skizze auf völkerkundliches Material stützen. Dabei stoßen wir auf Grundtatbestände menschlichen Lebens, die angesichts ihrer Verbreitung über alle Völker und Kulturen als prä- und transkulturelle Vorbedingungen des Menschseins betrachtet werden müssen. Wir denken hier an die Grundverhältnisse von Mutter–Kind, Vater–Kind,

Führer–Gefolgschaft, Lehrer–Schüler, Meister–Jünger bzw. Lehrling, Freund–Freund, Nachbar–Nachbar, Feind–Feind. Als Grundbedingungen finden sich aber auch Inzest-Tabu, Arbeitsteilung, soziale Rollen, Institutionen, Normen und Gesetze. Ebenso ubiquitär sind Verhaltensweisen der Arbeit als Produktion, als Verwaltung, als Verteilung oder auch als kultische Beschwörung bzw. philosophische Deutung des Daseins.

Die Vielseitigkeit übereinstimmender Grundverhältnisse muß nachdenklich stimmen. Für sozialpädagogische Reflexion leistet sie den Beitrag, einen großen Teil von Kritik an bestehenden Verhältnissen als illegitim zu entlarven, dann nämlich, wenn sie sich gegen die Grundverfaßtheit des menschlichen Lebens richtet. Kinder können nicht ohne Mütter oder deren StellvertreterInnen gedeihen, Gruppen können nicht ohne Führer bestehen, Menschsein ist ohne Bedürfnis nach Heimatlichkeit nicht denkbar. Individualität ist nicht ohne Eigenbereich möglich. Es gilt also darauf zu achten, wieweit Kritik an gesellschaftlichen Verhältnissen das Zufällige, Willkürliche und Angemaßte zur Veränderung drängt; in diesem Falle ist sie legitimiert gemäß der Qualität ihrer Argumente. Oder es gilt zu prüfen, wieweit Kritik durch Angriff auf anthropologische Grundgegebenheiten des Menschseins das Kind mit dem Bade ausschüttet.

3.2.7 Gruppendynamisch-Anthropologisches: Rang und Vorurteil

Der Soziologie verdanken wir Aussagen über Grundtatsachen menschlichen Zusammenlebens in Gruppen und Gesellschaften, aber auch zwischen verschiedenen Gruppierungen und Aggregierungen. Für den Bereich der sozialpädagogischen Bestimmungen des Gut-Lebens wollen wir den Komplex von Gruppendynamik und Vorurteil herausheben.

Mit Schjelderup-Ebbe (1922) setzt eine Verhaltensforschung bei Tier-Gruppen ein, die sehr schnell auf menschliche Verhältnisse ausgedehnt wurde. Schjelderup-Ebbe hatte bei Beobachtungen im Hühnerhof festgestellt, daß es keineswegs Zufall ist, welches Huhn ein anderes beim Streit um Futter pickt und hackt. Er stellte die sogenannte, inzwischen sprichwörtliche „Hackliste“ auf. Aus ihr ergab sich, daß es eine Rangordnung von Individuen gab, die in entsprechend abgestufter Weise einander hackten und vertrieben. Inzwischen gibt es für viele Spezies den Nachweis rangmäßig gestufter Gruppenverhältnisse, mit Privilegien und Sonderpflichten für verschiedene Rangplätze der Hierarchie. Offensichtlich gehört auch der Homo sapiens zu den Arten rangmäßiger Gruppenbildung.

Die Gruppendynamik als Bindeglied zwischen Sozialpsychologie und Soziologie hat inzwischen eine Vielzahl von Erkenntnissen über die Strukturtendenzen menschlicher Gruppen geliefert. Einige, für die Sozialpädagogik relevante Befunde sollen hier thesenartig zusammengestellt werden:

- Grundsätzlich sind verschiedene Maßstäbe des Ranges in ein und derselben Gruppe möglich (z. B. Parameter der körperlichen Kraft und Sportlichkeit, der Intelligenz, des Besitzes, der Magie, der Schönheit und dergleichen).
- Mit Hilfe von Rangplätzen suchen Individuen oder auch Cliquen von Individuen, andere vom Zugang zu Rang und Ressourcen auszuschließen.
- Gruppen neigen dazu, Außenseiter zu bilden, von denen sich alle anderen absetzen, so daß gemeinsame Außenseiter zugleich ein Motiv für den Zusammenhalt der übrigen Gruppenmitglieder leisten.
- Gruppen identifizieren sich selbst durch Hochbewertung ihrer mehr oder weniger zufälligen Eigenschaften wie Körpermerkmale, Moden, Mythen, Religionen und Weltanschauungen und bewerten diese Eigenschaften als wertvoller denn vergleichbare Attribute anderer Gruppen.
- Gruppen pflegen sich von anderen Gruppen abzuheben, die sie aufgrund unbedeutender und zufälliger Eigenschaften diskriminieren und herabsetzen.
- Gruppen bilden gegenüber Außenseitern, Fremden und Minderheiten Vorurteile, aus denen sie moralische Schein-Rechtfertigungen für Benachteiligung, Unterdrückung, Meinungsterror, Glaubenskriege, Folter und Tötung ableiten.

Die herangezogene Bilanz der Gruppendynamik stellt für die sozialpädagogische Zielvorstellung des Gut-Lebens eine schwere Hypothek dar. Zwar hat der interne Gruppenzusammenhalt gewiß Vorteile des Überlebens und – in ruhigen Zeiten – des Lebensgleichgewichts der Binnengruppe. Darüber hinaus begünstigt Gruppengeschehen jedoch allzu intensiv Sozialverhältnisse von Privileg und Nachteil, von Herrschaft und Unterwerfung, von mangelnder Gegenseitigkeit. Wir haben es hier offensichtlich mit anthropologischen Vorgaben zu tun, die wir sozialpädagogisch umzuerziehen haben, wenn wir die ethischen Ziele eines Höchstmaßes an Gleichberechtigung und Gegenseitigkeit ernst nehmen wollen.

Im Kern wird die Disposition zur Gruppe einer solchen Erziehung nicht widerstehen, dient doch die Rangstruktur mit ihren geteilten Verantwortlichkeiten grundsätzlich der Mehrheit der Mitglieder. Erziehlich muß es somit vor allem um drei Dinge gehen:

- Die soziale Verantwortung von Rang und Einfluß muß vollbewußt, Individuum für Individuum, Generation für Generation erzogen werden.
- Das Prinzip des hohen Ranges muß in der Ehre begründet sein: anderen helfen zu können und zu dürfen. Die primitive Formel „Rang = Vorteil" ist als prähominides Erbe zu analysieren, Vorteilsnahme als prähominides Beutemachen zu reflektieren und zu beschämen.
- Vorurteile sind der Vernunftfähigkeit des Menschen unwürdig und daher mit rationalen Prozessen abzuarbeiten.

3.3 Sozialkritisches

Die Dreiheit aus ethischem Sollen, anthropologischer Vorgabe und sozialer Orientierung am Gemeinwesen ist bereits von Aristoteles formuliert worden. Daß dabei das Gemeinwesen selbst kritisch gesehen werden muß, ist neueren Datums.

Sozialkritik kann sich auf zweierlei richten: Einerseits auf den freien Austausch der Gesellschaftsmitglieder, andererseits auf die positiven Rechtsnormen und ihre Durchsetzung mit den Mitteln des staatlichen Gewaltmonopols. Diese Differenzierung verdanken wir Rousseau; auf seiner Unterscheidung zwischen Mensch und Bürger beruht letztlich die Idee einer bürgerlichen Gesellschaft, in der – politikfern und emanzipiert – „die bürgerlichen Privatleute, als Personen durch die Prinzipien der Freiheit und der Gleichheit geschützt, ihren Eigeninteressen nachgehen" (Brüggen 1987, S. 684).

An beiden Richtungen der Sozialkritik, der des Staates wie der der Gesellschaft, hat sich Sozialpädagogik zu beteiligen. Ihr geht es darum, das ethische Gut-Leben der Menschen im Spannungsverhältnis anthropologischer Dispositionen und ethischer Zielsetzungen zu sehen. Wo Gesellschaft und/oder Staat anthropologische, als Menschenrechte formulierte Grundbedürfnisse unterdrücken, mischt sie sich ein. Sehr deutlich haben wir diese Tendenz bei Herman Nohl vertreten gefunden. Aber ebenso, wo partikulare Einzelinteressen, Privilegien und Machtmonopole als instinktnahe Radicale Dominanz gewinnen und die Ethik eines gemeinsamen Willens, des „volonté générale" (Rousseau), verhinderte, erhebt Sozialpädagogik das Wort. Daß in Zeiten autoritärer bis diktatorischer Systeme ihre Wortführer mundtot gemacht werden, ist nicht verwunderlich. Unterdrückung, Verfolgung und Vertreibung bedeutender Sozialpädagogen im Dritten Reich (z.B. Mennicke, Salomon, Nohl, Bäumer) geben hier ein beredtes Zeugnis.

Der Anspruch der Sozialpädagogik, ihren Beitrag zur Sozialkritik zu leisten, ist so alt wie die Disziplin selbst: Bereits Mager stellt sie als kritische Synthese zu den einseitigen Tendenzen von „Individualpädagogik" und „Kollektiv-" bzw. „Staatspädagogik" vor. Damit wird deutlich, daß sie von vornherein in der historischen Erbfolge der Aufklärung des 18. Jahrhunderts steht, die Staat und Kirche das Recht der Bevormundung absprach, dem Bürger jedoch die Pflicht von Bildung und Reflexion auferlegte, um aus selbstverschuldeter Unmündigkeit und Hörigkeit aufzubrechen. Sozialpädagogik stimmt mit diesem aufklärerischen Gedankengut überein. Sie akzentuiert dabei insbesondere das Bildungsrecht benachteiligter, d.h. un- bzw. fremdverschuldet an Aufklärung verhinderter Menschen und Klassen, insbesondere der Frauen und der Arbeiter. Diese Argumentation läßt sich durchgängig bei vielen der im 1. Kapitel vorgestellten Theoretiker nachweisen, neben Mager z.B. bei Diesterweg, Tews, Salomon.

Auch zur „Kulturkritik des 19. Jahrhunderts" läßt sich Sozialpädagogik in ein Verhältnis bringen. Im Zuge aufklärerisch-philanthropischen Gedankengutes, aber auch frühkapitalistisch industrieller und staatlicher Interessen an einer elementaren Grundbildung der Bevölkerung, war es zur flächendeckenden Ausbreitung der allgemeinen Schulpflicht, zugleich zum Berechtigungswesen auf der Grundlage von Schul- insbesondere Gymnasial-Zertifikaten gekommen.

Hiermit waren zwei kritische Entwicklungen angebahnt:

1. Das von Wilhelm von Humboldt begründete gymnasiale Curriculum war ausgerichtet gewesen am Kulturgut der Antike und zielte auf die Bildung der individuellen Persönlichkeit. Dieser Anspruch verwässerte. Das Bildungsgut geriet zum „Stoff", an dem sich die Schülergenerationen abarbeiteten, ohne daß sich in ihnen das Bildungsideal verwirklichte.
2. „Stoff" und Methode erschienen nun als realitäts- und naturfern. Anschaulichkeit und Selbsttätigkeit wurden zu Prinzipien der aufkommenden „Volksschulpädagogik".

Mit einem gewissen zeitlichen Vorlauf war es die frühe Sozialpädagogik, wiederum verbunden mit den Namen Mager und mehr noch Diesterweg, die die Gesellschaftskritik des ungerechten natur- und lebensfernen Bildungssystems hervorbrachte. Sie verfolgte zwei Ziele: Die Beteiligung noch ausgeschlossener Gruppen wie Frauen, Arbeiter,

Landbevölkerung *und* die aktive Beteiligung der Individuen am Bildungsprozeß durch Anschauung und Selbsttätigkeit. Gewissermaßen bahnten sich hier die modernen sozialpädagogischen Themen der Situation, des Raumes, der Lebenslage aber auch der Selbsthilfe, Eigen- und Bürgerinitiativen an.

Soweit einige Schlagworte auf Bereiche der Gesellschaftskritik, an denen sich Sozialpädagogik seit ihrem Bestehen beteiligt. Es sind vor allem Gebiete der Bildung und Bildungsbeteiligung. Seit jeher ist der aufklärerische Akzent der Emanzipation, speziell aus *un*verschuldeter Unmündigkeit herauszuführen, beibehalten worden. Für das 20. Jahrhundert ist hier vor allem die Beteiligung an der Aufklärung über Vorurteile, ihre Verursachung und Bekämpfung hinzugekommen. Insofern bleibt Sozialpädagogik fortgesetzt in der Auseinandersetzung mit geschlossenen Weltbildern, die ihrerseits als Konglomerat aus Vorurteilen angesehen werden müssen.

Eine höchst moderne Aufgabe erwächst ihr in den letzten Jahrzehnten durch die Beteiligung an Aufklärung über die gesellschafts- und weltweiten Risiken der „Risikogesellschaft“. Ulrich Beck, der diese treffende Kennzeichnung der Postmoderne gefunden hat, meint mit Risikogesellschaft „eine Epoche, in der die Schattenseiten des Fortschritts mehr und mehr die gesellschaftlichen Auseinandersetzungen bestimmen. Das, was anfangs niemandem vor Augen stand, nicht gewollt wurde: die Selbstgefährdung, die Zerstörung der Natur, wird zum Movens der Geschichte“ (Beck 1991, S. 10). Beck selbst weist auf zwei Probleme hin, die einer Aufklärung der Gesellschaft im Wege stehen: zum einen auf das noch dominierende Verständnis einer Wissenschaft, die „schon lange keine Erfahrungswissenschaft mehr (ist); eher eine Daten-, Verfahrens-, Herstellungswissenschaft, deren Siegeszug – ihrem Selbstverständnis nach – gerade auf der Ausgrenzung, Abwertung der Erfahrung als subjektive Quelle sinnlicher Ungewißheit beruht ... die alte, in Hochblüte stehende *Laborwissenschaft*, die mathematisiert und technisch, aber erfahrungslos die Welt umgestaltend durchdringt und erschließt – inzwischen bis in den Mittelpunkt des genetischen Codes hinein“ (Beck 1991, S. 26f.). Dieses einseitige Mißverständnis von Wissenschaft gilt es, allein schon wegen der Risiken, die direkt von ihr ausgehen, zu beheben, sicherlich Seite an Seite auch mit der Sozialpädagogik.

Zum anderen besteht das Problem, daß die Risiken, die Wissenschaft und Technik über uns gebracht haben, sehr anschaulich sind: Das Ozonloch, die atomare Bedrohung, das Vorrücken der Sahelzone, der Untergang des Regenwaldes, das Waldsterben allgemein, die Zunahme der Allergien und Mißbildungsraten, die nukleare Verstrahlung – all diese riskanten, menschengemachten Einflußfaktoren sind selbst weitgehend unsichtbar, allenfalls aus ihren Faktoren rekonstruier- und beschreibbar. So fatal es auch ist, wir benötigen zu ihrer Erfassung genau die Methoden der Wissenschaft, die wir zuvor als Mitverursacher für all diese Risiken bezeichnet haben.

Aber diese naturwissenschaftlichen Analysen können nur das „Voodoo" sein, mit dem der Teufel der selbstgemachten Welt- und Menschheitsgefährdung angegangen werden kann. Dringend erforderlich ist es, die erkannten Zusammenhänge anschaulich faßbar zu machen, um Bürger zu Selbsttätigkeit und Selbsthilfe zu befähigen.

Hier erwächst eine neue Aufgabe der Menschenbildung: *„Die politische Reflexivität bedarf der bebildernden Auslösung und Antriebskraft*, also auch der redaktionellen Programmgestaltung, des aufrührerischen Fragenaufwerfens in Medien der hergestellten Öffentlichkeit. ... Die öffentliche Gefahrenverhandlung dagegen ist alltagsbezogen, erfahrungsgesättigt, aber auch medienabhängig, manipulierbar, hysterisch und in jedem Fall laborlos, also auch forschungs- und argumentationsabhängig, bedarf einer sie bedienenden Wissenschaft (klassische Aufgabe der Universitäten!)" (Beck 1991, S. 26 f.).

Die Sozialpädagogik ist eine auf das ethisch Gut-Leben der Gemeinwesen ausgerichtete Wissenschaft; als Praxis vermittelt sie Menschen in konkreten Lebenslagen Selbstbewußtsein und Methoden zu menschenwürdigem und mitverantwortlichem Handeln. Daß sie sowohl am Sturz des Paradigma einer „erfahrungslosen" und unverantwortlichen Wissenschaft teilnehmen wird, aber auch zur Anschaulichkeit der Gefahren, zum Mut der Einmischung praktisch beitragen will, dürfte außer Zweifel stehen.

Nach diesen Gesichtspunkten sozialpädagogischer Gesellschaftskritik sollen noch einige Aspekte der Staatskritik beleuchtet werden. An ihr ist die Sozialpädagogik durch ihre Nähe zur Sozialarbeit beteiligt, insofern sie es immer wieder mit benachteiligten Gruppen, Schichten, Klassen und Minderheiten zu tun hat und gegen deren Minderlage sie arbeitet

- im staatlichen Auftrag,
- mit staatlichen Mitteln aber auch
- mit Kritik am Staat als Verursacher der Minderlage.

Im eigenen Verständnis sieht sich die Bundesrepublik Deutschland als Staat einer sozialen Marktwirtschaft. Synonymisieren wir Marktwirtschaft mit Kapitalismus, so ist dieser Staat ein sozial orientiertes kapitalistisches System. Die bis heute wirksame Analyse des Kapitalismus verdanken wir Karl Marx. Denkt man im Rousseauschen Vokabular, so richtet sich Marx gegen die partikulären Interessen der Kapitalisten. Nachdem die arbeitende Klasse von den Mitteln der Produktion enteignet ist, zwingt das Kapital als Eigner der Produktionsmittel die Arbeiter dazu, ihre Arbeitskraft wie eine Ware zu verkaufen. Als Erlös erhalten sie soviel von den selbsterarbeiteten Produkten bzw. von ihrem Geldwert zurück, daß sie mehr oder weniger sich selbst und ihre Familien am Leben erhalten, sich „reproduzieren" können. Der „Mehrwert" der von ihnen geschaffenen Produkte wird vom Kapital zur Anhäufung weiteren Kapitals, eventuell weiterer Produktionsmittel abgeschöpft. Marx unterstellte, daß die Ausbeutung der Arbeiterklasse solche Ausmaße annehmen würde, daß sie sich in einer „Weltrevolution" der Unterdrückung entledigen werde. Diese Entwicklung ist bis heute nicht absehbar, obwohl die Verelendung der Dritten Welt wie auch von Teilen des zusammengebrochenen Ostblocks wenn nicht weltrevolutionär so doch globalchaotische Züge annehmen könnte.

Nachdem nun die Marxsche Ankündigung selbst nicht Wirklichkeit geworden ist, welche Entwicklung hat denn der kapitalistische Staat dann tatsächlich genommen?

Beziehen wir die Frage auf das Staatsgebiet des alten Deutschland, so spielt in der Antwort vor allem die Sozialgesetzgebung Bismarcks eine Rolle. Ausgelöst wurde sie von der ersten Wirtschaftskrise des Kapitalismus 1883. Das Prinzip, wonach die gegen Lohn verkaufte Arbeitskraft des Arbeiters zusammen mit Familie und Eigentum die Reproduktion zu gewährleisten habe, erwies sich im Zuge ungezählter Konkurse, Preis- und Lohnstürze als unrealistisch: Familien waren durch die Wanderströme der Industrialisierung auseinandergezogen worden, Eigentum stand der Arbeiterklasse nicht zur Verfügung, die Arbeitskraft wurde schlecht entlohnt und fiel bei Arbeitslosigkeit, Unfall, Krankheit oder Tod des Ernährers ganz aus. Angesichts der wirtschaftlichen Not der (Industrie-)Arbeiterklasse entwickelte sich der politische Widerstand dieses im Marxschen Sinne ausgebeuteten Proletariats. Polizeistaatliche Unterdrückung der sozialdemokratischen Bewegung auf der einen Seite sowie Sozialgesetzgebung – angefangen mit Kranken-, Unfall- und Rentenversicherung, begründet im Jahre 1881–1889 – bilden bis heute das Fundament der Sozialpolitik, auf dem 1927 die Arbeitslosenversicherung und 1994 die Pflegeversicherung aufbauten. Mit dieser Entwicklung wurde der Bereich der Armenfürsorge, der eigentliche Vorläufer von heutiger Sozialarbeit, weitgehend entlastet, so daß er heute nur noch geschätzte fünf Prozent des Sozialhaushaltes ausmacht.

Nicht entlastet jedoch wurde der sozialkritische Auftrag der Sozialpädagogik und Sozialarbeit; und so gilt es zu fragen, ob der auf Bismarckschen Fundamenten beruhende „Sozialstaat“, als welchen sich die Bundesrepublik Deutschland heute versteht, den „contract social“ hergestellt hat.

Auf den ersten Blick mag es so scheinen, als ob die heutige sozialstaatliche Demokratie mit ihrer Staatsgewalt als neutrale Instanz, wenn nicht die „volonté générale“, so doch den Ausgleich der Interessen und Egoismen, der „volonté particulière“, garantiert.

Joachim Hirsch bezeichnet eine solche Auffassung vom Staat als das „organisierte Willenszentrum der Gesellschaft, durch das prinzipiell einschränkungslos allgemein verbindliche politische Entscheidungen gefällt und in gestaltende Aktionen umgesetzt werden können“ (Hirsch 1987, S. 1118) als „Staatsillusion“. Er macht diese Behauptung fest an der Tatsache, daß auch durch Verschiebung parlamentarischer Mehrheitsverhältnisse die staatlichen und gesellschaftlichen Bedingungen nicht grundsätzlich verändert werden können, daß bei allem Ringen unterschiedlicher Machtsphären von Kapital, Regierung, Parlament, Bundesbank, Parteien, Gewerkschaften, Spitzenverbänden und dergleichen letztlich die Produktionsbedingungen und die Verfügung über das Mehrprodukt unangetastet bleiben.

Eine Ausnahme zeigt das zähe Ringen um die Pflegeversicherung, bei der die im deutschen Bundestag im März 1994 verabschiedete Endfassung alleine auf Kosten des Lohnanteils der vermarkteten Arbeitskraft geht, bekannterweise um den Preis von (reproduktiven) Feiertagen, zum Ausgleich der insofern scheinbaren Beteiligung der Unternehmerseite. Daß zusätzlich die familiäre Leistung der Pflege mit dem Instrument dieser Pflegeversicherung neu angeworfen werden soll, steht wie selbstverständlich als Hauptziel des Gesetzeswerkes fest. Die reproduktive Leistung des Erhaltes Pflegebedürftiger, damit unproduktiver Individuen, wird somit alleine der zusätzlich in Anspruch genommenen Produktivkraft der arbeitenden Bevölkerung und den Familien zugemutet. Das Mehrprodukt wird nicht angetastet, das Kapital kommt ungeschoren davon.

Abstrahiert man von der historischen und noch keine 300 Jahre alten Besonderheit der kapitalistischen Staatssysteme, so fällt bezüglich des Machterhalts ihre Ähnlichkeit mit allen Staatsapparaturen der Weltgeschichte und -gegenwart auf. Sie dienen in erster Linie dem Machterhalt oder auch der Machterweiterung der Mächtigen, erst in zweiter Linie verfolgen sie das Ziel, innerstaatlich durch das Gewaltmonopol die physische Vernichtung von gegnerischen Interessenklassen einzuschränken. Nur so kann ja auf Dauer der Erhalt des Staates selbst gewährleistet werden, indem die mit hierarchisch unterschiedlichen Funktionen versehenen Klassen z. B. von Feudalen und Hörigen, von Lehnsherren und Vasallen, von Herren- und Sklavenvölkern, von Kolonialisten und Koloniebevölkerung, von Besatzern und Besetzten, von Kapitalisten und Arbeitern, von Funktionären und Genossen, von Majoritäten und Minoritäten sich in relativer Ruhe reproduzieren können. In relativer Gleichmäßigkeit pro- und reproduzieren insofern Staaten Lebenslagen benachteiligter Minderheiten, die ihrerseits die Klientel der Sozialpädagogik und Sozialarbeit stellen. Letztlich lassen sich Staaten als hypertrophe Ranggebilde auffassen, in denen der instinktnahe Mechanismus der „selbstsüchtigen Gene" (s. 3.2.3) seine individuellen Träger treibt, möglichst viel Macht zur Überlebenssicherung anzuhäufen. Daß diese Anhäufung von Überlebenssicherung in der Risikogesellschaft kaum noch möglich ist, scheint von den blinden genegoistischen Motiven nur mit hoher Verspätung – vielleicht insgesamt zu spät – wahrgenommen zu werden.

Die strukturelle Ähnlichkeit des egoistischen und blinden Machterhalts unterschiedlicher Staatssysteme mag mit dem eigenen versöhnend wirken oder auch Verzweiflung hervorrufen. Unzufrieden läßt sie uns, wenn wir die „regula aurea" und die verwandten Motive eines ethischen „Gut-Lebens" ernst nehmen.

Wir befinden uns im Dilemma,
- daß wir den parlamentarischen Demokratien einen grundlegenden Einfluß auf die volle Gegenseitigkeit, Teilnahme und Teilhabe aller Mitglieder nicht zutrauen,
- daß wir um des absoluten Vorranges des Lebenswillens gegen revolutionäre Umstürze sind (ethisch gute Verhältnisse lassen sich nämlich mit Toten und für Tote nie verwirklichen).

Was bleibt für Sozialpädagogik und Sozialarbeit als eigenständiger Anteil an Sozialkritischem? Ich möchte vier Aufgaben formulieren:

1. Anwaltschaft für Benachteiligte

In den Theorien und Biografien der Großen der Sozialpädagogik klingt dieser Ton Dominante immer wieder an. Namen wie Tews, Klumker, Salomon, Bäumer bringen es schnell in Erinnerung.

2. Aufklärung, Bildung und Emanzipation

Bei Verzicht auf gewaltsame Revolutionen bringt nur die Evolution der Geister, die um Wissen und Werte ringen, Fortschritte. An dieser Aufklärung und Bildung sind vor allem die stärker Bildungsverhinderten zu beteiligen: Frauen, Arbeiter, Behinderte, Dritte Welt. Auch hierfür stehen von Anfang an Zeugnisse großer SozialpädagogInnen ein wie Diesterweg, Tews, Salomon.

3. Analyse gesellschaftlicher Abhängigkeiten

Es gibt Tausende von Instanzen und Initiativen, die versuchen, Individuen und Gruppen als Konsumenten, Fans oder Wähler auf Dauer abhängig zu machen. Ihr Erfolg ist das Gegenteil von Aufklärung, Bildung und Emanzipation. Sie gehören hinsichtlich ihrer Methoden, Ziele, „Erfolge", Spätfolgen und Nutznießer entlarvt.

4. Gesellschafts- und Staatskritik

Vor dem Horizont der immanenten Staats- und emanenten Menschheitsideale ist Sozialkritik von sozialpädagogischer/sozialarbeiterischer Seite aus gefordert, um die Chance der Verbesserung der Menschen-, Tier- und Naturverhältnisse allgemein im Bewußtsein der Lebenden zu erhalten und für die Kommenden zu retten.

4. HISTORISCHES UND VERGLEICHENDES

Im „Zentralmassiv" unserer allgemeinen Sozialpädagogik haben wir das theoretische Gipfelplateau verlassen und bereits das anthropologische, ethische und sozialkritische Niveau passiert. Wir erreichen nunmehr als nächste Trasse die historische und vergleichende Dimension. Als erstes Erkenntnisziel läßt sich hier die Relativität der eigenen epochalen/jetztzeitlichen Situation im Fluß der Zeitläufe sowie der eigenen gesellschaftlichen Lage im Vergleich zu zeitgleichen anderen Gesellschaften ausmachen.

Dabei werden zugleich überdauernde und übergesellschaftliche Merkmale von sozialpädagogischer Wichtigkeit erkennbar, die sich nicht im Deutungszusammenhang einer Epoche oder einer einzigen real existierenden Gesellschaft erschöpfend verstehen lassen. Wir könnten sie im Sinne Magers als Anteile einer allgemeinen Pädagogik auffassen. Sie zu skizzieren, ist ein zweites Erkenntnisziel der historischen und vergleichenden Dimension.

Hier geht es insbesondere um ein drittes: Der Vergleich mit Gesellschaften vergangener Zeiten bzw. anderer Staaten und Kulturen vermag den Blick zu öffnen für verborgene sozialpolitische und sozialpädagogische Motive und Potentiale, mit deren Hilfe wir die Lösung unserer Aufgaben voranbringen können.

Wissenschaftsmethodisch sind wir uns des Risikos bewußt, daß wir uns als Erziehungswissenschaftler auf das Gebiet der Geschichtswissenschaft begeben ohne den vollen Rückenwind methodologischer Legitimation.

Einen weiteren Anlaß zur Kritik könnten wir bieten, weil wir bei unserer Vorgehensweise die methodischen Leitgedanken des hermeneutischen Historismus und der marxistisch beeinflußten sozialkritischen Geschichtswissenschaft wie die Griffenden einer Wünschelrute bei der Erkenntnissuche einsetzen: Vom Historismus lassen wir uns ermahnen, die jeweilige Einzig- und Andersartigkeit des Geschichtlichen zu respektieren; von der sozialkritischen Geschichtswissenschaft lernen wir, daß Abhängigkeitsverhältnisse von Macht, Reichtum und Bildungsvorsprüngen übergeschichtlich und übergesellschaftlich ähnliche Bedingungen von Benachteiligung schaffen können, die ihrerseits auf sozialpädagogisch/sozialarbeiterische Abhilfe drängen.

Trotz dieser zugegebenen Schwächepunkte wagen wir es, dem historischen Aspekt näher zu treten: Einerseits kann gesellschaftskritische Betrachtung des Geschichtlichen nicht alleinige Aufgabe der Historiker sein, da diese ihrerseits angesichts der Vielfalt gesellschaftlicher Bereiche überfordert wären. Zum anderen ist uns bewußt, daß geschichtliche Befunde, seien sie von professionellen Historikern oder wie in unserem Falle von historisierenden Laien erhoben, nie in den Zustand der Unveränderlichkeit gelangen. Für unser eigenes Gebiet stimmen wir Gerd Neises zu, wenn er sagt: „Die Deutung der geschichtlichen Entwicklungen muß immer wieder aufs Neue in Angriff genommen werden; in dem Maße, in dem sich unsere Auffassungen auch auf dem Gebiete der Jugendfürsorge wandeln, werden die bereits bekannten Fakten und Zusammenhänge in neues Licht treten, wird bisher noch Unbekanntes zum erstenmal sichtbar werden" (Neises, in: Scherpner 1966, Vorwort, S. 6.).

Die Absicht einer Einführung begrenzt zugleich die Ausführlichkeit. Diese Tatsache führt an der gegenwärtigen Stelle dazu, daß wir uns mit einem Zeitraffer durch die Geschichte der Menschheit bewegen, um dann eine etwas ausführlichere Betrachtung der deutschen „Sozialpädagogik" ab Mitte des 19. Jahrhunderts anzustellen.

Inhaltlich sollen hier, nachdem wir im zweiten Kapitel schon einige historische Vorlagen unter dem Gesichtspunkt der Theorieentwürfe personenorientiert abgehandelt haben, epochale Schübe der Sozialpädagogik oder ihrer Vorläuferkonstellationen behandelt werden. Daß hierbei auch noch einmal eine Person, nämlich Pestalozzi, einen gesonderten Abschnitt erhält, begründet sich aus der epochalen, ja überepochalen Bedeutung dieses Mannes, der neben der Sozialpädagogik auch maßgeblich die Entwicklung der gesamten subsidiären Erziehung gefördert hat. Insofern gelingt hier mit dem Blick über den disziplinären Gartenzaun auch noch eine weitere Version des Vergleichs, nämlich die interdisziplinäre. Was den verbliebenen zweiten, den zeitgleichen Vergleich betrifft, so versuchen wir mit einem Beitrag von Ilhan Tomanbay in Abschnitt 4.2 qualitative Ähnlichkeit und Andersartigkeit des sozialpädagogisch/sozialarbeiterischen Arbeitsbereiches der Türkei zu erfassen.

Zunächst soll noch einmal auf die anthropologische Mitgift des Menschengeschlechtes hingewiesen werden, die wir unter den Begriffen von Tischgemeinschaft bzw. Kommensalität und Nahrungsteilen abgehandelt haben (s. 3.2.5). Ohne Zweifel gibt es aus Jahrmillionen Sammler- und Jägergesellschaften eine ethologisch verankerte Disposition, die bei anderen Spezies nicht, allenfalls rudimentär vorhanden ist. Es handelt sich darum, daß Menschen in allen Kulturen und allen Zeiten ihres Auftretens in kin-groups das Essen unter Motiven der Identifikation und Solidarität teilen, daß sie ebenfalls in allen Kulturen und zu allen Zeiten ihre Kinder in unvergleichbarer Weise zunächst im „sozialen Uterus", später in außerordentlich langen Jugendphasen in sozialer Gemeinschaft aufziehen und daß sie schließlich überall auf der Welt ihr gemeinschaftliches Leben in Institutionen regeln. Diese Dispositionen sind wie alle menschlichen Instinkt-Radicale relativ unbestimmt und keineswegs ausreichend für den Zusammenhalt von Gruppen und Gesellschaften. Sie bedürfen pädagogischer und gesellschaftspolitischer Abstützung. Dabei werden sie auf verschiedenste Weise ausgeprägt und verstärkt, unter Umständen auch abgeschwächt. Wohltätigkeit, Wohlfahrt, Fürsorge, Sozialhilfe, Sozialarbeit, Sozialpädagogik sind Ausdrucksformen dieser präkulturalen Tendenzen des Menschen zu Solidarität und Prosozialität.

4.1 Historisches

4.1.1 Die Wohltätigkeit in der Antike

Was den im engeren Sinne pädagogischen Part ausmacht, sind die Vorläufer von Sozialarbeit und Sozialpädagogik bis zur späten Aufklärung des Abendlandes weitgehend abstinent. Allenfalls die Waisen, frühe Statthalter von unzureichenden Erziehungsverhältnissen, finden mit ihren verwitweten Müttern oder auch als Vollwaisen eine Art erziehlicher Unterstützung. Aber auch hier überwiegt bis zur Ausschließlichkeit der Aspekt der leiblichen Versorgung. Dieses Zurücktreten des Erziehlichen läßt sich verstehen, wenn wir bedenken, daß Erziehung in der Antike größtenteils durch Anschauung, Vorbild der Eltern und Älteren und durch Nachahmung und Mittun der Jüngeren erfolgte. Erinnern wir uns der Aussage des Aristoteles, wonach nahezu alles in der Erziehung vom Beispiel innerhalb der Polis, wenig nur vom direkten belehrenden und erziehenden Einfluß abhänge.

So ist das intentional Erziehliche und mit ihm das Sozialpädagogische in der antiken Reflexion nur relativ latent vorhanden. Dagegen tritt der Aspekt der sittlichen Verpflichtung gegenüber Witwen und Waisen, Armen und Kranken, Behinderten und Fremden, schließlich gegenüber Toten mit energischer Deutlichkeit zu Tage.

Das große Beispiel des Alten Ägypten

„Daß die Wohltätigkeit auf eine fünftausendjährige, gut beurkundete Geschichte zurückblicken kann, verdankt sie den Ägyptern. Sie haben zuerst die sittliche Verpflichtung zur Wohltätigkeit in ihren Grundsätzen der Staatsverwaltung, ihren Weisheitslehrern, ihren Grabschriften und in ihrem Totenbuch klar ausgesprochen. Die Belege dafür sind unübersehbar an Zahl, weil kaum ein Volk so früh und so eifrig durch Wort und Bild von sich Kunde gegeben hat und nirgendwo auf hartem Stein eingegrabene oder auf Papyrus aufgezeichnete Texte sich so reichlich erhalten haben wie im trockenen Sande und Felsengebirge Ägyptens.

Aber nicht nur wegen seiner Literatur- und Kunstdenkmäler ist Ägypten für die Kulturgeschichte und für die Entwicklung der Wohltätigkeit von Bedeutung, sondern auch des Einflusses wegen, den es auf die Länder und Völker des Mittelmeergebietes und dadurch auch auf das Abendland ausgeübt hat" (von den Driesch 1959, S. 17).

Von den Driesch hat unbeschränkt recht: Nahezu alle Gedanken der christlichen Nächstenliebe, die als messianisches Programm Jesu das römisch, hellenistisch geprägte Weltreich seit der Zeitenwende beeinflussen, sind ihrerseits im religiösen Gedankengut des Alten Ägypten vorhanden und großenteils in sein Gesetzessystem sowie seine Regierungs- und Verwaltungspraxis überführt gewesen.

Gehen wir den Gefährnissen des Menschen nach der Abfolge seines Lebenslaufes nach, so steht schon dem Neugeborenen Sitte und Gesetz des Alten Ägypten bei: Aussetzung von Kindern war streng verboten. Kindestötung wurde damit bestraft, daß die schuldigen Eltern den Leichnam des Kindes drei Tage und drei Nächte unter Aufsicht einer Wache ununterbrochen in den Armen halten mußten, um sie von einer Wiederholung der Tat abzuhalten. Das Stigma der Unehelichkeit war den Ägyptern fremd, für die mit Sklavinnen gezeugten Kinder hatten die Väter die Pflicht der Versorgung.

Über den Schutz von Waisen und Witwen haben wir schon gesprochen: Könige und Fürsten sahen es als ihre Ehre, Beamte als ihre Pflicht, „Vater der Waise, Gatte der Witwe, Schurz des Mutterlosen" zu sein (von den Driesch 1959, S. 143 u. 168).

Bei der Austeilung von Naturallohn wurden Arme, Alte, Behinderte und Waisen trotz eingeschränkter Arbeitsleistungen beteiligt. Darüber hinaus wurde es als Tugend angesehen, private Mildtätigkeit zu üben. Vor allem die Unterstützung von gebrechlichen Alten stand hoch im Ansehen. „Auf Grabsteinen ist zu lesen: 'Ich habe gehandelt als Bruder der Greise'. 'Ich war der Bruder, der Stab, der Arm des Greises' oder

'Ich war der Sohn, der lieb hat den, der keinen Sohn hat'" (von den Driesch 1959, S. 169).

Auch die Fremden sind in die prosoziale Struktur des Alten Ägypten eingeschlossen. Speise und Trank, Obdach und Fährdienst über den Nil sind selbstverständliche Leistungen gegenüber Fremden. Selbst dem Ungeladenen, ja sogar dem Feind, sollen Speise und Wegzehrung nicht vorenthalten werden.

Gefangenen die Freiheit zu geben, Flüchtlingen gesichertes Asyl, Sklaven einen Rechtsstatus der Versorgung und der körperlichen Unversehrtheit, ja, darüber hinaus die Möglichkeit der Integration in den Staatsapparat als Arbeiter und Beamte sind weitere Merkmale altägyptischer Kultur.

Ein umfangreiches Netz spezialisierter Ärzte sorgte für den Erhalt und die Wiederherstellung der Gesundheit. Wo medizinische Hilfe nicht ausreichte, wurde den Erwerbsgeminderten zusätzliche soziale Unterstützung bereitgestellt. Das Auge des Blinden, der Fuß des Lahmen gewesen zu sein, rühmen Grabinschriften die unter ihnen liegenden Toten.

Geisteskranken zollte man die fromme Scheu als solchen, die sich in der Hand Gottes befinden. Schließlich gehörte zu den Werken der Wohltätigkeit die Sorge um das Begräbnis und den Totenkult für Unbemittelte. Grabinschriften wie diese belegen es: „'Ich bestatte den Mann dieses Gaues, der keinen Sohn hatte, mit Gewändern (für die Mumifizierung) aus meinem Gutsbesitz'. Ein Gaufürst, der die Besucher seines Grabes um ein Totenopfer bittet, erinnert sie an seine Wohltätigkeit: 'Ich war der Liebling eurer Väter, gelobt von euren Müttern, der eure Greise begrub'" (von den Driesch 1959, S. 176).

Woher nun nimmt das antike Ägypten über nahezu 5000 Jahre lang und allen Umwälzungen zum Trotz von den Anfängen im 4. Jahrtausend vor Christus bis in die Zeit des Niederganges 30 v. Chr. seine Motive zur Wohltätigkeit?

Meines Erachtens lassen sich fünf Grundlinien ausmachen, die in den weiteren 2000 Jahren der Weltgeschichte in gewandelten Formen bis auf den heutigen Tag virulent geblieben sind:

1. Zum ersten ist es der religiöse Glaube der Ägypter, daß der sie alle ernährende Nil ein Göttliches ist, identifizierbar sowohl mit dem Sonnengott wie mit Osiris, dem Gott des Todes und der Auferstehung, ein Geschenk an die Menschen, dem alle verpflichtet sind.
2. Volle Wirksamkeit erreicht das Geschenk durch den Gottkönig in der politischen Einigung der ägyptischen Gaue, des oberen und des unteren Landes. „Eine Vielzahl kleiner selbständiger Gaugemein-

schaften hätte ja die Nilüberschwemmungen niemals zu fruchtbarster Ackerkultur ausnutzen können. Darum genossen die Könige, die unter ihrer absoluten Herrschaft den politischen Zusammenschluß aller Bewohner des Niltales ermöglicht hatten, göttliches Ansehen" (von den Driesch 1959, S. 23). Aus der angenommenen Göttlichkeit des Königs leiteten nun weder diese noch ihre Untertanen ein Recht der Willkürherrschaft ab. Der König selbst ist rückgebunden in eine metaphysische Weltordnung. Er hat das Recht und die Gerechtigkeit zu garantieren und sich selbst im Jenseits dafür zu rechtfertigen, daß er seine Herrschaft in Übereinstimmung mit Maat, der Göttin des Urrechts und der Wahrheit, mit Thoth, dem Gott des Gesetzes, und mit Seshat, der Göttin der Verwaltung, ausgeübt hat. Auf derselben Anschauung beruht für die Beamten des Reiches die Forderung nach einer gerechten und wohltätigen Verwaltungsausübung, über die sie Lob und Lohn im Jenseits erlangen konnten.

3. Der ägyptische Gottesstaat ist demnach zutiefst von einer Metaphysik des Rechts durchdrungen. Diese gibt allen seinen Angehörigen eine Verpflichtung zum Recht-Tun, aber auch einen Anspruch auf Recht und Gerechtigkeit. Die menschlichen Verhältnisse sind nicht auf das Prinzip der Gewalt, sondern auf das des Rechts begründet. Da soziale Benachteiligung ungerecht ist, hat sie im Grundsatz der Gerechtigkeit einen wirksamen Gegner.
4. Dieser idealistische Grundsatz machte das Individuum selbst zum Subjekt des Rechtsanspruchs. In den Umwälzungen vom Alten zum Mittleren Reich führt dies unter Pepi II. zur endgültigen Einführung eines gleichen Rechts für alle und zur Übernahme der Gerichtsbarkeit durch das Volk. Der hohe Stellenwert, der dem Individuum als Mittelpunkt von Recht und Gerechtigkeit zukommt, verhilft konsequenterweise auch solchen Mitgliedern der Gesellschaft zu ihrem Recht, die durch Armut, Behinderung, Fremdheit und Gefangenschaft auf der Schattenseite des Lebens stehen.
5. Dem idealistischen und zugleich relativ abstrakten Grundsatz der individuellen Rechtsfähigkeit entspricht ein tiefreligiöser und emotionaler Glaube der individuellen Wesensvereinigung mit Osiris, dem Gott des Totenreichs: Nach dem Mythos, wie er von Plutarch aber auch in ägyptischen Quellen berichtet wird, wurde Osiris von seinem Bruder, dem Gottkönig Seth, getötet. Isis, die Gattin des Osiris, sammelte in tiefer Trauer und Totenklage die von Seth zerstückelte und zerstreute Leiche ihres Mannes und ließ sie von Anubis, dem Totengott, zusammenfügen und einbalsamieren. Da er-

stand Osiris zu neuem Leben. Die Herrschaft des irdischen Reiches errang Osiris' Sohn Horus von Seth zurück, Osiris selbst wurde der Herrscher des Totenreiches.

Osiris war der Lieblingsgott der Ägypter. Er war zugleich der Hoffnungsgott für Nilschwemme und neue Fruchtbarkeit, für die Wende unseliger Naturkatastrophen oder politischer Verhältnisse und vor allem für ein Leben jenseits des Todes. Nach und nach verbreitete sich in den Zeiten der Umwälzungen vom Alten zum Mittleren Reich der Glaube, daß alle Menschen als Individuen im Reiche des Osiris ihre Auferstehung finden würden. Wenigstens und spätestens mit dem Tode werden somit alle Menschen gleich. Ein Gedanke, der in das gesellschaftliche Leben dadurch vorweg wirkte, als auch der Wert des irdischen benachteiligten Lebens nicht mehr bezweifelt werden konnte, ja, daß ihm in Form von Wohltätigkeit Respekt und Tribut gezahlt werden mußte.

Fassen wir zusammen: Die göttliche Großmut des schwellenden Nils verpflichtet zu Dank des Königs wie der Untertanen. Die Rückbindung besteht in der Gerechtigkeit, die der Gottkönig verantwortet und auf die alle Subjekte ihren Anspruch haben, endlich sogar bis hin zur Gleichheit vor dem Gesetz. Diesem irdischen Anspruch entspricht eine jenseitige, ebenfalls auf alle Individuen zutreffende Hoffnung der Auferstehung, wobei die besondere irdische Göttlichkeit des Königs innerhalb einer allgemeinen Unsterblichkeit der Menschen aufgehoben wird.

Gewissermaßen läßt sich der Glaube und die Staatsverfassung des antiken Ägyptens verstehen wie ein im Zeitablauf umgedrehter Spielplan des „Schicksalspiels der blinden Würfler" von Rawls: Bei Rawls sitzen die beteiligten Menschen mit gleichermaßen verbundenen Augen und in Unkenntnis ihres irdischen Geschicks und ringen um gerechte Bedingungen für ungleich vom Schicksal Betroffene. Der Ausgangspunkt der Rawlsschen Fiktion ist ein angenommener Zeitpunkt vor allem Zufall und Geschick (s. auch 3.1.2).

Der ägyptische Glaube denkt vom Endpunkt aller Geschicke aus, von einer lebendigen Gleichheit aller nach dem Tod jedes einzelnen. Der Rawlssche Würfelspieler will das gerechte Sozialgefüge um seiner selbst willen, da er für möglich hält, daß er in potentiellen Minderlagen es dringend für sich selbst nötig haben wird. Der ägyptische Gläubige will das gerechte und schicksalausgleichende Miteinander deshalb, weil er die Tischgenossen und Totenweltnachbarn des Osirisreiches schon jetzt als Ebenbürtige einer gemeinsamen Zukunft solidarisch und identifiziert respektieren und unterstützen möchte.

Die Botschaft des Messias

Überdenkt man das Neue Testament der christlichen Glaubensgemeinschaften, so fällt auf, wie sehr das altägyptische Glaubensgut es durchwirkt. Das liegt einerseits an einer Jahrtausende alten Nachbarschaft des abrahamitischen Volkes zum großen Staatsvolk der Ägypter. Vor allem hat wohl der Einzug Israels in das ägyptische Staatsgebiet um 1700 v. Chr. eine intensive Übernahme ägyptischer Weltanschauungen in die kleinere Gastkultur bewirkt. Nach biblischer Darstellung war die Symbiose aufgrund des Aufstiegs des Israelsohnes Joseph zum Stadthalter des Pharao möglich geworden, und Jakob (= Israel) vollzog sie mit dem gesamten Volksstamm, um der Dürrekatastrophe im gelobten Kanaan zu entgehen. In gut 300 Jahren bis zum Auszug aus Ägypten (ca. 1377 v. Chr.) haben die Glaubensüberzeugungen Israels die prosozialen Inhalte Ägyptens angenommen. Leben und Gesinnung des wohltätigen und mutigen Tobiasvaters Tobit mit seinen Werken der Wohltätigkeit und des Almosens bis hin zum Begraben der geschändeten Leichen zeigt die Konkordanz ägyptischer und israelitischer Frömmigkeit.

Letztlich ist so auch die klassische Fassung der sieben Werke der Barmherzigkeit zu verstehen, wie wir sie bei Matthäus 25, 31–45 lesen. Da es sich bei dieser Jesurede um einen Kernpunkt der neutestamentarischen Botschaft handelt, der die Christenheit zeitunabhängig verpflichtet, wollen wir sie ungekürzt wiedergeben. Dabei wird auffallen, wie die ägyptischen Gedanken von gottgegebener Gerechtigkeit und Rechtsprechung nach dem Tode und der Identifikation zwischen Mensch und auferstandenem Gott Osiris anklingen:

„Wenn der Menschensohn in seiner Herrlichkeit kommt und alle Engel mit ihm, dann wird er sich auf den Thron seiner Herrlichkeit setzen. Alle Völker werden vor ihm versammelt werden. Er wird sie voneinander scheiden, wie der Hirte die Schafe von den Böcken scheidet. Die Schafe wird er zu seiner Rechten stellen, die Böcke zu seiner Linken. Alsdann wird der König zu denen auf der Rechten sprechen: Kommt, ihr Gesegneten meines Vaters! Nehmt in Besitz das Reich, das seit der Weltschöpfung für euch bereitet ist. Denn ich war hungrig, und ihr habt mir zu essen gegeben, Durstig, und ihr habt mir zu trinken gegeben. Ich war fremd, und ihr habt mich beherbergt, Nackt, und ihr habt mich bekleidet. Ich war krank, und ihr habt mich besucht, Gefangen, und ihr seid zu mir gekommen. Dann werden die Gerechten ihn fragen: Herr, wann haben wir dich hungrig gesehen und haben dir zu essen gegeben? Wann haben wir dich als Fremdling gesehen und haben dich beherbergt? Oder nackt und haben dich bekleidet? Wann haben wir dich krank gesehen oder im Gefängnis und sind zu dir gekommen? Der König wird ihnen antworten: Wahrlich, ich sage euch: Was ihr einem dieser meiner geringsten Brüder getan habt, das habt ihr mir getan. Dann wird er zu denen auf der Linken sagen: Hinweg von mir, Ihr Verfluchten, ins ewige Feuer, das dem Teufel und seinen Engeln bereitet ist! Denn, ich war hungrig, und ihr habt mir nichts zu essen gegeben, Durstig, und ihr habt mir nicht zu trinken gegeben. Ich war fremd, und ihr habt mich nicht beherbergt, nackt, und ihr habt mich nicht bekleidet. Ich war krank und gefangen, und ihr habt mich nicht besucht. Dann werden sie ihn fragen: Herr, wann haben wir dich hungrig oder durstig oder fremd oder nackt oder krank oder gefangen gesehen und haben dir nicht Dienste geleistet? Doch er wird ihnen antworten: Wahrlich, ich sage euch: Was ihr einem von diesen Geringsten da nicht getan habt, das habt ihr auch mir nicht getan. Diese werden eingehen in die ewige Pein, die Gerechten aber in das ewige Leben“ (Matthäus 25, 31–45, in: Das Neue Testament 1953).

Die Rede vom Weltgericht klingt bedrohlich. Und doch ist ihr Inhalt eng verbunden mit der Jesu-Aussage, in der er seine Nachricht als Frohe Botschaft bezeichnet. Diese Bibelstelle ist meines Erachtens die Programmaussage des Neuen Testamentes. Sie kommt dadurch zustande, daß Johannes der Täufer aus dem Kerker des Herodes bei Jesus, dem neuen Propheten, anfragen läßt: „‘Bist du es, der da kommen soll, oder sollen wir einen anderen erwarten?’ Jesus antwortet ihnen: ‘Geht hin und kündet dem Johannes, was ihr hört und seht: Blinde sehen, Lahme gehen, Aussätzige werden rein, Taube hören, Tote stehen auf, Armen wird die frohe Botschaft verkündigt. Wohl dem, der an mir keinen Anstoß nimmt!’“ (Matthäus 11, 3–6; ebd.).

Diese messianische Botschaft läßt sich nun nicht mehr nur aus dem Vorentwurf eines angenommenen Weltgerichts verstehen. Sie enthält gesellschaftspolitischen Zündstoff für alle Gesellschaften der Menschen, indem sie die messianische Prophezeiung des Isaias (53, 5–6; 61, 1) in die politische Gegenwart versetzt. Alle Anhänger der christlichen Botschaft sind somit unwiderruflich verpflichtet, den Geist der Geschwisterlichkeit (Vater, unser!), der Kommensalität (unser tägliches Brot!), der Versöhnung (unsre Schuld, unsre Schuldiger), der Nächsten- und Feindesliebe, der Wohltätigkeit an Kranken und Behinderten und der frohen, befreienden Botschaft an die Armen in ihrer realen Gesellschaft zu verwirklichen. Mit vollem Ernst und Eifer versucht die frühe christliche Gemeinde den Geist der Identifikation und Solidarität zu verwirklichen. Hierzu berichtet die Apostelgeschichte 4,32; 34–35: „Die Menge der Gläubigen war ein Herz und eine Seele. Keiner nannte etwas von seinem Besitztum sein eigen. Alles hatten sie miteinander gemeinsam. ... So gab es denn keine Bedürftigen unter ihnen. Wer Grundstücke oder Häuser besaß, veräußerte sie, brachte den Erlös daraus und legte ihn den Aposteln zu Füßen. Davon wurde dann jedem zugeteilt, was er nötig hatte."

Noch in der Zeit der Apostel erhält der Brauch der Güterteilung institutionelle bzw. amtliche Form; hierzu heißt es in der Apostelgeschichte 6, 1–3: „In jenen Tagen wuchs die Zahl der Jünger. Da äußerten die Hellenisten ihre Unzufriedenheit über die Hebräer, daß ihre Witwen bei der täglichen Versorgung zurückgesetzt würden. Da beriefen die Zwölf eine Versammlung der Jünger und erklärten: 'Es ist nicht recht, daß wir das Wort Gottes vernachlässigen und den Tisch versorgen. Darum, Brüder, wählt aus eurer Mitte sieben Männer von gutem Rufe und voll Geist und Weisheit. Sie wollen wir für dieses Werk bestellen.'"

Mit dieser Botschaft und Aufbruchstimmung, erfüllt noch vom altägyptischen Geist, verdichtet zum Programm des Christentums, wendet sich die Antike an das heraufkommende Mittelalter.

4.1.2 Geteilte und vorenthaltene Solidaritäten im Mittelalter

In den Umbrüchen des Römischen Reiches, den Bewegungen der Völkerwanderung, den Übergängen der Zentral-Macht von den letzten römischen Feldherrenkaisern an die germanischen Merowinger hat sich der Impuls der christlichen Nächstenliebe und Solidarität nur als eines von vielen gesellschaftsformenden Motiven erhalten können. Im großen und ganzen ist die Wohltätigkeit zur Privatsache von Individuen und Gruppen geworden, unterstützt allerdings von dem religiösen Motiv, in den Armen dem Herrn Jesu selbst zu begegnen und ihn für die eigene Aufnahme in den Himmel gnädig zu stimmen. Wenig erforscht sind die verschiedenen weltlichen Solidargemeinschaften unter dem Gesichtspunkt der Versorgung von Individuen in notvollen Lebenslagen. Trotzdem wollen wir einen Blick auf Gegenseitigkeits- und Abhängigkeitssysteme richten; in ihnen sehen wir nämlich den prosozialen Vorlauf späterer gruppenübergreifender Gesellschaftssolidaritäten. Darüber hinaus beachten wir Ausgrenzungs- und Absetzungsbewegungen gegen Kranke, Behinderte, Alleinstehende, Fremde und Minderheiten als historische Grundmuster, die nur wenig modifiziert immer wieder Urstände feiern.

Gegenseitigkeiten und Abhängigkeiten

Es dürfte ohne Zweifel feststehen, daß das Band der Familie und Sippe das tragende soziale Netz des Mittelalters gewesen ist. Eng mit ihm verknüpft stellt sich das mit den fränkischen Karolingern durchgesetzte Lehenswesen dar. Danach erhielten Lehensmänner bzw. Vasallen von ihren Königen oder Fürsten Land oder Ämter zu meist erblichem Besitz. Als Gegenleistung waren sie dafür zu ritterlichem Kriegs- oder Hofdienst verpflichtet. Auf der unteren Gesellschaftsebene drückten sich ähnliche Abhängigkeitsverhältnisse in Form von Hörigkeit bis Leibeigenschaft aus. In beiden Fällen waren Abgabepflichten der Bauern der Preis für die kriegerische Wehr des Landes durch die Feudalen. Hörige als ihrerseits zum Wehrdienst Verpflichtete behielten dabei eine relative Selbständigkeit, während Leibeigene – prinzipiell vom Wehrdienst befreit – im übrigen in völlige Unfreiheit und Dienstbarkeit gestellt waren.

In den Städten entwickelten sich seit dem 12. Jahrhundert Zünfte und Gilden als fachgenossenschaftliche Verbände von Handwerkern. Ihren ihnen meist zwangsmäßig angehörenden Mitgliedern sicherten sie wirtschaftlichen Schutz. Mit dem 13. Jahrhundert entstanden städteübergreifende Schutzbünde, die Hansen, unter Führung der Kaufmannschaften, ebenfalls als Solidargemeinschaften mit abgestimmten und gegenseitig abgestützten Interessenlagen.

Wir sehen, es geht durch das Mittelalter ein Zug unterschiedlicher Interessen- und Solidargemeinschaften. Dabei fällt auf, daß den gemeinsamen Interessenlagen innerhalb der einzelnen Formationen stets eine Außengruppe oder der ganze Rest der Gesellschaft gegenübersteht. Man darf annehmen, daß den Mitgliedern innerhalb der unterschiedlichen Bünde auch in Notzeiten beigestanden wurde. Von einem metaphysischen Prinzip der Humanität, wonach dem Menschen die Solidarität der Menschheit qua Menschsein, qua Naturrecht oder göttlichem Recht oder qua Identifikation mit dem Göttlichen zusteht, wie wir es im altägyptischen und christlichen Glauben gesehen haben, von einem solchen metaphysischen Prinzip sind die Solidargemeinschaften des Mittelalters kaum inspiriert. Eine mächtige Ausnahme allerdings bilden die kirchlichen Orden, die seit dem 4. Jahrhundert auf der Grundlage des heiligen Benedict von Nursia dem Gebet und der Arbeit hingegeben sind. Ihr Ziel ist neben der Heiligung des individuellen Lebens die aktive Verbesserung von Lebensumständen auch über die Klostermauern hinaus. Innerhalb des Klosters bieten sie Schutz, Nahrung und Pflege um Christi willen solchen, die als Behinderte und Verarmte ohne Schutz anderer Solidargemeinschaften zu verkommen drohen.

Kaiser, König, Edelmann – Bürger, Bauer, Bettelmann – oder: Die Ordo des Mittelalters

Wenn auch die konkreten Linien der profanen Abhängigkeiten und Gegenseitigkeiten den Entwurf auf die Gesellschaft oder gar Menschheit als Ganzes vermissen lassen, so fehlt dem abstrakten Gesellschaftsverständnis des Mittelalters eine solche Gesamtschau nicht. Es ist bezeichnend, daß die gesellschaftstragende Idee des Mittelalters durch die Theologie ihre klassische Ausprägung erhält. Thomas von Aquin (1225–1274), Mitglied des Dominikanerordens, spannt rückgreifend über den arabisch-islamischen Philosophen Averroes (1126–1198) auf Aristoteles den Bogen einer Antike und Christentum verbindenden Weltanschauung. Er entwirft ein Lehrgebäude von der Ordo, d. h. der gottgefügten Ordnung dieser Welt, in der die Stände voneinander abgegrenzt und aufeinander bezogen ihre unverrückbaren Aufgaben wahrzunehmen haben.

Was bedeutet dies für die Armen und Beladenen, denen der Religionsstifter Jesus auch innerweltlich die frohe Botschaft einer Befreiung von Elend und Verachtung bringen wollte?

Der Gedanke der Ordo weist eine Restverwandtschaft mit der evangelischen Kernaussage auf, ohne sie konsequent zu bestätigen.

Kaiser, König, Edelmann, – Bürger, Bauer, Bettelmann! So heißt ein klassischer deutscher Abzählvers. Er macht das ständische Gefüge der Ordo deutlich: Vom Kaiser bis zum Bettelmann stehen alle Glieder der Gesellschaft in einer festgefügten Ordnung. Dabei vertritt der Bettelmann die besitzlosen, aber auch die behinderten Mitglieder der Ordo. Gemeinsam bilden sie für die Selbstdeutung der feudal und hierarchischen Gesellschaft die unerläßliche, wenn auch unterste Stufe.

In diesem Sinne eröffnete sich auch den Armen und Beladenen eine sinnbestimmte, wenn auch leidvolle und bedrückende Lebensperspektive. Sie mußten sich aus der „Ordo“ nicht als herausgefallen fühlen. Wie ihre schicksalbegünstigteren Zeitgenossen hatten sie sich auf vorherbestimmte, gewissermaßen „angeborene“ gesellschaftliche Funktionen und Positionen einzustellen und sich mit ihnen abzufinden. Der einzelne hatte auf sie keinen oder nur äußerst geringen Einfluß. Sein Schicksal war Ergebnis aus Schickung und Fügung. Natürlich ist uns klar, daß die historische Konstruktion nichts über die individuellen Schmerzen und Leiden der Benachteiligten im Mittelalter aussagt.

Daß das Prinzip vorgegebener und als gottgewollt geglaubter Ordnung den schwächsten Mitgliedern gegenüber nicht teilnahmslos bleiben sollte, bewirkte Thomas durch seine Almosenlehre. „Seine Überlegungen münden in die Aufstellung einer Almosenpflicht. Die

Kirche als universelle Institution übernimmt die Vermittlerrolle zwischen Spender und Empfänger. ... Almosengeben war der Ausfluß einer religiösen Gesinnung. Christus war in völliger Armut auf die Welt gekommen, die Nachfolge in freiwilliger Armut wurde zur christlichen Tugend, wie die vielen Bettelorden beweisen. Der Weg zum Heil vereinte arm und reich im Almosengeben und -empfangen. ... Der Reiche brauchte zu seinem Seelenheil den Armen, der ihm mit seiner Bitte einen Dienst erwies" (Weber 1986, S. 151 f.).

Ausgrenzungen

Der theologisch-metaphysisch begründete Rechts-, Gerechtigkeits- und Solidaritätssinn des Alten Ägypten und der frühen christlichen Botschaft umschloß alle Menschen qua Menschsein innerhalb einer gottverdankten Ordnung zu übergreifender Identifikation. Trotz des Ordo-Prinzips hat sich die mittelalterliche Weltsicht nicht zu solcher Höhe aufschwingen können. Bereits in einem Kapitular Karls des Großen werden im Jahre 789 Ketzer, Heiden, Juden und Spielleute vom Recht gerichtlicher Klageführung ausgeschlossen.

Einige Seiten zuvor hieß es, es gehe durch das Mittelalter ein Zug unterschiedlicher Interessen- und Solidargemeinschaften. Um im Bild zu bleiben, kann man sagen, daß dieser Zug einer Vielzahl von versprengten und ausgestoßenen Haufen begegnet. Für sie hielt auch der Ordo-Gedanke keine weltanschauliche bzw. religiöse Heimat bereit. Sprachlich deutlich wird dies bei der „Aussetzung" der von Aussatz Befallenen. „Wurde bei einer Person Aussatz festgestellt, so war sie von diesem Zeitpunkt an eine lebende Tote. Es wurde über sie eine Totenmesse gelesen. Sie verlor wesentliche Persönlichkeitsrechte, sexuelle Kontakte waren verboten. Das Ausüben des Handwerks war ebenfalls verboten. ... Für ihr Auftreten in der Öffentlichkeit galt, jede Möglichkeit einer Ansteckung auszuschließen. Um schon von weitem auf sich aufmerksam zu machen, hatten sie eine Klapper, die sie rütteln mußten. Außerdem trugen sie die auffällige Siechenkleidung. Sie waren dazu angehalten, Versammlungsorte (Kirche, Markt ...) zu meiden. Alle Siechen, die keine Aufnahme in einem Siechenheim fanden, zogen als Bettler über Land" (Schumacher 1994, S. 31 f.). Bekleidet mit Joppe, Kniehose, weißem Siechenmantel, weißen Handschuhen und großem Hut waren sie gehalten, eine Holzklapper als Warnruf vor sich selbst zu bedienen.

Folgen wir Borst, so werden die Aussätzigen auch moralisch disqualifiziert, ja, es wird ihnen „massierte Gemeinheit und Schamlosigkeit" unterstellt: „... aus der Gesellschaft sind sie ausgestoßen. Sie können zwar als Landstreicher zu jedem Spektakel wandern, um zu betteln, aber niemand rührt sie an; Almosen stellt man ihnen bloß vor die Tür. In die Häuser ... kommen sie nicht, auch Kirchen und Märkte sind ihnen verschlossen. Keine Polizei braucht die Unberührten zu überwachen, denn die Abwehrfront der Gesunden ist lückenlos. Aussätzige können, wie es ihnen der König anbietet, Eigentum erwerben, aber arbeiten dürfen sie nicht; sie sind auf Mildtätigkeit der Gesunden angewiesen" (Borst 1979, S. 578).

Den Aussätzigen bleibt das Mittelalter fast gänzlich die programmatisch Frohe Botschaft schuldig. Die von Jesu Lehre ausgehende Integration von Juden und Samaritern, Sündern und Gerechten, Gesunden und Behinderten, Reinen und Unreinen wird während des Mittelalters insgesamt wenig durchgesetzt.

Ähnlich verachtet wie Aussätzige und vom normalen gesellschaftlichen Austausch ausgeschlossen finden wir eine Vielzahl sogenannter „unreiner" Berufe und die Juden. Nach Schumacher (1994) lassen sie sich unter dem Gesichtspunkt einer „primären Devianz", das heißt einer Abweichung vom monokonfessionellen Standard des Christentums zusammenfassen. Für die Juden leuchtet diese Deutung leicht ein. Für die „unreinen" Berufe läßt sie sich nachvollziehen, wenn man der Theorie Danckerts (1963) folgt:

„Den Inhabern der meisten unehrlichen Berufe war es gemein, daß sie in der germanischen, vorchristlichen Götterverehrung einen Platz in den kultischen Zeremonien einnahmen. Die Teilnehmer an diesen sakralen Riten begaben sich in einen tabuierten Bereich mit dem Effekt, daß sie selbst tabuiert wurden" (Schumacher 1994, S. 57).

„Danckert weist verschiedene Elemente auf, die mit den germanischen Göttern in enger Verbindung standen. ... Als erstes zu nennen sind Tod, Jenseits und Totenpflege ... Berufe, die mit diesen Kulten betraut waren: Gerichtsdiener, Totengräber, Türmer und Nachtwächter, Bader und Scherer.

Die zweite Gruppe rankte sich um Leben, Eros und Vegetation. Fruchtbarkeit und Vegetationszeremonien, Winteraustreibung und Sonnenwendfeiern bildeten den kultischen Hintergrund. ...: Die Leinweber waren das Abbild der das Leben webenden Schicksalsmutter; der Müller stand durch das Mahlen des Korns mit den Wandlung bedeutenden Brotmysterien in Verbindung. Außerdem war das „Mahlen" eine uralte Metapher für den Geschlechtsakt. Die Prostituierte war das Abbild der Erdmutter, die sich unablässig besamen läßt, ohne nach dem Sämann zu fragen.

Die dritte Gruppe hatte die kultische Bedeutung von Tieren zum Ursprung. ... Die Verletzung dieser Tiere oder ihre Tötung mußte sich dem Tabu stellen. Dem Schinder haftete dieser Opferungscharakter am stärksten an. Schäfer und Hirten bezogen ihre Unehrlichkeit eher aus ihrem Kontakt, den sie zu den Tieren hatten. Ebenfalls von diesem Tabu verunehrlicht waren Hundshautgerber und Sauschneider.

Die letzte Gruppe ist vom Kontakt zu den Elementen Erde, Feuer und Wasser gezeichnet. Die Elemente Feuer und Erde waren im germanischen Glauben Orte von starker Urkraft. Die Erde ist die Urmutter, die das Leben hervorbringt; dadurch sind auch Schlamm und Schmutz im Vegetationskult verhaftet. Diese Herleitung blieb an den Gassenkehrern, Bachfegern, Töpfern und Zieglern hängen. Das Feuer als Kraft rührte von der Bedeutung des Herdes als Opferstätte. Er ist der Erdgöttin geweiht. Diese sakrale Bedeutung blieb am Schornsteinfeger hängen. ... Die Erd- und Wasserverbundenheit wird auch den Bettlern und fahrenden Spielleuten zugesprochen. Durch ihr Leben auf der Straße sind sie mit der Erde mehr verbunden als andere Menschen. Die Unehrlichkeit der Spielleute ist besonders an das Element des Wassers gebunden. Die Zaubersänger der Germanen lernten ihre Kunst von den Wassergeistern und benutzten ihre Lieder, um Opfer zum Wassergeist zu locken. Dieses Bild lebt heute noch weiter im Rattenfänger von Hameln" (Schumacher 1994, S. 59f.).

Die „primäre Devianz" all dieser Berufsgruppen läßt sich also mit der Theorie Danckerts auf ihre vorchristlich magische und kultische Deutung, Funktion und Tabuisierung zurückführen. Ihre mythische Sonderrolle gerät durch die christliche Umdeutung zu Verachtung und Ausgrenzung. Daß dies nicht dem Sinn der frohen Botschaft entspricht, versteht sich von selbst, und man kann ohne weiteres die gesetzlichen und interaktionellen Benachteiligungen im Sinne des Evangeliums als eine große von Kirche und Staat gleichermaßen betriebene Häresie betrachten.

Vom Stimulus der allgemeinen Nächstenliebe

Bei der Suche nach relevanten Vorläufern von Sozialarbeit und Sozialpädagogik fehlen für Antike und Mittelalter staatsumfassende konkrete Einrichtungen und Gesetzesvorgaben. Verfolgen lassen sich jedoch vertragliche Solidargemeinschaften und weltanschauliche Motive der Solidarität und Prosozialität, aus denen auch moderne Sozialwesen ihre soziale Interventionsbereitschaft schöpfen oder schöpfen könnten.

Was die Verbindlichkeit und Allgemeingültigkeit der Wohltätigkeit betrifft, erreicht das Alte Ägypten einen Standard, der von späteren und heutigen Gesellschaften nicht wieder eingeholt wurde. Trotzdem ist der ägyptisch inspirierte Stimulus der allgemeinen Nächstenliebe als messianische Kernaussage und -forderung virulent geblieben. Verfolgen lassen sich allerdings auch Ausstoßungs- und Stigmatisierungstendenzen, die wir bis in die heutige Zeit auf mittelalterlichem Niveau wiederholen und teilweise verschlimmern.

Im großen und ganzen haben sich Solidaritäten nur in Art interaktioneller „Do, ut des!"-Verhältnisse herausgebildet (Do, ut des! – lat. Sprichwort und römisches Prinzip: Ich gebe, damit du [zurück-]gibst). Der Anspruch der Menschenwürde ist vielen Individuen und Gruppen verweigert worden. Trotzdem ist die christliche Botschaft als Anspruch insbesondere durch das caritative Beispiel zahlreicher Ordensbewegungen und heiligmäßiger Einzelpersonen nicht untergegangen.

4.1.3 Umbrüche: Der „sozialpädagogische Bedarf" von Merkantilismus, Reformation, Landesfürstentum

Bei der historischen Skizze von sozialpädagogischen Vorläuferstrukturen in Antike und Mittelalter haben wir uns auf den Bereich der Mildtätigkeit beschränkt. Diese Begrenzung ist uns nicht von ungefähr auferlegt; denn es gibt, soweit ersichtlich, in Antike und Mittelalter im engeren Sinne des Sozialpädagogischen als bewußte, gezielte und systematische Eingliederung heranwachsender oder randständiger Individuen und Gruppen keine gesellschaftsumfassenden Anstrengungen. Die Aufgabe der Sozialisation wird nicht als staatliche begriffen. Sie wird selbstverständlich und funktional von den Familien und Sippen im Verbund des Zusammenlebens durch Vorbild und Nachahmung erfüllt.

In der Ständegesellschaft des Mittelalters sehen wir sie gewährleistet durch die ständische Tradition und den einheitlichen Glauben, daß jedem Mitglied ein ihm von Gott unverrückbar zugewiesener Standort zukomme. Über die Familien hinaus entwickelt sich in den Städten ein enges Netz von Zünften, Gilden, Hansen, in denen gemeinsam und mit festgefügten Regeln der Nachwuchs seine Lehrzeit absolvieren kann. Neben der Sicherheit des Platzes in Gesellschaft und Produktion bot die ständische Gemeinschaft in begrenztem Maße auch Schutz gegen unvorhergesehene Nöte und Gefahren.

Natürlich gab es auch in den Zeiten von Antike und Mittelalter Individuen und Gruppen, die aus Gründen des persönlichen Schicksals wie Unehelichkeit, „unehrlicher" Herkunft, Behinderung, Geisteskrankheit oder in Zeiten allgemeiner Katastrophen wie Krieg, Hungersnöten und Seuchen aus dem Netz der Sippen- und Ständesicherheit herausfielen. Sie wurden zu den Randexistenzen, die wir als Bettler und Aussätzige bereits kennen, und auf die sich günstigstenfalls die Wohltätigkeit der Begünstigten richtete. Vielleicht schlossen sich die Benachteiligten auch Gaukler-, Vagabunden- und Räuberbanden an, bis sie an ihrer eigenen Not oder durch gnadenlose Verfolgung umkamen. Ein gesellschaftsübergreifendes Motiv oder System der Eingliederung, Rehabilitation oder Resozialisation war unbekannt.

Mennicke (1937, S. 35 ff.) macht eine erste Änderung der Lage an der Wirtschaftsform des Merkantilismus fest. Das staatliche Streben nach Ausfuhrüberschüssen begünstigte innovative Produktionsformen, auch wenn diese außerhalb oder im Gegensatz zu ständischen Traditionen entwickelt wurden. Dadurch erhielten einzelne und Gruppen Chancen der Lebensfristung auch außerhalb des herkömmlichen sozialen Netzes der Stände. Zusätzlich schuf die Kolonialisierung mit ihren ausbeuterischen Handelsformen und Überschüssen neue Formen von Handel und Gewerbe mit einer Vielzahl relativ ungebundener insofern auch weniger abgesicherter Existenzen. Wurde unter solchen Umständen das individuelle Risiko Realität, so handelte es sich nicht mehr um Solidarprobleme der ständischen Gemeinschaften, sondern der öffentlichen Gewalt, die diese Wirtschaftsformen zugelassen und begünstigt hatte.

Die Häufung der scheiternden Existenzen bewirkte, daß man sie nicht mehr einfach sich selbst überlassen konnte, da sie den Landfrieden bedrohten. So wurden nach und nach von Staats wegen oder von Stadträten rechtliche und administrative Verordnungen getroffen, die der Lage Herr werden sollten.

Peter Maul (1981) und Rudolf Weber (1986) haben in ihren Dissertationen exzellente Forschung auf den Gebieten der sozialen Intervention und des Armen- und Bettelwesens im 18. Jahrhundert vorgestellt! Ich empfehle sie dem Leser, ohne auch nur im Ansatz auf die Fülle der zum Teil recht interessanten und spannenden Details und die Überschau eingehen zu können.

Parallel zu den Armen- und Bettlerverordnungen der Neuzeit setzt mit dem 18. Jahrhundert eine Pädagogisierung der Gesellschaft ein. Bis vor der Reformation hatte es der Staat der Kirche überlassen, das, was man über das alltägliche Standeswissen hinaus über Gott und die Welt wissen mußte, zu lehren.

Nach den Reformationskriegen kam die Vorstellung eines einheitlichen Reiches weitgehend zum Erliegen. Die Landesfürsten waren erheblich gestärkt gegenüber der Zentralgewalt des Reiches. Ihre Macht bezogen sie vor allem aus dem Prinzip des „cuius regio, eius religio“. Wem das Land gehörte, dessen Glaube herrschte im Land und mußte von den Untertanen geglaubt werden. Somit wurde es ein genuines Motiv der Herrschenden, den Glauben, der zugleich das Symbol ihrer Herrschaft war, gezielt und systematisch lehren zu lassen.

Von jetzt ab entsteht Zug um Zug ein erstes „sozialpädagogisches“ Instrument: die staatlich begründete und kontrollierte Schule. In ihr werden absichtsvoll und organisiert die Heranwachsenden zu Untertanen ihrer Staaten „sozialisiert“. Damit nimmt der Staat den Ständen die vorrangige Zuständigkeit für die Rekrutierung der neuen Generationen aus der Hand. Somit wird er zugleich zuständig für alle die, die in den gesellschaftlichen Rahmen nicht problemlos einzufügen sind. Es entstehen Quellgebiete von im engeren Sinne sozialpädagogischen und sozialarbeiterischen Interventionen wie Vormundschaft, Erziehungshilfe, Kriminalpädagogik und dergleichen. Sie arrondieren die in ihren Anfängen, wie gezeigt, ebenfalls primär sozialpädagogisch intendierte Schule.

4.1.4 Sozialpädagogisch Anmutendes in der Neuzeit: Armenkinderpflege und Arbeitserziehung

Wir haben schon darauf hingewiesen: Vorläufermotive und gesellschaftliche Praxis in Zusammenhängen, die wir heute als Domänen von Sozialarbeit und Sozialpädagogik ansehen, entbehren bis ins späte Mittelalter einer erziehlichen Intention. Volksmeinung und Ordensregeln faßten Finde-Waisen und unterversorgte arme Kinder als Teilmenge der Armen auf, deren Lebenssinn im Almosennehmen und Anlaß zu Almosengeben aufging. Vor allem die Spitalorden, insbesondere der zum Heiligen Geist, nahmen sich der verlassenen Kinder an.

Noch vor der Reformation änderte sich die Ausrichtung. Die Produktivität der Städte nahm zu, die Geldwirtschaft breitete sich aus, es entstand eine erste Wanderbewegung von Menschen, die ihr Auskommen außerhalb der angestammten Mauern suchten. Indem zahlreiche von ihnen es nicht fanden, vermehrte sich die Zahl der heimatlosen Bettler und bettelnden Kinder. Das Almosenwesen reichte nicht mehr aus. Aus der gesellschaftlichen Höherbewertung der Arbeit und dem Versagen des Bettelwesens entstand der Gedanke der Erziehung der Mittellosen zur Sicherung des Lebensunterhaltes durch Arbeit.

Man sah „deutlich den Wandel der Anschauungen, der sich vollzogen hat, seit dem St. Gallener Spitalstiftungsbrief von 1228, in dem es heißt, daß die Waisenkinder aufgezogen werden sollen, bis sie selbst betteln können, und dieser Nürnberger Armenordnung von 1522, die verlangt, daß die Kinder der Armen lernen, sich ohne Almosen, nur durch ihre eigene Arbeit, zu erhalten“ (Scherpner 1966, S. 32).

Vorbildliche Ideen einer ganzheitlichen, didaktisch anschaulichen Bildungs- und Arbeitserziehung entwickelte Vires in und für seine Heimatstadt Brügge. In der ebenfalls flandrischen Stadt Ypern kam es zu beispielhaften Gründungen von zwei internatsmäßigen „Armenschulen“, für jeweils 30 Jungen und Mädchen. Ausgeschlossen wurden jedoch uneheliche, kranke und behinderte Kinder.

Der Grundgedanke der Arbeitserziehung mittelloser Kinder setzte sich im Verlauf des 17. Jahrhunderts weiter durch, teils unter Einbeziehen religiöser und elementarer Unterweisung, teils nur auf den Produktionszweck bezogen. Überall in Europa entstanden Anstalten mit entsprechender Aufgabenstellung; Scherpner (1966) hat sie ausführlich in den zeitgeschichtlichen Rahmen gestellt. Durchgängig mischten sich in ihnen die Motivstränge polizeilicher Bettelverordnungen bzw. -verbote, der zuchthäuslerischen Nacherziehung, der Erziehung zur Gottesfurcht, der Arbeitserziehung und der Erziehung auf die Produktionsziele hin. Oft wurden verlassene und verwahrloste Kinder sowie straffällig gewordene Erwachsene in denselben Einrichtungen und mit denselben harten Methoden der Arbeits„erziehung“ behandelt, eine frühe, wenn auch bedenkliche Konkordanz von im Ansatz sozialpädagogischen und sozialarbeiterischen Intentionen.

4.1.5 Vorläufer der Sozialpädagogik/Sozialarbeit

Aus den sozialpädagogischen Quellgebieten der Neuzeit bilden sich zunehmend Zuflüsse, die den heutigen Strom von Sozialarbeit/Sozialpädagogik vorbereiten. Bereits erwähnt sind:

- Wohltätigkeit,
- Armen- und Bettlerverordnungen,
- staatliche Schulen und Schulaufsicht.

Darüber hinaus sollen im folgenden kurz skizziert werden:

- Vormundschaftswesen als Ausgangspunkt neuen Familienrechts,
- Kinderschutz,
- Kindergarten,
- Anstalts-/Heimerziehung,
- Jugendstrafvollzug,
- Volksschullehrerbewegung,
- Jugendbewegung,
- Reformpädagogik.

Vormundschaftswesen

Schon im ausgehenden Mittelalter zeichnet sich eine Entwicklung ab, daß der Ausfall elterlicher Vormundschaft bei Tod der Eltern, Unehelichkeit und Verwahrlosung der Mündel nicht mehr durch eine einspringende Vormundschaft der Sippen ersetzt werden konnte. Die ersten Vormundschaftsverordnungen als städtische Erlasse geben hiervon Kunde.

Mit der Verschiebung der Sozialisationsaufgabe von den Ständen zum Staat gewinnt das öffentliche Vormundschaftswesen an Bedeutung. Unterschiedliche Wege von Einzel- und Amtsvormundschaft, teils stärker vom Motiv der Aufsicht und Kontrolle, teils stärker von dem der wirtschaftlichen und erziehlichen Lebenshilfe getragen, wechseln während der Jahrhunderte in den verschiedenen Staaten und Städten, bis sie im Reichswohlfahrtsgesetz von 1922 in § 1 folgende Regelung finden: „Insoweit der Anspruch des Kindes auf Erziehung von der Familie nicht erfüllt wird, tritt unbeschadet der Mitarbeit freiwilliger Tätigkeit öffentliche Jugendhilfe ein." Fürsorgeerziehung und freiwillige Erziehungshilfe, als klassische Gebiete der Sozialpädagogik, finden hier ihre rechtliche Ausgangslage.

Kinderschutz

Parallel zur Entwicklung des Vormundschaftswesens läuft seit der Industrialisierung die des Kinderschutzes gegen die Not der Kinderarbeit. Staatliche Duldung bis Nutznießung des erbarmungslosen Einsatzes von Kindern in der industriellen Produktion kennzeichnen das frühe bis mittlere 19. Jahrhundert ebenso wie eine Zug um Zug sich durchsetzende Reflektion der Inhumanität dieser Bedingungen. In einem Verständnis des Staates als Obervormund der Kinder und Jugendlichen mündet der Kampf gegen das Unwesen 1839 in ersten gesetzlichen Regelungen des preußischen Staates, die 1904 in das entsprechende Reichsgesetz zum Kinderschutz Eingang fanden und bis heute weiterwirken. Im Laufe der Entwicklung dehnt sich der Gedanke des Kinderschutzes auch auf Gefahren der seelischen Schädigung aus, und zwar mit solcher Stärke, daß wir heute unter „Kinder- und Jugendschutz" diese Variante eher vor Augen haben, als den Schutz vor körperlicher Beeinträchtigung durch Kinderarbeit.

Kindergarten und Anstalts-/Heimerziehung

Mit dem juristischen, obrigkeitlichen Schutz der Kinder war es nicht allein getan. Der Bedarf an familienergänzenden bzw. -ersetzenden sozialpädagogischen Einrichtungen zeichnet sich während des 18. und

19. Jahrhunderts immer deutlicher ab und wird im großen Umfang durch die Kindergartenbewegung und Anstalts- bzw. Heimerziehung beantwortet. Unter dem Gesichtspunkt der Arbeitsfelder werden wir bei der Darstellung der praktischen Dimension im 5. Kapitel zurückkommen auf einige historische Akzente, die auch an dieser Stelle interessieren könnten (s. 5.2).

Jugendstrafvollzug

Als Extremfall der Anstaltserziehung versteht sich schießlich im letzten Drittel des 19. Jahrhunderts, zu einem gewissen Abschluß gebracht erst durch das Jugendgerichtsgesetz von 1923, der Jugendstrafvollzug, indem dem Erziehungsgedanken ein deutlicher Zielcharakter für Urteil und Urteilsausführung zuerkannt wird.

In allen bisher aufgeführten Zuflüssen der Sozialpädagogik geht die treibende Kraft von Notlagen, Gefährdungen und Abweichungen der betroffenen Klientel aus. Sie lassen sich daher als reaktive Maßnahme auffassen. Die nun folgenden drei Bewegungen der Moderne haben eher finalen Charakter, d.h. sie zielen auf eine allgemeine Gesellschaftsveränderung.

Volksschullehrerbewegung

Beginnen wir mit der Volksschullehrerbewegung, die sich auch als Einheitsschulbewegung bezeichnen läßt: Getragen wurde sie seit der Revolution von 1848 von den Volksschullehrern, die die Benachteiligung ihrer Schüler an Bildungsgut, Material, Lehrern und beruflichen Zugängen als überkommenes, ständestaatliches und insofern undemokratisches Erbe bekämpften, die aber auch zur Begründung einer gemeinsamen deutschen Kultur – eine Einigungsaufgabe, die der heutigen europäischen in vielem zu vergleichen ist – eine gemeinsame Bildung und Schule herbeiforderten. Sie erkennen sehr wohl, daß mit ihrer Bildungsarbeit in den Volksschulen eine intensive Bildungsarbeit mit bildungsbenachteiligten Erwachsenen einhergehen muß. Diesterweg (1790–1866), neben Wanderer (1803–1879) einer der bedeutendsten Vertreter dieser Bewegung, darf aufgrund seiner entsprechenden volksbildnerischen Anstrengungen durchaus als profilierter Vertreter der frühen Sozialpädagogik gesehen werden.

Jugendbewegung

Bei genauem Betrachten schöpft die Jugendbewegung aus den gleichen Ideenquellen wie die Einheitsschulbewegung. Angestoßen durch die Kulturpolitik Julius Langbehns, Paul Lagardes und Friedrich Nietzsches gab es im deutschen Raum ein Unbehagen über die Erstarrung der Kultur zu Formalismus und Buchwissen, über die Unterdrückung von Spontaneität und Originalität in der Kunst, den Verlust des Umgangs mit der Natur und das Fehlen einer nationalen Idee. Erfaßt von dieser Stimmung verweigert vor allem die akademische Jugend, in nicht geringem Ausmaß aber auch die sozialistische die von ihr erwartete Eingliederung in die traditionellen Bahnen. Als äußeres Datum der Bewegung läßt sich die Gründung des Wandervogels 1896 in Berlin-Steglitz festhalten. „Zunächst war es allerdings nur der Versuch einer durch die Großstadt gefangenen Jugend, sich ein jugendgemäßes Leben zu verschaffen, durch die Flucht aus der Stadt und aus den Bezirken der Erwachsenen in die freie Natur und in eine freie Gemeinschaft. Das waren die beiden Grundzüge: das Wandern als 'freie geistige Lebensbetätigung' (Frank Fischer) mit all seinen Abenteuern, seinem Erlebnisreichtum bei Tag und Nacht, Wasser und Feuer, Wald und Menschen, dem Lebensgewinn einer durchwanderten Welt, und dann die freie Kameradschaft, die Verbundenheit der Jugend, ganz verschieden nach Alter und Herkunft in einer gemeinsamen Gesinnung, ohne Erwachsene mit selbstgewählten Führern, die immer ein Dreifaches enthielt: die selbständige Aktivität des einzelnen, das neue Gemeinschaftsgefühl und ein neues Erlebnis von Führung und Gefolgschaft“ (Nohl 1963, S. 14).

Reformpädagogik

Teilweise über die gleichen Personen biographisch identisch formiert sich als weiterer sozialpädagogischer Verlauf die Reformpädagogik. Ihre Maxime: Weg vom toten Buchwissen, hin zum Bildungserlebnis! Als Kunsterziehungsbewegung ermutigt sie und leitet sie an zu eigenem bildnerischen Kunstschaffen, zu Gymnastik, Tanz, Theaterspiel; als Arbeitsschulbewegung stellt sie den tätigen Umgang mit Werkzeug und Werkstück in den Mittelpunkt erlebnisbezogenen produktiven Unterrichts. Bei all dem verändert sie im Rückgriff auf die Erfahrungen der Jugendbewegung die Formen des erziehlichen Umgangs. Die Begegnung der Individuen in Gruppen wie in der Erzieher-Schüler-Beziehung bekommt Vorrang vor dem Aufeinandertreffen von Funktionstypen.

Aus den Ideen der Jugendbewegung schöpft die Sozialpädagogik insofern bis heute, indem sie die soziale Dynamik der von ihr betreuten einzelnen und Gruppen respektiert, gegebenenfalls auch unter professionellen Gesichtspunkten analysiert und beeinflußt, indem sie von Peer-groups weiß und sie als Gegenüber sozialpädagogischer Interaktion ernst nimmt, indem sie natürliche, auf gruppendynamischen

Kräften beruhende Führerschaften als kooperative Mitspieler für die Ziele sozialpädagogischen Handelns zu gewinnen sucht.

Ebenfalls aus der Jugendbewegung dürfte der sozialpädagogische Anspruch einer Schichten und Regionen übergreifenden sozialen Arbeit stammen, die sich heute europäisch und global versteht, wie sie damals „bei ihrer Begegnung mit der Jugend aller Stämme und aller Schichten wie von selbst erwuchs" (Nohl 1963, S. 15) und damit die Enge von Gauen und Besitzständen durchbrach, wie es heute in geographisch weiterem Rahmen notwendig ist.

Und schließlich ein Drittes, welches die heutige Sozialpädagogik der Jugendbewegung verdankt: die Erkenntnis, Bedeutungszumessung und Methode des Erlebnishaften – die Erlebnispädagogik. Wer Menschen verändern will – und praktische Sozialpädagogik will verändern, d. h. erziehen – wird nicht umhin kommen, ihnen das Angebot von Erlebnissen zu machen, innerhalb derer sie neue Verhaltensweisen neu ausprobieren können zum freien Entscheid, ob sie sie auf Dauer in ihr Verhaltensrepertoire aufnehmen wollen. Die Jugendbewegung hat genuin und zunächst unreflektiert auf das Erlebnishafte des jugendbündischen Lebens gesetzt. Die Reformpädagogik hat den Ball aufgegriffen und, angestoßen von Herrmann Lietz' Landerziehungsheim, weitergetragen und vor allem auch von der Schullandheimpädagogik heraus auch den Unterricht zum Erlebnis werden lassen. Über die Zeitalter hinweg werden heute erneut große Anstrengungen unternommen, das Erlebnis in der sozialpädagogischen Praxis zum pädagogischen Prinzip der Einflußnahme zu machen.

4.1.6 Sozialpädagogik in der Weimarer Republik

Für das ausgehende Kaiserreich lassen sich hohe Erfolge sozialpädagogischer Einflußnahme auf die Sozialpolitik verzeichnen. Vor allem an den kurzen biographischen Notizen zu Christian Jasper Klumker (s. 2.3.11) ist das in diesem Buch leicht nachzuvollziehen. Mit der Weimarer Zeit ist die Sozialpädagogik dann endgültig im vollen Sinne unseres heutigen Verständnisses gesetzlich institutionell und arbeitsmethodisch präsent. Theoretisch, anthropologisch, ethisch, sozialkritisch, historisierend und vergleichend beteiligt sie sich an der wissenschaftlichen Diskussion der „Pädagogischen Bewegung". Herman Nohl und Ludwig Pallat, führende Vertreter dieser Bewegung, die sich vor allem den Anstößen aus Jugendbewegung und Reformpädagogik verdankt, widmen ihr den fünften Band des „Handbuches der Pädagogik". Er ist

1929 erschienen und faßt gewissermaßen das sozialpädagogische Erbe zusammen, ehe es 1933 endgültig in die Hände des Hitlerstaates fiel.

Auf der Grundlage dieses Handbuches werde ich etwas später die Weimarer Bestandsaufnahme der praktischen Dimension skizzieren; zunächst aber sei im Ablauf unserer Systematik auf die anderen Dimensionen eingegangen: Die theoretischen Konzeptionen sind weit davon entfernt zu konvergieren. Während zum Beispiel Mennicke (1937, s. 2.3.17) nach Weimar, aber aus dem Geiste Weimars ein System vorlegt, in dem die Aufgaben der Sozialpädagogik von der Eingliederung der Jugend über die Sozialisation und Resozialisation der Benachteiligten und Abweichenden zu einer allgemeinen lebens- und erfahrungsorientierten Volksentwicklung („Volkontwikkeling") reichen, orientiert sich Gertrud Bäumer (s. 2.3.14) stärker an jenem Strang sozialpädagogischer Ziele, die der Abhilfe akuter gesellschaftsproblematischer Notlagen entspringen. Eine weitere Position läßt sich bei Nohl offenlegen, der seinerseits eine Definition der Sozialpädagogik vermeidet, aus vielen kontextlichen Äußerungen jedoch erkennen läßt, daß Sozialpädagogik wie Pädagogik im allgemeinen von der Nothilfe im Einzelfall auszugehen habe. „So haben Pädagogik und Sozialpädagogik ihr Ziel zunächst im einzelnen Subjekt, 'daß dieses Kind hier zu seinem Lebensziel komme' (56)" (Blanke 1986, S. 189).

Wollenweber (1983) kritisiert diese Position Nohls insofern, als er das Verhältnis von Politik und Sozialpädagogik im vagen belassen habe, es „'in seinen praxisbezogenen Arbeiten durchgehend nicht zur erforderlichen Klärung geführt und hinreichend konkretisiert'" (ebd.) habe. Trotzdem kommt Nohl das Verdienst zu, die Bedürfnisse und Rechte des Individuums als pflichtmäßig zu berücksichtigende Ausgangs- und Zielpunkte in die Sozialpädagogik eingeführt zu haben; wir haben bei der Skizzierung seiner theoretischen Konzeption darauf hingewiesen (s. 2.3.15). Zwei Positionen Nohls sind für die heutige Sozialpädagogik bedeutsam: Die Individuallage des erziehlichen Gegenübers ernst nehmen und – in enger Nähe dazu – die allgemeinpädagogische Lehre vom „pädagogischen Bezug". Damit ist der Übergang zum Anthropologischen nahe. Eigenwert der Jugend, persönlicher Bezug, beides Nohlsche Kategorien, sind ja bereits anthropologische und als Vorgaben für das Erziehliche auch ethische Gesichtspunkte. So sei noch einmal mit Nohl belegt, auf welche Höhe eines zugleich natürlichen und doch ethisch durchdrungenen Verständnisses der Erziehungsverhältnisse sich die Pädagogik, damit auch die Sozialpädagogik der Weimarer Zeit befand:

„Die Grundlage der Erziehung ist also das leidenschaftliche Verhältnis eines reifen Menschen zu einem werdenden Menschen, und zwar um seiner selbst willen, daß er zu seinem Leben und zu seiner Form komme. Dieses erzieherische Verhältnis baut sich auf auf einer instinktiven Grundlage, die in den natürlichen Lebensbezügen der Menschen und in ihrer Geschlechtlichkeit verwurzelt ist. In dem Vater- und Muttersein, Schwester-, Bruder-, Tante- und Onkelsein, aber auch noch in dem Großvatersein und nicht zuletzt in der Erotik. Von jedem dieser elementaren Bezüge wird eine eigene Form des erzieherischen Verhältnisses getragen, er läßt jedes Mal andere Momente in diesem Verhältnis hervortreten, zielt auch auf ein jeweilig verschiedenes Alter, die Mutter auf das Kleinkind, der Vater auf den 12jährigen, die Erotik auf das Jugendalter. Jeder große Pädagoge ist typisch für eine dieser Formen, Sokrates und Herbart oder auch Wyneken für den erotischen, Pestalozzi für den mütterlichen, Salzmann oder Arndt für den männlich-väterlichen Typus, der alte Fröbel für den großväterlichen, und man versteht ihre Pädagogik in ihrem eigentlichen Aufbau nicht, wenn man in ihr nicht diesen ursprünglichen Kern mit seinen Folgen spürt. Dabei ist das spezifisch pädagogische Verhältnis selbstverständlich doch wieder mehr als das instinktive Mutter- und Vatersein oder das erotische Band, nämlich ein *geistiges Verhalten selbständiger* Art, das sich auf den werdenden Menschen richtet um seiner höheren Form willen …

Das Verhältnis des Erziehers zum Kinde ist immer doppelt bestimmt: von der Liebe zu ihm in seiner Wirklichkeit und von der Liebe zu seinem Ziel, dem Ideal des Kindes, beides aber nun nicht als Getrenntes, sondern als ein Einheitliches: aus diesem Kinde machen, was aus ihm zu machen ist, das höhere Leben in ihm entfachen und zu zusammenhängender Leistung führen, nicht um der Leistung willen, sondern weil in ihr sich das Leben des Menschen vollendet. Das pädagogische Ziel ist nicht, einen Lebenstypus zu züchten. Der Gärtner, der die blaue Rose züchtet, opfert Tausende von Rosen für diesen Zweck, die pädagogische Liebe zum Kinde ist die Liebe zu *seinem* Ideal. Es soll ihm nichts Fremdes eingebildet werden, sondern die Lebensform, zu der sie führen will, muß die Lösung *seines* Lebens sein" (Nohl 1963, S. 134 ff. [Erstauflage 1933, vor der Machtergreifung]).

Leider ist dieser Stand der Pädagogik durch den Nationalsozialismus weltanschaulich und praktisch unterdrückt worden, ja, die Heranziehung eines deutschen Lebenstypus wurde zur pädagogischen Staatsdoktrin, in der eine individuelle Würdigung von Individuum und Einzelschicksal keinen Platz hatte.

Was die Sozialkritik der Weimarer Sozialpädagogik betrifft, so ist sie auf vielen Gebieten konstruktiv an der Verbesserung der Verhältnisse beteiligt, denken wir nur an Gertrud Bäumers (s. 2.3.14) Arbeit als Ministerialrat in Berlin, an die kritischen Anstrengungen Alice Salomons zur klassenübergreifenden Frauenemanzipation (s. 2.3.13), an Mennickes Konzept der Volksbildung (s. 2.3.17), die sich aus heutiger Sicht vor allem als politische verstehen läßt, an die gemeinsamen Anstrengungen der beruflichen Qualifizierung der in pädagogischer und administrativer Praxis stehenden Personen der sozialpädagogischen Arbeitsfelder. Insgesamt habe ich den Eindruck, als habe es an vielen Stellen Verbesserungsvorschläge für wichtige Einzelbereiche gegeben, als habe es darüber hinaus jedoch, zumindest bis in die Jahre der wirtschaftlichen Katastrophe, ein grundsätzlichen Konsens mit der Politik gegeben, auf neuen Staatsfundamenten ein freieres und gerechteres Zusammenleben innerhalb des Staatswesens zu bewirken.

Hinsichtlich der historischen und vergleichenden Dimension haben wir bei mehreren der Weimarer Vertreter der Sozialpädagogik einen hohen Standart der Disziplin angetroffen. Ich erinnere an Christian Jasper Klumker (s. 2.3.11), Carl Mennicke (s. 2.3.17), Alice Salomon (s. 2.3.13). Auch im Band V, Sozialpädagogik, vom „Handbuch der Pädagogik" von Nohl/Pallat (1929) sind zu den einzelnen gesetzlichen und institutionellen Bereichen immer wieder historische Bezüge hergestellt. Unter Vernachlässigung der an sich interessanten Details des Weimarer Forschungsstandes zu Geschichte und historischem Vergleich der Sozialpädagogik wollen wir uns diesem Buch zum Zwecke einer Revue der praktischen Dimension der Sozialpädagogik in den kurzen Jahren der Weimarer Republik zuwenden:

In gesetzlicher Hinsicht basiert die sozialpädagogische Arbeit auf dem Reichsgesetz der Jugendwohlfahrt (RJWG) vom 1.4.1922 und dem Jugendgerichtsgesetz (JGG) vom 16.2.1923. Als entscheidende Neuerung überträgt das RJWG alle Aufgaben der Jugendwohlfahrtspflege dem Jugendamt. Dabei unterscheidet es zwischen „Jugendpflege" und „Jugendfürsorge". „Es versteht unter Jugendpflege alle Maßnahmen für die normale Jugend, bei denen sich also Staat und Gesellschaft an der Aufgabe der Familie helfend beteiligen, z.B. Kindergärten, Krippen, Kinderhorte, Erholungseinrichtungen, Spielplätze, Wandern usw. In dem Begriff der Jugendfürsorge werden dagegen solche Maßnahmen zusammengefaßt, die es mit in irgendeinem Sinne nicht normalen Verhältnissen zu tun haben und hier vorbeugend, schützend oder heilend eintreten sollen. Unter den zu dieser letzten Gruppe gehörigen Kindern unterstehen den Jugendämtern zunächst die Waisen und Unehelichen, bei denen die Faktoren der Familienerziehung nicht oder nur unvollkommen vorhanden sind. Eine zweite Gruppe bilden die in fremder

Pflege befindlichen Kinder, eine dritte gefährdete Kinder, ... Wesentlich ist dabei, daß die elterliche Erziehung nicht ausreicht, um das Kind leiblich, seelisch und gesellschaftlich tüchtig zu machen. Eine Untergruppe dieser Schicht wären die kriminellen Kinder" (Bäumer 1929, S. 18).

Damit ist das Jugendamt als zentrale und direktionale Institution herausgestellt: Ihre Zusammenarbeit erstreckt sich auf eine Vielzahl landesweiter Einrichtungen, die die Ziele der Jugendwohlfahrt vor Ort zu verwirklichen suchen. Da ist zunächst die staatliche Gesundheitspflege zu erwähnen, die vor allem durch bestallte Schulärzte in der Schule, darüber hinaus aber auch für Vorschulpflichtige und Schulentlassene, im Bereich der Heimerziehung und Horte sowie in der Erholungsfürsorge tätig ist. Über dieses allgemeine Netz der sich auch gesundheitserzieherisch verstehenden Gesundheitspflege hinaus gibt es eine Vielzahl landesweiter, typisierter Institutionen der Jugendfürsorge als da sind:

- Heilpädagogische Anstalten zur Erziehung „psychopathischer" Kinder,
- Erziehungsberatungsstellen,
- Heime der Fürsorgeerziehung und schließlich den
- Jugendstrafvollzug, der sich zunehmend erziehlich versteht.

Als unabgeschlossen und unzulänglich kritisiert Gertrud Bäumer die Ausbildung für die sozialpädagogischen Felder der Jugendwohlfahrtspflege, seien diese mehr erziehlich oder mehr verwaltend, sowie die fehlende Brücke zwischen dem Beruf der Jugendleiterin und der Wohlfahrtspflegerin (vgl. Bäumer 1929, S. 211 ff.) – damals übrigens eindeutig von Frauen innegehaltene und für Frauen eingefordete Arbeitsfelder (s. 2.3.14) –, die im Berufsbild des aus den christlichen Konfessionen sich entwickelnden Wohlfahrtpflegers ihre männliche Kollegenschaft erhielten (vgl. ebd., S. 215 ff.).

Mit einem abschließenden Blick auf die konfessionellen bzw. weltanschaulichen Wohlfahrtsverbände sei hier noch einmal der sozialpädagogische Bereich der gesellschaftspraktischen Dimension der Weimarer Zeit gestreift. Hervorgegangen aus der christlichen Liebestätigkeit, letztlich zurückgehend auf die frühchristliche Gemeinde, fand auch die Weimarer Republik ein weitverzweigtes Netz sozialcaritativer Nächstenliebe vor. Dieser Blick soll vertieft werden, indem er sich dem massiven Einschnitt durch den Nationalsozialismus zuwendet.

4.1.7 Das Verschwinden der Sozialpädagogik im Nationalsozialismus

Mit Bäumer (s. 2.3.14) und Nohl (s. 2.3.15) haben wir uns auf zwei „Klassiker" der Sozialpädagogik bezogen, die aus der Weimarer Republik – im „Dritten Reich" zunächst eingeschränkt, schließlich ausgeschaltet –, dann doch über diese hinweg in die Bundesrepublik der Nachkriegszeit hineinwirkten. An ihnen läßt sich pointiert deutlich machen, was sich durch alle Positionen der Sozialarbeit hinzog: der Doppelstrang aus

- Theorie, die sich anthropologisch, philosophisch, „jugendbewegt", reformpädadogogisch aus dem Spannungsgefüge von Individualpädagogik und Sozialpädagogik grundsätzlich verstand, und
- Praxis, die außerhalb von Familie und Schule – wenn nötig, eventuell auch innerhalb – pädagogische Feuerwehrarbeit auf dem Hintergrund einer staatlichen bzw. gesellschaftlichen Solidarität leistete.

Steht Nohl mehr für die Grundsatzdiskussion, läßt sich Bäumer stärker als Systematikerin für die Strukturierung der Praxis verstehen.

Den beiden Strängen hatte sich – wohl aus einem Defizit an säkularer Theorie – ein historisch alter Strang sozialer Praxis hinzugesellt. Seine Vorläufer waren die christlich caritativen Einrichtungen vom Mittelalter bis zur Liebestätigkeit der Erweckerkreise der frühindustriellen Zeit. Ihre institutionell größten Instrumentarien waren in der Weimarer Zeit die freien Wohlfahrtsverbände und ein in Ansätzen gesetzlich geregeltes Fürsorgesystem, dessen pädagogische Seite als Fürsorgeerziehung bezeichnet wurde.

Etwas vereinfacht gesagt läßt sich das Fürsorgesystem als Vorläufer der Sozialarbeit bezeichnen. Und ohne es abwertend zu meinen, ist die Verflechtung von Sozialpädagogik als Theorie und Sozialpädagogik/Sozialarbeit als Praxis ein alter Zopf. Er mußte allerdings nach dem „Dritten Reich" neu gekämmt und geflochten werden. Im „Dritten Reich" waren die Anteile in einer Art Einheitsfrisur bis zur Unkennbarkeit eingestriegelt.

Wir werden nachfolgend den drei Strängen nachgehen und verfolgen, was im System des nationalsozialistischen Staatsmonopolismus aus ihnen geworden ist. Dabei sollen uns folgende Fragen leiten:

1. Wie wurde die sozialpädagogische Theorie in die Einheitsideologie des „Dritten Reiches" eingewoben?
2. Was trat an die Stelle der im engeren Sinne sozialpädagogischen Praxis?

3. Wie verstrickte sich das Wohlfahrts-, Fürsorge- und Fürsorgeerziehungssystem als Vorläufer der Sozialarbeit in den totalitären Staat?

Wie wurde die sozialpädagogische Theorie in die Einheitsideologie des „Dritten Reiches" eingewoben?

Die sozialpädagogische Theorie ist gewissermaßen ein Geschwister der Reformpädagogik des ausgehenden 19. und angehenden 20. Jahrhunderts. Wie diese ringt sie mit dem Bildungsideal des Neuhumanismus. Auf den Spuren von Pestalozzi und Fröbel werden Anschaulichkeit und körperlich sinnliche Eigentätigkeit *(Arbeit)* zum Medium des Erziehlichen. Die theoretische Übereinstimmung mit Vertretern der Volksschule (z.B. Diesterweg) macht die Auseinandersetzung mit dem neuhumanistischen, sich im Gymnasium humboldtscher Herleitung tradierenden Bildungsmonopolismus deutlich (vgl. Oelkers 1988, S. 195 ff.).

Nun hatte die pädagogisch reformerische Idee, die mit der Erziehung die Menschheit „verbessern" wollte, immer eine eigene Polarität ins Spiel gebracht: Dem eigenständigen Individuum stand seine sittliche Einbindung in das Gemeinschaftliche und Soziale spannungsvoll entgegen. Immer wieder spiegelt sich diese Thematik von individualer und sozialer Erziehung bei den von uns skizzierten Klassikern der Sozialpädagogik.

Wo die Spannung nicht voll ausgehalten wurde, konnte es auch vor dem „Dritten Reich" zur scheinbaren Quadratur des Kreises kommen. So schrieb im abschließenden Kommentar zur reformerischen Ausstellung „Kind und Schule" von 1914 in Leipzig Richard Seyfert: „Das Ziel der Erziehung ist ... nicht das Individuum, sondern die Persönlichkeit. Persönlichkeit ist das möglichst vollkommene Einzelwesen, das sich bewußt und freudig einordnet in die völkische und nationale Gemeinschaft" (Seyfert, zit. n. Oelkers 1988, S. 211).

Seyfert war damit kein Einzelgänger. Er befand sich durchaus im Gesamtstrom der reformerischen Bewegung. Hatte doch bereits Lichtwark seine maßgebende Stimme schon vor der Jahrhundertwende nicht weniger prononciert erhoben: „Das einzige, was ein Volk zusammenhält, ist eine starke, gemeinsame Bildung. Sie ist auch das sicherste Bollwerk gegen das Eindringen fremder Einflüsse ... Bildung ist Gewöhnung. Unsere nächste Aufgabe ist, eine zwingende nationale Gewöhnung zu schaffen" (Lichtwark, zit. n. Oelkers 1988, S. 203).

Es ist evident, daß vor diesem Hintergrund den Ideologen des Nationalsozialismus die endgültige Vereinseitigung der reformpädagogischen und damit auch der sozialpädagogischen Philosophie leichtfallen mußte: Monopolistisch wurde der Verpflichtungsgedanke gegenüber der Gemeinschaft herausgestellt. Diese Gemeinschaft war jedoch ein wahnhaftes Konstrukt von deutschblütiger Rasse, dessen Einzelglied nur in Form seines Nutzens für die „artgerechten" Ziele von Bedeutung war. Letztlich war sie eine Gemeinschaft ohne Gemeinsinn, wie Giesecke richtig feststellt, ohne Solidarität: „Diese Vorstellung schloß im Grunde jede ernsthafte soziale Verantwortung aus. Die Tatsache etwa, daß der eine Jude, der andere Deutscher war, ließ sich nur durch 'Ausgliederung' und später Ermordung des 'Anderen' 'beseitigen', nicht etwa durch *gemeinsames* soziales Handeln produktiv gestalten. Deshalb gab es in einem strengen Sinne des Wortes auch kein *solidarisches* Handeln. Solidarität setzt voraus, daß die 'Schwäche' des anderen, die es zu mildern gilt, als das jedem Mitglied der Solidargemeinschaft jederzeit mögliche *eigene* Schicksal angesehen werden kann. Dies wiederum setzt in irgendeiner Weise ein Verständnis des Menschen als 'Selbstzweck' voraus. Biologistisches Denken jedoch kann weder moralisch noch praktisch eine solche Position einnehmen" (Giesecke 1985, S. 186).

Passend zur dogmatischen Ausschließlichkeit der rassistischen „Gemeinschaft" taucht auch der Gedanke des Eigenwertes der Jugend in einer total gewendeten Weise im nationalsozialistischen Ideenpool wieder auf: Die Jugend als eigener Stand: „Das war zweifellos Schirachs Idee, und ihre Kehrseite war natürlich die totale Integration der Jugend in die Gesellschaft. Ganz in diesem Sinne hatte Schirach 1936 aus Anlaß des Hitlerjugendgesetzes in einer Ansprache an die Eltern den Gegensatz der Generationen für überwunden erklärt (1943, S. 2–64). War die Jugend ein eigener, sich selbst führender Stand im Volke, zumal einer, der in sich die Überwindung der Klassenschranken repräsentierte, dann hatte er einerseits auch 'Dienste' für das eigene Volk zu verrichten. (HJ-Dienst; Wehr- und Arbeitsdienst seit 1935; seit dem Kriege (1939) auch 'Jugenddienst'); andererseits mußten dann auch wenigstens im Prinzip Selbstausschlüsse ganzer Gruppen verhindert werden ('bündische Umtriebe'); besondere Interessen, z. B. musisch-kulturelle, hauswirtschaftliche usw. durften dann nur im Rahmen der HJ realisiert werden" (ebd., S. 179).

Der auf diese Weise etablierte Eigenwert der Jugend hatte natürlich mit dem individuellen Eigenwert des Kindes (Fröbel) und des jugendlichen Lebens (Nohl) nichts mehr zu tun. Trotzdem konnte oberflächlich der Eindruck entstehen, als bestünde die ursprünglich fruchtbare Spannung der reformpädagogischen Idee zwischen Gemeinschaft und Eigenwert fort.

Wählt man einen Beobachtungspunkt aus sehr weiter Entfernung zur pädagogisch erziehungswissenschaftlichen Theorie des „Dritten Reiches", wie sie vor allem durch Kriek (vgl. 1933) vertreten wurde, so erscheint sie stark als Irrläufer von Ansätzen, die man heute der Sozialpädagogik zurechnen würde. Mit seinen theorieleitenden Prämissen der funktionalen Erziehung in allen zwischenmenschlichen Prozessen, mit seiner Vorstellung der „Typenzucht", gemäß der alle Gemeinschaften auf die Herausbildung von Typen, nicht von Individualitäten eingestellt sind, löste Kriek die pädagogische Blickrichtung von den engen Lehr- und Lernverhältnissen der intentionalen Schulerziehung. In Übereinstimmung mit maßgeblichen Parteistellen plädierte er deshalb dafür, die „Revolution der Erziehung" nicht mit der Schulreform, sondern mit der grundlegenden „rassischen Zucht" der Jugend in den außerschulischen Erziehungsorganisationen zu beginnen.

Natürlich endete nach dem Untergang des „Dritten Reiches" auch der paradigmatische Ansatz Kriecks und damit die Vorrangstellung der dogmatisch einseitigen und menschen- weil individuenverachtenden-sozialpädagogischen Engführung.

Was trat an die Stelle der im engeren Sinne sozialpädagogischen Praxis?

Bis zur Weimarer Zeit gab es zwar eine Reihe von Vordenkern einer theoretischen Sozialpädagogik; ein bedeutendes Feld hatte sich jedoch, abgesehen von den fürsorgerischen bzw. fürsorgeerzieherischen Aufgabenstellungen, nicht entwickelt.

Eine Ausnahme hierzu bildete der Kindergarten. Zwar war auch er keine flächendeckende Institution, doch wurde er gesellschaftlich beachtet und hinsichtlich seiner theoretischen Grundannahmen diskutiert. Die geringe Zahl der Kindergärten und die herrschende nationalsozialistische Ideologie von der Familie als Zentralpunkt der Kleinkinderziehung drängten fürs erste das Interesse am Kindergarten eher zurück. Dies änderte sich nach der Besserung der Wirtschaftslage und der damit gegebenen Ausweitung der Frauenerwerbsarbeit. Später, als angesichts der immer größeren Fronteinsätze der Männer die Frauen praktisch als „Reservearmee" vollends auf die brachliegenden Arbeitsplätze herangezogen wurden, wurde der Kindergarten sogar zur notwendigen Voraussetzung für den Einsatz der weiblichen Arbeitspotentiale.

Zunächst hatte sich die NSV (Nationalsozialistische Volkswohlfahrt) nur zögerlich in die Gründung von Kindergärten eingeschaltet und den freien Trägern die Vorhand überlassen. Das änderte sich mit der Kriegsentwicklung. Ja, über die reguläre Kindergartenarbeit gab es eine Gründungswelle von sogenannten „Erntekindergärten", mit denen etwa während drei Viertel des Jahres den Landfrauen erhöhte Möglichkeiten zum Einsatz in der Landwirtschaft gegeben wurden. Eine weitere Variante des Kindergartens waren die „Spielstuben für Dorfkinder". Hier sollten die schulentlassenen 14jährigen, die ein „Landjahr" innerhalb eines achtmonatigen Lagers absolvierten, erste Kontakte mit Berufen ihrer „weiblichen Wesensart" pflegen können. Die Spielstuben waren dabei eines der einschlägigen Angebote.

Ideologisch war das „Dritte Reich" in bezug auf den Kindergarten nicht sonderlich einfallsreich. Auch hier galt natürlich der absolute Vorrang der Eingliederung in die Gemeinschaft vor der Ausprägung von Individualität. Einzigartig war gewiß die perverse Ausrichtung der Kindergartenkinder auf das pseudoreligiöse Verhältnis zur Führerfigur Adolf Hitler.

Mit dem Kindergarten erschöpft sich nahezu die im engeren Sinne praktische Sozialpädagogik im Nationalsozialismus. Dabei muß man jedoch sehen, daß die „Staatspädagogik" der Hitlerjugend die Sozialpädagogik fast vollständig absorbierte. Nach und nach ging die bündische Jugend großenteils freiwillig, teilweise unter Zwang in die staatliche Formation über. Die hohe Übereinstimmung des völkisch-naturnahen Pathos mit den Motiven der Jugendbewegung ließ diesen Vorgang fast selbstverständlich erscheinen. Allein die katholischen Jugendverbände führten bis 1939 unter dem Schutz des Konkordates ein relativ freies Eigenleben.

Der Sog, den die Hiltlerjugend auf die deutschen Jugendlichen ausübte, hatte zwei Gründe: Zum einen erreichte der am 17. 6. 1933 von Hitler zum „Jugendführer des deutschen Reiches" ernannte Baldur von Schirach auf politischer Ebene tatsächlich eine wesentliche Besserstellung der Jugend: Kinderarbeit wurde verboten, Jugendschutz bis 18 Jahre sichergestellt, Urlaubsansprüche mit Sicherstellung der Jugendphase wesentlich verbessert. Berufsschulzeit wurde als Arbeitszeit angerechnet, Nacht- und Sonntagsarbeit für Jugendliche verboten. „Die HJ verschaffte sich Einfluß und Mitsprache in allen Lebensbereichen, die für die jugendliche Existenz von Bedeutung waren" (Giesecke 1985, S. 179). Man muß anerkennen, daß Schirachs Idee vom eigenen, sich selbst führenden Stand der Jugend eine gesellschaftliche Wirkung zeigte.

Der zweite Erfolgsgrund für die hohe Akzeptanz der Hitlerjugend war ihre Vereinahmung der erlebnispädagogischen Elemente, die seit der Jugendbewegung Symbole und Momente der emotionalen bis pathetischen Sonderformen des jugendlichen Lebens waren. Lagerfeuer,

Klampfenlieder, Trommlerkorps, Fahnen, Aufmärsche – vor allem aber die jährlichen Lager der Hitlerjugend, an denen z. B. 1936 rund 560 000 männliche Teilnehmer partizipierten. Eine weitere große Zahl weiblicher Teilnehmer traf sich zu gleichen Zeiten in den Jugendherbergen.

Eine andere, ebenfalls breitenwirksame Maßnahme der HJ läßt sich als eine Art Mischform schul- und sozialpädagogischer Improvisation betrachten: „Seit 1940 wurden Kinder und Jugendliche – oft ganze Schulen – mit ihren Lehrern aus bombengefährdeten Gebieten in Lager verschickt, die in ländlichen Gebieten errichtet wurden und von einem Lehrer und einem HJ-Führer geleitet wurden. Die Lehrer waren für den Unterricht zuständig, die HJ für die außerschulische Freizeitgestaltung. Ende 1942 waren es rund 2000 Lager mit etwa 100 000 Jungen und Mädchen" (ebd., S. 180).

Die Kommentatoren sind sich darüber einig, daß weder in den Regel- noch in den Sonderformen der HJ-Arbeit eine systematische, theoretisch begründete und methodisch reflektierte Erziehungsarbeit stattfand. Es war wohl in erster Linie die Identifikation innerhalb eines Wir-Gefühls, projektiv verbunden im Führeridol und sich abgrenzend gegen das „Minderwertige" und von der Staatsideologie definierte „rassisch Unterlegene".

Wie verstrickte sich – wurde verstrickt – das Wohlfahrts-, Fürsorge- und Fürsorgeerziehungssystem als Vorläufer der Sozialarbeit in den totalitären Staat?

Rasant, nämlich noch im Jahre der Machtübernahme durch preußischen Runderlaß vom 1. 6. 1933, regelte die Hitlerregierung die Arbeit der bis dahin freien Wohlfahrtsverbände. Zunächst erschien eine subsidiäre Beteiligung der freien Verbände beabsichtigt; so hieß es unter 4. des Erlasses:

„Es wird daher Aufgabe der vom nationalen und christlichen Geist getragenen Selbstverwaltung sein, die Fehler der vergangenen Jahre durch weitgehende Heranziehung der freien Wohlfahrtspflege auszugleichen. Insbesondere wird die Heimfürsorge an Alten, Kranken und Gefährdeten, die angehende erzieherische und fürsorgerische Betreuung von Kindern und Jugendlichen als Pflegekinder, Mündel oder Schutzbefohlene, in Kindergärten oder Horten, in Heimen oder Erziehungsanstalten im allerweitestem Umfange durch die freie Wohlfahrtspflege und deren Einrichtungen zu erfolgen haben. Dies entspricht auch am meisten den Wünschen der zu Betreuenden" (Kraus 1974, S. 166).

Am 25. 7. 33 griff dann ein gemeinsamer Erlaß des Reichsarbeitsministeriums und des Reichsinnenministeriums in die Selbstverwaltung der Verbände ein, indem er sie zur „Reichsgemeinschaft der freien Wohlfahrtspflege Deutschlands“ unter Führung der parteiamtlichen NSV zusammenschloß.

Bereits im November 1933 stellt der Leiter der Gesundheitsabteilung der NS-Volkswohlfahrt fest: „Da die NS-Volkswohlfahrt sich grundsätzlich für die Besserung von Erbgut, Rasse, Gesundung und Leistungssteigerung einsetzt, enthält sie sich aller darüber hinausgehenden rein caritativen Aufgaben die den drei anderen Verbänden, der Karitas, der Inneren Mission und dem Roten Kreuz, im Rahmen der Reichsgemeinschaft der Freien Wohlfahrtspflege vorbehalten bleiben sollen. Unsere Aufgabe als Parteidienststelle der Nationalsozialistischen Deutschen Arbeiterpartei ist die Mitarbeit an der Verwirklichung unseres Parteiprogramms. Deshalb können und dürfen wir uns mit rassisch und erbbiologisch minderwertigem Menschenmaterial nicht befassen, sondern werden diese Aufgabe ... den rein karitativen Verbänden überlassen“ (Papke, zit. n. Kraus 1974, S. 169).

Insgesamt ist kein namentlicher Widerstand seitens der Verbände gegen die Maßnahmen der Reichsregierung zu verzeichnen, auch dann nicht, als die Ziele der nationalsozialistischen Wohlfahrtspflege die Mittel für die aus Barmherzigkeit geleistete Hilfe in Frage stellten. Eindeutig stellte Althaus, Amtsleiter im Amt für Volkswohlfahrt der Reichsleitung der NSDAP, über Wesen, Aufgabe und den Ausbau der „Nationalsozialistischen Volkswohlfahrt“ fest: „Nationalsozialistische Volkswohlfahrt wird die Sorge für alle Erbgesunden, die durch ihre Leistungsfähigkeit von Bedeutung für die Gesamtheit des Volkes sind, beanspruchen, während die Betreuung der Erbkranken und Asozialen aus dem Barmherzigkeitsmotiv heraus eine Aufgabe der kirchlichen Liebestätigkeit in Verbindung mit der Mindestleistungen gewährenden Fürsorge sein wird ... Auch die aus Barmherzigkeit geleistete Hilfe für die aussichtslosen Fälle wird sich insofern völkischen Gesichtspunkten unterstellen müssen, als nicht eine zu starke materielle Betreuung der Fälle einer Mittelverschwendung zu ungunsten der Erbgesunden ausarten darf“ (Althaus, zit. n. Kraus 1974, S. 171 f.).

Durch das Gesetz über die Hitlerjugend vom 1. 12. 1936 und die nachfolgende Durchführungsverordnung sowie Einzelregelungen kam die *Heimerziehung* unter das volle Reglement der Staatspädagogik.

„Als ‘*Jugendhilfe*’ wurden in der Fürsorgeerziehung nur noch die Maßnahmen bezeichnet, die geeignet waren, ‘gefährdete’ oder ‘gestrauchelte’ und dadurch ‘sozial schwache Minderjährige’ für ‘Aufgaben der Volksgemeinschaft zu festigen’. Als ‘*Jugendfürsorge*’ wurden die Maßnahmen definiert, die sich mit der 'nicht oder nicht mehr ertüchtigungsfähigen Jugend befassen, um dadurch einerseits die gesunde Jugend zu schützen und andererseits *durch die freiwerdenden Mittel die Entwicklung zu fördern*'" (Glaue, zit. n. Kraus 1974, S. 177).

Im Aufgabengebiet der Fürsorgeerziehung hatten die NS-Gesundheitshilfe, die NS-Volkswohlfahrt und die NS-Jugendarbeit (Hitlerjugend) in enger Kooperation die nationalsozialistischen Erziehungsziele und Erziehungsaufgaben zu markieren, in Angriff zu nehmen und durchzusetzen.

In der Jugendliteratur wurden diese Ziele und Aufgaben seit der Machtergreifung mit zunehmender Deutlichkeit definiert: Den rein *„negativen, privativen Maßnahmen der Reinigung"* müßten die unerläßlichen *„ausmerzenden Maßnahmen der Rodung"* folgen (vgl. Wallner, zit. n. Kraus 1974, S. 177).

Mit ähnlichem Rigorismus wurde die Familienfürsorge den rassistischen Zielen untergeordnet. Die Diagnose verwahrlosender Kindeserziehung war häufig mit der Kindereinweisung in geschlossene Anstalten verbunden. Mitwirkung bei Sterilisationsdiagnosen wurde zur Aufgabe der Fürsorgerinnen.

Zusammenfassend läßt sich sagen, daß sowohl die weitreichenden Entwürfe der Sozialpädagogik als Theorie sowie die erkennbaren Ansätze der Sozialpädagogik als gesellschaftliche (nicht staatspädagogische) Praxis im sogenannten „Dritten Reich" verschwanden. Ursache hierfür war nicht allein der diktatorisch totalitäre Druck des Regimes. Vorausgehende Positionen eines völkisch-gemeinschaftspathetischen Selbstverständnisses der Theorie und gefügige Anpassungsleistungen von Spitzen der Jugend- und Wohlfahrtsverbände machten es den Nationalsozialisten leicht, die noch nicht gefestigte Sozialpädagogik in den Abgrund zu ziehen. Dabei bedienten sie sich teilweise der Semantik sowie der Lebens- und Symbolformen der Reformpädagogik, speziell der Jugendbewegung. Dies bewirkte, daß zumindest für eine Zeit lang der Jugend sowie den nicht aufgeklärten Laien eine Kontinuität von im Keime Sozialpädagogischem vorgetäuscht wurde. Eine solche sozialpädagogische Kontinuität kann jedoch wegen eines Mangels an demokratischem Pluralismus nicht durch eine Staatspädagogik geleistet werden, ganz sicher nicht von der gegen den Wert des einzelnen gerichteten Ideologie des Nationalsozialismus.

4.1.8 Sozialpädagogik im Nachkriegsdeutschland

„Es wird jetzt nicht mehr möglich sein, einfach dort wieder anzuschließen, wo wir 1935 aufhörten, aber als die letzte Zusammenfassung der Pädagogischen Bewegung, die seit 1900 ein Menschenalter hindurch die besten Geister in Deutschland beseelte, wird das Buch, meine ich, seine Bedeutung und seinen Wert behalten" (Nohl 1963, S. 229; Nachwort zur 3. Auflage v. 1948).

Nohl hat recht gesehen: Sein Buch bietet ein hohes Plateau der Übersicht über die pädagogische Bewegung, ja, es steht wie ein starker Brükkenkopf im Strom der Zeit, geeignet, einen neuen Brückenbogen an neue Ufer zu tragen. Daß man nach 1945 nicht wieder anschließen konnte, wo mit der Machtübernahme aufgehört worden war, auch darin hat Nohl recht. Trotzdem lief die neu beginnende Sozialpädagogik auf alten Gleisen, soweit diese nationalsozialistische Herrschaft und Krieg überstanden hatten bzw. sich wieder zusammenstückeln ließen.

Dies war zunächst der Strang der „Nothilfe-Pädagogik", der dringender als je in Gang gesetzt werden mußte. Verwaiste, entwurzelte, fluchtversprengte Kinder und Jugendliche mußten in Heime aufgenommen, unterernährte aufs Land und in Erholungskuren verschickt werden, mit Hilfe der vor allem den USA zu verdankenden „Schulspeisungen" wurden Millionen von Schülern vor Hunger und ernährungsbedingten Mangelkrankheiten bewahrt. Nach der Abriegelung Berlins wurden Ferien- und Erholungszeiten für Westberliner Kinder für viele Jahre ein großes Arbeitsgebiet westdeutscher sozialpädagogischer Kräfte.

Als einziger Bereich einer institutionalen Sozialpädagogik erholte sich relativ rasch die kirchliche Jugendarbeit bzw. Jugendpflege. Nach dem Untergang der monopolistischen Staatsideologie und -pädagogik versuchte sie an ihre alten Traditionen vor 1933 anzuknüpfen; allerdings war die große Emphase der Jugendbewegung, die auch die jugendpflegerischen Anstrengungen der Konfessionen angefacht hatte, verloschen, und die mißbrauchte, enttäuschte Jugend konnte und wollte wohl auch im kirchlichen Raum die „Fackel der Begeisterung" nicht so recht an die Nachkommenden weitergeben. Spätestens mit dem Ende der 50er Jahre wird der anfänglich nicht geringe Nachwuchs der kirchlichen Jugendvereinigungen durch deutlichen Mitgliederschwund dezimiert.

Zur wissenschaftlichen Reflexion gelangen weder die sozialpädagogische Tagesarbeit noch der gesellschaftliche Umbruch. So wurde, was nach Nohl nicht gelingen konnte, die Anknüpfung an Weimar eben doch versucht: Elisabeth Siegel bringt die epochale Hilflosigkeit und das Verlustgefühl der damals ins erste Glied der Disziplin Getretenen zu Wort: „Solch einen Abgrund des Schweigens und Verschweigens wie nach der Mitte unseres Jahrhunderts hat es zwischen den Generationen, also vielfach in den Familien und meistens in den Schulen, kaum je gegeben, weil die große Auseinandersetzung und Klärung mit der NS-Zeit und damit auch ihrer Anti-Pädagogik fast bis heute ausgeblieben ist. Wir, das heißt die Masse der Mitläufer wie die ungläubigen Heuchler aus der NS-Zeit – von den harten Nutznießern, den Betörten und jäh Aufgeschreckten zu schweigen –, waren zwar ab 1933 fast ohne Einfluß gewesen, aber knüpften doch 1945 an die pädagogischen Vorstellungen von vor 1933 bereitwillig wieder an, die das Unheil zwar nicht hatten aufhalten können, es aber doch richtig eingeschätzt hatten. Viele der Besten, die nach 1945 hätten helfen und führen können, waren gefallen – oder umgebracht. Bei meinem letzten Treffen mit Adolf Reichwein, ein Jahr bevor er als einer der Zeugen vom 20. Juli erhängt wurde, sagte er zu mir damals Verzagten: 'Wir brauchen euch noch alle!' Jetzt hätten wir ihn gebraucht" (Siegel 1981, S. 143 f.).

1964 meldet sich dann Mollenhauer mit seiner „Einführung in die Sozialpädagogik" zu Wort. Er leistet damit eine vornehmlich deskriptive und hermeneutische Bestandsaufnahme, mit deren Hilfe die Disziplin ihr Selbstverständnis wiederzufinden beginnt. Ein Blick auf das Inhaltsverzeichnis seiner Schrift läßt die Themen erkennen, mit denen sich der wissenschaftliche Diskurs auseinanderzusetzen beginnt:

- Aspekte des Verhältnisses von Sozialpädagogik und Gesellschaft,
- Generation,
- Gesundheit, Gefährdung, Verwahrlosung,
- Sozialpädagogische Aspekte des Heranwachsens,
- Grundbedürfnisse,
- Anpassung,
- Umlernen,
- Konflikte,
- Aspekte der sozialpädagogischen Tätigkeit,
- Fürsorge, Planung, Diagnose,
- Schutz,
- Pflege,
- Beratung,
- Institutionen.

Auf der Ebene der praktischen Dimension bietet das Buch eine „Übersicht über die sozialpädagogischen Einrichtungen", als da sind:

- Einrichtungen der begleitenden halboffenen Kinderpflege und -erziehung: Kindergarten, Kinderkrippen, Krabbelstuben, Kindertagesstätten, Kinderspielplatz, Schulkindergarten;
- Außerschulische Jugendbildung (Jugendpflege, Jugendarbeit): Jugendgruppe, Jugendverbände, Jugendherbergen, jugendtouristische Institutionen, Jugendfreizeitheime als Jugendheim für „organisierte“ und Heim der offenen Tür für „nicht organisierte“ Jugendarbeit, generationenübergreifende Nachbarschaftsheime, Jugendbildungsstätten, Jugendsozialarbeit insbesondere als Jugendwohnheime und Jugenddörfer mit berufseingliedernden Hilfen;
- Heimerziehung unter besonderer Berücksichtigung von freiwilliger Erziehungshilfe und Fürsorgeerziehung;
- Offene Maßnahmen zur Vorbeugung und Bekämpfung von Jugendverwahrlosung und Jugendkriminalität: Erziehungsbeistandschaft, Bewährungshilfe, Jugendgerichtshilfe, Fürsorge, insbesondere Familienfürsorge;
- Jugendstrafvollzug;
- Beratungsstellen: Erziehungsberatungsstellen, Mütterberatungsstellen, Mütterschulen, Berufsberatung;
- Träger der sozialpädagogischen Einrichtungen: Jugendamt, freie Trägerverbände, als deren bedeutendste genannt: Deutscher Caritas-Verband, Innere Mission, Deutscher Paritätischer Wohlfahrtsverband, Deutsches Rotes Kreuz, Bundesarbeitsgemeinschaft Jugendaufbauwerk mit den vertretenen Trägergruppen der Jugendsozialarbeit, die großen Jugendverbände, die Kirchen.

Die Zusammenstellung ist in zweifacher Hinsicht beeindruckend: zum einen verdient der Autor Respekt, dem 1964 fast noch als „Einzelkämpfer“ die Übersicht nicht nur des Faktischen selbst, sondern auch seiner historischen Einordnung und zeitgeschichtlichen Deutung gelingt. Zum anderen imponiert die beschriebene Aufbauleistung der gesellschaftspraktischen, institutionellen Sozialpädagogik in den Jahrzehnten nach dem Zweiten Weltkrieg selbst.

Was den empirischen Hintergrund und die Methoden der praktischen Sozialpädagogik angeht, so ist der Einfluß von US-Forschung und -social work zu verzeichnen. Der sozialintegrative Erziehungsstil auf den Grundlagen der sozialpsychologischen Ergebnisse H. Lewins wird zur Leitvorstellung des erziehlichen Umgangs: Gruppenpsychologie, Vorurteilungsforschung, frühe Sozialisationsstudien, zurückgehend vor allem auf Parsons, finden Beachtung. Das klassische US-Konzept von den Methoden der Sozialarbeit wird übertragen; die deutsche Soziologie steuert die Rollentheorie Dahrendorfs und aktuelle Befunde zur „Jugend- und Freizeit-Forschung“ (weitgehend bestimmt durch die Arbeiten Schelskys und seiner Schüler) bei (vgl. Mollenhauer 1974, S. 7).

„An keiner Universität gab es einen sozialpädagogischen Studiengang. Nur eine Handvoll Assistenten, über das ganze Bundesgebiet verteilt, befaßte sich mit den Fragen der Jugendhilfe. Ohne die Nötigung zur Handlungsorientierung, eigentlich nur im Hinblick auf die Ausbildungsaufgaben der damaligen Höheren Fachschulen für Sozialarbeit und/oder Sozialpädagogik und die Etablierung einer erziehungswissenschaftlichen Teildisziplin, wurden Diskussionen über den Begriff Sozialpädagogik eingeführt, in denen es darum ging, den Gegenstand ‘Jugendhilfe’ als einen pädagogischen zu bestimmen“ (Mollenhauer 1974, S. 6f.).

Allerdings gab es an einigen Pädagogischen Hochschulen im Rahmen der Lehramtsbildung Lehraufgaben, unter anderem den Lehrstuhl von Elisabeth Siegel in Lüneburg, die sozialpädagogische Fragestellungen und Lösungsmethoden für den Schulalltag bearbeiteten. Vor allem sozialpädagogische Praktika sorgten für einen Blick über die Schulmauer hinaus: „Zum Glück sprachen die Studenten unmittelbar auf die sozialpädagogischen Praktika an, trauten sich schwierige Aufgaben zu und entwickelten manches in eigener Regie. Das ermöglichte ihnen, ihren Berufsentschluß zu überprüfen und trug ihnen unverhoffte Befriedigung und Freuden ein. Zugleich erlebten sie pädagogische und pflegerische Nachbarberufe in Aktionen, von denen sie bisher kaum eine Vorstellung hatten: Heimleiter, Jugendleiter, hauptberufliche Sozialpädagogen, Sozialarbeiter – und natürlich auch -innen – und deren unermüdliche Art, über die Kinder nachzudenken und ihnen gerecht zuwerden, die manche für immer mehr beeindruckten als unsere theoretische Unterweisung an der Hochschule“ (Siegel 1981, S. 155). Leider ist diese positive Bezogenheit von sozial- und schulpädagogischem Denken und Arbeiten seit den 60er Jahren mehr und mehr aufgegeben worden. „Bei der inzwischen immer perfekter gewordenen Professionalisierung haben sich Lehrer und Sozialpädagogen immer weiter voneinander entfernt, und wir müßten mit diesem Anliegen von vorn beginnen“ (ebd., S. 153).

Schließlich sei noch erwähnt, daß in weltanschaulicher Hinsicht eine Abwendung von den nationalsozialistischen Ideen zu einem auf humane Verhältnisse angewendeten Pseudodarwinismus stattfand. Eine öffentliche Auseinandersetzung mit der nun als Irrlehre verworfenen Doktrin fand allerdings nicht statt. Sie wurde einfach „abgetan“ (vielleicht rühren daher ihre Chancen, erneut virulent zu werden). Unter Vorbehalt dieses Defizits läßt sich für die sozial- und heilpädagogische

Praxis, darüber hinaus aber auch für Politik und Administration feststellen: „Schutz auch der Schwachen, Behinderten, die mit dem Makel des Lebensunwerten skrupellos vernachlässigt worden waren, fand mehr und mehr Verständnis“ (ebd., S. 163 f.).

Mit diesem Potential eines „guten Willens“ – ohne allerdings ein entsprechend Maß an ethischem und sozialkritischem Diskurs und einer umfangreichen, sich immer weiter differenzierenden Praxis und diese wiederum mit einem Defizit an Theorie – ging die Sozialpädagogik Mitte der 60er Jahre in eine zweite Phase der Bonner Republik.

4.1.9 Sozialpädagogik in der Bonner Republik: Zäsur '68

Bis 1968 verliefen Praxis und Theorie der Sozialpädagogik und Sozialarbeit in einer relativen Übereinstimmung mit dem allgemeinen Staats- und Gesellschaftsverständnis: Der „böse“ Staat des Nationalsozialismus war überwunden. An seinen Folgen und den mit ihnen verbundenen Kriegslasten hatten Sozialarbeit und Sozialpädagogik ihren Beitrag zu leisten. Gruppen von zeitgeschichtlich Benachteiligten (Waisen, Witwen, Flüchtlinge, Übersiedler, wirtschaftlich Geschädigte) wurden soziale wie ökonomische Hilfen zur Verfügung gestellt, jungen Menschen sollten milde Übergänge von Freizeit- und Jugendarbeitsangeboten die Übernahme der gesellschaftlichen Verantwortung erleichtern. Benachteiligte und Deviante wurden auf dem Hintergrund psychoanalytischer und sozialintegrativer Grundannahmen Adressaten nacherziehender und resozialisierender Programme.

Wurde mit der 68er Bewegung alles anders? Für eine Zeit lang sah es so aus; und selbst heute kann Restauration die relative Konkordanz zwischen dem herrschenden Gesellschaftsverständnis auf der einen und Sozialpädagogik/Sozialarbeit auf der anderen Seite nicht wiederherstellen.

Mollenhauer, der seine 64er „Einführung in die Sozialpädagogik“ 1974 unter Vorbehalt erneut vorlegt, markiert im Vorwort dieser ergänzten Auflage den Umbruch: „Seither hat die gesellschaftliche Praxis – auch im sozialpädagogischen Bereich – sich gravierend verändert: 'Fürsorgezöglinge' bringen ihre Stigmatisierung selbst zur Sprache – und die Stigma-Theorie sowie der 'labeling approach' des Interaktionismus gewinnen an Verbreitung; Sozialarbeiter und 'Obdachlose' solidarisieren sich im Kampf gegen kommuale Administrationen – und die wissenschaftliche Literatur zu diesem Problem nimmt zu; Kinderläden entstehen und die wissenschaftliche Diskussion über Kindergärten und

Vorschulerziehung gewinnt eine neue Ebene; Jugendbildungsstätten entdecken Hauptschüler und Lehrlinge als spezifische Adressatengruppen – und die theoretische Diskussion einer 'antikapitalistischen Jugendarbeit' hat ihren Gegenstand, die Geschichte wird neu durchforscht, Unterdrücktes aus den zwanziger Jahren kommt wieder zum Vorschein, für die Wissenschaft ergeben sich neue Perspektiven; politisch orientierte Projekte von Gemeinwesenarbeit entstehen – und in der theoretischen Diskussion taucht das 'Lebenswelt-Konzept' und mit ihm verbundene Erörterungen angemessener Forschungsstrategien auf" (Mollenhauer 1974, S. 8).

Wissenschaftstheoretisch läßt sich diese Veränderung an der Durchsetzung der Theorie des „labeling aproach" festmachen. „Der aus der interaktionistischen und phänomelogischen Forschungstradition (G.H. Mead, E. Goffman, A. Strauss, A. Cicourel u.a.) stammende 'labeling aproach'. Individuen, die im Rahmen von Institutionen der Jugendhilfe und der Strafrechtspflege zu 'Klienten', 'Patienten', 'Probanden' oder 'Insassen' werden, werden hier betrachtet unter dem Gesichtspunkt der Prozeduren, denen man sie unterwirft. Es wird also nicht nach einem Merkmal dieser Individuen gefragt, sondern nach der sozialen Beziehung zwischen Institutionen und Individuum, und zwar so, daß die Hypothese unterstellt wird, die 'Etikettierung' (labeling) gewisser Personen und Personengruppen als 'abweichend', 'verwahrlost', 'kriminell' usw. und die damit verbundenen administrativen und exekutiven Prozeduren schreiben diesen Personen ein soziales und negativ bewertetes Merkmal zu, was sie allererst in Konflikt und Krisen nötige, aus denen es in der Regel nur den Ausweg der Unterwerfung unter die dominanten Normen gebe, allerdings nicht ohne Beschädigung der eigenen Identität" (ebd., S. 9f.).

Insgesamt aber geschieht mehr als der Ersatz gesellschaftskonformistischer Theoreme durch das Paradigma des „labeling approach". Gewissermaßen ist diese Einrückung des Neuen nur die wissenschaftstheoretische Konsequenz einer Bewegung, in der meines Erachtens drei weltanschauliche Feststellungen der Moderne gemeinsam nach gesellschaftspolitischer Umsetzung verlangen:

– der aufklärerische Grundsatz von der Mündigkeit des Einzelmenschen mit dem Anspruch seiner Befreiung aus der Bevormundung durch andere,
– die Marxsche Kapitalismuskritik, nach der die Meinung der Herrschenden die (durch nichts anderes gerechtfertigte) herrschende Meinung ist und schließlich
– der Eigenwert des Individuellen gegenüber jedem Funktionalitäts-

anspruch gesellschaftlicher Mächte, damit auch stigmatisierende, wie sie Herman Nohl paradigmatisch vertreten hatte.

Ein weiteres Mal in ihrer kurzen Geschichte löste die Sozialpädagogik – wie schon einmal in der sozialpädagogischen Bewegung der Weimarer Zeit – ihr gesellschaftskritisches Selbstverständnis couragiert ein. Sie war ein Teil einer politischen Bewegung, der heutige Theorien und Praxisfelder von Sozialpädagogik und Sozialarbeit vieles verdanken, obwohl der Schwung der Erneuerungskraft meines Erachtens im Laufe der 80er Jahre verlorengegangen ist. Schlaglichtartig möchte ich einige Arbeitsfelder beleuchten, in denen mit der 68er Bewegung grundlegend neue Annahmen und Methoden – wenn auch nicht ohne restaurative Gegentendenzen – zur Geltung gebracht worden sind. Da es mir nicht möglich ist, die historische Reihenfolge der Neuansätze zu bestimmen, wähle ich die Chronologie der Lebensalter, auf die sie sich richteten, als Abfolge der Schlaglichter. Durchgängig erscheinen als allgemeine Prinzipien der Bewegung: Antiautoritarismus adversus Repression, Selbstbestimmung adversus Fremdbestimmtheit, sexuelle Befreiung adversus sexuelle Unterdrückung.

Kinderläden

„Das erste Kinderladen-Projekt begann seine Arbeit im September 1967 in Frankfurt. Hierbei handelte es sich um einen Einzelansatz, der auf den Erkenntnissen der Psychoanalyse aufbaute. Mehrere Kinderläden gleichzeitig entstanden aus der linken Studentenbewegung während der Vorbereitungen der großen Vietnamdemonstrationen in Berlin im Januar 1968. Damals suchten junge Mütter Möglichkeiten, an den politischen Aktivitäten der Studentenbewegung intensiver teilnehmen und ihre Emanzipation trotz der Kinder weiterführen zu können. Seitdem haben in beinahe allen westdeutschen Großstädten eine immer noch wachsende Zahl politisch engagierter Elterngruppen leerstehende Läden oder Wohnungen gemietet, um dort ihre eigenen Kindergärten einzurichten. Sie zogen damit zugleich die Konsequenz aus der Misere der herkömmlichen Kindergärten und der dort praktizierten affirmativen, d. h. auf Anpassung und Gehorsam gerichteten Erziehung“ (Bott 1970, S. 8).

Pädagogisch sind die Kinderläden beeinflußt vom Begründer der „antiautoritären Erziehung“, Alexander S. Neill, die sich mit seiner Internatsschule Summerhill verbindet. Ihr leitender Erziehungsstil ist die Vermeidung des „autoritären Charakters“. „Es wird also gegen Autoritätsabhängigkeit, Autoritätshörigkeit, Autoritätssehnsucht oder gar Autoritätssüchtigkeit erzogen. Die Verinnerlichung von Autorität wird vermieden, verinnerlichte Autorität wird abgebaut und durch Selbständigkeit und Selbstbestimmung ersetzt" (ebd., S. 10).

„Wilhelm Reich ... verdanken die Kinderläden die Erkenntnis, daß autoritäre ebenso wie totalitäre Gesellschaften eine lustfeindliche Sexualmoral verordnen, um den (lebensfeindlichen) Zwang des Systems aufrechtzuerhalten. Wenn Kinder – besonders in ihrer Sexualität – repressiv, unterdrückt erzogen werden, entwickeln sie sich für ihr ganzes Leben so, als wären sie 'kastrierte Schafe'. Ihnen fehlt die Energie und Stärke gegen autoritäre oder gar totalitäre Herrschaft zu rebellieren; sie sind fügsam und dankbar noch für ihre Ketten. Deshalb spielt Sexualerziehung in den Kinderläden eine zentrale Rolle" (ebd., S. 11).

Politisch versteht sich die Kinderladenbewegung marxistisch; so schreibt z. B. Georg R. Kiefer in seinem Bericht zum Kinderladen Stuttgart: „'Die materialistische Lehre von der Veränderung der Umstände und der Erziehung vergißt, daß die Umstände von den Menschen verändert und der Erzieher selbst erzogen werden muß. Sie muß daher die Gesellschaft in zwei Teile – von denen der eine über ihn erhaben ist – sondieren.

Das Zusammenfallen des Änderns der Umstände und der menschlichen Tätigkeit oder Selbstveränderung kann nur als revolutionäre Praxis gefaßt und rationell verstanden werden.' K. Marx, Thesen über Feuerbach, 3" (Kiefer 1970, S. 14).

Die Kinderladenbewegung hat Fehler gemacht; weit über deren Ausmaß ist sie von der restaurativen Gesellschaft und Politik befehdet und bekämpft worden. Sie ist jedoch in zweifacher Hinsicht aktuell geblieben:

- Noch heute existieren Kinderläden/Kindergärten in Eigeninitiative von Eltern, viele mit ähnlichen Zielsetzungen und Methoden, wie die frühen Kinderläden.
- In die Kindergartenarbeit traditioneller Träger sind in erheblichem Maße emanzipatorische Ideen und Methoden der Kinderläden übernommen worden.

Jugendfreizeitzentren

Ende der sechziger Jahre geht sozialpädagogische Jugendarbeit, die sich als Kompensation und Erholung bietende Jugendhilfe verstand, zu Ende. In der Theorie streiten innovatorische Ansätze um einen neuen Primat; allen ist das Anliegen der Emanzipation der Jugendlichen eigen, d. h. der Befreiung der Heranwachsenden aus Bedingungen, die ihre Rationalität und das mit ihr verbundene gesellschaftliche Handeln verhindern (vgl. Mollenhauer 1976).

Eine Richtung – maßgeblich angeführt von Gieseckes „Die Jugendarbeit“ (1971) – reklamiert für sich das Attribut „emanzipatorisch“. Davon setzt sich die „antikapitalistische“ Jugendarbeit ab, die sich nicht damit begnügen will, den Prozeß der Emanzipation als den einer epochalen, schichtübergreifenden Jugend oder gar innerhalb jugendlicher Einzelbiographien zu initiieren. Nach ihr geht es bei der Emanzipation immer und prinzipiell um Befreiung der Arbeiterklasse über ihre Jugend (vgl. Krisam/Tegethoff 1977, insbesondere S. 5–35).

Nicht ganz so getrennt wie die Theorie verlief die Praxis, die wohl von beiden Positionen beeinflußt wurde, ihrerseits aber auch die Theoretiker auf den Plan gerufen hatte: „In den Jahren 1972–1975 ließ sich in zunehmendem Maße in Kleinstädten und Randgemeinden von Großstädten ein Kampf um Jugendzentren beobachten, für die weitgehende jugendliche Selbstverwaltung gefordert wurde“ (ebd., S. 27).

Während im Sinne der antikapitalistischen Jugendarbeit der Kampf selbst als Medium der Emanzipation betrachtet wird, kommt es der sich als nur „emanzipatorisch“ verstehenden Richtung darauf an, mit den Räumlichkeiten zugleich professionelle Jugendarbeiter zur Verfügung zu stellen, die durch Beratung und Anregung als Katalysatoren den Prozeß der Selbstverwaltung begleiten und abstützen.

Die konservativen Inhaber von Jugendheimen, Kirchen und Kommunen haben diese teritorial zu behaupten versucht und großenteils behauptet. Trotzdem ist die Jugendarbeit unter dem Einfluß des Kampfes um die Jugendfreizeitzentren erfahrungsbezogener, d. h. an den biographischen und lebenslagemäßigen Bedingungen der Jugendlichen orientiert worden (vgl. Belardi 1975). Die heutige Themendiskussion um den Raum als Grundkategorie sozialpädagogischen Handelns verdankt sich meines Erachtens in erster Linie der praktischen und theoretischen Auseinandersetzung um die Jugendfreizeitzentren als Orte jugend-selbstbestimmten Lebens.

Heimerziehung – obdachlose Jugendliche

„1968/69 geriet vieles in Bewegung. Die Universitäten wurden von der sogenannten Studentenrevolte erschüttert, und in diesen Strudel hineingerissen wurden auch andere gesellschaftliche Bereiche. Kaum betroffen zeigten sich allein die Arbeiter in den Betrieben, auf die sich die Studenten um so mehr konzentrierten, je näher das Scheitern der Studentenrevolte rückte. Weil diese Arbeiter desinteressiert blieben, oder gar offene Feindschaft zeigten, suchten die Studenten andere bereitwillige Zuhörer und Mitkämpfer.

Das war der Punkt, an dem sich zum ersten Mal in der Bundesrepublik für große Schichten verelendeter Menschen eine gewisse Hoffnung auftat. Auch wenn die Studenten tatsächlich Ziele verfolgten, die weniger von den Interessen dieser Elendsschichten, sondern vielmehr von ihren eigenen bestimmt waren, entstand doch eine gewisse Hoffnung für die Armen, Elenden und Verzweifelten. Denn bis dahin hatte niemand ihr Schicksal zur Kenntnis genommen, sie lebten im Dunkel. Mit großer Vehemenz griffen die Studenten Mißstände an, zerrten die Zustände ans Licht der Öffentlichkeit, stellten Forderungen auf und griffen staatliche Aktionen an. Überall entstanden Gruppen, die sich der Obdachlosen, Gastarbeiter, Strafgefangenen oder Fürsorgezöglinge annahmen.

Das Gastspiel war kurz und endete so jämmerlich, wie es großsprecherisch begonnen hatte. Dennoch hatte es den Betroffenen genützt: Denn auf die Aktionen der Studenten waren Presseveröffentlichungen über die 'Mißstände' gefolgt, diesen wiederum wissenschaftliche Untersuchungen, immer breiter wurde die Bewegung, die den Staat selbst wegen der Existenz dieses Elends angriff. Und schließlich begannen auch die politischen Instanzen zu resignieren: Es entstand eine allgemeine und weitreichende Reformbewegung, die bis heute anhält" (Gothe/Kippe 1975, S. 11 f.).

So beschrieben Lothar Gothe und Rainer Kippe den „Aufbruch" der Sozialpädagogischen Sondermaßnahmen Köln (SSK), eine Befreiungsbewegung für Kinder und Jugendliche aus unterdrückten Heimverhältnissen und nicht zur Kenntnis genommener Obdachlosigkeit. In einem zermürbenden Kampf mit den traditionellen Trägern der Heimerziehung, Jugendamt und Kirchen legte der SSK offen, daß Kinder und Jugendliche in Heimen

- unzureichend betreut,
- mit stupiden Arbeiten beschäftigt,
- teilweise mißhandelt,
- teilweise mißbraucht wurden;
- weiterhin, daß allein in Köln Hunderte von zu Hause oder aus Heimen entflohene Kinder und Jugendliche, ohne behördlich oder pädagogisch zur Kenntnis genommen zu werden, auf den Straßen lebten, notgedrungen in den Kreislauf kamen mit Prostitution, Diebstahl und Raub.

Der Eklat der verlorenen Kinder und Jugendlichen ließ sich nicht lokal begrenzen. Überall in der Bonner Republik kamen die Mißstände der Heimerziehung in bezug auf zu große Gruppen, ghettoisierende Randlagen, körperliche und seelische Mißhandlungen, sexuelle Unterdrückung, teilweise auch sexuellen Mißbrauch ans Licht der Öffentlichkeit. Es begann die Reform der Heimerziehung, begleitet von entsprechendem wissenschaftlichem Interesse. Gothe/Kippe klagen an, daß diese Reform aufgrund der mit ihr verbundenen Kostenexplosion zugleich eine Hauptursache für eine rigorose Kapazitätsverminderung darstellte: „In anderen Bereichen der Sozialhilfe zeigt sich derselbe Prozeß ... Die Kapazitätsbegrenzung der Sozialhilfe ist heimlich und wird nach Kräften verschleiert, indem man immer so tut, als sei die Zahl der Sozialhilfeempfänger genau die Zahl derer, die verelendet sind. Das erlaubt es, die Sozialstaatsillusion aufrechtzuerhalten" (Gothe/Kippe 1975, S. 116).

Zumindest aus der authentischen Darstellung Gothes und Kippes geht hervor, daß die Kampagne zu Heimerziehung und Jugendobdachlosigkeit sich weltanschaulich und sozialwissenschaftlich aus weitreichenden Zusammenhängen verstand. Zum einen erstreckte sich die Problemsicht von der Jugendarbeit bis zur Sozialhilfe; in Vergleichen mit der Ghettoisierung des Haarlemer Slumbereichs, von Krankheitsbildern der verwahrlosten Jugendlichen mit solchen in Entwicklungsländern (vgl. ebd., S. 124), von Armut, Elend und polizeistaatlichen Maßnahmen mit denen in der Dritten Welt (vgl. ebd., S. 161) wird eine sozialpädagogische Perspektive deutlich, die wir inzwischen mit einem soziologischen Begriff als Globalisierung bezeichnen gelernt haben. Der politische harte Kern der Forderung gegen die Bonner Republik besteht darin, daß diese die selbstgesetzten Verpflichtungen der Sozialstaatlichkeit einzulösen habe: „Aller Fortschritt gegenüber der frühen Industriegesellschaft, aller Fortschritt gegenüber den Ländern der dritten Welt reduziert sich im Kern auf die Sozialhilfe. Sie ist Dreh- und Angelpunkt der Humanität dieser Gesellschaft. Deshalb wird sie auch zum Prüfstein für diese Gesellschaftsordnung" (Gothe/Kippe 1975, S. 5 f.).

„Wir waren bald entschlossen, hier den Sozialstaat an seinem Anspruch zu packen und die Sozialhilfe zu ihrer Einlösung zu treiben. Unsere Arbeit wurde um so ausdauernder und unerbittlicher, je deutlicher wir erkannten, daß die obdachlosen Jugendlichen nur ein kleiner Teil derer sind, die entgegen aller Selbstdarstellung dieses Staates in offenem Elend leben" (ebd., S. 7).

„Wir mußten erleben, daß man uns dafür fast wie Staatsfeinde behandelte, uns bedrohte und verfolgte. Wir mußten erkennen, daß es sogar verboten war, die Hilfe selbst zu organisieren, die der Staat verweigerte" (ebd., S. 7).

„Inzwischen hat sich die Lage der obdachlosen Jugendlichen in Köln genauso weit verändert wie die Lage der Arbeiter vom Kaiserreich zur Bundesrepublik. Der Kampf des SSK hat bewirkt, daß in Köln die historische Entwicklung des Sozialstaats im kleinen und zeitgerafft noch einmal ablief: Vom offenen Elend über die offizielle Feststellung, daß auch obdachlose Jugendliche Menschen sind, die man nicht einfach verrecken lassen darf, bis zu der durch Ratsbeschluß und Verwaltungsvertrag feierlich ausgesprochenen Anspruchs auf Sozialhilfe. An dem Versuch der Stadt Köln, diesen Anspruch einzulösen, haben wir das wahre Gesicht des Sozialstaates und die tatsächliche Funktion der Sozialhilfe kennengelernt" (ebd., S. 7).

„Unser Versuch, die Sozialhilfe in einem kleinen Teilbereich konsequent im Sinne des Sozialstaatsanspruchs anzuwenden, hat nach einem knappen Jahr die Kölner Sozialverwaltung in den Zusammenbruch getrieben. In Köln mußte der Sozialstaat den öffentlichen Bankrott erklären, schon als er sich zum Minimum an Hilfe für nur tausend Arbeiterkinder gezwungen sah. Ihm blieb keine andere als die polizeistaatliche Abwehrreaktion: Verbot des SSK, der nicht bereit war, sich an der Wirklichkeit und nicht am Anpruch des Sozialstaates zu orientieren. Die obdachlosen Jugendlichen sind nach wie vor als bedürftige Bürger anerkannt, es gibt teure Einrichtungen und Verwaltungen für sie. Aber sie erhalten Hilfe in der Form, in der die Sozialhilfe allgemein gegeben wird: einschüchternd und zerstörend. Zudem sind es nur wenige Auserwählte, die sie überhaupt erhalten" (ebd., S. 8).

Soweit der Bericht zum Kölner SSK, der beispielhaft für viele andere, wenn auch nicht immer gleichermaßen aufsehenerregende und erfolgreiche Initiativen stehen soll. Er existiert heute immer noch mit gleichen Zielen, jedoch konsequent unabhängig von Inanspruchnahmen der öffentlichen Hand; Resignation gegenüber der gesellschaftlichen Selbstverpflichtung der staatlichen Organe kennzeichnet das Fazit der in „Aufbruch" 1975 festgehaltenen Dokumentation.

Was blieb für die Heimerziehung und für den Umgang mit der Obdachlosigkeit von Jugendlichen? Die Heime wurden kleiner, neue Wohnformen für Jugendliche wurden entwickelt, z.B. das betreute Wohnen in weitgehend selbständigen Wohngruppen innerhalb normaler Wohngegenden. Für nicht-seßhafte Jugendliche wird ein ambulantes Angebot an Beratung, Medizinversorgung, Beköstigung und begrenzten Schlafstellen bereitgehalten.

Insgesamt ist die Not der familiär unter- oder unversorgten Jugendlichen ins öffentliche Bewußtsein gerückt, dabei jedoch nach wie vor weit entfernt von einer wirksamen Eindämmung, sondern eher mit Ausbreitungstendenz behaftet.

4.1.10 Sozialpädagogik in der DDR (mit D.-R. Schneider)

Wir haben die Entwicklung der Sozialpädagogik in der BRD verfolgt und dabei in zwei Phasen unterteilt. Eine solche Zäsur läßt sich für die Jugendarbeit der DDR nicht erkennen. Sie ist auch nicht im eigentlichen Sinne als sozialpädagogisch zu verstehen.

Im Sinne der Natorpschen kritischen Absetzung läßt sie sich als außerschulische Staatspädagogik klassifizieren. Es fehlt ihr auch die in der Bundesrepublik mehr gewachsene als geplante Verbindung zur Sozialfürsorge bzw. Sozialarbeit, da der konformistische Druck der Staatsräson Randständigkeit weder für Jugendliche noch für andere Lebensalter „vorsah". Die fortgesetzte Republikflucht, Seniorenumsiedlung, Dissidentenverfolgung und Ausbürgerungs- bis Freikaufpraxis beweist natürlich, daß dieser autoritäre Staat wie jedes Staatswesen an den Rändern Abbrüche hinnehmen mußte. Sie wurden von der Staatsdoktrin jedoch nicht zur Kenntnis genommen; und insofern blieben die Betroffenen innerstaatlich ohne subsidiäres Eingliederungsangebot.

Wenn wir die Jugendarbeit der DDR nach diesen Vorbehalten dennoch in den geschichtlichen Überblick über die Sozialpädagogik einbeziehen, dann aus zwei Gründen: Zum einen enthält sie neben vielem im Sinne einer auf Autonomie setzenden Sozialpädagogik Ablehnenswertem auch Elemente, die zumindest das Adjektiv „sozialpädagogisch" verdienen. Zum anderen sind durch sie über mehr als vier Jahrzehnte Menschen beeinflußt worden, die sich heute zu großen Teilen in Lebenslagen befinden, die dringend sozialpädagogischer und sozialarbeiterischer Angebote bedürften, auch wenn diese nicht oder absolut unzureichend bereitgestellt werden.

Eine Form von Staatspädagogik der DDR läßt sich institutionalisiert festmachen an der Gründung der FDJ: Die „Freie Deutsche Jugend" wurde von Vertretern der Jugendausschüsse am 10. 3. 1946 in Schwerin gegründet. Sie leitete sich in ihrem Selbstverständnis von den 1904 in Berlin und Mannheim entstandenen Arbeiterjugendvereinen ab. In Berlin verstand sich der Verein zur organisierten Selbsthilfe der Jugendlichen gegen Mißhandlung und Ausbeutung durch die Lehrherren. 1906 entstanden in Süd- und Norddeutschland weitere Jugendorganisationen, die von Karl Liebknecht, Rosa Luxemburg und Clara Zetkin beraten wurden und 1908 bereits 10000 Mitglieder hatten. Spiele, Wanderungen und Unterhaltung wurden als jugendgemäße Form revolutionären Wirkens verstanden. Einflüsse der Jugendbewegung sind unverkennbar, sofern man die Arbeiterjugendvereine nicht selbst als Teil der Jugendbewegung sehen will.

Der erste internationale Jugendtag der sozialistischen Arbeiterjugend fand 1914 als Pfingsttreffen in Stuttgart statt. Nach Gründung der Kommunistischen Partei Deutschlands – KPD (1918) entwickelte sich durch Trennung von rechtsopportunistischen Tendenzen und linksradikalen Kräften aus den verschiedenen Jugendvereinen der Arbeiterklasse der „Kommunistische Jugendverband Deutschlands" (1920). Der KJVD war bis zum Verbot 1933 die Jugendorganisation der KPD.

Bereits 1945 organisierte die KPD antifaschistische Jugendausschüsse in ganz Deutschland, die am 31.7.1945 in der sowjetischen Besatzungszone gestattet wurden. Bei der Gründung der FDJ durch Vertreter dieser Jugendausschüsse forderte die neue Jugendorganisation Jugendschutz und Jugendrecht, Glaubens- und Gewissensfreiheit, gleichen Lohn bei gleicher Arbeit, sowie ein volles Mitbestimmungsrecht der Jugend bei allen politischen Entscheidungen. Hier ist durchaus noch der Geist des „eigenen Standes der Jugend" zu spüren, wie Baldur von Schirach ihn im Nationalsozialismus proklamiert und politisch verankert hatte.

Das 1. Parlament der FDJ fand Pfingsten 1946 statt und verabschiedete die vier Grundrechte der Jugend, die das Handlungsinstrument der FDJ bis 1989 blieben:

- Recht auf politische Mitbestimmung,
- Recht auf Arbeit und Erholung,
- Recht auf Bildung,
- Recht auf Freude und Frohsinn.

Die vier Grundrechte wurden gesetzlich verankert durch das Jugendgesetz der DDR, dessen letzte Fassung von 1974 eine Mischung von sozialistischen Erziehungszielen, Maßnahmen, mit denen diese zu erreichen seien, sowie Rechten und Pflichten der Jugend enthält.

Als Erziehungsziel schwebte eine „sozialistische Persönlichkeit" vor, eine wirtschaftlich werktätige Herausforderung durch Lohn, Wettbewerb und Prämien, eine Studienchance unter kontrollierender Mitbeteiligung der FDJ, eine vormilitärische Ausbildung sowie der selbstverständliche Dienst in der Wehrmacht.

Bis hier ist von einer Autonomie der Pädagogik und dem Eigenwert des jugendlichen Lebens wenig zu bemerken. Andere Anteile des Jugendgesetzes erscheinen da akzeptabler, wenn es um die Entfaltung des kulturellen Lebens der Jugend geht, gedacht als humanistisch, proletarisch-revolutionär und demokratisch. Aber auch hier scheint der ideologische Staatszweck der sozialistisch brauchbaren Persönlichkeit durch, ebenso bei Zielsetzungen wie Körperkultur und Sport, gesunde Lebensweise, Ablehnung des Mißbrauchs von Genußmitteln und dergleichen.

Es wäre ungerecht, nicht hervorzuheben, daß das Jugendgesetz auch Freiräume für die jungen Menschen zu schaffen suchte. Wörtlich heißt es: „Das Bedürfnis der Jugend nach Geselligkeit, Tanz und Unterhaltung, ihr Streben nach niveauvollen Veranstaltungen zur Bereicherung ihrer vielseitigen Freizeitgestaltung sind zu fördern und immer besser zu befriedigen" (§30 Jugendgesetz DDR 1974). Für diese Aufgaben wurden Kulturhäuser und Jugendclubs der FDJ vorgesehen. Feriengestaltung und Touristik der Jugend wurde der FDJ und örtlichen Volksvertretungen übertragen. Die Koordinierung hatte über einen Ferienausschuß der Regierung der DDR zu erfolgen. Insgesamt wurde die Leitung der sozialistischen Jugendarbeit zum Bestandteil der staatlichen Leitung und Planung erklärt. Damit schließt sich der Kreis, indem wir das Beschriebene als Staatspädagogik und nicht als Sozialpädagogik klassifizieren müssen.

Wie sah nun die praktische Dimension dieses Programmes mit weltanschaulich-ideologischen und anwendungsbezogenen Elementen aus, wie es das Jugendgesetz darstellt?

Wir werden im folgenden den Grundrechten nachgehen, die im Jugendgesetz positive Rechtsnorm geworden sind, und betrachten, wie sie sich in der gesellschaftlichen Praxis auswirkten:

Grundrecht auf politische Mitbestimmung

Das Recht auf politische Mitbestimmung der Jugend wurde durch eigene Fraktionen der FDJ in den gewählten staatlichen und örtlichen Volksvertretungen realisiert. Es gab z.B. eine Fraktion der FDJ mit jeweils 40 Abgeordneten in der Volkskammer der DDR. Die Aktivitäten dieser Fraktion zeigte sich durch Mitarbeit an der Verfassung der DDR. In dieser war im Artikel 20 zu lesen: „Die Jugend wird in ihrer gesellschaftlichen und beruflichen Entwicklung besonders gefördert. Sie hat alle Möglichkeiten, an der Entwicklung der sozialistischen Gesellschaftsordnung verantwortungsbewußt teilzunehmen."

Andere wichtige Aktivitäten der FDJ-Fraktion zeigten sich bei der Abfassung folgender Gesetze: „Jugendgesetz der DDR" (1974), „Gesetz über das einheitliche sozialistische Bildungssystem" (1965) oder beim Beschluß „Jugend und Sozialismus" (1967), bei dem vor allem auf die aktive Mitwirkung der Jugend bei der Leitung des Staates und der Volkswirtschaft abgehoben wurde.

Solche Beschlüsse waren richtungsweisend für alle staatlichen und gesellschaftlichen Organisationen, d.h. letzlich für das gesamte gesellschaftliche Leben. Man sah in der FDJ einen einheitlichen Jugendverband, der in jeder Legislaturperiode mit 30000 jugendlichen Abgeordneten in den verschiedenen örtlichen Volksvertretungen (Bezirkstage, Kreistage, Gemeindevertretungen, Stadtbezirksversammlungen) politisches Mitspracherecht hatte, ohne dabei allerdings entscheidende Veränderungen bewirkt zu haben.

Grundrecht auf Arbeit und Erholung

Das Grundrecht auf Arbeit wurde vor 1989 sicherlich wesentlich ernsthafter genommen als nach der deutschen Wiedervereinigung.

Zunächst zum Anteil der Arbeit: Nach Artikel 24 der Verfassung der DDR (1974) hatte jeder Bürger das Recht auf Arbeit und die freie Wahl eines entsprechenden Arbeitsplatzes. Mann und Frau, Erwachsenen und Jugendlichen stand gleicher Lohn bei gleicher Arbeit zu. Das Ganze wurde durch umfassende Bestimmungen eines Arbeitsgesetzbuches (1977) und spezifische Gesetze der Berufsbildung geregelt, so daß letztlich jeder Jugendliche einen Ausbildungs- bzw. Studienplatz erhalten mußte.

Das besondere Interesse der Jugend an der Arbeit wurde durch spezielle Jugendobjekte gefördert, denn nach Lenin muß jeder kommunistische Jugendverband ein Stoßtrupp sein, der bei jeder Arbeit mithilft und mit seinem guten Beispiel vorangeht. Auf Unverständnis bei der Bevölkerung führte dabei weniger die politische Bedeutung, die der Staat solchen Objekten schenkte, sondern die finanziellen Aufwendungen für die Teilnehmer, die oft nicht im Verhältnis zum Nutzen standen. Zu bekannten Jugendobjekten zählten z.B. die Wasserleitung zur Maxhütte bei Saalfeld (1949), Eisenhüttenkombinat Ost (1951), Zentralflughafen Schönefeld (1959), Neues Stadtzentrum Suhl (1969), Havelobst (1975) und das Internationale Jugendobjekt Drusba-Trasse, eine Erdölleitung aus der ehemaligen Sowjetunion bis in die ehemalige DDR. Die FDJ hatte sich bei diesem Projekt die Aufgabe gestellt, auf einer Länge von 518 km auf dem Gebiet der ehemaligen Sowjetunion vom Dnepr bis zum Bug eine Pipeline zu legen.

Als Pendant der Arbeit wurde die Erholung gesehen, sicherlich wirken hier Ideen aus der NS-Zeit nach, die sich in dem Slogan „Kraft durch Freude“ zum Ausdruck brachten. Jedenfalls erscheint die Erholung als gleichberechtigter Anteil des zweiten Grundrechtes. Das Recht auf Erholung war nicht allein Aufgabe der FDJ, sondern auch der örtlichen Volksvertretungen; staatliche Organe, Betriebe und Kombinate mußten sich an der „Pflege, Erhaltung und planmäßigen Erweiterung der Kinder- und Jugendeinrichtungen“, z.B. Jugendklubräume, Jugendklubs, Stationen junger Techniker bzw. Naturforscher, Jugendherbergen, Jugenderholungszentren, Touristenstationen beteiligen. Diese

Anliegen wurden sehr ernst genommen, denn „Anliegen der Jugend ist es, sich bei vielfältiger kultureller, sportlicher und touristischer Betätigung zu erholen und zu bilden, ihrer Lebensfreude Ausdruck zu geben und ihre Leistungsfähigkeit zu erhöhen" (vgl. Jugendgesetz der DDR 1974).

Größter Beliebtheit erfreute sich das Reisebüro „Jugendtouristik", das vor allem Reisen in die sozialistischen Staaten zu Minimalpreisen vermittelte. Auch viele Ferienheime, Campingplätze und internationale Jugendaustausche wurden staatlicherseits finanziell, materiell-technisch und ideell unterstützt. Dem Staat war an Gemeinschaftsveranstaltungen auch im Urlaub sehr gelegen und die staatliche Verantwortung war typisches Kennzeichen sozialistischer Jugendpolitik. Bei der Jugendpolitik galt ein ideologischer Grundsatz, der sonst für die DDR nicht zutraf: „Mehr Angebote als Bedürfnisse"!

Grundrecht auf Bildung

Das Grundrecht auf Bildung ging von einem Bildungsmonopol des Staates aus. Bildung und Erziehung wurde definiert als gesellschaftlicher Prozeß mit dem Ziel der allseitigen Entwicklung der Persönlichkeit und der Herausbildung der sozialistischen Weltanschauung und Moral sowie entsprechenden Verhaltens.

Die als gesetzmäßig angenommene Entwicklung der Produktionsverhältnisse sollte Ziele, Inhalte, Aufgaben und Methoden der Bildung und Erziehung bestimmen. Die gesellschaftliche Entwicklung verlangte nach der Einrichtung eines „einheitlichen sozialistischen Bildungswesens" (vgl. auch Fischer 1992, S. 49 ff.) mit:

- Krippen für Kinder in den ersten drei Lebensjahren (diese betreuten 1989 88% aller Kinder dieser Altersklasse einschließlich der Behinderten),
- Kindergärten für 3- bis 6jährige Vorschulkinder (es wurden alle Kinder betreut, soweit es die Eltern wünschten, d.h. 1989 95,5%),
- allgemeine polytechnische Oberschule für alle Schüler von der 1. bis 10. Klasse als Einheitsschule,
- erweiterte Oberschule mit Abitur und Hochschulreife (im Anschluß an die allgemeine polytechnische Oberschule; sie wurde von ca. 12% aller Schüler genutzt, wobei der Staat dafür sorgte, daß alle einen Studienplatz erhielten),
- Facharbeiterlehre bzw. der Besuch einer Fachschule für die anderen Absolventen der 10. Klasse.

Hintergrund dieser Entwicklung war der Klassencharakter von Bildung und Erziehung. In Ablehnung des Bildungsprivilegs der kapitalistischen Gesellschaft ging man in der ehemaligen DDR davon aus, daß im Sozialismus die unterschiedliche Bildung und Erziehung durch eine einheitliche überwunden werden sollte.

Grundrecht auf Freude und Frohsinn

Das Grundrecht auf Freude und Frohsinn wurde besonders durch vielseitige Massenveranstaltungen mit hohem finanziellem Aufwand realisiert. Beim sogenannten „Nationalen Jugendfestival der DDR", das in bestimmten Abständen, meistens als Pfingsttreffen, stattfand, ging es darum, ökonomische Initiativen der Jugend zu entwickeln, um das Treffen vorzubereiten. Das Treffen selbst war oft ein großartiges kulturelles Erlebnis und bot den Jugendlichen ein einmaliges und abwechslungsreiches kulturelles, sportliches und politisches Programm. Es endete jeweils mit einer „Kampfdemonstration der FDJ vor den Repräsentanten der Partei- und Staatsführung".

Einen anderen Höhepunkt für die Jugendlichen stellten die „Weltfestspiele der Jugend und Studenten" dar. Es handelte sich dabei um Massenveranstaltungen der Jugend aus den sozialistischen Staaten, den „antiimperialistischen" Staaten und „demokratischen" Jugendverbänden kapitalistischer Staaten. Auch dabei standen politische Manifestationen neben einem großen Angebot kultureller und sportlicher Veranstaltungen. So wurden Erlebnisse geschaffen, die für viele Jugendliche beeindruckend waren und bleibende Erinnerung wurden. Daß hier das Modell der Hitlerjugend nachwirkte, ist m.E. unverkennbar.

Neben diesen gesteuerten Großveranstaltungen wurden besonders die „ideologiefreien" und durch Eigeninitiativen entstandenden kleinen Kultur- und Sportveranstaltungen geschätzt. So gab es Singgruppen des revolutionären Arbeitsgesangs und internationalen Volksbrauchtums oder Werkstattwochen der Popmusik, beliebt war vor allem in Rundfunk und Fernsehen das Jugendprogramm DT 64.

Besonders gruppenbildend waren die 4730 Jugendklubs bzw. Klubs der Jugend und Sportler, die mit großem finanziellen Aufwand des Staates der Freizeitgestaltung dienen sollten, sich in den 80er Jahren aber mehr zu „Tanzschuppen" mit erhöhtem Alkoholkonsum entwikkelten.

Die FDJ organisierte Feste junger Talente, zentrale Literaturwettbewerbe, Galerien der Freundschaft und jährlich Theatertage der Jugend.

Im Staatshaushaltsplan waren jährlich enorme Summen für die FDJ und die Jugendarbeit geplant. Angesichts der geringen Renten für alte Menschen ist dies immer ein Stein des Anstoßes gewesen; aber es war nicht nur Pathos, was Erich Honecker 1979 von der Jugendarbeit seines sozialistischen Staates sagte: „Fürwahr, zum Schönsten, was unsere Republik hervorgebracht hat, gehört unsere Jugend, gehört unser sozialistischer Jugendverband" (Geschichte der FDJ 1982, S. 641).

Das hier in Kürze dargelegte System der Staatspädagogik der DDR ist nur verständlich unter dem Aspekt des Organisations- und Leistungsprinzips eines sozialistischen Staates und der marxistisch-leninistischen Partei, dem demokratischen Zentralismus. Mittels dieser speziellen Form der Diktatur des Proletariats soll die führende Rolle der Arbeiterklasse im sozialistischen Staat realisiert werden durch die Zusammenfassung aller gesellschaftlichen Kräfte zur bewußten Durchsetzung der als objektiv angenommenen Gesetzmäßigkeiten der marxistisch-leninistischen Philosophie und politischen Ökonomie.

Dabei wird der „demokratische Zentralismus" aus dem „demokratischen" und „humanistischen" Charakter des Sozialismus abgeleitet. Der demokratische Zentralismus wurde erstmalig 1847 im Statut des Bundes der Kommunisten verankert und durch Lenins „Partei neuen Typus" weiterentwickelt und als Leistungsprinzip des sozialistischen Staates und aller ihn tragenden Kräfte, also auch der Jugendbewegung, beschrieben.

4.2 Vergleichendes: Zeitgleiche gleiche und andersartige sozialpädagogische und sozialarbeiterische Probleme in der heutigen Türkei (mit I. Tomanbay)

Hinter uns liegt ein Streifzug durch die Geschichte des sozialpädagogischen/sozialarbeiterischen Vorlaufs in der Antike und dem Mittelalter des Abendlandes sowie der Neuzeit in Staats- und Städtegebieten des deutschen Sprachraumes. Vor uns liegt im Sinne der historischen und vergleichenden Dimension noch die Aufgabe des zeitgleichen Vergleichs. Aus Gründen der weltweiten und daher nahezu unbegrenzten Möglichkeiten eines solchen Vergleichs müssen wir uns exemplarisch begrenzen. In diesem Sinne wählen wir als Vergleichsgesellschaft die der Türkei.

Dafür sprechen mehrere Gründe:

Die Türkei ist Partner der Bundesrepublik im Verteidigungsbündnis NATO und z. Z. assoziiertes Mitglied der Europäischen Union (EU). Besonders naheliegend ist aber ein Vergleich durch die hohe Zahl türkischer Arbeitnehmer und ihrer Familien in Deutschland, so daß diese Menschen auch von beiden Staaten sozialpädagogisch/sozialarbeiterisch tangiert sein können.

Beide Länder, obwohl historisch und aktuell im eigenen Selbstverständnis von monotheistischen Religionen geprägt und zugleich gemäß ihrer Verfassungen laizistisch, unterscheiden sich in ihren weltanschaulichen Hintergründen, durch unterschiedliche Verwachsungen religiöser und wirtschaftlicher Anteile.

Industriell gesehen ist die Türkei ein Schwellenland, in dem der agrarische Sektor weiterhin an Bedeutung verlieren wird, so daß Umbrüche des Arbeitsmarktes und innertürkische Wanderungsbewegungen einen hohen Bedarf an sozialpädagogischer/sozialarbeiterischer Neu-Eingliederungshilfe erzeugen, zumindest vom Umfang her vergleichbar der industriellen Umformung Westeuropas im 19. Jahrhundert.

All dies hat uns letztlich dazu bewogen, sozialpädagogische und sozialarbeiterische Probleme in der heutigen Türkei im Rahmen der vergleichenden Dimension genauer unter die Lupe zu nehmen. Die Ausführungen zu sozialpädagogischen und sozialarbeiterischen Problemen in der heutigen Türkei auf den folgenden Seiten – vor allem im Abschnitt 4.2.3 – basieren im wesentlichen auf einem Text von Ilhan Tomanbay, mit dem ich 1993/94 im Rahmen eines türkisch-deutschen Projektes zusammengearbeitet habe.

4.2.1 Definitorische, systematische und theoretische Aspekte

Viele Quellen verweisen darauf, daß das Herkunftsland des Begriffs „Sozialpädagogik" Deutschland ist (vgl. Kronen 1980, Buchkremer 1982, Müller 1982 u. 1988). Wie in anderen Ländern wird dieser Begriff auch in der Türkei nicht gebraucht. Allerdings gibt es, wie wohl in jedem Land, auch in der Türkei solche Aktivitäten, wie der Begriff sie zu fassen versucht. Neben der formalen Erziehung läßt sich seit den ersten Jahrhunderten der Geschichte eine funktionale, gewissermaßen nebenherlaufende Erziehung der Gesellschaft innerhalb des Alltagslebens mit dem Zweck der Stabilisierung und Tradierung der Gesellschaft nachweisen.

Wir haben im Durchlauf der historischen Betrachtung gesehen, daß diese Art von theoretisch und didaktisch selbstverständlicher, insofern unreflektierter Sozialisation bis ins hohe Mittelalter im Westen Europas zuletzt durch die Ständegesellschaft gewährleistet war. In der Türkei dürfen wir ihre Zeit bis zum Umbruch vom Osmanischen Reich in die Staatsgründung Atatürks ansetzen.

Erziehung zur Stabilisierung und Tradierung von Gesellschaften durch fortgesetzte Eingliederung von jungen Menschen, von Randständigen und Minderheiten findet in modernen Gesellschaften auch planmäßig, systematisch, gegebenenfalls auch theoretisch und methodisch reflektiert statt. Dies gilt auch für die Türkei: Ein gigantisches Beispiel ist die Alphabetisierungswelle durch Atatürk, bei der in den Jahren 1928 bis 1947 Millionen Menschen – und zwar Männer und Frauen gleichberechtigt nebeneinander – außerhalb formaler Schulreglements Lesen und Schreiben lernten (s. 4.2.3).

Mit diesem Beispiel nähern wir uns dem ersten definitorischen Problem: Seit Atatürk ist die „Volkserziehung" trotz wechselnder Gunst und Einschränkung der Regierenden ein bedeutsamer Sozialisationsfaktor in der türksichen Gesellschaft geblieben. Im Verständnis des deutschen Begriffs Sozialpädagogik deckt sie einen Teil des Gemeinten ab. Wir haben gesehen, daß bereits Mager, aber z.B. auch Tews und Mennicke als deutsche Vertreter aus jeweils anderen Zeitläufen der Volksbildung hohe sozialpädagogische Aufmerksamkeit schenkten; und die volksbildungsbezogenen Anstrengungen des frühen Sozialismus und der Kirchen lassen sich ebenfalls als sozialpädagogisch verstehen. Aber die „Volkontwikkeling", wie sie in Mennickes holländischer „Sociale Pädagogie" heißt, ist nur ein Strang der deutschen Sozialpädagogik. Die anderen Stränge – Jugenderziehung und Jugendhilfe, Frauenemanzipation, Sozialisation von Minderheiten und Randständigen, Kriminalpädagogik – sind in der Türkei nur schwach vertreten.

Wie in der Türkei die begriffliche und systematische Entwicklung weitergehen wird, läßt sich im Augenblick nicht entscheiden: Wird die Volkserziehung Zug um Zug die anderen Zweige unter ihrem Dach vereinigen oder wird sie selbst als Teil in eine sich zukünftig herausbildende Sozialpädagogik eingegliedert?

Eine ähnliche Gemengelage besteht für die Bereiche von Sozialpädagogik und Sozialarbeit im jeweils engeren Sinne. In Deutschland sind ihre Arbeitsfelder weitgehend ineinander übergegangen. Dabei haben die Begriffe an Trennschärfe verloren. In der Türkei ist dies nicht der Fall. Volkserziehung als bedeutendes Anwendungsfeld von Sozialpädagogik ist nicht beteiligt an den in den Kinderschuhen steckenden Ansätzen der Sozialarbeit. Ähnlich wie im Deutschland der Weimarer Zeit entstand der sozialarbeiterische Beruf nicht aus innertürkischen Bedingungen, sondern wurde durch Übernahme aus den USA importiert.

Läßt sich ein theoretischer Ausweg aus dieser Struktur finden? Werden die Begriffe Sozialpädagogik und Sozialarbeit sich in Zukunft in der Türkei zusammen entwickeln, oder übernimmt die Sozialarbeit alleine die Funktion der Sozialpädagogik? Okkupiert ein anderer Beruf industriekulturellen Ursprungs – z. B. die Volkserziehung – das Feld der

Sozialpädagogik, oder verschiebt sich der Inhalt des Lehrerberufs und verwirklicht dieser eine erziehungswissenschaftliche Revolution in den eigenen Reihen, um die modernen Bedürfnisse dieses Feldes, das er z.Z. personell, jedoch nicht inhaltlich qualifiziert beherrscht, zu befriedigen?

Antworten auf diese Fragen stehen aus. Sie hängen im wesentlichen vom politischen, erziehungs- und sozialpraktischen und vom wissenschaftlich-theoretischen Engagement unterschiedlicher Kräfte ab, deren Zusammenwirken nur erhofft werden kann. Zur Zeit werden wir uns damit begnügen müssen, die beiden Schienen von Sozialpädagogik und Sozialarbeit als eingleisige Prozesse der gesellschaftlichen Entwicklung zu verfolgen. Dabei werden in beiden Fällen erhebliche Defizite im Schienennetz festzustellen sein.

4.2.2 Anthropologische, weltanschauliche und sozialkritische Aspekte

Bevor wir im nächsten Abschnitt praktische Aspekte beleuchten, sei zunächst noch ein Blick geworfen auf eine Vorlaufstrecke, die für beide Linien einen Anschluß bereithält: Der anthropologisch, ethisch-weltanschauliche Hintergrund, auf dem sich der sozialpädagogisch/sozialarbeiterische Prozeß in der Türkei abspielt, und die sozialkritischen Anmerkungen, die wir ihm entgegenzusetzen haben.

Anthropologisch vollzieht sich in der Türkei eine Entwicklung des „ens soziale“, das lange Zeit unter dem Primat des „ens individum“ stand. Die Wurzeln der Erziehung sind in der Türkei noch immer ganz fest an die Erde gebunden. (Zum Vergleich: In den entwickelten Industrieländern ist die Erziehung als Modell ein Produkt der Technologie und insofern eng an die Maschine gebunden.) Das heißt, daß sich das Verständnis von Erziehung in der Türkei ständig und immer noch aus der Agrarkultur nährt und von ihr geformt wird. Die erdgebundene Kultur erfordert Kinder, die an den Vater, dem Besitzer der Erde, und die Ahnen gebunden sind; sie erzieht die Menschen in diesem Sinne von Kindheit an.

Die Bedingungen der Industrie und die Kultur als deren Produkt individuieren die Menschen. Ein auf diese Weise erzogener Mensch wird für sich selbst verantwortlich und nicht für seine Väter und Ahnen. Allerdings legen auch diese einen Teil ihrer Verantwortung für ihre Nachkommen ab.

Die Wurzeln des Erziehungssystems der zeitgenössischen Türkei sind nicht industriell, sondern agrarisch. Dies zeigt sich schon in der Erziehung durch die Familie und Grundschule. Ein Beispiel hierfür ist das Sprichwort: „Sein Fleisch ist Dein, sein Knochen mein.“ Dieses Wort, das der Vater eines Schulanfängers dem Lehrer sagt, spiegelt das schwerpunktmäßig agrarkulturelle Erziehungsverständnis. Es sieht das Kind nicht als Mensch, sondern als Besitz. Das Kind ist nach diesem Verständnis zunächst eine Domäne, die zwischen dem Lehrer und dem Vater aufgeteilt wird. Daneben enthält dieses Sprichwort noch eine andere Botschaft, die das feudale Erziehungsverständnis spiegelt: Die Botschaft, daß das Kind mit der ihm zu gebenden Erziehung gemäß einer vorher gegebenen Bestimmung zu sehen ist, entspringt dem ideologischen Rahmen der feudalen Gesellschaftsstruktur.

Es gibt noch ein anderes, innerhalb des Erziehungsfeldes häufig verwandtes Sprichwort: „Jemanden wie eine Kerze machen“. Dieses Wort wird für Kinder, Jugendliche, Angeklagte und Häftlinge benutzt. Man soll eine solche Person so in der gewünschten Richtung erziehen, daß sie brav, gehorsam und schweigsam ist, wie eben eine Kerze!

Der Kampf der Maschine gegen den Erdboden kreiert einen neuen Menschentypus. Ist die Maschine erfolgreich, wird die Beziehung zwischen Mensch und Boden ersetzt durch die Beziehung zwischen Mensch und Maschine; der Mensch wird dadurch ein Mensch der industriellen Kultur. Die Mensch-Maschine-Beziehung gebiert über die Kultur, die die Erde-Mensch-Beziehung hevorgebracht hat, hinaus ihre eigene Kultur. Je dominanter eine der beiden Relationen in der Gesellschaft ist, desto eher wird die Kultur dieser Beziehung in der Gesellschaft vorherrschen. Diese Vorherrschaft zeigt sich in jedem Lebensbereich, in allen zwischenmenschlichen Beziehungen und damit auch in der erzieherischen Beziehung.

Die in der Gesellschaft verwandten erzieherischen Programme und Auffassungen werden nach dem herrschenden kulturellen Verständnis geformt. Die oben angeführten Redensweisen spiegeln das erzieherische Verständnis der in Anatolien immer noch vorherrschenden Kultur wieder. Diese ist eine feudale, eine agrarische Kultur. Gemäß dieser Kultur wird von „gut erzogenen“ Menschen erwartet, daß sie tugendhaft, brav, gehorsam, fleißig, an den Erzieher gebunden und schweigsam sind. Diese Charakterzüge erwartet der Großgrundbesitzer im Feudalsystem von einem Arbeiter, sie sind der Produktionsweise angepaßt; es erwartet sie auch der Vater von seinen Kindern, der Ehemann von seiner Frau, der Lehrer von seinen Schülern.

Demgegenüber wird von dem in der industriellen Kultur erzogenen Menschen anstelle von Artigsein Unternehmungslust, von Schweigsamkeit Lebendigkeit, anstatt von Abhängigkeit Unabhängigkeit und anstatt von Konformität Individualismus erwartet. Diese Charakterzüge sind den Erfordernissen der industriellen Produktion, die auf Innovation und Fortschritt aus ist, angepaßt.

So sehr nun auch in der Türkei das agrarische feudale System Gesellschaft und Politik (noch) dominiert, so sehr sind auch seine Auflösungserscheinungen zu erkennen: Die Türkei ist auf dem Weg, ein Industriestaat zu werden. Die große Arbeitsmigration innerhalb der Türkei, vor allem aber ins Ausland und speziell in die Bundesrepublik Deutschland, verschaffen dem industriellen Gesellschaftsverständnis Aufmerksamkeit. Die Medien westlicher Herkunft ergänzen auf ihre Art die Informationen aus zweiter Hand.

Am Rande der Gesellschaft schließlich werden Existenzen fragwürdig, die zuvor in der feudalen Abhängigkeit, wenn auch auf dürftigem Niveau, gesichert waren. Kinder fallen aus der Versorgung ihrer Familien, geraten auf die Straße; Familien verlassen ihre ländlichen Herkunftsbereiche und siedeln an den Randzonen der Großstädte in Elendsvierteln, den sogenannten „gecekondus". Alte verlieren die Sippensicherung ihres Lebensabends. Behinderte können von ihren Familien nicht mehr hinreichend betreut werden. Frauen fliehen vor ihren mißhandelnden Ehemännern in Obdachlosigkeit bzw. erste Frauenhäuser; Prostitution und Kriminalität machen sich breit.

Insgesamt gilt: Der Bedarf an sozialpädagogischen und sozialarbeiterischen Sozialisationshilfen und (Wieder-)Eingliederungshilfen ist groß. Als zentrale Aufgabe stellt sich hier das Ziel einer allgemeinen Volksbildung in politischer und beruflicher Hinsicht, die den einzelnen in die Lage versetzt, den entsprechenden Beitrag zu seiner Lebensgestaltung selbständig zu leisten, aus freien Stücken, solidarisch, wenn auch notfalls unter Verzicht auf die agrarisch-feudalen Sicherungs- und Abhängigkeitsverhältnisse.

4.2.3 Das sozialpädagogische Gleis der türkischen Gesellschaftspraxis

Die Volkserziehung im historischen Abriß

Die Geschichte der Türken beginnt in Mittelasien. Die 712 Anno Hegirae (Zeitrechnung der Hedschra) geschriebenen und an den Ufern des Yenisey-Flusses gefundenen Schriften des Orhun, Kültekin und Uygur werden als die ersten schriftlichen Dokumente der türkischen Geschichte bezeichnet. Nach diesen Dokumenten hatten die religiösen

Zeremonien bei den Göktürken, Uyguren und Hunnen in Mittelasien eine volkserzieherische Bedeutung. Die gemeinsamen Rituale erfüllten damals eine Art Erziehungs- bzw. Sozialisierungsfunktion für das Volk.

Diese Art von Ritualen, die jeder Gesellschaft jeweils eigen sind, sind von den frühen Türken bis heute den sozialen und historischen Bedingungen entsprechend enkulturiert worden. Später, bei den Osmanen und Seldschuken, erfüllen vom Islam geformte religiöse Rituale eine wichtige Funktion bei der Reproduktion der Gesellschaft. Auch die heute existenten religiösen Gruppen und Orden müssen in diesem Rahmen genannt werden, allerdings ist ihre sozialerzieherische Funktion heute auf eigene Institutionen begrenzt.

Im Osmanischen Reich wurde als erste Institution der Volkserziehung im Jahre 1865 n. Chr. in Istanbul eine Lehrlingsschule eröffnet. Sie wird als erste Volkserziehungseinrichtung ihrer Zeit angesehen (vgl. Devlet Planlama Teskilati 1990, S. 48).

Die Meinung, die zeitgenössischen Denker und Schriftsteller müssen sich in ihren Arbeiten mehr dem Volke widmen, entwickelte sich mit der Verfassungsbewegung von 1908 und faßte mit dem Balkan-Krieg auf nationaler Ebene Fuß. Zeitgleich mit der Auflösung des Osmanischen Reichs, die mit dem Balkan-Krieg 1912–1913 begann, setzten Differenzierungen der innerhalb der Reichsgrenzen lebenden ethnischen Gruppen ein; ferner begannen Anstrengungen, eine nationale Identität zu finden. Ebenso suchte auch das Türkentum nach Ausdrucksformen. Aus diesem Grunde war die Förderung von Geist und Kultur vonnöten. In dieser Phase wird 1913 in Ankara der „Türk Ocagi", der türkische Klub, gegründet, mit dem man nationalgesinnte Intellektuelle heranziehen und nationale Gedanken produzieren wollte. Der Verein findet schnelle Verbreitung in der ganzen Türkei. In ihm werden theoretische Diskussionen und Abendkurse abgehalten.

1931 wurden von der damaligen Regierung die „Türk Ocagi" verboten und ein Jahr später die „Halkevi", die Volkshäuser, gegründet. Ihr Ziel ist eine breitangelegte Erziehung des Volkes auf kulturellem und technischem Gebiet. Unter dem Befehl von Atatürk erfahren die Volkshäuser, die von der damaligen herrschenden Partei Cumhuriyet Halk Partisi (Republikanische Volkspartei – CHP) gegründet worden waren, eine schnelle Entwicklung. Die ersten 14 Volkshäuser werden eröffnet, ihre Zahl wächst bis 1951 auf 478 an. Ab 1940 werden „Volksräume" eröffnet, von denen es im selben Jahr noch 141, 1951 bereits 4332 gab. In ihnen wurden neben verschiedenen Arbeiten auf dem Gebiet der Sprache, des Schreibens, der Geschichte, der schönen Künste, des Theaters und Sports auch dörfliche Aktivitäten, Museenbesuche und Sozialhilfe durchgeführt. Jedes Volkshaus erhält eine Bibliothek, man beginnt mit Veröffentlichungsarbeiten. Auf Wunsch der jeweiligen Bevölkerung werden zu verschiedenen Themen Kurse und Schulungen veranstaltet.

Im Jahre 1928 findet der Übergang vom arabischen zum lateinischen Alphabet statt. Mit dieser Revolution beginnt Atatürk die Alphabetisierungskampagne. Die Lese- und Schreibkurse finden in den Volkshäusern statt. Innerhalb eines Jahres wird einer halben Million Menschen Lesen und Schreiben beigebracht. Mit den bis 1947 andauernden Kursen wurde auch die Gemeinschaft und Zusammenarbeit von Mann zu Frau angestrebt. Nach Kiliç war dies die erfolgreichste Volkserziehungsbewegung in der Weltgeschichte der Erziehung (1968, S. 7).

1950 wurden mit dem Regierungswechsel die Volkshäuser geschlossen. In den darauffolgenden Jahren wurden sie dreimal wiedereröffnet und -geschlossen, das letzte Mal nach dem Militärputsch von 1980. Heute sind sowohl die Türkischen Klubs wie auch die Volkshäuser geöffnet, die Aktivitäten der alten Zeiten aber nicht mehr existent.

Schon Mustafa Kemal Atatürk, der mit der Republiksgründung (1923) eine neue Gesellschaft schaffen wollte, maß der Volkserziehung Bedeutung bei und sandte im gleichen Jahr eine Verordnung an die Provinzverwaltungen, das Volk zu erziehen. Man bezweckte, dessen Probleme und Bedürfnisse festzustellen. Vom Parlament sollte ein „Generaldirektorat für die Aufklärung des Volkes“ gegründet werden, dem wurde aber nicht zugestimmt. Allerdings wurden 1926 bei der Gründung der „Abteilung für Volkserziehung“ innerhalb des Nationalen Erziehungsministeriums Anleihen bei dieser Idee gemacht.

Als sich die Aktivitäten im offiziellen Volkserziehungsbereich nach 1933 zu verlangsamen begannen, wurden 1936 Dozentenkurse im Rahmen der offiziellen volkserzieherischen Bemühungen des Staates eröffnet. Die Kurse wurden zu einer Grundlage für die Entwicklung der Dorfinstitute. 1939 wurden ambulante Kurse für männliche und weibliche Dorfbewohner eröffnet. Man reiste durch die Dörfer und gab ihren Bewohnern Unterricht in Bereichen des Handwerks und der Landwirtschaft.

Im Jahre 1940 wurde mit der breitangelegtesten und weitesten Erziehungsbewegung der Türkei begonnen. Auf dem Niveau der Sekundarstufe wurden die „Dorfinstitute“ gegründet. Man wollte hiermit die kulturelle Entwicklung und eine agrarorientierte Erziehung der in den Dörfern wohnenden Staatsbürger erreichen. In diesen Schulen – in über 20 Dörfern eröffnet – wurden alle Berufsgruppen, die für das Dorf von Bedeutung sind, v. a. aber Dorflehrer und Gesundheitsbeamte ausgebildet. Unter dem Motto: „Innerhalb eines Tätigkeitsfeldes arbeitend lernen" wurden die Schüler in der Praxis unterrichtet. Es wurden gemeinsam die notwendigen Bauten errichtet, Gärten, Weinberge und Baumschulen herangezogen und daneben Unterricht in Kunst und Kultur gegeben. Das herausragende Merkmal der Dorfinstitute allerdings war, daß die Schüler an der Verwaltung der Schule teilhatten und mit ihrem Lehrer über die Richtigkeit von Entscheidungen diskutierten. In den Schulen wurde statt zu strafen korrigiert. Für diejenigen, die diese Art von Schule abgeschlossen hatten und eine Hochschulausbildung erreichen wollten, wurde das Obere Dorfinstitut (Hasaoglan) eröffnet. Hier begann die Hochschulausbildung im Agrarbereich. In den Jahren 1947/48 wurden von staatlicher Seite die kulturellen Aktivitäten verstärkt, Theater eröffnet und die Theaterkunst fortentwickelt. Ebenfalls nahmen die Anstrengungen auf dem Agrar- und Gesundheitssektor zu.

So wie die 1950 an die Macht gekommene Demokratische Partei die gesamte Politik im Lande änderte, ging man auch in der Organisierung der Volkserziehung neue Wege. Die Dorfinstitute wurden geschlossen. Lehrerschulen wurden in der klassischen feudalen Struktur eröffnet, die koeduzierten SchülerInnen wieder getrennt und die Erziehungsprogramme geändert. 1954 war keine Spur mehr von den Dorfinstituten übriggeblieben. Es wurde eine eher feudale und religiöse Kulturpolitik betrieben. 1951 wurde die Komission für Grund- und Erwachsenenbildung gegründet, 1952 als Alternative zu den geschlossenen Volkshäusern im Rahmen des Nationalen Erziehungsministeriums Volkslesebüros und 1953 Volksleseräume eröffnet.

Im Jahre 1956 wiederum wurden, angebunden an das Nationale Erziehungsministerium, Volkserziehungszentren gegründet. Heute sind 884 dieser offiziellen Einrichtungen der informellen Bildung in 76 Provinzen und ihren Distrikten aktiv. In diesen Zentren arbeiten 5032 LehrerInnen, allerdings sind keine SozialarbeiterInnen angestellt.

Die 6. Versammlung für Nationale Erziehung erarbeitete 1957 den ersten Gesetzentwurf für Volkserziehung, 1958 wurde das Zentrum für Grunderziehung mit dem Ziel informeller Erziehung und mit Hilfe der UNESCO das Nationale Komitee für Grunderziehung gegründet. Dieses Komitee ist zuständig für Modellprojekte auf den Gebieten der Volkserziehung und gesellschaftlichen Entwicklung. 1960 wurde innerhalb des Nationalen Erziehungsministeriums das Generaldirektoriat für Volkserziehung gegründet und das Zentrum für Grunderziehung daran angebunden.

Volkserziehung wurde bis 1967 mehrheitlich im Rahmen des gesellschaftlichen und v. a. dörflichen Fortschritts gesehen. Auf Betreiben der Vertreter dieser Ansicht wurde 1964 das Generaldirektoriat für Volkserziehung aus dem Erziehungsministerium herausgelöst und an das Ministerium für Dorfangelegenheiten angebunden. Viele Dienstleistungen wurden in das Generaldirektoriat integriert: die Frauen- und Männerkurse des Generaldirektoriats für Technische Bildung, die Haushaltsökonomie des Agrarministeriums, die Handwerkseinrichtungen des Industrieministeriums und die Abteilungen für gesellschaftliche Entwicklung der staatlichen Planungsorganisation.

Im Jahre 1967 gewannen die Gegner dieser Entwicklung an Macht. Das Generaldirektoriat für Volkserziehung wurde dem Ministerium für Dorfangelegenheiten entzogen und wieder dem Erziehungsministerium angegliedert. Bei dieser Ankoppelung teilte sich das Generaldirektoriat. Die Hausökonomie, die Angelegenheiten Handwerk und gesellschaftliche Entwicklung verblieben im Ministerium für Dorfangelegenheiten. Angebunden an das Generaldirektoriat für Volkserziehung wurden die Provinzpräsidien für Volkserziehung, die Zentraldirektorate für Volkserziehung in den Distrikten und die Erziehungsräume in den Dörfern und Kleinstädten. Mit dem Ziel, die Soldaten auszubilden, wurde 1959 das Rekrutenausbildungszentrum innerhalb der Armee gegründet. Hier wird den Analphabeten unter den Soldaten Schreib- und Leseunterricht erteilt.

Nach 1960 wurden im Bereich Volkserziehung viele Vereine und Stiftungen gegründet. Heutzutage existieren relevante Einrichtungen wie das wenig aktive Forschungsinstitut für Türkische Kultur, die türkischen Kulturvereine, der Türkische Erziehungsverein und die Türkische Erziehungsstiftung.

Neben allen negativen und antidemokratischen Initiativen, die der Militärputsch von 1980 mit sich brachte, kam es zu einer positiv zu nennenden Wiederbelebung im Volkserziehungsbereich, nämlich zur Wiederaufnahme der 1928 gestarteten Alphabetisierungskampagne. Mit dieser Kampagne wurde erreicht, daß mit fernsehgestützten Kursen Tausende von Menschen Lesen und Schreiben lernten. Allerdings konnte dieses Projekt nicht den gewünschten Langzeiterfolg zeitigen, da es nicht durch den Druck und die Verteilung billiger und interessanter Bücher, die Schaffung von Anwendungsgebieten für Lesen und Schreiben im täglichen Leben und die Entwicklung zum Lesen und Schreiben motivierender Projekte unterstützt wurde. Fügt man zu diesen fehlenden Projekten noch negative Faktoren wie den Preisanstieg bei Zeitungen und Büchern, die Macht der visuellen Kommunikationsmittel und die politische Kriminalisierung des Lesens hinzu, so werden wohl viele der Alphabetisierten das Lesen und Schreiben wieder verlernt haben.

Soweit die wesentlichen historischen Grundlinien dessen, was in der Türkei unter Volkserziehung verstanden wird. Ähnlich wie in Deutschland hat sie ihren Ursprung in großen gesellschaftlichen Umwälzungen. In Deutschland bestand dieser Umbruch im Niedergang der Ständesozialisation sowie in den Bedürfnissen der Industriekultur, die mit großen Wanderbewegungen vom Land in die Städte verbunden war. In der Türkei kann man als Merkmale des Umbruchs ausmachen den Zerfall des Osmanischen Reichs, die Ethnisierung der Volksschaften, insbesondere der türkischen, die Laisierung des Staates, die Umstellung von der arabischen zur lateinischen Schrift sowie die beginnende Industrialisierung. Getragen wurde die deutsche Volksbildungsbewegung von gesellschaftlichen Kräften, die mit der Staatsmacht nicht identisch, ja im großen und ganzen in Widerspruch zu ihr standen. Denken wir nur an Bewegungen wie die der Volksschullehrer mit Diesterweg, der Sozialpädagogen wie z.B. Tews, des auf Bildungsbeteiligung der Arbeiter drängenden Sozialismus, der kirchlichen Anstöße, wie der katholischen „Gesellenbewegung" Kolpings oder des Neuwerker Kreises mit Anton Heinen.

In der Türkei ging die Bewegung von Kräften aus, die mit der Staatsmacht weitestgehend identisch waren. Das bedeutete solange keinen Nachteil, als diese selbst reformerische Ideen wie Alphabetisierung, gleiche Lernbedingungen für Männer und Frauen, Bildung für die Landbevölkerung und ähnliche fortschrittliche Ziele verfolgten. Schlechter steht es um die Volkserziehung von Staats wegen, wenn die innovativen Kräfte des Staates abgelöst werden von restaurativen. Dann droht der Volkserziehung eine Umfunktionierung zum Zwecke der Stabilisierung bestehender, unter Umständen auch schlechter bzw. ungerechter Verhältnisse.

Leider muß man auch für Deutschland feststellen, daß z.Zt., obwohl im Grundsatz vollkommen frei und liberal gehandhabt, die Volksbildung keine Bewegung mehr ist und innerhalb der Volkshochschulen ein stärker an humanistischen und technischen Bildungsidealen orientiertes Programm einer politischen Bildung vorgeordnet ist.

Die heutigen 884 türkischen Volkserziehungszentren sind den Volkshochschulen in Deutschland vergleichbar. Dort werden allgemeine soziale und kulturelle sowie berufliche Kurse organisiert. Von ihnen aus werden auch unterschiedliche Aktivitäten in Schulräumen, Straf- und Besserungsanstalten, sqatter-towns, Provinz- und Distriktzentren sowie Weilern und Dörfern, in Rehabilitationskrankenhäusern, an

Arbeitsplätzen der öffentlichen und privaten Hand, in Einrichtungen der formalen Erziehung und an allen Orten, wo Bedarf herrscht, durchgeführt. Mit einem unterschiedlichen Kursangebot wird bezweckt, daß die Erwachsenen sich auf einem von ihnen gewünschten Gebiet selbst bilden.

Es gibt allerdings zwei Unterschiede zum deutschen System. Zunächst werden die Erziehungsprogramme (Kurse) grundsätzlich von der zentralen Autorität, dem Erziehungsministerium, organisiert und abgesegnet. Die Volkserziehungszentren unterstehen der strengen Kontrolle und Verwaltung des Ministeriums. Weiterhin dienen die Räume der Volkserziehungszentren, soweit sie zweckdienlich sind, auch als Ort, an dem die Bevölkerung Hochzeiten und andere Feste feiern kann. Dies symbolisiert die Bedeutung als Gesellschaftszentrum. Ihre eigentliche Aufgabe allerdings ist es, Kurse nach den Vorgaben der entsprechenden Abteilung des Ministeriums gegen einen geringen Obulus auszurichten.

Es gibt keine feste Altersgrenze oder Mindestbeteiligung, um von den Volkserziehungszentren und den anderen informalen Erziehungsdienstleistungen zu profitieren. Es lassen sich allerdings je nach angewandtem Programm gewisse Gemeinsamkeiten hinsichtlich Alter und Bildung der Teilnehmenden aufweisen.

Eine gewisse Parallele, um nicht zu sagen positive Konkurrenz zu den Volkserziehungseinrichtungen, stellen die sogenannten Gesellschaftszentren als eine Art von Nachbarschaftszentren dar. Das Interesse an ihrer Eröffnung geht größtenteils von den Regionalverwaltungen, insbesondere von den sozialdemokratisch regierten Städten aus. Die stadteigenen Gesellschaftszentren in Istanbul und Ankara werden vor allem aufgrund politischen Kalküls unterstützt oder angefeindet. In Zeiten, wo rechtsgesinnte Verwaltungen die Städte beherrschen, verlieren die Gesellschaftszentren ihre eigentliche Funktion oder werden gar geschlossen.

Die städtischerseits in bestimmten Wohnvierteln eröffneten Gesellschaftszentren bzw. Umwelthäuser kann man eher als Freizeitzentren bezeichnen, die an die Initiative der Bevölkerung und der Beteiligten angelehnt sind. Sie tragen die Eigenschaft, daß man in ihnen von der Erziehungsauffassung der zentralen Autorität abweichen kann. Sie sind flexibler und offener für Partizipation, soziale Kreativität und SozialarbeiterInnen.

Es wird Wert darauf gelegt, daß die Gesellschaftszentren sich v. a. in den gecekondus, den Elendsvierteln, befinden. So werden die Gesellschaftszentren als Orte angesehen, die den gecekondu-Bewohnern, also denjenigen, die die Dorf- und Landkultur in die Stadt tragen und daher ein Leben außerhalb der städtischen Atmosphäre leben bzw. Schwierigkeiten bei der sozialen Anpassung an die Stadt haben, die Anpassung an die Stadt erleichtern.

Neben den ökonomisch ausgerichteten Stick-, Näh-, Schreibmaschinen- und Computerkursen, die hier angeboten werden, werden auch die soziale Persönlichkeit entwickelnde und die soziale Anpassung erleichternde Aktivitäten wie Theater, Volkstänze und Musikchöre durchgeführt. Leider ist die genaue Zahl der städtischen Gesellschaftszentren in der Türkei entsprechenden Untersuchungen nicht zu entnehmen.

Neben der Volkserziehung in staatlicher Regie sowie den genannten Nachbarschaftszentren in regionalpolitischer Obhut gibt es einen dritten Bereich von Volksbildung – und zwar veranstaltet von den Gewerkschaften. In der Türkei ist insgesamt der Grad der gewerkschaftlichen Organisierung deutlich höher als in vielen europäischen Ländern. Allerdings sind hier nur versicherte ArbeiterInnen erfaßt. Millionen von ArbeiterInnen, deren Arbeitsplätze unorganisiert sind, v. a. im Landwirtschaftsbereich, sind nicht in diesen Zahlen enthalten. Die GewerkschafterInnen und WissenschaftlerInnen sind sich in einem Punkt einig: Der Bewußtseinsgrad innerhalb der Arbeiterklasse bleibt unter dem erwünschtem Niveau. Das rührt daher, daß die ArbeiterInnen zum guten Teil immer noch ihre organische Abhängigkeit zum ländlichen Leben, zu ihrem Dorf, in dem sie vor ihrem Umzug in die Stadt gelebt haben, fortführen. Ihre Grundnahrungsmittel des Winters kommen größtenteils aus den Dörfern von ihren großen Familien. Solange ihre Gebundenheit an das Dorf, die Erde und die erdverbundene Kultur andauert, ist es unmöglich für sie, Arbeiter mit einem entsprechenden Arbeiterbewußtsein zu werden.

Die gewerkschaftlich organisierten ArbeiterInnen erhalten innerhalb der Gewerkschaften ein gewerkschaftliches Fortbildungsangebot. Der Rahmen dieses Angebotes ist gesetzlich geregelt. Zunächst gibt es keine Begrenzungen innerhalb des Bildungsprogramms der Gewerkschaften; 1983 aber wurde in einem von der Militärregierung erlassenen Gesetz die politische Bildung auf rein gewerkschaftliche Themen eingeschränkt. Besonderes Augenmerk verdient in diesem Zusammenhang die Bildungssituation der Frauen. Ihr Ausbildungsstand liegt deutlich unter dem der Männer. Die absolute Zahl der arbeitenden Frauen zeigt einen Anstieg von Tag zu Tag. Allerdings gibt es keinen signifikanten Anstieg bezüglich ihres Anteils an der insgesamt geleisteten Arbeit. Beispielsweise blieb der Anteil der Frauen an der Gesamtarbeit zwischen 1960 und 1990 gleichbleibend auf 33,4% (vgl. T. C. DIE 1979; T. C. DIE 1990).

Zu den beiden Zweigen der Volkserziehung, die nicht unter direktem zentralstaatlichen Kuratel stehen, läßt sich zusammenfassend sagen, daß sie eher innovative und emanzipatorische Bildungsziele verfolgen. Gemeinsam mit der staatlichen Volkserziehung leiden sie jedoch an zwei Nachteilen:

Es fehlt z. Z. eine eigentliche Bewegung, die das Engagement für die Volksbildung zu einem gesamtgesellschaftlichen macht.

Es fehlt an entsprechendem volksbildnerischen Personal und entsprechenden Methoden. Alle in der Volksbildung tätigen Personen sind ihrer Herkunft nach als Lehrer für bestimmte Unterrichtsfächer ausgebildet. Ihnen fehlt das professionelle sozialpädagogische Know-how von erfahrungsbezogenem Lernen und eminent wichtigen gruppendynamischen Prozessen, mit deren Hilfe emanzipatorisches Lernen planmäßig unterstützt oder im Falle der Nichtbeachtung abgeblockt werden kann. Daran ändert auch die Tatsache nichts, daß es inzwischen einen Ausbildungsgang für VolkserzieherInnen gibt. Auch dieser ist nämlich in erster Linie eine Lehrerausbildung üblicher Art.

Sozialpädagogische Angebote für bestimmte Lebensphasen

Nach dem Blick auf die Volkserziehung, die auf das Gesamt der Gesellschaft zielt, stellen wir im folgenden Einrichtungen und Initiativen dar, die auf bestimmte gesellschaftliche Probleme lebensaltersbedingten Ursprungs zielen. Im einzelnen sind dies:

- Vorschulerziehung,
- Schulsozialpädagogik,
- außerschulische Jugendarbeit,
- Altenarbeit.

Vorschulerziehung

Die erste Stufe des Erziehungssystems, die Vorschulerziehung, ist der chronologisch zuletzt organisierte Erziehungszweig innerhalb des Erziehungsministeriums. Der Einschulungsgrad von 6,1% (s. Abb. 16) zeigt zudem, daß man in der Vorschulerziehung erst am Anfang der Arbeit ist. In dieser Stufe wenden die GrundschullehrerInnen ein Misch-Programm aus Erziehung und Unterricht an. Das Ziel ist, die Kinder auf die Grundschule vorzubereiten. Für die heutige Zeit ist es noch ein Traum, den physischen, geistigen, sozialen, gefühlsmäßigen, psychomotorischen und sprachlichen Entwicklungsgrad der Kinder auf Kindergarten- und Vorschulebene zu erfassen und die Erziehung hiervon ausgehend zu formen.

Das Anwendungsprogramm der Vorschulerziehung birgt in sich drei verschiedene Organisationsformen: Vorschule, Vorschulklasse und Anwendungsklasse. Die Vorschulen sind eigenständige Einrichtungen. Die Vorschulklassen sind Klassen innerhalb der Grundschulen, die für die Vorschulerziehung reserviert sind. Die Anwendungsklassen sind ein neues Modell, nach dem innerhalb der Mädchenschulen für Technische Bildung Klassen gegründet werden, in denen die heranwachsenden Schülerinnen praktische Erfahrungen mit Kindern sammeln können.

Im Schuljahr 1993–1994 erzogen 8870 LehrerInnen (davon 59 Männer) 175 973 Kinder (68 529 Mädchen, 74 744 Jungen) in 6067 Vorschulen und Vorschulklassen (T.C. MEB 1993, S. 47). Die Zahl der selbständigen Vorschulen liegt bei 49, die der Vorschulklassen bei 5377, Anwendungsklassen gibt es 340. Außerdem gibt es 160 private Vorschulklassen in privaten Sonderschulen. Diese Schulen sind für Leute eingerichtet, die über ein hohes Einkommen verfügen. Einem Gesetzentwurf des Nationalen Erziehungsministeriums zufolge wird daran gedacht, für die

- 0–35 Monate alten Kinder (Krippe),
- 36–56 Monate alten Kinder (Vorschulbereich),
- 60–72 Monate alten Kinder (Vorschulbereich)

drei verschiedene Programme aufzubauen. Mit den relevanten Arbeiten hierfür hat das Ministerium begonnen (ebd. 1993, S. 48).

Schulsozialpädagogik

Die Schulerziehung funktioniert nach dem klassischen Modell. Sie wird auf der feudalkulturellen Grundlage innerhalb der Staatspolitik durchgeführt.

Das Schulsystem ist auf drei Ebenen organisiert: die fünfjährige Grundschule, die dreijährige Mittelschule und das dreijährige Gymnasium (während die Grundschule als Primarstufe bezeichnet wird, sind Mittelschule und Gymnasium in der Sekundarstufe zusammengefaßt. Die Schulerziehung dauert insgesamt 11 Jahre (5 + 3 + 3).

Ein wichtiger Indikator für das allgemeine Erziehungsniveau ist, wie vielen Kindern Schulunterricht angeboten werden konnte. Der Einschulungsgrad in der Türkei ist aus Abb. 16 ersichtlich.

Obwohl die Grundschulen zahlenmäßig am stärksten vertreten sind, reichen sie für die Kinder im Grundschulalter nicht aus. Es gibt Schulen mit 80–90 Kindern pro Klasse. Es zeigt sich weiterhin, daß die Zahl der SchülerInnen beim Übergang zu Mittelschule und Gymnasium stark abfällt. Auf jeder Ebene bleibt die Anzahl der Mädchen hinter der der Jungen. Die Anzahl der LehrerInnen in den Schulen ist auch nicht ausreichend.

Alterstufen	Einschulungsgrad (in %)
4– 6 (Vorschulstufe)	6,1
6–11 (Grundschulstufe)	96,8
11–14 (Mittelstufe)	67,8
14–17 (Gymnasialstufe)	46,5
17–21 (Hochschulebene)	11,3

Abb. 16: Einschulungsgrad in der Türkei (Quellen: T.C. MEB 1993, S. 30; T.C. MEB 1994, S. 4).

Wie sich aufgrund dieser Tatsachen denken läßt, ist die türkische Schule noch weniger sozialpädagogisch angelegt als die deutsche: Die Kinder besuchen elf Jahre die Schule ohne jeglichen Eingriff oder Hilfe durch Sozialpädagogik oder Sozialarbeit. Es gibt in der Türkei insgesamt 68727 Schuleinrichtungen, aber dort nicht eine einzige SozialarbeiterIn.

Allerdings gibt es demgegenüber seit 1973 in den Mittelschulen und Gymnasien das Modell des „Führungslehrers". Der Führungslehrer kann einer der Mittelschul- oder Gymnasiallehrer oder -lehrerInnen sein; derzeit sind es insgesamt 1012 (vgl. Sümer 1994). Dem stehen 4523731 Schüler an Mittelschulen und Gymnasien gegenüber. Diese Führungslehrer sitzen in einem für sie reservierten Zimmer und sind damit beauftragt, sich mit den persönlichen und familiären Problemen derjenigen SchülerInnen zu beschäftigen, die sie erreichen, und so die Produktivität des Unterrichts zu steigern. Allerdings haben sie nie eine Sonderausbildung für diese Aufgabe bekommen. Sie besuchen die Unterrichtsstunden nicht. Sie geben selbst keinen Unterricht, haben aber dennoch das Image eines Lehrers. Sie verfügen über keine effektive Rolle und gehen selbst nicht auf SchülerInnen mit Problemen zu, um ihnen zu helfen. Entweder werden die SchülerInnen von KlassenlehrerInnen überwiesen oder ein Schüler kommt von selbst und wird somit zum „Fall".

Einer der Hauptkritikpunkte an den FührungslehrerInnen ist, daß sie nicht in diesem Bereich ausgebildet sind und auch mit ihrer Identität als LehrerIn den Kindern kein Vertrauen geben können und keins gewinnen werden. Die Hilfe der FührungslehrerInnen ist durch das einseitige didaktische Fächerwissen (z. B. des Geographielehrers) und hinsichtlich materieller Mittel begrenzt. Das einzige, was die FührungslehrerInnen unter diesen Bedingungen machen können, ist mit dem „Fall

SchülerIn" zu sprechen und ihn dazu einzuladen, innerhalb der bestehenden Bedingungen zu arbeiten und zu gehorchen.

Außerschulische Jugendarbeit

In Ankara existierte ein Jugendhaus der Großstadtverwaltung, in dem die Jugendlichen sich trafen und Gitarren- und Theaterkurse veranstalteten sowie Gesprächskreise bildeten. Es wurde allerdings von der Stadtregierung der Wohlfahrtspartei geschlossen. Die demokratischen Interaktionsformen dieses Hauses hat Arndt-Michael Nohl (1993) untersucht. Ob es in anderen Großstädten weitere, nicht zentralistisch gebundene Jugendzentren gibt oder gab, ist aus den uns vorliegenden Quellen nicht zu ermitteln.

Die üblichen Jugendzentren (mit ihrem alten Namen „Jugendkulturzentren") sind unter der Aufsicht und Verantwortung der Jugendabteilung des Ministerpräsidialen Allgemeinen Direktorats für Jugend und Sport aktiv. Dies sind Zentren, die sich jeweils lokal um die Freizeitgestaltung von Jugendlichen bemühen. Da diese Zentren früher lange Zeit an das Nationale Erziehungsministerium angegliedert waren, sind sie von der Erziehungsauffassung und -politik des Ministeriums geprägt. In ihnen arbeiten ausschließlich LehrerInnen. Die Führungspositionen sind von solchen LehrerInnen besetzt, denen die zentrale Autorität voll vertraut. Hier werden innerhalb des herrschenden erzieherischen Prinzips und der bedingungslosen Achtung vor der hierarchischen Beziehung und der Meinung des Älteren Handarbeiten gemacht, Schachturniere organisiert und ähnliche Aktivitäten geplant. Daneben gibt es auch in der Türkei 79 Jugendzentren. Das Erziehungspersonal, dessen Anzahl ständig wechselt, rekrutiert sich, wie gesagt, aus Lehrern bzw. Lehrerinnen. Nur in zwei Jugendzentren in Ankara sind 4–5 SozialarbeiterInnen angestellt (vgl. T. C. MEB 1993, S. 83; T. C. MEB 1994, S. 32; Basara 1994).

Die Lehrpersonen sind entsprechend der üblichen Lehrerausbildung für den Unterricht ausgebildet. Es besteht also ein Defizit an professionellen Kompetenzen für die außerschulische Jugendarbeit. Allerdings gibt es nach Auskunft des betreffenden Amtsleiters Änderungen des Procedere in den Jugendzentren. Die Aktivitäten, die bisher unter der Organisations- und Aufsichtsgewalt einiger LehrerInnen standen, werden neuerdings der Initiative der beteiligten SchülerInnen überlassen. In den Einrichtungen existiert ein monatlich gewählter „Jugendzentrumsdirektor", der die Aktivitäten den Wünschen der Jugendlichen entsprechend mit ihnen zusammen organisiert (vgl. Basara 1994). Darin läßt sich eine punktuelle Entwicklung von der feudalen Erziehungsmentalität weg hin zu einer modernen Erziehung erkennen.

Weiterhin existieren im Rahmen des Allgemeinen Direktorats für Jugenddienste, das an das Ministerpräsidentenamt gebunden ist, Projekte zur Leibeserziehung und des Pfadfindertums. So haben 1993 z.B. 76 928 PfadfinderInnen und LeiterInnen an 173 Camps teilgenommen (vgl. T.C. MEB 1993, S. 122).

Ein weiteres Feld jugendadressierter Arbeit umfaßt die seit dem sogenannten Yök-Gesetz eingerichteten medicosozialen Zentren innerhalb der Universitäten. Sie sind mit der Lösung von gesundheitlichen und sozialen Problemen der Studierenden beauftragt. Innerhalb der in jeder Universität gegründeten Ämter für Sport und Kultur werden Gesundheits- und Kulturangebote organisiert. Innerhalb der Gesundheitsdienste werden physiologische und psychologische Beratung und Therapie angeboten. Im Rahmen der Kulturaktivitäten werden künstlerische und sportliche Programme für die Studierenden organisiert. In diesen Abteilungen sind PsychologInnen, ÄrztInnen und SozialarbeiterInnen beschäftigt.

Nach dem Militärputsch von 1980 wurden die freien studentischen Vereine geschlossen. Sie sind heute wieder zugelassen. Ihre und der spontanen Initiative der Studierenden entspringenden kulturellen Aktivitäten werden heute in der Universität nur sehr begrenzt und unter strenger Kontrolle zugelassen. So werden kulturelle Veranstaltungen wie Sportfeste, Schachturniere, Vergnügungsprogramme und künstlerische Kurse (Musik) unter zentraler Kontrolle der o.g. Ämter ohne organisatorische Beteiligung der Studierenden durchgeführt.

Altenarbeit

Die Quellenlage über die Altenarbeit ist, wahrscheinlich aufgrund ihrer geringen Verbreitung, sehr unergiebig. In der Türkei gibt es derzeit 84 Altersheime, wo 9816 alte Menschen ab dem 65. Lebensjahr untergebracht sind. Die Altersheime (36) gehören der SHEK, der Anstalt für soziale Dienste und Kinderbehütung, den Ministerien (4), den Kommunen (19), den ausländischen Minderheiten (6), den Vereinen und Stiftungen (17) sowie privaten Trägern (2) (vgl. T.C. SHEK 1994, S. 17). Besonders in den staatlichen Häusern sind Sozialarbeiter tätig; eine Sozialarbeiterin hat ihr eigenes privates Altersheim in Istanbul. In einigen Großstädten wie Ankara und Izmir gibt es ferner einige Freizeitclubs für alte Menschen, die dort mit verschiedenen Aktivitäten Zeit verbringen und beraten werden können; auch hier sind SozialarbeiterInnen tätig. In Ankara gibt es zwei Altenfreizeitclubs, in denen sich SeniorInnen in Art von Seniorenclubs tagsüber treffen. Bildungs- und Freizeitangebote stoßen auf das Interesse der TeilnehmerInnen. Die

Einrichtungen sind an die Großstadtverwaltung und an den Bezirk Keçiören gebunden, für die Altenbetreuungsstelle in Izmir ist die SHÇEK der Träger.

Lebenslagebedingte sozialpädagogische Angebote

Mit den lebensalterbedingten sozialpädagogischen Angeboten haben wir solche Einrichtungen und Initiativen betrachtet, die allen Mitgliedern der Gesellschaft, sofern sie dem entsprechenden Lebensalter angehören, prinzipiell zugänglich sind, wenn auch die gesellschaftliche Praxis der Türkei ein enormes Defizit an solchen Einrichtungen aufweist.

Schauen wir nun auf gesellschaftsproblematische Lebenslagen. Sie enthalten zwar ebenfalls altersspezifische Aspekte, sind jedoch nicht in erster Linie durch die jeweilige Lebensphase begründet und werden deshalb auch nicht von allen Individuen des gleichen Alters geteilt. Die betrachteten Lebenslagen haben gemeinsam, daß es sich bei ihnen um gesellschaftsbedeutsame, großenteil gesellschaftlich mehr oder weniger mitbedingte Notlagen handelt, für deren Minderung und Abschaffung die soziale Gesellschaft in der Verantwortung steht. Die Gemengelage, aus der die zu bewältigende Not besteht, nämlich einerseits aus einer Entgleisung aus den üblichen Erziehungs- und Sozialisationsprozessen, andererseits aus sozialer Isolation und wirtschaftlicher Mittellosigkeit, macht diese Notlagen zu Ansatzpunkten sozialpädagogischer und sozialarbeiterischer Arbeit. Im einzelnen seien hier genannt:

- Kinder- und Jugendheime für schutzbedürftige Kinder,
- Kindertagesstätten für Kinder berufstätiger Eltern,
- Arbeit mit Kindern, die auf der Straße arbeiten,
- „Sträflingserziehung“,
- Heilpädagogik, Sonderpädagogik und Rehabilitation.

Kinder- und Jugendheime für schutzbedürftige Kinder

Der Begriff „schutzbedürftige Kinder“ bezeichnet die Kinder, deren Eltern nicht bekannt sind, die keine Mutter, keinen Vater haben, die von ihren Eltern verlassen worden sind, die vernachlässigt werden und dadurch der Gefahr von Prostitution, Bettelei, Alkoholismus, Drogen und Vagabundieren ausgesetzt sind. Über die Zahl der schutzbedürftigen Kinder gibt es keine offiziellen Angaben; Schätzungen liegen zwischen 500000 bis 4000000 Kinder (vgl. Tomanbay 1990, S. 137f.).

0- bis 12jährige schutzbedürftige Kinder werden in „Kindernestern“ (çocuk yuvasi), 13- bis 18jährige schutzbedürftige Kinder/Jugendliche in „Zöglingsheime“ (yetistirme yurdu) untergebracht und betreut. Alle 68 Kinder- und 92 Jugendheime unterstehen der SHÇEK. In diesen Internaten mit einer Gesamtkapazität von 20000 Plätzen sind LehrerInnen, SozialarbeiterInnen und PsychologInnen tätig. Die Kinder und Jugendlichen besuchen Schulen, Universitäten oder lernen in den Werkstätten des Internates einen Handwerksberuf.

Kindertagesstätten für Kinder berufstätiger Eltern

Die Kindertagesstätten sind für Kinder, deren Eltern beide außerhalb des Hauses tätig sind. Es gibt

- staatliche (unter dem Dach der SHÇEK, von Ministerien, in staatlichen Krankenhäusern usw.),
- halbstaatliche (bei den kommunalen Verwaltungen, Universitäten, in den Versicherungskrankenhäusern),
- nichtstaatliche (in Trägerschaft von Stiftungen und Wohlfahrtsvereinen) und
- private Kindertagesstätten, die meistens reiche oder mittelschichtliche Familien ansprechen. Sie sind nahezu alle in Großstädten verbreitet, wie alle privaten sozialen Einrichtungen.

Der SHÇEK unterstehen 29 Kindertagesstätten mit einer Kapazität von 2437 Plätzen. Die Zahl der übrigen Kindertagesstätten wird von der SHÇEK mit 647 und 28207 Plätzen angegeben. In den Kindertagesstätten sind LehrerInnen und ErzieherInnen, aber auch SozialarbeiterInnen tätig, letztere besonders bei den staatlichen und halbstaatlichen Einrichtungen.

Arbeit mit Kindern, die auf der Straße arbeiten

Aufgrund der Quellenlage können wir nur berichten über ein Projekt der genannten Art zwischen der Großstadtverwaltung Ankara und der „Internationalen Arbeitsorganisation – ILO“ in Genf. Ziele des Projektes sind die Wiederherstellung der Harmonie zwischen den Straßenkindern, ihren Familien und der Gesellschaft sowie die Gewährleistung von Sozialisationsmaßnahmen und auf diesem Wege die Vorbeugung vor Verwahrlosung und Mißbrauch dieser Kinder. In dem Projekt arbeiten sechs SozialarbeiterInnen. Diese nehmen Kontakt zu den ziellos herumlaufenden und arbeitenden Kindern auf und interessieren sie für die Einrichtung. Hier versuchen sie, die Kinder mit Freizeitgestaltung, Kursen und Familiengesprächen der Gesellschaft wieder zurückzugewinnen oder eventuell sogar einen Arbeitsplatz zu vermitteln. Diese Dienste, die mit Ernährung, Gesundheitsvorsorge, Erziehung und Arbeitsplatzsuche zusammengefaßt werden können, zielen darauf ab, etwa 10000 Straßenkinder zu retten. Die Kapazität der Einrichtung liegt heute bei 200 Kindern (vgl. Ankara o.J.).

Eine ähnliche Arbeit wird in Istanbul durch eine Freiwilligenorganisation, einem Verein, durchgeführt, allerdings behindern finanzielle Schwierigkeiten den Fortlauf der Arbeiten in Istanbul. Das Projekt für Straßenkinder in Istanbul wird hauptsächlich auf der Basis der Freiwilligkeit durchgeführt.

„Sträflingserziehung"

Der Begriff Sträflingserziehung ist an dieser Stelle deskriptiv gemeint. Er paßt auf das zu Beschreibende besser als besetzte Begriffe wie Kriminalpädagogik oder gar Sozialpädagogik/Sozialarbeit im Strafvollzug. Die Erziehung der Sträflinge unterliegt der Verantwortung des Justizministeriums. Ziele und Prinzipien dieser Erziehung werden folgendermaßen zusammengefaßt: „Die Straf- und Haftanstaltserziehung zielt darauf ab, den Verurteilten und Inhaftierten beizubringen, daß die Republik Türkei ein nationaler, demokratischer, laizistischer und sozialer Rechtsstaat ist, der sich auf die Menschenrechte gründet und daß der Türkische Staat eine unteilbare Einheit darstellt, weiterhin die Identifizierung mit den Prinzipien und den Revolutionen Atatürks zu fördern und zu versuchen, sie zu einem guten Bürger zu machen, dessen persönlicher und moralischer Charakter gestärkt ist, der sich für die Arbeit verantwortlich fühlt, positive Beziehung zu seiner Familie und den anderen Mitgliedern der Gesellschaft aufbauen kann, mit den Menschen in seiner Umgebung zusammenarbeiten kann und dem Aufbau des Landes dienen will und schließlich sie der Gesellschaft wiederzugewinnen, indem sie seine Gefühle und Gedanken gegenüber separatistischen und zerstörerischen Aktivitäten in eine positive Richtung kanalisiert" (T.C. AB yilsiz/1 o.J., S.1).

Die in diesem Rahmen in den Haft- und Strafanstalten organisierte Erziehung beschäftigt sich u.a. mit folgenden Themen und Gebieten: Spezielle Psychologie, Staatsbürgerkunde und Ziviles Wissen, Soziologie, Religion und Moral, Geschichte, Türkische Kunst und Zivilisationsgeschichte u.ä. Diesen Unterricht geben LehrerInnen des Erziehungsministeriums unter der Aufsicht der Republikstaatsanwälte und Beauftragten des Ministeriums.

Allerdings kommt es immer wieder zu Initiativen innerhalb der Neustrukturierungsarbeiten des Justizministeriums, die verurteilten und inhaftierten Jugendlichen (Mindestalter von 15 Jahren) in eine moderne und für die Gesellschaft wertvollere Beziehungsstruktur zu nehmen. In diesem Rahmen wurde 1983 beschlossen, in den Straf- und Haftanstalten Abteilungen für psychosoziale Dienste zu gründen. In diesen Abteilungen sollen Psychologen und Sozialarbeiter Dienst leisten. In dem im gleichen Jahr gedruckten Programm für den Psychosozialen Dienst sind die Vorstellungen über die Arbeit der beiden Berufsgruppen zur Lösung der psychosozialen Probleme der Gefangenen detailliert aufgelistet (vgl. T. C. AB 1983/84).

Allerdings kann man davon ausgehen, daß weder qualitativ noch quantitativ mit dem vorhandenen Erziehungspersonal ein psychosozialer Zugang zu den Gefangenen gewährleistet werden kann. Es ist auch schwer zu behaupten, daß die mögliche Arbeit aus beruflicher Sicht produktiv ist, da die Psychologen und Sozialarbeiter, die enge Beziehungen zu den Gefangenen und Verurteilen eingehen müssen, innerhalb der starren Regeln der Strafanstalten ihre Bewegungsfähigkeit verlieren.

Mit einem Vertrag zwischen dem Justizministerium und dem für den Sport verantwortlichen Staatsministerium wurde 1993 die Unterstützung des Staatsministeriums für Gefängnissport von der Bereitstellung der Sportgeräte bis hin zum Bau von Sportgeländen zugesichert (Milliyet 1993). Das Projekt hat sich allerdings bis heute noch nicht auf dem gewünschten Niveau entfaltet und es wurde noch kein sichtbarer Anfang bei den Sportaktivitäten für Häftlinge gemacht.

Es ist geplant, für männliche und weibliche Häftlinge unter 18 Jahren „Tretman"-Angebote zu beginnen. Tretman umfaßt alle Aktivitäten, um die Gefangenen ihre körperliche und geistige Gesundheit wieder erlangen zu lassen und zu bewahren, sie von Schuldgefühlen zu befreien und mit der Gesellschaft zu versöhnen sowie ihnen wieder ein soziales Verantwortungsgefühl zu geben. Das Ministerium sammelt z.Zt. für dieses Projekt Informationen bei den Universitäten.

In diesem Rahmen ist auch vorgesehen, daß inhaftierte Jugendliche unterbrochene Ausbildungen beenden, eine qualifizierte Arbeit oder einen Beruf erlernen und ihre Freizeit mit künstlerischen und kulturellen Aktivitäten verbringen. Weiterhin wird ihnen für die Lösung sozialer und seelischer Probleme Hilfestellung gegeben und in Zusammenarbeit mit verschiedenen Institutionen der Gesellschaft darauf abgezielt, daß ihre Beziehungen zur Außenwelt gewahrt bleiben und sie von den Erziehungs-, Arbeits- und anderen Angeboten der Gesellschaft profitieren können, um nach der Freilassung ein normales Leben zu führen (vgl. T. C. AB 1994).

Inhaftierte Jugendliche im Alter bis zu 18 Jahren können zur Zeit in vier Besserungsanstalten der Türkei die Schule besuchen und daneben einen Beruf erlernen. Innerhalb der Anstalt werden soziokulturelle Veranstaltungen für die Sozialisation und Integration der Jugendlichen durchgeführt. In diesen Anstalten arbeiten in begrenzter Zahl auch SozialarbeiterInnen.

In den Erwachsenenstrafanstalten arbeiten etwa 30 Sozialarbeiter, die vom Justizministerium fest angestellt sind. Allerdings kann man schwer behaupten, daß eine solche Arbeit vom Gesichtspunkt der beruflichen Qualität produktiv ist. Gründe hierfür liegen darin, daß das Justizministerium über eine disziplinierende und geschlossene Struktur verfügt wie auch daß sowohl die Häftlinge als auch die Justizbeamten in der feudalen Kultur- und Erziehungsstruktur verhaftet sind.

Die Erziehung ist sowohl inhaltlich als auch methodisch auf Autorität und einseitige Indoktrination aufgebaut. Es gibt keine demokratische und für die Diskussion offene Struktur. Das Hauptziel ist es, den Inhaftierten die staatliche Autorität, die Erhabenheit der Begriffe Vaterland und Nation und die offizielle Ideologie zu indoktrinieren, die „Straffälligen" diszipliniert und gehorsam zu machen. Es braucht nicht gesagt zu werden, daß diese Erziehung mehr die feudale Erziehungsauffassung widerspiegelt denn die moderne. Um zu dieser Einschätzung zu gelangen, reicht es aus, die „Prinzipien und Ziele der Erziehung für die Verurteilten und Gefangenen" des Justizministeriums zu lesen (vgl. T.C. AB yilsiz/1 o.J., S. 1).

Heilpädagogik, Sonderpädagogik, Rehabilitation

Begrifflich gibt es in der türkischen Sprache die beiden Termini Sonderpädagogik und Rehabilitationspädagogik mit etwa gleicher inhaltlicher Bedeutung. Für die Heilpädagogik gibt es kein entsprechendes Pendant. Wo klassische Angebote von Heilpädagogik existieren (z.B. Sprachheil- oder orthopädische Trainingsarbeit), sieht man sie eher im Kontext medizinischer als erziehlicher Maßnahmen. Ein Feld pädagogisch heilender Einflußnahme „beschädigter Identitäten" im Sinne Bittners (1972) ist in der Türkei bisher nicht aufgetan oder auch nur in der Diskussion. Wo vergleichbare Arbeit geschieht, wird sie in der Regel als psychologisch bzw. psychotherapeutisch verstanden. Insgesamt ist der gesamte Bereich der Behindertenerziehung und -fürsorge noch unterentwickelt.

Die nachfolgend erwähnten Angebote und Organisationen für Behinderte sind weit davon entfernt, den Bedarf zu decken. In der Türkei ist nicht einmal die genaue Zahl der Behinderten bekannt; obwohl es möglich wäre, die genaue Zahl der Behinderten in den Erziehungsinstitutionen zu ermitteln, ist auch deren Zahl nicht bekannt. Es fehlen daher die zwei Faktoren, um die Eröffnung von Institutionen für

Behinderte voranzureiben: Zahlen (Daten) und der Druck der Öffentlichkeit.

Erziehungs- und Trainingsmaßnahmen mit heilendem Charakter oder Ziel werden als individuelle Hilfe angesehen, mit der ÄrztInnen, Psycho- und PhysiotherapeutInnen beauftragt sind. Neben den Rehabilitationszentren des Gesundheitsministeriums gibt es auch Rehabilitationskliniken innerhalb bestimmter Krankenhäuser.

Das erste orthopädische Rehabilitationszentrum wurde 1968 in Ankara aufgebaut und dem Gesundheitsministerium angeschlossen; heute existieren mehrere Rehabilitationseinrichtungen für orthopädisch, geistig und seelisch Behinderte in der ganzen Türkei (Istanbul, Ankara, Egridirl, Isparta, Mansia usw.). In einigen Rehabilitationszentren sind auch SozialarbeiterInnen angestellt. Die Rehazentren sind allerdings weit davon entfernt, der Nachfrage nachzukommen. Auch die orthopädischen Abteilungen der Krankenhäuser reichen nicht aus, obwohl sie mit voller Kapazität arbeiten. In diesen Kliniken gibt es keine SozialarbeiterInnen, einzig der vom Gesamtkrankenhaus angestellte Sozialarbeiter – so es ihn gibt – kümmert sich auch um die Patienten der Rehabilitationskliniken.

Der Begriff Sonderpädagogik ist gebräuchlich. Er beschreibt die formale oder informale Erziehung für solche, die von Geburt oder später an, aber in bleibender Form, körperlich, geistig oder seelisch behindert sind. Die formale Erziehung wird in Sondererziehungsschulen innerhalb des Nationalen Erziehungsministeriums gegeben und als Erziehungsdienst angesehen.

Die Sonder- oder Behindertenerziehung bildet einen speziellen Teil der Pädagogik, da die Erziehung Behinderter besondere Ansätze erfordert. Behinderte Menschen haben in der Gesellschaft spezielle Probleme, wie z.B. physische, seelische oder soziale Anpassungsschwierigkeiten. Behinderte müssen für sich selbst ein eigenes Verständnis und ihre eigene Lebensform finden, vom Problem der gesellschaftlichen Akzeptanz bis hin zum ökonomischen Überleben. Die Pädagogik ist ein wichtiges Instrument, um gegenseitige Reibungen zwischen der Gesellschaft und den Behinderten – soweit erforderlich und sinnvoll – zu beseitigen. Einerseits ist das Einwirken auf die Gesellschaft eine eindeutig sozialpädagogische Aufgabe, so daß die Behinderten sich physisch und psychisch wohl fühlen können. Andererseits fällt der Sozialpädagogik bei der Vorbereitung der Behinderten auf die gesellschaftlichen Bedingungen eine wichtige Aufgabe zu. Die Sondererziehung unternimmt – orientiert an den speziellen Fähigkeiten und Bedürfnissen der Behinderten – theoretische und praktische Anstrengungen zu deren Integration.

Bildungseinrichtungen	Anzahl	SchülerInnen	LehrerInnen
Sehbehindertenschule	9	923	198
Hörbehindertenschule	41	6131	896
Schule f. orthopäd. Behinderte	2	179	32
Schule für Bildbare	23	1034	225
Schule für Erziehbare	24	1040	187
Arbeitserziehungszentrum für geistig Behinderte	3	96	7
Druckerei u. Abendkunstschule für Sehbehinderte (in Sehbehindertenschule)	1	–	–
Zwischensumme	102	9403	1545
Sonderklassen	821	10867	821
Integrative Erziehung	1901	5730	–
Gesamtsumme	2824	35403	2366

Abb. 17: Schulen bzw. Bildungseinrichtungen für Behinderte (angeschlossen an das Erziehungsministerium) 1993–1994.

(Quellen: T. C. MEB 1993, S. 75; T. C. MEB 1994, S. 13).

Wenn wir die Zahl der Behinderten in der Türkei betrachten, so ist die Anzahl der Einrichtungen und Organisationen für diese Menschen sehr gering. Es gibt nicht genügend Institutionen für Lernbehinderte, geistig Behinderte, Verhaltensgestörte, Blinde, Sehbehinderte, Gehörlose, Schwerhörige, Stumme, Sprachgestörte, Körperbehinderte und langfristig Kranke. Von einer ermittelten Zahl von 952382 Menschen, die der Sondererziehung bedürfen, werden lediglich 26000 durch Sondererziehung betreut; der Einschulungsgrad liegt somit nur bei 2,71% (vgl. T. C. MEB 1993, S. 75).

Im einzelnen sieht die Situation im Bereich Sondererziehung folgendermaßen aus: Angeschlossen an das Erziehungsministerium existieren zwei Schulen auf Vorschulebene speziell für Behinderte. Dies sind die Vorschule für Taube und die Vorschulklasse innerhalb der Schule für Taube. Für den im engeren Sinne schulischen Bereich gibt Abb. 17 die entsprechende Übersicht.

Einen eher pflegerischen als bildenden Auftrag erfüllt die „Anstalt für soziale Dienste und Kinderbehütung“. Sie dient dem Schutz von körperlich, geistig und seelisch Behinderten. Es gibt elf Rehabilitationszentren dieser Art mit 800 Plätzen (vgl. SHÇEK 1993, S. 27). Ein Teil von ihnen bietet Tagespflege, ein Teil ist stationär. In den stationären

Einrichtungen befinden sich vor allem Waisenkinder. Bei den Kindern in der Tagespflege wird auch den Familien ein Angebot zur heilerzieherischen Mitarbeit gemacht.

Neben diesen offiziellen Einrichtungen gibt es noch private Organisationen, die von realen oder juristischen Personen gegründet wurden. Diese sind vor allem in den Großstädten wie Ankara, Istanbul und Izmir anzutreffen, sie sind gebührenpflichtig und teuer. Familien mit mittlerem und geringem Einkommen können ihre Kinder nicht zu diesen Organisationen schicken.

Beispiele für solche privaten Organisationen sind die Tagesrehazentren für spastische Kinder, die in Provinzen wie Istanbul, Isparta, Zonguldak und Bursa von dem Türkischen Verein für spastische Kinder eröffnet wurden, und das Rehabilitationszentrum in Eskisehir. Diese Organisationen arbeiten in Kooperation mit der „Anstalt für soziale Dienste". Es gibt auch selbständig arbeitende Organisationen wie das Arbeitsrehabilitationszentrum der „Stiftung für Erziehung und Schutz geistig zurückgebliebener Kinder" und das „Erziehungszentrum des Vereins zum Schutz bildungsfähiger Kinder" (vgl. Ölçen 1994). Für die meisten, die keine Möglichkeit haben, in solche Erziehungseinrichtungen aufgenommen zu werden, sorgt die Großfamilie und die nähere Umgebung mit Verständnis und Solidarität.

Die Beteiligung der Familie an einer systematischen, auf die speziellen Bedürfnisse der behinderten Kinder abgestimmten Erziehung ist in der Türkei in den letzten Jahren auf die Tagesordnung gekommen. 1980 wurde das Sondererziehungszentrum, angebunden an den Hauptwissenschaftszweig für Sonderpädagogik innerhalb der Fakultät für Erziehungswissenschaften der Ankara-Universität, gegründet. Zunächst wurden dort nur hörgeschädigte Kinder gefördert, im Jahre 1989 änderte sich aber der Ansatz und man fing an, auch die Eltern an der Erziehung der Kinder zu beteiligen. Man dachte, daß eine aktive Beteiligung der Eltern ein erleichternder Faktor bei der Erziehung der Kinder sein würde. 1990–1991 wurden auch geistig behinderte und autistische Kinder mit ihren Familien in das Projekt aufgenommen. Das Projekt wird zur Zeit innerhalb der Universität von einem Entwicklungspädagogen (Hochschullehrer) und zwei klinischen Psychologen durchgeführt (vgl. Sucuoglu/Küçüker/Kanik 1993; Sucuoglu/Kanik 1994).

Betrachtet man die an das Erziehungsministerium angebundenen Organisationen, so sieht man, daß diese unter professionellem Gesichtspunkt nur als Lehrinstitutionen aufgebaut sind; es sind Institutionen der formalen Erziehung. Traditionell sind in diesen Organisationen die LehrerInnen des Erziehungsministeriums angestellt, für Sozialarbeiter-

Innen aber gibt es weder Stellen noch Funktionen. Dies bedeutet, daß die Möglichkeiten sozialpädagogischer bzw. sozialarbeiterischer Anteile bisher nicht genützt werden. Das gleiche gilt für die privaten Einrichtungen. Nur in den Rehabilitationszentren des SHÇEK sind SozialarbeiterInnen tätig. Über berufliche Rehabilitation ist nach gegebener Quellenlage keine Aussage zu machen.

Lebenslagebedingte, sozialarbeiterische Angebote

Im nachfolgenden wollen wir uns den Initiativen und Einrichtungen zuwenden, die ähnlich wie die der vorhergehenden Abschnitte lebenslagebedingt sind, in denen jedoch der sozialpädagogische Aspekt im engeren Sinne zurücktritt und dem sozialarbeiterischen Handeln der subsidiären Intervention Vorrang gibt. Im einzelnen handelt es sich um

- Familienunterstützende Maßnahmen,
- Frauenhäuser und
- Psychiatrie.

Familienunterstützende Maßnahmen

Die Familienpädagogik muß in ihrer Dimension als Beteiligung der Familie an der Erziehung des Kindes behandelt werden. Sie steht in hoher Relation zur kulturellen Struktur der Familie. Eine Familie mit feudalen Werten kann, da sie mit den Worten „Das Fleisch ist Dein, die Knochen mein!“ ihr Kind dem Lehrer übergibt, sich nicht bewußt für die Schulerziehung des Kindes interessieren. Ein freies Familienbildungs- und beratungsangebot wird in der Türkei dringend benötigt, ist jedoch nicht vorhanden, obwohl in verschiedenen Bereichen Ansätze zu verzeichnen sind.

Innerhalb der SHÇEK wurde mit einer gesetzlichen Regelung im Jahre 1989 die „Amtsleitung für den Schutz der Familienvollständigkeit“ (Aile Bütünlügünün Korunmasi Daire Baskanligi) aufgebaut. Die offizielle Aufgabe dieses Amts ist es, Probleme, die die Familie betreffen, zu dokumentieren und Vorkehrungen für deren Lösung zu treffen. In der Gründungsphase allerdings betrachtete man die Familie nicht wissenschaftlich, sondern ging von der Auffassung aus, daß die Familie in jedem Fall mittels der Autorität des Mannes und des Gehorsams der Frau „zusammengehalten“ werden solle. Auf diese Weise wurde die Arbeit an die konservativen Vorstellungen der damaligen politischen Machthaber angepaßt und institutionalisiert. Dieser Ansatz zeigt sich bereits im Namen der Abteilung. Heute befindet sich die Abteilung in der Hand einer Leitung mit einem professionellen Ansatz und so werden Familienprobleme aus der Sicht beider Geschlechter interpretiert.

Die „Amtsleitung für den Schutz der Familienvollständigkeit" ist eine Dienstleistungsabteilung. Daher wurden 1990 mit einer Verordnung der Anstalt in den Großstädten Familienberatungszentren eröffnet. Da die Strukturierung dieser Dienstleistungen nicht genügend gewährleistet werden konnte, wurden sie 1993 den Provinzdirektoraten der SHÇEK übergeben. Die Praxis zeigt, daß die Familienberatungsstellen, in denen nicht genug spezialisiertes Personal vorhanden ist, nicht produktiv und ausreichend arbeiten.

1993 wurden die Familienberatungszentren in den großen Provinzen per Verordnung in Gesellschaftszentren umgewandelt und so die Familiendienste erweitert. Darin wurde die weltanschauliche Einflußnahme der sozialdemokratischen Kräfte deutlich: Die der Familie eine besondere Bedeutung zumessende Rechts-/Religiös-Rechts-Regierung eröffnete seinerzeit Familienberatungszentren, um die Familie zu vereinen. In den Phasen sozialdemokratischer Regierungen wurden diese in Gesellschaftszentren umgewandelt. Denn nach dem sozialdemokratischen Verständnis gilt das Primat der Gesellschaft, nicht das der Familie: Die Familie ist der kleinste Organismus, der die Gesellschaft bildet und sich dem Gesellschaftsganzen ein- bzw. unterzuordnen hat.

Es wurde erwartet, daß in den Gesellschaftszentren, die insbesondere in den gecekondu-Gebieten in großer Zahl angesiedelt werden sollten, beschützende und vorbeugende, erzieherische und entwickelnde, therapeutische und rehabilitierende Dienste angeboten werden. Heute existieren vier Gesellschaftszentren der SHEK in Altindag/Ankara, Karsiyaka/Izmir, Bursa und Giresun. Die Eröffnung weiterer Zentren in Ankara, Istanbul, Izmir und Gaziantep ist geplant (Güneri 1994).

Relativ erfolgreich wirkt sich neuerdings der familienunterstützende Dienst im Adoptions- und Pflegebereich aus. Zweifellos werden seit langer Zeit einige soziale Dienste für die Familie und das Kind organisiert, wie z. B. Adoption (1927) und die Pflegefamilie. Ein reguläres Programm der Pflegefamilie wurde 1961 durch einen Vertrag zwischen UNICEF und dem Gesundheits- und Sozialhilfeministerium der Türkischen Republik begonnen. Mit dem Ausscheiden der UNICEF aus diesem Vertrag im Jahre 1975 wurde diese Dienstleistung der damaligen Anstalt für Kinderschutz anvertraut; 1983 wurde sie der „Anstalt für soziale Dienste und Kinderschutz" angegliedert. Von 1961 bis einschließlich März 1994 wurden 2957 Kinder Pflegefamilien anvertraut (vgl. Kusgözoglu 1994). Bis zum Jahr 1983, in dem die mit Adoptionslisten betraute „Anstalt für Soziale Dienste und Kinderschutz" gegründet wurde, wurden laut amtlichen Unterlagen 462 Kinder (221 Mädchen und 241 Jungen) adoptiert. Zwischen 1983 und 1994 (April) wurde von der Anstalt die Adoption von 2631 Kindern (1298 Mädchen und 1333 Jungen) vermittelt (vgl. Kusgözoglu 1994).

Eine weitere familienbezogene Institution ist die 1990 in Anbindung an das Ministerpräsidentenamt gegründete Institution für Familienforschung. Ziel dieser Einrichtung ist es, die Struktur der türkischen Familie zu erforschen und zu fördern. Neben einer Kampagne für die Einheit der Familie, die mit riesiggroßen Plakaten und Fernsehspots geführt wurde, versucht die Einrichtung von Zeit zu Zeit mit veranstalteten Panels zur Meinungsbildung beizutragen. Weiterhin existiert eine Veröffentlichungsreihe der Einrichtung über familienbezogene Themen. Es gibt allerdings keinerlei Dienstleistungseinrichtungen für Familien. Der Name der Institution wurde 1993 auf den Namen „Institution für Familien- und Sozialforschung" hin geändert und im gleichen Jahr an das neugegründete Staatssekretariat des „Ministeriums für die Frau und Soziale Dienste" angebunden.

Frauenfluchthäuser

Die Zahl der noch sehr jungen Frauenfluchthäuser und Frauengasthäuser, wie sie in der Türkei genannt werden, steigt langsam an. Hier haben die Städte den Anfang gemacht. Das erste wurde 1990 von der Stadt Bakirköy/Istanbul gegründet, dem folgte das Frauenfluchthaus der Stadt Sisli/Istanbul. Später wurde das erste Frauenberatungszentrum durch eine Stiftung (Frauenhaus Lila Dach) in Dienst gestellt. Weiterhin gibt es fünf Frauengasthäuser, die an die Anstalt für Sozialdienste und Kinderschutz angebunden sind. Man fing 1990 an, diese Häuser, deren Adressen geheim sind, zu eröffnen; sie befinden sich in den fünf Großstädten Izmir (1990), Ankara (1991), Antalya (1991), Bursa (1991) und Eskisehir (1993). Insgesamt verfügen diese fünf Häuser über 118 Plätze. Daneben wurde 1991 in Altindag/Ankara, angebunden an die Stiftung für Frauensolidarität, das Frauenberatungszentrum und -gästehaus eröffnet. Die gleiche Stiftung hat 1993 in Ankara ebenfalls ein Frauenhaus eröffnet (Altindag yilsiz o.J.). Es gibt auch neue Entwicklungen in diesem Bereich in verschiedenen anderen Städten.

Psychiatrie

In einigen psychiatrischen Kliniken werden regelmäßig Sitzungen mit den Familien der Kranken durchgeführt. Soziale Dienste, die direkt die Familie ansprechen, haben sich allerdings noch nicht durchsetzen können.

Schlußbetrachtungen der türkischen Situation

Abschließend sollen einige Thesen gleichsam als Extrakt das bisher Dargestellte zusammenfassen. Andere Punkte befassen sich eher mit der Perspektive des sozialpädagogischen/sozialarbeiterischen Arbeitsfeldes in der Türkei.

1. Das angesprochene Berufsfeld resultiert aus dem Versagen primärer Sozialisationsinstanzen, wie es in historischen Umbrüchen unabhängig von bestimmten Gesellschaften zu verzeichnen ist.
2. In Deutschland hing das Auftreten von Fürsorge, (Jugend-)Wohlfahrt, Sozialpädagogik, Sozialarbeit vom Übergang der Ständegesellschaft mit zugleich feudalen, agrarischen Komponenten zusammen.
3. In der Türkei steht der Umbruch unter dem Zeichen von Nationalstatt Vielvölkerstaat, Laizismus statt Theokratismus, Industrialisierung statt Feudalismus.
4. Viele Individuen verlieren notgedrungen ihren Halt und damit auch ihren Glauben an bisher nicht in Frage gestellte Prinzipien des Feudalismus, der Hierarchien, des Gehorsams; ihre Sozialisation nach den alten Mustern mißlingt.
5. Es gibt verschiedene Anstrengungen des Staates und der Gesellschaft, die teilweise im Widerspruch zueinander stehen: Restaurative gegenüber progressiven, bildend-emanzipative gegenüber solchen, die auf Einordnung und Unterwerfung abzielen.
6. Sozialpädagogische und sozialarbeiterische Hilfen sind unerläßlich, einerseits um den allgemeinen Bildungsstand des Volkes zu erhöhen, andererseits um die an den Rand geratenen Gesellschaftsmitglieder zu integrieren, zu rehabilitieren und zu resozialisieren.
7. Der Bereich der Volkserziehung ist der am längsten und qualifiziertesten entwickelte der Sozialpädagogik.
8. Viele andere Bereiche sind ebenfalls existent. Sie sind jedoch hinsichtlich Verbreitung und berufliche Qualifikation der in ihnen Tätigen äußerst defizitär. Man kann sagen, viele Felder von Sozialpädagogik und Sozialarbeit sind in der Türkei nur symbolisch vorhanden und besetzt. Aber ihre symbolische Wirksamkeit darf nicht unterschätzt werden, da sie die Ziele der Entwicklung präsentieren.
9. Die erzieherischen Aktivitäten des Lehrerberufs übersteigen die Dimension seiner Ausbildungsprofile. Die sozialerzieherische Qualifikation von Sozialpädagogen und Sozialarbeitern muß umfangreich zur Ausfüllung des Erziehungsfeldes hinzugewonnen werden.
10. Im Abschnitt 4.2.1 haben wir verschiedene Fragen zum Begriff und

zur Funktion von Sozialpädagogik/Sozialarbeit aufgeworfen. An dieser Stelle und zu diesem Zeitpunkt lassen sich die Fragen nicht abschließend beantworten. Doch läßt sich eines skizzieren:

Im Ergebnis können die Modelle, die in der türkischen Gesellschaft zur Anwendung kommen könnten, unter folgenden Alternativen konkretisiert werden:

- Sozialarbeit = Sozialarbeit und Sozialpädagogik;
- Sozialarbeit = Sozialpädagogik;
- Volkserziehung = Sozialpädagogik;
- Lehrerberuf = Sozialpädagogik;
- Sozialpädagogik = Sozialarbeit/Volkserziehung/Lehrerberuf.

Eines dieser Modelle wird sich in der Gesellschaft durchsetzen, wenn die kulturellen Ergebnisse des Industrialisierungsprozesses alle Teile der Gesellschaft erfaßt haben. Welches es sein wird, wird die Zeit zeigen. Denkbar ist aber auch, daß sich alle die volks-, gesellschafts-, sozialerzieherischen und abstützenden Maßnahmen unter einem neuen Objektbegriff „Sozialpädagogik" formieren. Es dürfte allerdings historisch unabwendlich sein, daß ein Wandel, der der Struktur der türkischen Gesellschaft angemessen ist, Vorzug vor einem importierten Modell genießt.

Historisch gesehen wird in Bälde auch die Sozialpädagogik anfangen, sich mit einer der türkischen Gesellschaft spezifischen Theorie und Praxis herauszukristallisieren; nämlich wenn es zwingend wird, daß ein neues Menschenbild gemäß den Bedürfnissen der Technologiegesellschaft neue Erziehungs- und Sozialisationsformen verlangt und die Gesellschaft kulturell auf diese Struktur vorbereitet wird. Dies wird parallel dazu verlaufen, daß die technologische Entwicklung in der Türkei eine Dimension erreicht, die die feudalen Verhaltens- und Wertmuster funktionslos macht. Die industriellen Wert- und Verhaltensmuster, die bisher als ein Exportartikel aus Amerika und dem westlichen Europa in die türkische Gesellschaft importiert werden und sich hier nur begrenzt ausbreiten, werden dann aufhören, „Pseudo-" und exotische Muster zu sein, sondern sich als eigene türkische Produktion ausbreiten und die Gesellschaft neu formen.

5. PRAKTISCHES

Unter dem Aspekt des Vergleichs haben wir in einem gewissen Vorgriff auf die vierte Dimension bereits im letzten Kapitel gesellschaftspraktische Momente der Türkei in Siebenmeilenstiefeln passiert. Dieses Kapitel widmet sich nun ausführlicher der sozialpädagogischen Praxis der Bundesrepublik Deutschland. Dabei soll zuvor noch einmal daran erinnert werden, daß wir unter „Praxis“ das Gesamt des gesellschaftlichen Austausches und Handelns verstehen. Hier interessiert es uns unter dem Gesichtspunkt von sozialpädagogisch-sozialarbeiterisch relevanten Gesetzen und Konventionen, von Adressaten der Sozialpädagogik und -arbeit innerhalb spezieller Arbeitsfelder und Institutionen sowie von professionellen Verfahren bzw. Praxismethoden, mit denen Sozialpädagogen und Sozialarbeiter ihrer „Kundschaft“ zu dienen versuchen.

5.1 Gesetze

Das Grundgesetz (GG)

Das Grundgesetz (GG) ist das auch für den Sozialbereich leitende Gesetzeswerk der Bundesrepublik Deutschland. Dabei stehen die Grundrechte des Menschen nicht ohne Grund an der Spitze des GG (Art. 1 ff.). Oberstes Staatsziel und letztlich das einzige Endziel unseres Staates – ähnlich wie in der Sozialpädagogik – sind die Gewährleistung der Menschenwürde des einzelnen und der in Art. 2 genannten Freiheits- und Lebensrechte, die im Sinne von Menschenrechten jedermann garantiert sind. Von kaum zu überschätzender praktischer Bedeutung ist der Gleichheitssatz (Art. 3): Wenn z. B. die Rechtsprechung und z. T. auch die Gesetzgebung im Familienrecht eine Reihe von umwälzenden Reformen durchgesetzt haben, so war dies vor allem aufgrund dieses Artikels möglich.

In Artikel 20 definiert das GG expressis verbis den Staat als sozialen Rechtsstaat. Von hierher leiten sich alle positiven Gesetze ab, die für Sozialpädagogik und Sozialarbeit ausschlaggebend sind. In den letzten Jahrzehnten hat die Rechtssprechung des Bundesverfassungsgerichts und der Bundesgerichte in zahlreichen hochrangigen Verfahren deutlich gemacht, daß die Grundrechte der Menschen und/oder Bürger inclusive ihrer sozialen Anteile von seiten des Staates geschützt werden *müssen*, d.h. nicht nur als Kann- oder Soll-Ideale betrachtet werden dürfen; darüber hinaus ist dem Staat die Aufgabe auferlegt, für die Organisation der Verwirklichung der Grundrechte zu sorgen. Ein Verbleib in der Unverbindlichkeit gegenüber den Grundrechten seiner Bürger ist somit nicht weiter rechtens.

Als grundlegendes Rechtsprinzip durchzieht die Gedankenführung des Grundgesetzes wie die Urteile des Bundesverfassungsgerichtes der Grundsatz der Gegenseitigkeit. Haverkate (1992) macht in seiner „Verfassungslehre" deutlich, wie sehr die Einseitigkeitsstruktur überkommenen Staatsverständnisses Zug um Zug aufgegeben wird und aufgegeben werden muß. Der Staat wird nicht mehr hoheitlich als fordernder, gewährender und gegebenenfalls sanktionierender Souverän gegenüber dem Einzelbürger als Untertan verstanden, sondern erbringt die gesetzlich aufgegebenen Pflichten in Gegenseitigkeit zu den Pflichten und Ansprüchen der Gesellschaft und des einzelnen. Insofern sind mit „Staat" letztlich nicht nur die Regierung, Gesetzgebung und Justiz, sondern im Sinne dieses Grundsatzes „wir alle!" gemeint.

Ohne daß es ausdrücklich erwähnt ist, ist das Grundgesetz darüber hinaus erfüllt vom Geiste des Subsidiaritätsprinzips (s. auch 2.1.2), welches als eine hervorragende Konvention des westlichen, heute des vereinigten Deutschlands und Europas angesehen werden muß.

Staats- und gesellschaftspolitisch ist mit dem Subsidiaritätsprinzip der Anspruch des Vorranges privater, eigeninitiativer Lebensorganisation vor der staatlich hoheitlichen verankert. Quellen dieser Rechts- bzw. Staatsauffassung sind die liberalistische Gesellschafstheorie des 19. Jahrhunderts. Während der Liberalismus die Privatsphäre des Bürgers vor dem Eingriff des Staates schützen will, ja diesen zum Schutz dieser Privatsphäre verpflichtet, geht es der katholischen Soziallehre um den Schutz traditioneller Glaubensgemeinschaften innerhalb des laizistischen Staates sowie ihres Rechts auf Regelung und Abstützung gemeinschaftlichen Lebens einschließlich caritativer Ausdrucksformen und educativer Ziele. Haftet dem mehr liberalistischen Verständnis des Subsidiaritätsprinzips und seiner „extrem-liberalistischen" Deformierungen – insbesondere des Privatrechts bis Ende des 19. Jahrhunderts – immanent ein Sinn von Wettbewerb freier, konkurrierender Träger an, so zielt die katholische Auffassung über die Schutzpflicht des Staates hinaus auf dessen (finanzielle) Unterstützungsaufgabe. Je nach Wirtschaftslage schwanken die politischen Tendenzen, ohne daß bisher die Schnittmenge des Rechtsprinzips Subsidiarität selbst in Frage gestellt wird. Dieses zieht sich als Grundgedanke durch alle Gesetzeswerke, die für Sozialpädagogik und -arbeit von Bedeutung sind.

Seit der Jahrhundertwende haben sich die verschiedenen Institutionen des Rechts verstärkt sozialer Aufgaben angenommen. Während das 19. Jahrhundert als das Zeitalter des liberalen Rechtsstaats bezeichnet wird, hat sich im 20. Jahrhundert zunächst Schritt für Schritt und seit 1945 praktisch in allen Rechtsgebieten das Prinzip des sozialen Rechtsstaates durchgesetzt. Seit Beginn der 70er Jahre hat diese Entwicklung zur Schaffung eines völlig neuartigen Teilsystems des geltenden Rechts, nämlich des erst seit diesem Zeitpunkt mit dieser Bezeichnung versehenen Sozialrechts geführt, das seither eine kaum noch zu überschauende Vielzahl von Einzelgesetzen hervorgebracht hat.

Das Sozialgesetzbuch (SGB)

Als Kompendium der sozialen Einzelgesetze bzw. des Sozialrechtes ist das Sozialgesetzbuch (SGB) konzipiert. Um die Vielfalt dieser Einzelgesetze auch für den Bürger transparenter zu machen und in die Form eines von Leitprinzipien getragenen, zielgerichteten und damit angepaßten und dynamisch reagierenden Gesamtsystems zu bringen, hat sich der Gesetzgeber zu einem zehnbändigen Sozialgesetzbuch (SGB) entschlossen, von dem zunächst 1976 als Allgemeiner Teil das SGB I und als Verfahrensgesetz das SGB X sowie in den letzten Jahren folgende Gesetzbücher Gültigkeit erlangt haben:
- SGB IV: Gemeinsame Vorschriften für die Sozialversicherung,
- SGB V: Gesetzliche Krankenversicherung,
- SGB VI: Gesetzliche Rentenversicherung,
- SGB VIII: Kinder- und Jugendhilfegesetz (KJHG).

Als nächstes Buch ist das Schwerbehindertengesetz in SGB IX geplant.

Oberstes Ziel des Sozialrechtes ist – wie in dem 1976 verabschiedeten Buch I des SGB in §1 explizit festgelegt –, soziale Gerechtigkeit und Sicherheit zu verwirklichen sowie Sozialleistungen einschließlich sozialer und erzieherischer Hilfen zu gestalten. Das Sozialrecht soll dazu beitragen, daß jeder Mensch entsprechend den Rechts- und Verfassungsprinzipien seine Grundrechte verwirklichen kann. Nach § 1 SGB I zielt somit das Sozialrecht vor allem darauf ab:
- ein menschenwürdiges Dasein zu sichern,
- gleiche Voraussetzungen für die freie Entfaltung der Persönlichkeit, insbesondere auch für junge Menschen, zu schaffen,
- die Familie zu schützen und zu fördern,

- den Erwerb des freien Unterhalts durch eine frei erwählte Tätigkeit zu ermöglichen und
- besondere Belastungen des Lebens, auch durch Hilfe zur Selbsthilfe, abzuwenden oder auszugleichen.

Derartige Grundsätze gehen weit über das bis 1976 vorherrschende Ziel der sozialen, sprich: wirtschaftlichen Absicherung der Anspruchsberechtigten hinaus.

Mit ähnlichem Allgemeinheitscharakter, wie das Buch I ihn für die Grundsätze besitzt, ist Buch X den allgemeinen Verwaltungsverfahren gewidmet, gemäß denen die Sozialgesetze angewendet werden sollen. Unter anderem sichert es den Schutz der Sozialdaten.

Das Kinder- und Jugendhilfegesetz (KJHG)

Das Kinder- und Jugendhilfegesetz (KJHG), Buch VIII des Sozialgesetzbuches, ist von besonderer Bedeutung für die Sozialpädagogik; es liegt in der letzten Fassung der Bekanntmachung vom 7. Mai 1993 vor. Es löste das aus dem Jahre 1923 stammende, mehrfach novellierte Jugendwohlfahrtsgesetz (JWG) ab und stellt eine moderne Grundlage für den gesamten Bereich der Kinder- und Jugendarbeit dar. Dabei umfaßt es Entwicklungs-, Erziehungs- und Förderbereiche und geht somit weit über den Rahmen dessen hinaus, was sich unter dem Titel Sozialgesetzbuch vermuten ließe.

Dies macht bereits § 1 deutlich, wenn er als Ziel des KJHG die Selbstverantwortlichkeit und Gemeinschaftsfähigkeit der jungen Menschen deklariert.

Im 1. Kapitel werden die im Grundgesetz verankerten, weltanschaulichen Leitlinien, die Begrifflichkeiten sowie die Zuständigkeiten, Vorschriften und Ausführungsbestimmungen des KJHG zugrunde gelegt.

Als Leitlinien lassen sich z. B. betrachten: die Hochrangigkeit des „natürlichen Rechts der Eltern und die zuvörderst ihnen obliegende Pflicht“ (§ 1,1), die Gleichberechtigung von Mädchen und Jungen (§ 9), vor allem aber der Gedanke der Entwicklungsförderung sowie der Vermeidung bzw. des Abbaus von Benachteiligungen.

Der gesamte Aufgabenbereich enthält bereits in § 1,3 den Funktionsbegriff „Jugendhilfe“. Damit wird terminologisch die Unterscheidung von Jugendhilfe im Sinne der Intervention bei Benachteiligung und Gefahr und der Jugendpflege im Sinne eines freien Förderangebotes für Jugendfreizeit und -bildung, wie sie das alte JWG kannte, aufgegeben.

Trotzdem zieht sich durch das ganze Gesetz eine bipolare Sicht der Aufgaben:

Einerseits geht es um die Unterstützung und Schaffung entwicklungsgünstiger Lebensbedingungen. In § 1,3,4 wird sogar verlangt, daß Jugendhilfe dazu beizutragen habe, „positive Lebensbedingungen für junge Menschen und ihre Familien sowie eine kinder- und familienfreundliche Umwelt zu erhalten oder zu schaffen".

Andererseits geht es um Schutz- und sonstige Interventionsmaßnahmen, wenn seelische oder körperliche Gefährdungen von Kindern und Jugendlichen drohen oder bereits eingetreten sind (z. B. §§ 42 ff.). Terminologisch taucht die alte Komplementarität von Jugendpflege/Jugendhilfe unter der Konstellation von „Jugendarbeit" (§ 11 und § 12) und „Jugendsozialarbeit" (§ 13) wieder auf, wobei Jugendhilfe zum Oberbegriff für beide avanciert ist.

Als Zuständigkeitsbereiche werden freie und öffentliche Jugendhilfe zur Kooperation aufgefordert, wobei die Leistungsverpflichtungen sich an die Träger der öffentlichen Jugendhilfe richten (§ 3,2), indem diese zu einer flächendeckenden Gesamtverantwortung für die Grundausstattung mit den gebotenen Jugendhilfeeinrichtungen beauftragt werden (§§ 79 ff.). Der Vorrang der Initiative wird jedoch gemäß dem Subsidiaritätsprinzip den freien Trägern zugesprochen, während der öffentlichen Jugendhilfe deren Unterstützung und die der verschiedenen Formen der Selbsthilfe auferlegt wird (§ 4,2 u. 3).

Als konkrete öffentliche und „freie" Träger der Jugendhilfe werden des näheren benannt: die Jugend- und Landesjugendämter (§ 69 f.), der Jugend- und Landesjugendhilfeausschuß (§ 71), die Kirchen und Religionsgemeinschaften sowie die Verbände der freien Wohlfahrtspflege (§ 75,3). Ohne die Bezeichnung „anerkannter Träger der freien Jugendhilfe" (ebd.) zu erhalten, wird auch Jugendverbänden und Jugendgruppen die Unterstützung ihrer eigenverantwortlichen Tätigkeit zugesagt (§ 12,1).

Nach Aufgaben geordnet regelt das KJHG im zweiten Kapitel unter den Paragraphen 11 bis 26 die verschiedenen Leistungsansprüche von Kindern und Jugendlichen – subsidiär hinausgehend über die von Elternhaus und Schulpädagogik abgedeckte Bedarfslage. Themen sind hierbei auch so moderne Aufgabengebiete wie Schulsozialarbeit und berufliche Ausbildungs- und Eingliederungshilfen (§§ 11 f.).

In den §§ 27–41 geht es um Erziehungshilfe für die erziehenden Primärinstanzen, z. B. Erziehungsberatung (§ 28), Erziehungsbeistand (§ 30), sozialpädagogische Familienhilfe (§ 31), Vollzeitpflege (§ 33), Heimerziehung und betreutes Wohnen (§ 34), intensive sozialpädagogische Einzelbetreuung (§ 35). Die §§ 35a – 40 befassen sich mit Eingliederungs- und Erziehungshilfe für seelisch behinderte Kinder und Jugendliche. § 41 bezieht junge Volljährige zum Ziele der Persönlichkeitsentwicklung und eigenverantwortlichen Lebensführung in den Kreis der Zuwendungsberechtigten ein.

Das dritte Kapitel wendet sich mit den §§ 42–68 den Fällen zu, in denen außerfamiliäre Instanzen – handele es sich um das Jugendamt selbst, das Vormundschaftsgericht oder das Jugendgericht – Rechte und Pflichten des Eingriffs wahrzunehmen haben. Von weitreichender Bedeutung ist in diesem Bereich der Entzug des elterlichen Sorgerechts nach §§ 1666, 1666a des BGB und § 50 KJHG. Weniger schwere Anlässe für solche Zuständigkeiten können sein: „Inobhutnahme eines Kindes" (§ 42), Aufenthaltsbestimmung (§ 43), Pflegeverhältnisse (§ 44 ff.), Vormundschaftsregelungen (§ 50), Adoption (§ 51), Mitwirkung in Verfahren nach dem Jugendgerichtsgesetz (§ 52). Diese Mitwirkung ist – ähnlich wie die nach § 50 – ein in der Praxis von Jugendhilfe bzw. Sozialpädagogik/Sozialarbeit bisher nur unvollkommen ausgefüllter Aufgabenbereich. Weit über den Auftrag der Betreuung von Jugendlichen und jungen Volljährigen, die mit dem Gesetz in Konflikt gekommen sind (§ 52,3), hinaus reicht die Kompetenz des Jugendamtes, „frühzeitig zu prüfen, ob für den Jugendlichen oder den jungen Volljährigen Leistungen der Jugendhilfe in Betracht kommen. Ist dies der Fall oder ist eine geeignete Leistung bereits eingeleitet oder gewährt worden, so hat das Jugendamt den Staatsanwalt oder den Richter umgehend davon zu unterrichten, damit geprüft werden kann, ob diese Leistung ein Absehen von der Verfolgung (§ 45 JGG) oder eine Einstellung des Verfahrens (§ 47 JGG) ermöglicht." (§ 52,2) Damit ist der juristischen Bearbeitung jugendlicher Konflikte eine sozialpädagogische Alternative mit zeitlichem Vorrang entgegengesetzt. Leider bleibt – wie gesagt – die Praxis weit hinter dem vom Gesetz verlangten Verfahren zurück.

Neben der Kritik der Praxis soll ein wichtiges Defizit des an sich modernen, von sozialpädagogischem Geist erfüllten Gesetzes nicht unerwähnt bleiben: Die Kinder und Jugendlichen, denen es gewidmet ist, besitzen in ihm kein eigenes Antragsrecht.

Damit ist ihrer Eigeninitiative eine entscheidende Barriere entgegengesetzt, die sie unter Umständen im Geviert derer gefangen bleiben läßt (Eltern, Vormünder, Heimerzieher, Anstaltsleiter), vor deren entwicklungshemmenden bis gefährdenden Fahrlässigkeiten, Verweigerungen und Übergriffen sie das Gesetz eigentlich schützen will.

Das Jugendgerichtsgesetz (JGG)

Das Jugendgerichtsgesetz (JGG) ist ein weiteres, für die Sozialpädagogik relevantes Gesetzeswerk. Es regelt im einzelnen den Umgang mit jugendlichen Strafverdächtigen und Straftätern sowie Strafunmündigen (§ 3) und weist der Sozialpädagogik erhebliche Mitwirkung zu. Es ist durchdrungen von einem Vorrang der Erziehung bzw. Nach- oder Umerziehung jugendlicher Rechtsbrecher, wobei der Text des JGG vielfach veraltete Erziehungsvorstellungen der ersten Hälfte dieses Jahrhunderts widerspiegelt, die auch durch Sozialpädagogen wesentlich geprägt wurden. Hier stellt sich für die Praxis die Aufgabe, durch Neuinterpretationen der betreffenden Vorschriften des JGG den Inhalt der äußerlich unveränderten Normen den heutigen Erkenntnissen der Sozialpädagogik, Kriminalpädagogik, Entwicklungstheorie u. a. anzupassen, soweit der mögliche Wortsinn des JGG dies zuläßt. Von dieser Möglichkeit haben die Gerichte unter maßgebender Mitwirkung von Sozialpädagogen (z. B. im Rahmen des § 10 JGG, Weisungen) regen Gebrauch gemacht. Leider führte diese sogenannte „innere Reform" des JGG auch zu einer sowohl rechtlich wie auch sozialpädagogisch unerträglichen Ausweitung der „Sozialkontrolle" („net-widning-effect"). Rechtlich erheben sich gegen derartige und ähnliche Fehlentwicklungen Bedenken im Hinblick auf das in Art. 20 GG verankerte Verhältnismäßigkeitsprinzip. In sozialpädagogischer Hinsicht läßt sich ein großer Teil an Begrenzungen unter anderen Vorzeichen mit dem (Erziehungs-)Prinzip der Subsidiarität rechtfertigen, das von dem rechtlichen Prinzip der Subsidiarität streng zu unterscheiden ist.

Mit gleicher Zurückhaltung werden die „förmlichen Rechtsfolgen" (Anklage, Hauptverhandlung und Urteil) zurückgedämmt, sofern „informelle Maßnahmen" Erfolg versprechen (§§ 45 u. 47 JGG). Eine der harmlosesten und damit bevorzugten informellen Maßnahmen sind die nach KJHG (§ 52) vorgesehenen Leistungen des Jugendamtes, die den Staatsanwalt oder Richter veranlassen können oder sollen, von der Verfolgung abzusehen und das Verfahren einzustellen. Der Fachausdruck für diese „Umleitung" der Reaktionen auf den Rechtsbruch von juristischen zu sozialpädagogischen Mitteln ist Diversion.

Aber auch bei förmlicher, gerichtlicher Ahndung des Vergehens sieht das JGG eine Palette von Maßnahmen vor, um die Behandlung des jugendlichen Straftäters erziehlich auszugestalten (§ 90 JGG). Für die härteste Form der richterlichen Ahndung, den Jugendstrafvollzug, sind die vorgesehenen Erziehungsmethoden bisher auf einem relativ undifferenzierten Niveau geblieben (§ 91 JGG). Dagegen bietet sich Urteilen, die den Strafvollzug vermeiden, ein sozialpädagogisch breites Spektrum an.

Unterschieden wird nach

– Weisungen, z. B. soziales Training, Täter-Opfer-Begegnung, Betreuungsweisung und

- Zuchtmitteln, als da sein können: Geldbuße, Schadenswiedergutmachung, Arbeitsauflagen und Jugendarrest bis zu vier Wochen.

Dabei sollen Weisungen wie Zuchtmittel in möglichst sinnvollem Zusammenhang mit der Tat stehen; so würde sich z. B. eine Arbeitsauflage des Wochenenddienstes in einem Krankenhaus gut beziehen lassen auf ein leichtsinniges und gefährliches Verkehrsdelikt eines Jugendlichen.

Da der Erziehungsgedanke im JGG gewissermaßen allgegenwärtig ist, bedarf es zu seiner Realisierung der informellen sozialpädagogischen Mitwirkung auf verschiedenen Feldern des Angebots von sozialen Trainings, Betreuungsweisungen und Arbeitsauflagen. Dies ist mit der Jugendgerichtshilfe nach § 38 JGG formal geregelt. Darüber hinaus regeln §§ 23ff. die sozialpädagogischen Aufgaben der Bewährungshilfe. Zusätzlich kommt der Sozialpädagogik gemäß § 50 JGG auch innerhalb des Strafverfahrens selbst eine bedeutende Funktion der erziehlichen Interessenwahrung der jugendlichen Beschuldigten zu, die bis zum Vorschlagsrecht der sozialpädagogischen VertreterInnen geht.

Leider ist die Sozialpädagogik sich ihrer starken rechtlichen Bedeutung im JGG noch nicht bewußt und verfolgt ihre Aufgaben in diesem Felde nur unzureichend. So wird von dem gerade genannten Vorschlagsrecht nur in seltenen Fällen Gebrauch gemacht. Auch vorläufige Erziehungsmaßnahmen oder vorläufige Heimunterbringung, wie sie das KJHG nach § 52 in Mitwirkung zum JGG § 71 f. bei Delikten Jugendlicher vorsieht, werden kaum in Gang gesetzt. Damit werden zwei Möglichkeiten der sozialpädagogischen Intervention zugleich vertan: zum einen die Diversion, d.h. Umleitung des jugendlichen Delinquenten vom förmlichen Strafverfahren und damit Fixierung auf die Tat, zum anderen die Verhinderung drohender Folgetaten, wie wir sie z.Z. im Bereich des Rechtsradikalismus als Serientaten derselben Täter immer wieder zur Kenntnis nehmen müssen, wenn das „frühzeitige" Fehlen der sozialpädagogischen Mitwirkung Polizei und Staatsanwaltschaft zwingt, die vernommenen und identifizierten Täter bis zum förmlichen Verfahren auf freien Fuß zu setzen.

Diese Fehlstelle im sozialpädagogischen Netz wird rein praktisch deutlich in der Tatsache, daß viele Jugendämter keinen regulären Wochenenddienst für die Belange der frühzeitigen Prüfung und des Angebots sozialpädagogischer Sofortmaßnahmen in Fällen der Jugenddelinquenz unterhalten. Wie weit die Schuld für dieses Defizit der sozialpädagogischen Seite wegen Ignoranz der juristischen Nachfrage oder der juristischen wegen Ignoranz der sozialpädagogischen Mitwirkung vorgehalten werden muß, kann an dieser Stelle nicht beurteilt werden.

Das Bundessozialhilfegesetz (BSHG)

Das Bundessozialhilfegesetz (BSHG) soll schließlich als letztes sozialpädagogisch/sozialarbeiterisch relevantes Rechtswerk skizziert werden. Gewissermaßen in zweifacher Hinsicht gewährleistet es die sozialen Grundbedingungen der Bürger des sozialen Rechtsstaates Bundesrepublik Deutschland:

- Über die Anspruchsberechtigung der Sozialhilfe als finanzielle Ausstattung sichert es, unbeschadet eines Kausalitätsprinzips, das Existenzminimum von Individuen und Familien, die vorübergehend oder auf Dauer selbst nicht zu dessen Sicherung imstande sind.
- Durch Hilfe in „besonderen Lebenslagen" (§ 29) kompensiert es spezielle Minderlagen von Personen und Gruppen unterschiedlicher Art, z. B. Behinderte oder Straffällige.

Das BSHG ist gewissermaßen das weitestgehende Gesetz sozialer Absicherung, da es – unbesehen von Altersgruppierungen oder Verursacherprinzip – allen Bürgern des Staates offensteht. Die Hilfe in „besonderen Lebenslagen" steht in gewissen Grenzen sogar unabhängig von der besonderen Vermögenslage den Anspruchsberechtigten offen. Im BSHG sind im besten Sinne alle historischen Anstrengungen um caritative und solidarische Zuwendung sowie emanzipatorische und subsidiäre Angebote an zeitweilig oder auf längere Sicht beeinträchtigte Teilnehmer der Gesellschaft vernetzt.

So ideal der Wortlaut des Gesetzes allerdings zu lesen ist – abgesehen von möglichen Verbesserungen –, so bedarf es doch größter Aufmerksamkeit, wie die Politik ihn in Ausführungsbestimmungen und Sozialsätze umsetzt; in Zeiten wirtschaftlichen Rückgangs ist es so üblich wie übel, daß den sozial schwächeren Mitgliedern der Gesellschaft zuerst von dem wenigen, was ihnen zusteht, weggenommen wird.

Wir sollten uns immer vor Augen halten, daß auch der NS-Staat seine Einschnitte in das soziale Netz der Weimarer Zeit nur teilweise über Gesetzesänderungen vollzog. Vielmehr bediente er sich der politisch einfacheren Methode der Einschränkung der Mittel gegenüber sozial Schwachen wie Behinderten und seelisch Kranken oder auch gegenüber Minderheiten wie Juden und Zigeuner, ehe der Holocaust allen diesen Randgruppen gegenüber einsetzte.

5.2 Arbeitsfelder, Institutionen, Organisationen

Für beide Bereiche – Sozialpädagogik wie Sozialarbeit – ist gemeinsam kennzeichnend, daß der sozialisative Bedarf ihrer Adressaten gesellschaftsbestimmt ist, sei es durch gesellschaftliche Vorgaben und Vorenthaltungen für bestimmte Altersphasen, sei es durch gesellschaftliche Benachteiligungen und Ausgrenzungen.

Über die Vielfalt der sich hieraus ergebenden Arbeitsfelder erstellt die „Rahmenordnung für die Diplomprüfung im Studiengang Erziehungswissenschaft der Studienreformkommission vom 9. März 1987" folgende Übersicht: „Diplom-Pädagogen der Studienrichtung Sozialpädagogik sind z. B. in folgenden Bereichen tätig:

- Beratung,
- Kindergarten / Vorschule,
- Kinder-, Jugend-, Freizeit-, Kultur- und Bildungsarbeit,
- Selbsthilfegruppen, Bürgerinitiativen,
- Schulsozialarbeit,
- Soziale Dienste,
- Unterbringung außerhalb der Familie,
- Altenarbeit,
- Ausländerarbeit,
- Behindertenarbeit,
- Psychiatrie,
- Gerichtshilfe,
- Strafvollzug,
- Forschung,
- Fort- und Weiterbildung,
- Verwaltung, Planung, Organisation."

In diesem Abschnitt, der vor dem „Zentralmassiv" der Sozialpädagogik/Sozialarbeit gesehen werden muß, steht es an, auf solche Institutionen bzw. Organisationen einzugehen, die übergreifend für alle oder doch für eine Vielzahl von konkreten Arbeitsfeldern Bedeutung haben und selbst zum Endadressaten oder Endabnehmer nur relativ indirekt in Beziehung treten. Dabei soll es gehen um

- die Jugendverbände,
- die Wohlfahrtsverbände,
- das Jugendamt,
- das Sozialamt.

Die Jugendverbände

Die Jugendverbände sollen die Reihe der relativ allgemeinen und zugleich relativ indirekten Organisationen der Sozialpädagogik anführen;

Grund hierfür ist ihre teilweise autonome Struktur, die sie zumindest von ihrer historischen Entwicklung her als gegenüber der Staatspolitik selbständige Bewegung erscheinen läßt. Wir wenden uns an dieser Stelle ihren Formen als Dachverbände konkreter Jugendarbeit zu.

Historisch sind die heutigen Jugendverbände miteinander verwachsene Abkömmlinge dreier Bewegungen für und aus dem Jugendleben des 19. und frühen 20. Jahrhunderts.

Die mit der Industrialisierung einhergehende Erosion der sozialisierenden Instanzen wie Sippe, Nachbarschaft und Kirche schuf einen Bedarf an Beheimatung junger Menschen. Diese wurden – nicht ohne die Absicht der Einvernahme für die traditionellen Werte von Kirche und Staat – Zug um Zug geschaffen in Jünglings- und Gesellenvereinen, gefolgt von nationalistischen und militaristischen jedoch nicht in direktem Sinne staatspolitisch initiierten Vereinigungen.

Einen zweiten Herkunftsbereich stellt die bürgerliche Jugendbewegung dar, die unabhängig von den von ihr abgelehnten Werten des 'Industrialismus' und des Frühkapitalismus eigene Wertverwirklichungen suchte in Naturbegeisterung, aktivem künstlerischen Ausdruck in Lied, Tanz, Spiel und bildnerischer Gestaltung, vor allem aber in persönlichen Gruppenbeziehungen. Dieser Zweig der Jugendbewegung läßt sich im engeren Sinne als idealistisch kulturkritisch verstehen.

Die dritte Herleitung basiert auf dem proletarischen Zweig der Jugendbewegung, der es vor allem um die Aufhebung der Benachteiligungen der Arbeiterjugend hinsichtlich Arbeits- und Bildungsbedingungen ging. Dieser Zweig läßt sich im engeren Sinne als gesellschaftskritisch und sozialistisch verstehen.

Wie bereits gesagt sind die heutigen Jugendverbände mehr oder weniger synkretistische Gebilde, die sich allen drei Herkunftslinien und -motiven verdanken. Es gibt konfessionelle Dachorganisationen, gewerkschaftliche, berufsständische, politische, freizeit- und sportorientierte; sie alle sind dem Deutschen Bundesjugendring angeschlossen und verstehen sich einzeln und gemeinsam als Vertretung der deutschen Jugend.

Ihr Charakter als Jugendbewegung muß dabei jedoch erheblich in Frage gestellt werden. Nach der Vereinnahmung der Jugendbewegung im nationalsozialistischen „Jugendstand“ Baldur von Schirachs haben die Jugendverbände der Bundesrepublik es nicht mehr vermocht, eigenständige innovative Gesellschaftsveränderungen zu betreiben. So ist die Studentenbewegung von '68 keineswegs in einer historischen Direktbeziehung zu den Jugendverbänden zu sehen, wenngleich diese als Ideengut der 68er assimilierten. Gewiß standen und stehen die Jugendverbände durchaus im Zug der progressiven Kräfte, wenn es sich z. B. um die erfolgreiche Abrüstungsbewegung, um Friedens-, Ökologie-, Dritte-Welt- und Frauenbewegung handelt. Sie sind jedoch nicht als Lokomotive dieser gesellschaftlichen Erneuerungskräfte auszumachen.

Zum Teil mag dieser Umstand durch die gesellschaftliche Vermittlerrolle bedingt sein, die die Jugendverbände inzwischen zugeschrieben bekommen und spielen: In dem Maße, wie sie das moderne, gesellschaftsverändernde Ideengut aufnehmen und multiplizieren, kanalisieren sie es zugleich und moderieren die, denen sie es vermitteln. Gleichzeitig wirken sie als Sozialisationsinstanzen für traditionelle Erwachsenenrollen von Leitung und Gefolgschaft, für demokratische und bürokratische Umgangsformen, für religiöse, politische, berufsständische und verbandsorganisatorische Interessen. Diese sozialisative Vermittlung findet einerseits Ausdruck in der Beteiligung der Makroorganisationen wie Kirchen, Parteien und Gewerkschaften an der Arbeit der Jugendverbände und einer großen Zahl professioneller Mitarbeiter in den Schaltzentren und vor Ort der Verbandsarbeit. Darüber hinaus wird die gesellschaftliche Akzeptanz und Rolle der Jugendverbände in der Stellung sichtbar, die ihnen das Kinder- und Jugendhilfegesetz (KJHG) in § 12 einräumt:

„§ 12 Förderung der Jugendverbände

(1) Die eigenverantwortliche Tätigkeit der Jugendverbände und Jugendgruppen ist unter Wahrung ihres satzungsgemäßen Eigenlebens nach Maßgabe des §74 zu fördern.

(2) In Jugendverbänden und Jugendgruppen wird Jugendarbeit von jungen Menschen selbst organisiert, gemeinschaftlich gestaltet und mitverantwortet. Ihre Arbeit ist auf Dauer angelegt und in der Regel auf die eigenen Mitglieder ausgerichtet, sie kann sich aber auch an junge Menschen wenden, die nicht Mitglieder sind. Durch Jugendverbände und ihre Zusammenschlüsse werden Anliegen und Interessen junger Menschen zum Ausdruck gebracht und vertreten."

Daß die gesetzlich verankerte Stellung der Jugendverbände sie zu Empfängern und Verteilern bedeutender finanzieller Mittel aus Bundes- und Landesjugendplänen macht, stärkt zwar einerseits ihren Einfluß, vergrößert andererseits aber ihre Abhängigkeit von politischer Einflußnahme.

Die Wohlfahrtsverbände (mit F. Peiffer)

Die Wohlfahrtsverbände lassen sich in direkter Linie zurückführen auf freie Vereinigungen, die im Laufe des 19. Jahrhunderts mit christlicher Liebestätigkeit versuchen, Verelendung und Verwahrlosung innerhalb des sich herausbildenden Industrieproletariats einzudämmen. An der Spitze dieser Bewegung steht der evangelische Pfarrer Johann Hinrich Wichern (1808–1881), der mit der Begründung der „Inneren Mission" außer der unmittelbaren Linderung von Not die Ziele verbindet, die verhärtete Verbalkirche zu einem Christentum der Tat zurückzuführen, die Verantwortung der Reichen für das Auskommen der armen Volksgruppen wachzurufen und Kräfte der Eigeninitiative und Solidarität innerhalb des Proletariats zu wecken. 1848/49 gründet er die „Innere Mission" als Zentralverband für christliche Fürsorgearbeit und Volksmission; 1957 vereinigt sich die „Innere Mission" mit dem „Hilfswerk der evangelischen Kirche in Deutschland" und wird seitdem unter dem Namen „Diakonisches Werk" weitergeführt; die Innere Mission ist somit der direkte Vorläufer des Wohlfahrtsverbandes der evangelischen Kirchen.

Ein halbes Jahrhundert später als die evangelischen schlossen sich 1897 in Köln auch die katholischen Vereinigungen christlicher Wohltätigkeit zusammen – und zwar zum „Caritasverband für das katholische Deutschland". 1921 wurde dieser in „Deutscher Caritasverband (DCV)" umbenannt. Ebenso weltanschaulich bzw. religiös orientiert begründete sich 1917 die „Zentralwohlfahrtstelle der Juden in Deutschland".

Im Nachvollzug der Wohltätigkeitsadresse an die Bevölkerungsgruppen bestimmter religiöser Bekenntnisse schuf sich die frühe, kirchenabständige Arbeiterbewegung eigene Selbsthilfevereinigungen, aus deren Vorlauf sich die von den Sozialdemokraten gegründete Arbeiterwohlfahrt (AWO) begreift. Man muß diese späte Konsequenz als einen Kompromiß der Sozialdemokratie verstehen, die ihrerseits eine allgemeine Entkonfessionalisierung der Wohlfahrtspflege nicht durchsetzen konnte und mit der AWO wenigstens ein Gegengewicht gegen die religiösen Verbände setzen wollte.

Weltanschaulich unabhängig traten seit 1921 unter dem Namen „Deutsches Rotes Kreuz" (DRK) die ursprünglich nach Dunants Gründungsidee (1863/64) den Kriegsopfern gewidmeten Rot-Kreuz-Gliederungen (s. auch 6.3) ebenfalls in den Kreis einer allgemeinen Wohlfahrtspflege.

Und schließlich gründete sich 1924 der „Fünfte Wohlfahrtsverband", seit 1930 in „Paritätischer Wohlfahrtsverband" umbenannt, 1949 als „Deutscher Paritätischer Wohlfahrtsverband (DPWV)" neuerrichtet. Heute nennt sich der Verband wieder „Paritätischer Wohlfahrtsverband", in Kurzform: „Der Paritätische". Ziel war die Bündelung solcher sozialer Vereinigungen, die sich nicht unter einem der weltanschaulichen Dächer vereinen, dennoch aber nicht auf die quantitative Kraft der Konzentration zur politischen Interessenvertretung verzichten wollen.

Damit berühren wir das Thema der staatspolitischen Bedeutung der Spitzenverbände der Wohlfahrtspflege: Von ihrer Entstehung her verstanden sich die Vereinigungen der Wohltätigkeit als staatspolitisch unabhängig. Ihre ehrenamtlichen freiwilligen Tat-, Sach- und Geldleistungen kompensierten die Unzulänglichkeiten der staatlichen Wohlfahrt. Dieser standen nur knappeste wirtschaftliche Mittel zur Verfügung, um die polizeistaatlichen Maßnahmen der Ordnungssicherung angesichts Verelendung und Verwahrlosung abzufedern. Aus staatlicher Sicht wurde insofern der privaten Liebestätigkeit mit Wohlwollen begegnet, da diese oftmals effektiver und staatspolitisch kostenneutral ihren Beitrag zur Eindämmung sozialer Unruhe leistete.

Vor allem die sozialen Folgen des 1. Weltkrieges und die wirtschaftliche Schwäche von Staat und Wohlfahrtsverbänden zwangen beide Stränge der Wohlfahrtspflege in eine engere Kooperation. Im Reichsjugendwohlfahrtsgesetz von 1922 erhielten die Wohlfahrtsverbände zum ersten Mal gesetzlich zugeschriebene Aufgaben; in einem staatlichen Erlaß zur Fürsorgepflicht wird die Vorrangigkeit „freier“ Träger vor staatlichen Angeboten begründet, damit das Subsidiaritätsprinzip erstmalig gesetzlich angewandt.

Selbst der Nationalsozialismus hat sich nach der Gleichschaltung der Wohlfahrtsverbände ihrer als Werkzeug bedient. Dadurch blieb zumindest die historische Kontinuität der religiösen Wohlfahrt gewahrt, allerdings um den Preis einer in mancher Hinsicht nicht ehrenvollen Anpassung.

Heute sind die Wohlfahrtsverbände für die Ausgestaltung der sozialen Wohlfahrt, inclusive weitestreichender sozialpädagogischer Trägerschaften, ein mächtiges Gestaltungselement der Bundesrepublik Deutschland. Es haben sich die folgenden sechs Spitzenverbände der freien Wohlfahrtspflege etabliert, die – wie die Kirchen – von vornherein per Gesetz anerkannte Träger der freien Jugendhilfe sind (§ 75 Abs. 3 KJHG; statistische Angaben in Klammern nach Gernert 1993, S. 115–117):

- die Arbeiterwohlfahrt, Bundesverband e.V., Bonn (585 000 Mitglieder, 80 000 ehrenamtl., 32 000 hauptamtl. Mitarbeiter),
- der Deutsche Caritasverband, Freiburg i. Br. (223 000 hauptamtl., darunter 28 000 Ordensleute, viele Tausend ehrenamtl. Helfer),
- das Diakonische Werk der Evangelischen Kirche, Stuttgart (215 000 hauptamtl., noch mehr nebenberufl. Mitarbeiter),

- der Paritätische Wohlfahrtsverband, Frankfurt/Main (mit 4070 angeschlossenen, selbständigen Vereinen),
- das Deutsche Rote Kreuz, Bonn (4,5 Mio. Mitglieder in 6432 Orts- und 624 Kreisverbänden, 327000 HelferInnen),
- die Zentralwohlfahrtsstelle der Juden, Frankfurt/Main (27000 Mitglieder).

Die Bedeutung der Wohlfahrtsverbände ist gesichert durch das Bundessozialhilfegesetz (BSHG) von 1961, ebenso im KJHG von 1990. Positiv ist zu verzeichnen, daß durch die relativ unabhängige Stellung gegenüber den staatspolitischen Instanzen der gesellschaftliche Sozialbedarf nicht allein von Tages- und Etatpolitik bestimmt werden kann, so sehr solche Versuche in wirtschaftlich schlechten Zeiten auch unternommen werden. Insgesamt hat bisher der Verbund staatlicher und „freier" Wohlfahrtspflege zu einem Versorgungsstand geführt, der – trotz weiterer Verbesserungsnotwendigkeiten – einem internationalen Vergleich standhält.

Kritisch ist zu bedenken, daß die enge Verzahnung der Wohlfahrtspflege mit der Staatsbürokratie sie selbst bürokratisch verkrusten läßt und damit ihre „Kunden" befremdet. Befremdet von Bürokratisierung und Professionalisierung sind auch viele potentielle ehrenamtliche Mitarbeiter, so daß über Jahrzehnte ein deutlicher Rückgang dieses Engagements zu verzeichnen ist. Ein weiterer kritischer Punkt ist der kartellartige Zusammenschluß der Wohlfahrtsverbände, der diese zwar als Verhandlungspartner der Politik und staatlichen Sozialbürokratie stärkt, zugleich aber spontanen und innovativen Initiativen den Marsch durch die Institutionen zumutet.

Fraglich und neuerdings zunehmend umstritten ist, ob das (sozialpädagogische) Subsidiaritätsprinzip bei derartigen „Staaten im Staate" nicht seine ursprüngliche Begründung und Legitimation eingebüßt hat. Seit einigen Jahren wird deshalb verstärkt über eine Neuorientierung diskutiert, die verstärkt das Subsidiaritätsprinzip im Sinne eines Prinzips der Optimierung der Erziehung und der Erziehungswirksamkeit bestimmt (vgl. Münder 1987, S. 1147ff.).

Der „Paritätische" bietet ein gewisses Gegengewicht, indem er ohne weltanschauliche Prüfung soziale Vereinigungen aufnimmt und stützt, trotzdem wirken auch hier die bürokratischen Strukturen hemmend und energieverbrauchend.

Bis hierher ist vor allem unter dem Gesichtspunkt der gesellschaftlichen Makroprozesse die Bedeutung der Wohlfahrtsverbände als Verhandlungspartner der Sozialpolitik herausgehoben worden. Ihr Selbstverständnis gegenüber ihren angeschlossenen Untergliederungen und

Institutionen, in denen die konkrete sozialpädagogische Arbeit vor Ort stattfindet, läßt sich nach ihren eigenen Zielsetzungen mit ihren Aufgaben als Spitzenverbände bezeichnen als

- Vertretung,
- Beratung und
- Kontrolle ihrer Mitgliedervereinigungen.

Das Jugendamt

Unter der groben Bezeichnung „Jugendamt“ sollen an dieser Stelle die Träger der öffentlichen Jugendhilfe vorgestellt werden. Zu nennen sind hier das Jugendamt bzw. Landesjugendamt sowie der Jugendhilfeausschuß bzw. Landesjugendhilfeausschuß (Landschaftsverband).

Die Jugendämter verhalten sich zu den ihnen entsprechenden Jugendhilfeausschüssen wie die Exekutive zur Legislative; d.h. die Jugendämter sind im großen und ganzen Verwaltungs- und sozialpädagogische Ausführungsorgane, während die Jugendhilfeausschüsse die Richtlinien der Jugendhilfe für den Bereich bestimmen, für den sie zuständig sind. Im einzelnen besagt § 71 des Kinder- und Jugendhilfegesetzes (KJHG):

„(2) Der Jugendhilfeausschuß befaßt sich mit allen Angelegenheiten der Jugendhilfe, insbesondere mit

1. der Erörterung aktueller Problemlagen junger Menschen und ihrer Familien sowie mit Anregungen und Vorschlägen für die Weiterentwicklung der Jugendhilfe,
2. der Jugendhilfeplanung und
3. der Förderung der freien Jugendhilfe.

(3) Er hat Beschlußrecht in Angelegenheiten der Jugendhilfe im Rahmen der von der Vertretungskörperschaft bereitgestellten Mittel, der von ihr erlassenen Satzung und der von ihr gefaßten Beschlüsse. Er soll vor jeder Beschlußfassung der Vertretungskörperschaft in Fragen der Jugendhilfe und vor der Berufung eines Leiters des Jugendamts gehört werden und hat das Recht, an die Vertretungskörperschaft Anträge zu stellen. Er tritt nach Bedarf zusammen und ist auf Antrag von mindestens einem Fünftel der Stimmberechtigten einzuberufen. Seine Sitzungen sind öffentlich, soweit nicht das Wohl der Allgemeinheit, berechtigte Interessen einzelner Personen oder schutzbedürftiger Gruppen entgegenstehen.“

Mit der zitierten Bestimmung ist der örtliche Jugendhilfeausschuß als Pendant der Verwaltung der örtlichen Jugendämter gemeint auf der Ebene der Kreise und kreisfreien Städte, z.T. auch kreisangehöriger Städte, sofern diese von Größe und Vermögen her zum Betrieb eines eigenen Jugendamtes in der Lage sind. Diesen Jugendämtern obliegt die gesamte Verantwortung der Jugendhilfe; sie sind verpflichtet, das gesamte gesetzlich vorgeschriebene Angebot bereitzuhalten, sofern es nicht von freien Trägern gestaltet wird. In letzterem Falle haben sich die Jugendämter gemäß dem Subsidiaritätsprinzip mit eigenen Maßnahmen zurückzuhalten und stattdessen die Beratung, Förderung und Gesetzeskonformität der freien Initiativen und Einrichtungen zu gewährleisten. Wie sehr der Grundsatz der subsidiären Beteiligung das Jugendamt bindet, zeigt die Zusammensetzung des ihm vorangestellten Jugendhilfeausschusses, der „mit zwei Fünfteln des Anteils der Stimmen (aus) Frauen und Männer(n besteht, Anm. d. Autors), die auf Vorschlag der im Bereich des öffentlichen Trägers wirkenden und anerkannten Träger der freien Jugendhilfe von der Vertretungskörperschaft gewählt werden; Vorschläge der Jugendverbände und der Wohlfahrtsverbände sind angemessen zu berücksichtigen“ (§ 71,2 KJHG).

Konsequenterweise reicht die Subsidiaritätsverpflichtung der öffentlichen Jugendhilfe bis in die durchgehende Förderung und Stärkung der Familie, deren Autonomie und Vorrang gesetzliche Vorgabe für die Arbeit des Jugendamtes ist. Nicht in gleichem Maße konsequent ist die Tatsache, daß Kinder, Jugendliche und junge Menschen – die eigentlichen „Kunden“, Endabnehmer oder anders gesehen „Erzpartner“ – selbst kein Antragsrecht gegenüber dem Jugendamt und seinen Mitarbeitern haben. Trotzdem ist ihre Beteiligung, ihr Anhörungsrecht sowie ihre Beratung, notfalls auch ohne Kenntnis der Personensorgeberechtigten, gemäß § 8 KJHG sichergestellt.

Der den örtlichen Jugendämtern vorgeschriebene Leistungskatalog ist von größter Reichweite. Um eine grobe Übersicht zu vermitteln, greifen wir die Überschriften der leistungsbezogenen Paragraphen aus dem zweiten und dritten Kapitel des KJHG insoweit auf, als sie eindeutig sozialpädagogischen Charakter haben. (Hinzu kommen weitere Aufgaben mit vorwiegend administrativen Zügen.)

Zweites Kapitel KJHG:
Leistungen der Jugendhilfe

- Jugendarbeit, Jugendsozialarbeit, erzieherischer Kinder- und Jugendschutz, §§ 11–15.
- Förderung der Erziehung in der Familie, §§ 16–21.
- Förderung von Kindern in Tageseinrichtungen und in der Tagespflege, §§ 22–26.
- Hilfe zur Erziehung, Hilfe für junge Volljährige, §§ 27–41.

Drittes Kapitel KJHG:
Andere Aufgaben der Jugendhilfe

- Vorläufige Maßnahmen zum Schutz von Kindern und Jugendlichen, §§ 42/43.
- Schutz von Kindern und Jugendlichen in Familienpflege und in Einrichtungen, §§ 44–49.
- Mitwirkung in gerichtlichen Verfahren, §§ 50–52.
- Pflegschaft und Vormundschaft für Kinder und Jugendliche, §§ 53–58.

Eine stärker beratende, planende und innovative Aufgabe ist für das Landesjugendamt vorgesehen. § 89 regelt die sachliche Zuständigkeit:

„(2) Das Landesjugendamt ist zuständig für

1. die Beratung der Jugendämter und die Entwicklung zur Erfüllung der Aufgaben nach diesem Buch,
2. die Förderung der Zusammenarbeit zwischen den Jugendämtern und den anerkannten Trägern der freien Jugendhilfe, insbesondere bei der Planung und Sicherstellung eines bedarfsgerechten Angebotes an Hilfen zur Erziehung,
3. die Anregung oder Förderung von Einrichtungen, Diensten und Veranstaltungen sowie deren Schaffung und Betrieb, soweit sie den örtlichen Bedarf übersteigen; dazu gehören insbesondere Einrichtungen, die eine Schul- oder Berufsausbildung anbieten, sowie Jugendbildungsstätten,
4. Planung, Anregung, Förderung und Durchführung von Modellvorhaben zur Weiterentwicklung der Jugendhilfe,
5. die Beratung des Jugendamtes bei der Gewährung von Hilfe zur Erziehung nach den §§ 32–34, insbesondere bei der Auswahl einer Einrichtung oder der Vermittlung einer Pflegeperson in schwierigen Einzelfällen,
6. die Wahrnehmung der Aufgaben zum Schutz von Kindern und Jugendlichen in Einrichtungen (§§ 45–48),
7. die Beratung der Träger von Einrichtungen während der Planung und Betriebsführung,
8. die Fortbildung von Mitarbeitern in der Jugendhilfe,
9. Leistungen für Deutsche außerhalb des Geltungsbereichs dieses Gesetzbuches (§ 6 Abs. 3), soweit es sich nicht um die Weitergewährung einer Hilfe handelt,
10. die Erteilung der Erlaubnis zur Übernahme von Pflegschaften, Vormundschaften oder Beistandschaften durch einen rechtsfähigen Verein (§ 54).“

In § 89,5 heißt es abschließend: „Durch Landesrecht kann die Förderung der Jugendarbeit, soweit für sie nach Absatz 2 das Landesjugendamt zuständig ist, auf andere Körperschaften des öffentlichen Rechts übertragen werden.“

Diese Übertragungsmöglichkeit ist die Grundlage für die Zuständigkeit der beiden Landschaftsverbände Rheinland und Westfalen-Lippe in Nordrhein-Westfalen: Diese Landschaftsverbände stellen das Erbe einer von Preußen zugestandenen Verwaltungsautonomie dar. Bis zum heutigen Tage dienen sie als Zusammenschlüsse kommunaler Selbstverwaltung und regeln die Angelegenheiten des öffentlichen Lebens, die die einzelnen Kommunen besser im Verbund als in Alleingängen bewältigen können. Im Falle der Jugendhilfe fungieren sie anstelle des Landesjugendamtes.

Das Jugendamt ist nach der Konzeption des KJHG eine Institution, die vom Geist einer aushandelsfähigen Demokratie geprägt ist. Immer hat es sich um Beteiligung und Mitentscheid Betroffener und um Ausgleich von Gegensätzen zu bemühen, beispielsweise bei der Aufgabe der Mediation sich trennender und getrennter Ehepartner zum Zwecke gemeinsamer und versöhnlicher Abstimmung über Wohl und Erziehung der gemeinsamen Kinder (§ 17 KJHG) (s. auch 5.3.3).

Den Leser wird es verwundern, daß Jugendamt und Jugendhilfeausschuß auf den vorangehenden Seiten stärker aus der Sicht des gesetzlichen Auftrages als der Realität skizziert werden. Abgesehen davon, daß diese „Einführung in die Sozialpädagogik“ auf das „allgemeine“ Jugendamt und den „allgemeinen“ Jugendhilfeausschuß abhebt, gibt es einen anderen Grund für die Zurückhaltung bei der Deskription der Ist-Zustände: Diese sind erfreulicherweise durch das „neue“ KJHG vom 26. 6. 1990 erheblich in Bewegung geraten. Es bleibt zu hoffen, daß sie sich weiter in Richtung der gesetzlichen Sollzustände entwickeln.

Dazu bedarf es mehrerer Vorbedingungen:

1. Die den Jugendämtern bereitgestellten Etats müssen den Soll-Vorschriften entsprechen. (Es ist z.B. empörend, wenn das Gesetz in § 24 die Bereitstellung von Kindergartenplätzen für alle Kinder verlangt, in den Haushalten jedoch ausreichende Mittel für bauliche und personale Maßnahmen nicht bereitgestellt werden und die Jugendämter gewissermaßen durch Verweigerung der notwendigen Etats an der Erfüllung ihres gesetzlichen Auftrags verhindert werden.)
2. Vor allem professionelle, darüber hinaus aber auch ehrenamtliche Mitarbeiter der Jugendhilfe müssen dringend für die Ausführung zahlreicher notwendiger, durch das Gesetz anerkannter sozialpädagogischer Aufgaben geschult werden. Eindeutig schreibt das KJHG den Jugendämtern die Qualifikation der eigenen Mitarbeiter vor

(z. B. § 72). Wie soll es auch z. B. möglich sein, daß Sozialpädagogen eine qualifizierte Mediation übernehmen, wenn sie selbst nie für diese Aufgabe qualifiziert wurden. Die dringend notwendige Qualifizierung von Mitarbeitern der Jugendhilfe im Sinne des KJHG ist bisher jedoch weder im Beispielsfall der Mediation noch auf anderen Gebieten innovativer Aufgabenstellung und -sicht angelaufen.

3. Die universitäre ebenso wie die fachhochschulische Ausbildung von Sozialpädagogen und Sozialarbeitern muß anwendungsbezogen auf die Arbeit der Jugendhilfe und ihres Hauptorgans, des Jugendamts, überdacht und neu konzipiert werden.

§ 81 KJHG sieht dies mit folgendem Wortlaut vor: „Die Träger der öffentlichen Jugendhilfe haben mit anderen Stellen und öffentlichen Einrichtungen, deren Tätigkeit sich auf die Lebenssituation junger Menschen und ihrer Familien auswirkt, insbesondere mit ... Einrichtungen der Ausbildung für Fachkräfte, der Weiterbildung und der Forschung im Rahmen ihrer Aufgaben und Befugnisse zusammenzuarbeiten." Auch hierzu stehen die notwendigen Anstrengungen und Mittel aus.

Das Sozialamt

Auf den ersten Blick verhält sich das Sozialamt zum Bundessozialhilfegesetz (BSHG) wie das Jugendamt zum Kinder- und Jugendhilfegesetz (KJHG): Beide Ämter stellen die öffentlichen Ausführungsorgane der entsprechenden Gesetze dar, beide versorgen eine zugeordnete Klientel mit rechtlich zustehenden Leistungen, beide stehen subsidiär mit freien Trägern im politisch gewollten Verbund.

Auf den zweiten Blick fallen allerdings Unterschiede auf: Anders als das Jugendamt ist das Sozialamt kein konstitutiver Anteil des Gesetzes. Es leitet sich aus der historischen Praxis der kommunalen Zuständigkeit von Städten und Gemeinden für die Armenversorgung ab. Auch heute ist diese lokale Zuständigkeit ein Prinzip der Sozialhilfe. Die kommunalen Sozialämter sind sein operationales Pendant.

Ein weiterer Unterschied ergibt sich bei der Betrachtung der Klientel: Läßt sich für die Jugendhilfe die Gesamtheit der Kinder und Jugendlichen, bestimmt über Alter und Lebensphase, als Adressaten festmachen, so ist der Empfängerkreis der Sozialhilfe deutlich heterogen. Er rekrutiert sich aus solchen Mitgliedern der Gesellschaft, die selbsttätig den Nachweis für folgende Antragsfälle führen müssen:

- Ihnen steht ein gesetzlich festgelegtes Minimum zur Lebensführung nicht zur Verfügung,

- aus diesem Grunde beantragen sie „Hilfe zum Lebensunterhalt (HLU)“ oder
- sie stellen einen Antrag auf „Hilfen in besonderen Lebenslagen (HbL)“, z.B. im Falle von Behinderung, Pflegebedürftigkeit, Ausbildung, Schwangerschaft.

Auch bezüglich der Subsidiarität läßt sich zwischen Jugendhilfe und Sozialhilfe, respektive Jugendamt und Sozialamt, ein deutlicher Unterschied feststellen. Über die Jugendverbände und viele freie Initiativen kirchlicher, sportiver, ökologischer, politischer und anderweitiger interessengebundener Herkunft bietet sich dem Jugendamt eine ausgiebige Vielfalt subsidiärer Mitwirkung und Abstinenz.

Das Sozialamt jedoch ist für die Hilfe zum Lebensunterhalt und weitestgehend auch für die Hilfe in besonderen Lebenslagen der alleinige Leistungsträger. Ausnahmen bilden die Sozialhilfeleistungen, die über anstaltsbezogene Hilfen wie Altenheime oder Behindertenwohneinrichtungen in Anspruch genommen werden. Aber auch hier ist die subsidiäre bzw. die zwischen Sozialamt und freien Trägern stattfindende Zusammenarbeit qualitativ eingeschränkt. Im großen und ganzen reduziert sie sich auf das Aushandeln und Inanspruchnehmen der öffentlichen Mittel durch die Wohlfahrtsverbände und ihre Einrichtungen.

Was den Endabnehmer von Sozialhilfe betrifft, so ist zwar prinzipiell sein subsidiärer Einbezug in die Hilfe als emanzipatorische Selbsthilfe vorgesehen. Rein äußerlich hat er dagegen bei der Antragstellung den Nachweis des nicht ausreichenden „Selbsthilfevermögens“ zu führen; dabei werden seine vorhandenen Mittel an Eigentum und Einkommen in Vergleich gebracht zum gesetzlich garantierten Existenzminimum; die verbleibende Lücke wird sodann über die Sozialhilfe geschlossen.

Es leuchtet ein, daß dieser Nachweis nicht ohne Peinlichkeit vonstatten geht, daß jeder einzelne Antragsteller sich bei diesem Vorgang als Versager vorkommen muß und sich trotz amtlicher Sozialhilfe einer anonymen Staatsbürokratie nicht in einem Klima der Solidarität aufgehoben fühlt.

Was die Kritik an dem derzeitigen Sozialhilfesystem und seinem Ausführungsorgan Sozialamt betrifft, so läßt sie sich zentrieren auf die Tatbestände der Bürokratisierung, Diskriminierung und Individuierung. Hinter diesen Schwächen steckt außer dem historischen – vielleicht auch anthropologischen Ballast mangelnder Solidarität – auch die moderne Problematik der kapitalistischen Leistungsgesellschaft.

Leibfried (1987, S. 953f.) führt aus, daß es zum selbstverständlichen und somit nicht mehr hinterfragten Prinzip der Gesellschaft gehöre, daß die untere Schicht der Bevölkerung vom Vermögen an Kapital grundsätzlich ausgeschlossen ist, daß sie sich alleine über ihre Arbeit reproduziere und daß ihr als „Armutsbevölkerung“ für eine Reihe von Versicherungen – z. B. gegen Krankheit, Alter, Arbeitslosigkeit – ein erstes Auffangnetz gegen eine existenzbedrohende Ausweitung ihrer Grundarmut geknüpft sei. Wenn nun dieses Netz nicht zur Verfügung steht, weil der Betroffene milieu-, behinderungs-, krankheits-, charakterbedingt oder als Angehöriger von Minderheiten, als Flüchtling oder Asylant nicht anspruchberechtigt ist, wird er als Merkmalsträger der zugespitzten, nicht mehr „ehrenhaften“ Armut zum Sozialhilfeempfänger. Ihm haftet der Nimbus des Versagers und auch des Parasiten an.

Befürworter des Systems könnten argumentieren, die Diskriminierung der Sozialhilfeempfänger diene dem guten Zweck, die Eigenkräfte der Betroffenen anzuregen und aus dem Zustand der wenig angesehenen Abhängigkeit herauszukommen. Ihnen ist entgegenzuhalten, daß manche Biografien von Menschen so verlaufen, daß die individuelle Chance der Selbstreproduktion über die Lohnarbeit nie ganz gegeben ist – denken wir z. B. an Behinderte oder an Mütter oder auch Familien mit vielen Kindern.

Vor allem aber muß folgendes gesehen werden: Frauen und Angehörige der sogenannten Unterschicht sind in überproportionalem Maße am Kreis der Sozialhilfeempfänger beteiligt. Dies weist darauf hin, daß es nicht in erster Linie individuelle Merkmale sind, die zum Bedarf an Sozialhilfe führen, sondern daß benachteiligende Faktoren innerhalb des Gesellschaftsgefüges wirksam sind, die die Diskriminierung von Sozialhilfeempfängern als ungerechtfertigte Selbstgerechtigkeit der Nicht-Betroffenen entlarven. Diese Ungerechtigkeiten müssen Zug um Zug analysiert und beseitigt werden.

Bis dahin bleiben Sozialhilfe und Sozialamt notwendige Mittel der Abstützung von Randgruppen, die außer Sozialhilfe dringend sozialpädagogische Unterstützung für Selbstachtung, Solidarisierung und „Empowerment“ brauchen, um sich trotz Sozialhilfe als selbstbewußte Bürger auch selbst vertreten und politisch beteiligen zu können.

5.3 Methoden

Das Wort „Methode“ ist griechischen Ursprungs und bedeutet soviel wie „Weg“. Innerhalb von Wissenschaft und Praxis bedeutet es, daß von einem bestimmten Ausgangspunkt aus ein bestimmtes Ziel angestrebt und dazu ein bestimmter Weg gewählt wird.

Praxis von Sozialpädagogik und Sozialarbeit zielt immer auf die Veränderung sozialer Gegebenheiten. Verändern sollen sich dabei je nachdem Menschen, Gruppen und/oder Gemeinwesen bis hin zu ganzen Gesellschaften. Das amerikanische „social work" hat seine Methoden schlicht danach unterschieden, wer sich unter seinem Einfluß verändern bzw. entwickeln soll: Geht es um Einzelpersonen, so handelt es sich um die Methode des „case work"; wird in und mit Gruppen gearbeitet, so spricht man von „group work"; sind Vergesellschaftungen gemeint, die zu groß sind, als daß sie noch Gruppencharakter haben, so heißt die Methode „community work". Diese klassische Dreiteilung der Methoden ist ins Deutsche übernommen worden und heißt hier: Einzelfallhilfe, Gruppenarbeit und Gemeinwesenarbeit.

Im Sinne der Konvergenz, d.h. einer zunehmend miteinander verknüpften Praxis von Sozialpädagogik und Sozialarbeit, hat sich die Triade auch in der Sozialpädagogik eingebürgert. Sie ist hilfreich insofern, als mit ihr auf Anhieb festgestellt werden kann, wer mit einer bestimmten Methode auf den Weg gebracht oder begleitet werden soll. Über den Weg selbst oder über das Ziel sagt dieses Dreierschema zunächst nichts aus.

Ein anderes, ebenfalls dreigliedriges Schema differenziert nach den Kompetenzen des beruflichen Handelns. Es hat also nicht in erster Linie die Adressaten, sondern die Sozialarbeiter und Sozialpädagogen im Blick.

Und zwar wird die berufliche Qualifikation unterschieden in:

- technisches Können und Wissen (= instrumentelle Kompetenz),
- reflexive Selbst-, Partner- und Situationswahrnehmung (= reflexive Kompetenz) und
- soziale Aushandlungsfähigkeit von gemeinsamen Konzepten, an denen alle Beteiligten partnerschaftlich beteiligt sind (= soziale Kompetenz) (vgl. Geißler/Hege 1981, S. 257 ff.).

Das folgende Beispiel „Segeltörn" – eine erlebnispädagogische Maßnahme – soll dies verdeutlichen:

Auf einem Segeltörn bricht ein Streit aus. Die z.Z. für die Kombüse verantwortliche Crew hat das Essen, eine Eintopfsuppe, fürchterlich versalzen und zusätzlich anbrennen lassen. Die anderen arbeitsteiligen Gruppen verweigern daraufhin ihren Dienst. Die Segel werden nicht gerafft, das Boot schlingert.

Der für die Gruppenarbeit zuständige Sozialpädagoge verständigt sich mit dem Kapitän über die Gefährlichkeit der Segelsituation. Die beiden entscheiden, daß sie das Risiko des Schlingerns im Augenblick verantworten wollen und können (instrumentelle Kompetenz des Wissens, soziale Kompetenz gemeinsamer Verantwortung).

Der Sozialpädagoge spricht die lautesten und dominierenden Kontrahenten ruhig und bestimmt an, erinnert an früher Vereinbartes, daß nämlich auch bei Streitigkeiten einer nach dem anderen reden dürfe. Die Angesprochenen reagieren murrend, aber sie nehmen sich zurück (instrumentelle Beherrschung gruppendynamischer Regeln, zugleich soziale Kompetenz der Aushandlungsfähigkeit, hier des Streitverhaltens).

Der Sozialpädagoge reflektiert sich: Er hat Angst, ob er den Streit schlichten wird. Er ist ärgerlich über die Schlamperei der Köche. Er versteht die Protestler. Er hat selbst Hunger und sieht ein, daß der „Fraß" nicht zu essen ist. Trotzdem ist er wütend auf die Hysterie, mit der die Frustrierten das Malheur aufbauschen. Er überlegt, daß das Primärbedürfnis Hunger die Hauptrolle für die ganze Szene spielt (= reflexive Kompetenz).

Er weiß aufgrund seiner Planungsübersicht, daß die Vorräte für einen Sonderzugriff reichen (instrumentelle Kompetenz). Er erklärt dies der Mannschaft und macht den Vorschlag, den Streit für eine halbe Stunde einzustellen und einige Dosen Rindfleisch mit Bohnen zu essen. Der Vorschlag wird angenommen. Die „Meute" wird ruhiger (soziale Kompetenz). Nach dem Essen wird die Diskussion wieder aufgenommen. Die „Schuldigen" zeigen sich einsichtig und verpflichten sich, noch ein weiteres Mal Küchendienst zu machen. Die Protestler geben sich zufrieden und gehen an die Segel.

Der Sozialpädagoge reflektiert den Vorgang. Er ist nicht sicher, ob der Zugriff auf die Vorräte nicht zu früh war, ob er den sozialen Prozeß durch Befriedigung der Primärbedürfnisse mit Hilfe der „Fleischtöpfe" nicht zu früh, vielleicht sogar unnötigerweise unterbunden hat (reflexive Kompetenz).

Soweit ein konkretes Beispiel zur Verdeutlichung der drei Kompetenzarten der beruflichen Qualifikation innerhalb sozialpädagogischen Handelns.

Betrachten wir ein weiteres Kompetenzschema für die Praxis der Sozialpädagogik:

Die Geschäftsstelle für die Studienreformkommission im Sekretariat der Kultusministerkonferenz hat 1987 eine „Rahmenordnung für die Diplomprüfung im Studiengang Erziehungswissenschaft" herausgegeben. Darin befaßt auch sie sich, für die „spezielle Erziehungswissenschaft" bzw. „Studienrichtung" Sozialpädagogik, mit der Ausformung der benötigten speziellen pädagogischen Handlungskompetenz. Die drei soeben vorgestellten Kompetenzen tauchen auch in dieser Systematik auf, allerdings sind sie auf zwei Richtungen verteilt und stärker differenziert.

Dimensionen der Handlungskompetenz / Handlungsmodalitäten	Wahrnehmen Erkennen Diagnostizieren	Kooperieren Interagieren	Reflektieren Überprüfen Evaluieren Kritisieren
Erziehen Beraten Helfen			
Unterrichten Informieren Wissen vermitteln			
Organisieren Verwalten Planen			

Abb. 18: Handlungsmodalitäten sind auf die Dimensionen der allgemeinen pädagogischen Handlungskompetenzen zu beziehen.

Einerseits ist von „Dimensionen der allgemeinen pädagogischen Handlungskompetenz" die Rede, und zwar von:
- Wahrnehmen, Erkennen, Diagnostizieren,
- Kooperieren, Interagieren,
- Reflektieren, Überprüfen, Evaluieren, Kritisieren (ebd., S. 45).

Andererseits werden „Handlungsmodalitäten" abgehandelt, die auf die „Dimensionen" zu beziehen sind, nämlich (Abb. 18):
- Erziehen, Beraten, Helfen,
- Unterrichten, Informieren, Wissen vermitteln,
- Organisieren, Verwalten, Planen (ebd., S. 45).

Bringt man die klassische Methodendreiheit einerseits und die „Dimensionen" und „Handlungsmodalitäten" der Rahmenordnung andererseits in ein dreidimensionales Schema, so ergibt sich ein Methodenwürfel (Abb. 19).

Dieser Methodenwürfel oder „Methods-cube" eignet sich für die Standortbestimmung der jeweils einzelnen Aktivitäten im beruflichen Handeln von Sozialarbeitern und Sozialpädagogen. Er läßt sich natürlich auch im Studium zur Analyse von Praxis und Fallbeispielen einsetzen. Insofern ist er selbst ein methodisches Hilfsmittel bzw. „Verfahren" und dient speziell zur Operationalisierung von Reflektieren

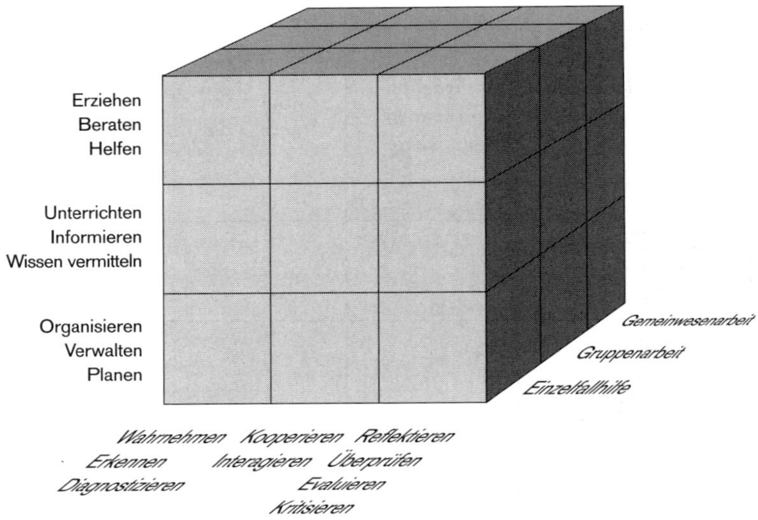

Abb. 19: Das Cubiculum als Methodenwürfel zur Operationalisierung innerhalb der Sozialpädagogik.

und Überprüfen. Da wir ihn einsetzen, um das „Curriculum" des Studienschwerpunktes Sozialpädagogik abzuarbeiten, nennen wir den Methodenwürfel „Cubiculum".

Damit sind wir mit der Systematik soweit gediehen, daß wir uns konkreten Methoden der Praxis annähern können. Dies kann nur exemplarisch geschehen, d.h. wir greifen einige Methoden, die uns wichtig erscheinen, heraus; wir wollen damit aber kein Urteil darüber fällen, ob es sich um die wichtigsten handelt. Dabei soll gleichzeitig der Methodenwürfel auf seine Anwendbarkeit hin überprüft werden. Und zwar werden wir so vorgehen, daß wir die „Handlungsmodalitäten" Zug um Zug mit verschiedenen einschlägigen Methoden belegen und diese auf Anteile der allgemeinen Handlungskompetenzen durchleuchten. Der Hinweis auf die Adressaten, d.h.: ob es sich um Einzelfallhilfe, Gruppenarbeit oder Gemeinwesenarbeit handelt, wird implizit mitbedacht werden.

Damit der kleine, exemplarische Methodenkanon auf einen Blick mit dem Methodenwürfel abgeglichen werden kann, listen wir in Abb. 20 die Methoden, die anschließend skizziert werden, entlang den Handlungsmodalitäten auf.

Handlungsmodalitäten	kleiner Methodenkatalog (Auswahl)
Erziehen (5.3.1) Beraten (5.3.2) Helfen (5.3.3)	z. B.: Situationsansatz, Erlebnispädagogik z. B.: partnerzentrierte Gesprächsführung z. B.: Gruppendynamik, Mediation – Familienhilfe in Trennungsfällen
Unterrichten (5.3.4) Informieren (5.3.5) Wissen vermitteln (5.3.6)	z. B.: Präsentation z. B.: Öffentlichkeitsarbeit z. B.: Moderation
Organisieren (5.3.7) Verwalten (5.3.8) Planen (5.3.9)	z. B.: Organisationsentwicklung z. B.: Sozialmanagement z. B.: Zielorientiertes Planen von Projekten

Abb. 20: Exemplarischer Methodenkanon der Sozialpädagogik.

5.3.1 Zur Handlungsmodalität Erziehen

Zum Beispiel: Situationsansatz (mit H.-J. Adler)

Der frühkindlichen Erziehung, wie sie institutionell im Kindergarten verankert ist, wurde zum Ende der 60er Jahre und bis weit in die Mitte der 70er Jahre hinein von seiten der Erziehungswissenschaft und engagierter Vertreter aus der sozialpädagogischen Praxis eine bisher nicht dargebotene Aufmerksamkeit entgegengebracht. Zur Diskussion standen drei komplexe Ansätze, von denen heute der Situationsansatz als didaktisch-methodisches Arbeitsprinzip im Kindergarten gehandhabt wird.

In einem ersten Ansatz wurde vor dem Hintergrund einer leistungsorientierten Gesellschaft die Altersphase der 3- bis 4jährigen als Reservoir für eine gezielte intellektuelle Förderung entdeckt, was sich im Ergebnis als konsequente Vorschulförderung bzw. Vorschulpädagogik niederschlug. Als ein Highlight wurde das „Frühe-Lesen-Lernen" propagiert. Ein weiterer Ansatz favorisierte bei den 3- bis 6jährigen die Fähigkeit, eigene Bedürfnisse selber zu regulieren. Als Grundlage wurde eine repressionsfreie und gewaltlose Erziehung gefordert. Bekannt wurde dieses Postulat durch die Vertreter der sogenannten „Antiautoritären Erziehung". Der dritte Ansatz formulierte die Anerkennung eines eigenen Entwicklungszeitraumes „Frühe Kindheit". Kinder sollten nach diesem Verständnis mit Hilfe professioneller Pädagogen aus sozialen Situationen und den darin involvierten Erlebnissen ihres täglichen Lebens eigene Erfahrungen sammeln können und somit zu einer tragfähigen, weiterführenden Sach- und Sozialkompetenz gelangen.

Von diesem Verständnis ausgehend wurde der Situationsansatz entwickelt. Unter der Vorgabe des Deutschen Bildungsrates wurde im Jahre 1973 in der Studie „Zur Einrichtung eines Modellprogramms für Curriculumsentwicklung im Elementarbereich" bundesweit die Richtung aufgezeigt. Dort heißt es zum situationsbezogenen Lernen: „Bei der Entwicklungsarbeit ist von den realen Lebenssituationen der Kinder auszugehen ... (dabei sollen die Kinder lernen, Anm. d. Autors) ihre Lebenssituationen zu beeinflussen und zunehmend selbständig zu bewältigen" (Deutscher Bildungsrat 1973, S. 13 f.). Entsprechende Erprobungsprogramme wurden in verschiedenen Bundesländern unter Federführung des Deutschen Jugendinstituts (DJI) München eingerichtet und durchgeführt.

Seit dieser Zeit hat die Entwicklung des situationsorientierten Arbeitens im Kindergarten unterschiedliche Ansätze hervorgebracht (vgl. Briel 1981). Im Arbeitsbereich Kindergarten hat sich der Situationsorientierte Ansatz als eine theoretisch fundierte Praxisanleitung für alle Fachkräfte im Kindergarten herauskristallisiert.

Der Situationsansatz beinhaltet und hat zum Ziel, daß „Kinder verschiedener sozialer Herkunft und mit unterschiedlicher Lerngeschichte befähigt werden, in Situationen ihres gegenwärtigen und künftigen Lebens möglichst autonom und kompetent denken und handeln zu können" (Arbeitsgruppe Vorschulerziehung 1976). Gebunden ist dieser Ansatz an die vier Charakteristika der sozialen Situation im Kindergarten und an fünf didaktische Prinzipien, die somit auch die methodische Ausrichtung unterstreichen.

Als charakteristische Merkmale der sozialen Situation im Kindergarten lassen sich festhalten:

- Leben und Lernen vollzieht sich in Kontexten,
- das Kind wird als ganzer Mensch gesehen,
- Betroffenheit und Beteiligung der Kinder sind Ausgangspositionen,
- der Vorrang des diskontinuierlichen Lernens wird im Auge behalten.

Als didaktische Prinzipien kommen in Frage:

- Altersmischung,
- differenzierte Gruppenarbeit,
- indirekte Methoden,
- flexibler Tagesablauf,
- Gemeinwesenorientierung

(vgl. auch Krenz 1992; Colberg-Schrader, H./Krug, M. 1982; Ministerium für Arbeit, Gesundheit und Soziales NRW 1985).

Ein Beispiel soll abschließend Grundprinzipien des Situationsansatzes veranschaulichen und sie zum weiter oben vorgestellten Cubiculum in Beziehung setzen:

Indem die Erzieherin eine soziale Situation – z. B. nebenan wird ein Haus gebaut – als Angebot für die Kinder erschließt und anbietet, begibt sie sich nach unserem Cubiculum in das Feld des Erziehens und Beratens: Kinder sollen erfahren, wie ein Haus gebaut wird, wer ein Haus baut, welche Materialien werden benutzt, wofür Häuser gebraucht werden? In was für einem Haus wohne ich? etc.

Dabei wird sie wahrnehmen, erkennen und diagnostizieren: Kai kennt bereits Mörtel, Monika weiß, wozu die Maurer Wasser benötigen, einige Kinder haben sicherlich schon einmal bei einem Hausbau zugeschaut. Zugleich ist die Erzieherin aufgefordert, mit den Kindern zu kooperieren und zu interagieren: Ralf, du schaust gerade auf die Schubkarre dort. Gut, daß du deine Sandkastenschaufel mitgenommen hast. Ich frage den Maurer, ob er mir die große Schaufel ausleiht, dann können wir zusammen Sand in die Karre schaufeln. Und letztlich wird die Erzieherin an einem Reflektieren, Überprüfen und Kritisieren nicht vorbei kommen: Was hat dieser Besuch der Baustelle für die Kinder gebracht? Was würde ich das nächste Mal anders machen? Wie läßt sich die Situation bei uns im Kindergarten noch ergänzen?

Das Beispiel soll aber auch verdeutlichen, daß sich der Situationsansatz gegen die ausschließliche Beschränkung des Lebens und Lernens auf den abgeschlossenen Raum Kindergarten wendet. Ferner lehnen die Vertreter dieses Ansatzes eine einseitige kognitive Förderung ab. Vielmehr setzen sie auf ein ganzheitliches Verständnis des Erlebens und Erfahrens in der frühen Kindheit.

Die soziale Situation im Kindergarten bedingt für die MitarbeiterInnen ein häufiges Wechseln der Arbeitsmethodik. Der situationsorientierte Ansatz befähigt hier in besonderer Weise, auch zwischen den klassischen Methoden der Einzelfallhilfe und Gruppenarbeit – dem eindeutigen Schwerpunkt in diesem Arbeitsfeld –, variieren zu können.

Zum Beispiel: Erlebnispädagogik

Die Erlebnispädagogik ist ein später Ausläufer von Jugendbewegung und Reformpädagogik. Beide versuchen übereinstimmend, Entwicklungs- und Lernprozesse innerhalb ganzheitlichen Erlebens von Verstand und Gefühl, von kognitiven und ästhetischen Prozessen zu ermöglichen.

Kurt Hahn (1886–1974) begründete auf den Vorannahmen vor allem der Landerziehungsheimbewegung von Hermann Lietz (1868–1919) die

„Erlebnistherapie“ (vgl. Hahn 1954, Lietz 1913). In vierwöchigen „Kurzschulen“ machte er Jugendlichen ein Angebot intensiver Sozial-, Natur- und Selbsterfahrung, um den „Zivilisationskrankheiten“ entgegenzuwirken. Als solche sah er mangelnde Anteilnahme am Nächsten, fehlende Sorgfalt bei der Erledigung persönlicher Aufgaben, oberflächliche Schau- und Sensationslust und unterentwickelte demokratische Verantwortlichkeit und Zivilcourage.

Als methodische Bausteine der Erlebnistherapie begründete er vier Elemente:

Das *Training* soll vor allem solche Fähigkeiten verbessern, in denen der Übende sich bislang nicht sonderlich stark fühlt. Hahn verspricht sich von den oft sprunghaften Erfolgen aufgrund konsequenten Trainings eine Steigerung des Selbstzutrauens. Durch ein paralleles, breites Angebot spannender Sportarten wie Kanufahren, Höhlenklettern, Bergsteigen oder Segeln wird von vornherein einer eventuellen Langeweile stupiden Trainierens entgegengewirkt.

Die *Nächstenhilfe* soll die Anteilnahme am Mitmenschen erhöhen; sie soll als „Rettungsdienst“ ein Äquivalent zu den zerstörerischen Motiven von Gewalt und Krieg bieten.

Das *Projekt* ist konzipiert als eine selbstgewählte, umfangreiche Aufgabe mit dem Ziel eines individuellen oder gemeinsamen Produktes: handle es sich nun um den Bau einer Bachbrücke oder um die Dokumentation eines Biotops. Hahn setzt darauf, daß die ausdauernde Beschäftigung und der Erfolg des Ergebnisses verstärkend auf die Charaktereigenschaften von Beharrlichkeit, Sorgfalt und Geduld hinwirken.

Die *Expedition* schließlich stellt eine Herausforderung an Selbständigkeit und gegenseitiger Verantwortlichkeit von kleinen Trupps Jugendlicher dar. Ausgerüstet mit Zelt, Kompaß, Proviant sollen sie in Touren von mehreren Tagen auf sich gestellt vorgegebene Ziele in freier, teilweise unwegsamer Landschaft suchen und finden. Hier hofft Hahn darauf, daß Fähigkeit und Kraft der gegenseitigen Verantwortlichkeit und Solidarität gefestigt werden.

Hahn hat seine Erlebnistherapie nach seiner Flucht als jüdischer Deutscher in England entwickelt und über die ganze Welt verbreitet. Heute erfreut sie sich in Deutschland höchster Wertschätzung, was an einer Vielzahl von Veröffentlichungen zu erkennen ist. Vor allem das Jugendgerichtsgesetz, darüber hinaus aber auch die Jugendarbeit mit gefährdeten und mißbrauchten Kindern und Jugendlichen sehen in der Methode der Erlebnispädagogik Chancen verändernder Einflußnahme auf riskante Lebensläufe junger Menschen. Meiner Auffassung nach ist es gerade die hohe Gefühlsbeteiligung bei erlebnispädagogischen Situationen, die den hermetischen Ring um starre Lebenskonzepte aufbrechen läßt (vgl. Buchkremer 1994).

Diese Ausführungen gilt es zu berücksichtigen, wenn es nun darum geht, Erlebnispädagogik zu den „allgemeinen pädagogischen Handlungskompetenzen" des Cubiculums in Beziehung zu setzen:

Ist also das „Aufrütteln" der Gefühle das Medium, in dem sich Motive, Ziele oder auch Anstrengungsbereitschaften neu formieren, so sind wir aus pädagogischer Sicht diesen Gefühlen, ihren Vorläufern und ihren Folgen höchste Aufmerksamkeit und Verantwortung schuldig. Welche Gründe, Einstellungen und Vorurteile zeichnen den konkreten Jugendlichen aus, welche hemmen, welche gefährden ihn? Um Antworten auf diese Fragen zu erhalten, sind die Dimensionen „Wahrnehmen/Erkennen/Diagnostizieren" von zentraler Bedeutung.

Im Cubiculum mit seinem Würfelteil des „Interagierens und Kooperierens" geht es darum, dem Jugendlichen ein Angebot an Erlebnis- und Selbstverantwortungsdichte zu machen, das ihn stärkt und nicht von einer Abhängigkeit in die andere bringt. Auch außerpädagogische Bewegungen bedienen sich erlebnis- und abenteuerartigen Situationen, um andere Menschen zu beeinflussen. Sozialpädagogik ist dem Wachstum und der Emanzipation ihrer Adressaten verpflichtet. Das Ziel partnerschaftlicher Interaktion und Kooperation gegenüber Rang, Dominanz, Unterwürfigkeit und Abhängigkeit muß bereits im Prozeß des ermöglichten Erlebnisses realisiert werden (vgl. das Beispiel „Segeltörn" zu Beginn von 5.3).

Schließlich geht es im Cubiculum um „Reflektieren/Überprüfen/Evaluieren/Kritisieren", d.h. um professionelle Selbstwahrnehmung. Hier sind Fragen von Bedeutung wie: Welche Gefühle bestehen in mir, wie weit z.B. verschwimmen die spontanen Erlebnisqualitäten mit den rationalen und wertenden Vorentscheidungen? Beherrschen die Jugendlichen ihre Gefühlslagen, finden sie ins Gleichgewicht zurück? Ändern sie im Sinne des erlebnispädagogischen Angebots und damit verknüpfter Hoffnungen ihre Einstellungen? Nehmen ihre technischen Fertigkeiten durch Training tatsächlich zu? Entwickelt sich ihre moralische Persönlichkeit zu neuen sozialen Verantwortlichkeiten? Schließlich geht es um die Frage, die allerdings nur langfristig zu klären ist: Gelingt eine auf Dauer gestellte Lebensführung ohne selbst- und fremdgefährdende Devianz bei gleichzeitiger Behauptung von Selbständigkeit und eigener Art?

Orientiert am Bezugsrahmen der „klassischen Methoden" läßt sich Erlebnispädagogik auf den ersten Blick als Gruppenarbeit identifizieren. Bei näherem Hinsehen zeigen sich in ihrer Tiefenstruktur jedoch auch Elemente der Einzelarbeit, speziell in den Bereichen von Training und Projekt; geht es doch hier auch und besonders um die Veränderung, Qualifizierung und Optimierung individueller Fertigkeiten und Einstellungen. In bezug auf ihren Anlaß, „Zivilisationskrankheiten" im Sinne Hahns, nimmt die Erlebnispädagogik gesellschaftskritische Züge und den Anspruch der Gesellschaftsveränderung im Sinne von „community work" an.

5.3.2 Zur Handlungsmodalität Beraten

Zum Beispiel: Partnerzentrierte Gesprächsführung

Ratgeben ist eine menschliche Eigen- oder Unart. Die Sprichwörter der Völker wissen davon zu erzählen, daß den Ratschlägen der Mitmenschen häufig das Besserwissen des Nachhineins eigen ist, daß Rat oft den Charakter tatenloser Worthülsen annehmen kann.

Trotzdem suchen wir als Menschen Rat. Guter Rat ist teuer, gutes Ratschlagen eine Kunst, in der professionellen Arbeit von Sozialpädagogen und Sozialarbeitern wünschenswerterweise auch Methode.

Wertvolle, für den Bereich sozialer Ratgebung aufgestellte professionelle Regeln verdanken wir Carl Rogers (1972). Als Anhänger und Mitbegründer der Humanistischen Psychologie vertrat er eine Alternative zwischen Psychoanalyse und Lerntheorie. Der Grundauffassung einer quasi instinktartigen Suche nach Homöostase (Psychoanalyse) bzw. eines unausweichlichen Reiz-Reaktions-Mechanismus (Behaviorismus) setzt die Humanistische Psychologie die Überzeugung von kreativen Selbstverwirklichungskräften des Menschen entgegen. Rogers operationalisierte diese Prämisse, indem er auch dem ratsuchenden Menschen zugestand, daß seine eigene Kraft der Selbstverwirklichung den eigentlichen Schlüssel zur Lösung seiner Probleme bereithalte, daß der Beratende nur behutsame Hilfe geben dürfe bei der Auswahl des Schlüssels und der Entschlossenheit, mit ihm versperrte oder „verbotene" Zugänge zu öffnen.

Daß hier der hierarchische Bezug zwischen Therapeut und Klient aufgegeben werden muß, steht außer Frage. Der Klient rückt in Augenhöhe zum Berater, er wird zum Zentrum der Therapie und diese „klientenzentriert". „Dies alles, durch Rogers initiiert, zeigt, daß Psychotherapie nicht mehr länger ausschließlich oder vorzugsweise als psychiatrische Methode mit dem Ziel, psychische Krankheiten zu heilen, angesehen werden kann. Und obwohl ein humanistischer Psychologe ausgebildet und lizensiert sein muß, um Neurosen zu behandeln, ist seine

Hauptaufgabe und auch die häufigste mehr erzieherisch als heilend" (Bühler 1987, S. 917).

Wohl aufgrund der Verwandtschaft der beratenden Therapie Rogers' zur Erziehung ist ihre Methodik in die beratungsintensiven Bereiche von Sozialpädagogik und Sozialarbeit übernommen worden. Drei Grundvariablen des Beraters gibt es, die den Beratungserfolg sichern helfen:

- Empathie, d. h. einfühlendes Verstehen,
- Akzeptanz des Ratsuchenden in seiner Situation und Lebenseinstellung und
- Echtheit bzw. Kongruenz der verbalen und nonverbalen Äußerungendes Beraters mit seiner inneren Einstellung und Gestimmtheit.

Die Beratervariablen sind professionell zu üben; hierzu hat die in der Folge von Rogers stehende Therapeuten-/Beratervereinigung (in Deutschland ist dies die „Gesellschaft für wissenschaftliche Gesprächspsychotherapie – GwG" mit Sitz in Köln) eigene Trainings und Ausbildungskonzepte entwickelt, deren Erfolg sich an intersubjektiv verstehbaren Skalen messen lassen. Vor allem die allgemein menschliche Fähigkeit der Empathie läßt sich in eine professionelle Fähigkeit überführen. Diese steht nachweislich in Korrelation zu der Bereitschaft und Fähigkeit des Ratsuchenden zur Exploration, d. h. sich zu öffnen und eigene, innovative Lösungsmöglichkeiten für die eigenen Probleme zu entwickeln.

Die demokratische, partnerschaftliche Voreinstellung des Rogersschen Ansatzes hat dazu geführt, daß dieser im Bereich von Sozialpädagogik und -arbeit große Beachtung gefunden hat und praktiziert wird. Auf der Schiene der allgemeinen beruflichen Kompetenzen verlangt er im Cubiculum bei „Wahrnehmen/Erkennen/Diagnostizieren" große Zurückhaltung vor „erkennenden, diagnostizierenden" Feststellungen bzw. „Festlegungen" des Ratsuchenden. Dagegen ist eine menschenfreundliche Wahrnehmung von zentraler Bedeutung; Geäußertes ist als Gemeintes, nicht aber als Festgelegtes aufzunehmen. Das Kernstück der Rogersschen Methode liegt im Bereich der „Interaktion und Kooperation": Akzeptanz und Echtheit sind die Faktoren, die die Eigenkräfte der Veränderung beim Gesprächspartner stärken. Schließlich ist das ganze Konzept der Methode insofern reflexiv, als Einfühlung, Akzeptanz und Echtheit dauernd auf dem Prüfstand stehen. Aber auch für die intersubjektive bis objektive Evaluation leistet die partner- bzw. personzentrierte Gesprächsführung einen eigenen Beitrag: Rogers selbst fordert die Aufzeichnung von Beratungssituationen, um Erfolg und Mißerfolg abwägbar und kommunikabel zu machen.

Betrachten wir die partnerzentrierte Gesprächsführung aus dem Blickwinkel der klassischen Methoden der Sozialarbeit, so hat sie auf Anhieb eindeutig die Züge der Einzelberatung, sprich: Einzelfallhilfe bzw. case work. Es gibt jedoch deutliche Parallelen zu partnerzentrierter Arbeit auch im Bereich von group work und community work: Die „Gruppentherapie" Slavsons (1956) und Morenos (1959) zeigen deutliche Züge der humanistischen Hochschätzung der Eigeninitiative, hier von Gruppen. Das inzwischen zu einem „Fremdwort" gewordene „Sensitivity Training" als „ein Gruppenprozeß, in dem sich Personen aus allen Lebensbereichen versammeln, um zu lernen, miteinander zu sprechen, und versuchen, sich gegenseitig zu verstehen" (Bühler 1987, S. 916) wird berücksichtigt und angewandt in zahlreichen Angeboten der Managerfortbildung bis hin zu den Kommunikationsprozessen, die im Namen von „Slim-line-production" stattfinden. Ob und daß bei solchen gruppendynamischen Prozessen mit Gesellschaftsreichweite Emanzipation und Selbstvertrauen von Individuen und Gruppen gefördert werden, muß vor allem der kritischen Professionalität von Sozialarbeit und Sozialpädagogik am Herzen liegen. Die geplante und sozialethisch verantwortete Initiierung solcher Gesellschaftsprozesse kann zweifelsfrei als „community work" im Sinne der klassischen Methoden der Sozialarbeit gesehen werden. Dies gilt zumindest dann besonders, wenn sie als Bewegung über einzelne Gruppen hinweg zu einem Gesellschaftsphänomen wird.

5.3.3 Zur Handlungsmodalität Helfen

Zum Beispiel: Gruppendynamik

Auf unserem Cubiculum differenzieren verschiedene Verben die Handlungsmodalitäten. Den Kompetenzbereich der Gruppendynamik ordnen wir dem „Helfen" zu; dies deshalb, weil im Sinne der Humanistischen Psychologie die Gruppe selbst das Energiezentrum für ihre eigene Entwicklung und Produktivität ist. Der professionelle Gruppendynamiker kann und soll sich nur vorübergehend in ihren Dienst stellen, um zu helfen, die Einzelenergie zu koordinieren.

Unter dem Gesichtspunkt der partnerzentrierten Beratung bzw. Gesprächsführung sind wir schon auf Methoden der Gruppenarbeit gestoßen, die demselben Prinzip des humanistischen Menschenbildes folgen. Rogers selbst ist der Begründer der sogenannten „encounter groups" (vgl. Rogers 1974). In ihnen sollten Personen „die Erweiterung von Bewußtheit und Erlebnisfähigkeit durch die Interaktion in der Gruppe" erfahren (Röper 1980, S. 465).

Historisch wäre es jedoch nicht ganz korrekt, mit der Anknüpfung an Rogers' Gruppenmethodik den geschichtlichen Rückblick zur Theorie und Praxis der Gruppendynamik beginnen zu lassen. Speziell für die Sozialpädagogik muß zunächst die Jugendbewegung als Initialzündung moderner, bis heute wirksam gebliebener Gruppenarbeit berücksichtigt werden: Durch den Freiraum von den hierarchischen Strukturen der abgelehnten Erwachsenenwelt schuf sich die Jugendbewegung ein Experimentierfeld freigewählter und hinsichtlich Strukturen, Zielen, Symbolen, Umgangsformen und Ritualen selbstbestimmter Gruppen. Hier konnten gruppendynamische Talente ihre Kompetenzen in beliebigen Freiversuchen entwickeln.

Weltgeschichtlichen Schaden erlitt das Experiment vollständig, indem „Führer" wie Hitler oder Baldur von Schirach sich der unreflektierten Methoden der Gruppenführung bemächtigten. Mit dem Slogan „Jugend führt Jugend", der der Jugendbewegung zuzurechnen ist, schufen sie die Hitlerjugend, an deren Spitze sie entgegen dem eigenen Wahlspruch sich selbst stellten, so daß sie Abertausende von Jugendführern und mehr oder weniger die ganze deutsche Jugend verführten.

Wissenschaftlich wurde das Massenexperiment der Jugendbewegung trotzdem erfolgreich. Kurt Lewin (1890–1947), ebenfalls Zeitgenosse der Jugendbewegung, überführte das massenhafte, ungerichtete Zufallsexperiment der Jugendbewegung in strenge wissenschaftliche Laborexperimente. Grob gesagt verfolgte er mit der von ihm inspirierten Forschergemeinschaft zwei Ziele, ein erkenntnistheoretisches und ein politisches:

- Erkenntnistheoretisch sollten im „gruppendynamischen Laboratorium" an und mit unstrukturierten „Trainingsgruppen" Prozesse von Führung, Rangkonstellationen, Opposition und Außenseitertum beobachtet und durch Erfahrungsaustausch der Probanden auch von der Innenseite der Subjekte her verstehbar gemacht werden.
- Politisch ging es in den Forschungsentwürfen Lewins darum, die Gruppendynamik der gesellschaftlichen Basisgruppen soweit zu demokratisieren, daß sie dem demagogischen Appeal charismatischer Führer und Verführer widerstehen könnten. Gewissermaßen arbeitete Lewin, der 1933 als Jude Deutschland verlassen mußte, zur Zeit der höchsten Erfolge der Hitlerära daran, die Wiederholung der massenhysterischen „Ein Volk – Ein Führer"-Ideologie zu verhindern.

Nach dem Zusammenbruch des „Dritten Reiches" trugen zahlreiche Umerziehungsanstrengungen im westlichen Nachkriegsdeutschland

Lewinsche Grundzüge. Leider wurde das Ziel, demokratische Grundstrukturen innerhalb von Primärgruppen (wie Familie, Nachbarschaft, Peers) und Sekundärgruppen (wie Schule, Betrieb, Verwaltung, Parteien) aufzubauen, nur sehr begrenzt erreicht. Auch der Umgang von konkurrierenden Gruppen miteinander wurde nicht in der Weise demokratisch kultiviert wie es nach den Forschungsergebnissen Lewins und seiner Schüler denkbar wäre. Grund hierfür dürfte sein, daß diejenigen, die undemokratische Rangvorteile und Privilegien genießen, selten die moralische Qualität besitzen, freiwillig die innegehaltene Beute freizugeben.

Ganz hoffnungslos ist die Lage jedoch nicht: Es gibt eine große Nachfrage nach gruppendynamischen Selbsterfahrungen – speziell im Bereich der Therapie –, und nach gruppendynamischer Kompetenz – hier besonders in den prosozialen Berufsfeldern, also auch innerhalb von Sozialpädagogik und Sozialarbeit. Aus beiden Richtungen der Nachfrage dürften auf Dauer undemokratische Gruppenstrukturen und blindgehorsame Abhängigkeitsverhältnisse unterwandert werden.

Als hoffnungsvolles Anzeichen für einen solchen Prozeß läßt sich die stark im theoretischen und weltanschaulichen Begründungszusammenhang der Gruppendynamik verwurzelte Themenzentrierte Interaktion (TZI) nach Ruth Cohn (vgl. Cohn 1975) anführen. Bei der TZI geht es um die partnerschaftliche, demokratische und verantwortliche Teilhabe aller Gruppenmitglieder am gemeinsamen Arbeitskomplex. Dabei stellen sich die Arbeitskomplexe in der Regel als kommunikative Prozesse um theoretisch-fachliche, weltanschauliche oder politische Themen in Lern- und Bildungszusammenhängen dar. Als Beleg hierfür sei auf das Praxiskapitel in Barbara Langmaaks Einführung „Themenzentrierte Interaktion" (1991) hingewiesen, in dem als Praxisbereiche Erwachsenenbildung, Beratung, Hochschule und Schule abgehandelt werden.

Mit dem Begriff „Interaktion" ist signalisiert, daß bei aller Zentrierung um das Thema alle Beteiligten in einer demokratischen Gruppendynamik ihre individuellen Eigenarten, Ansichten und Bedürfnisse vertreten sollen und wie sie sich selbst im Gruppenganzen aufgehoben fühlen, auch die anderen Gruppenmitglieder als Teil einer Wir-Gemeinschaft akzeptieren und zum Zuge kommen lassen.

Die „Methodik beruht auf der Arbeitshypothese, daß

- jede Person (das Ich);
- die Interaktion untereinander (das Wir) und
- die gemeinsame Sache, der Lernstoff oder die Arbeitsaufgabe (das Thema)

von grundsätzlich gleicher Wichtigkeit sind und in der Gruppenarbeit, aber nicht nur da, gleichen Stellenwert haben. Diese aufeinander bezogenen Schwerpunkte Ich, Wir und Thema werden hineingestellt in das jeweils konkrete Umfeld von Zeit und Situation, in den Globe. ... Der Wirkungszusammenhang dieser vier Faktoren wird in einer einfachen Graphik dargestellt: ein gleichseitiges, unbetontes Dreieck, von einer Kugel umgeben. Es kommt einer eingefrorenen Bewegung gleich, die für das Prinzip der Balance steht. ... Bei diesem Dreieck in der Kugel steht das Ich für die einzelnen Personen, das Wir für die Interaktion der Gruppe und das Thema für alle Lernstoffe, Arbeitsaufgaben, gemeinsam zu bearbeitenden Themen. Der Globe bezeichnet alles, was den einzelnen und die Gruppe umgibt und beeinflußt" (Langmaak 1991, S. 15f.).

TZI ist eine Methode der Gruppenarbeit. Sie stammt aus dem Umfeld der gruppendynamischen Forschung, hat inzwischen jedoch eine gesamtgesellschaftliche Bedeutung gewonnen. Gewissermaßen „subversiv" hilft sie, Strukturen ungerechter Gewaltverhältnisse und Privilegien zu unterlaufen. Dies war ein wichtiges Anliegen Lewins, und die Sozialpädagogik fühlt sich in ihrer gesellschaftskritischen Dimension mit dieser Zielsetzung identifiziert.

An dieser Stelle ist ein Exkurs auf Entwicklungen in der industriellen Produktion notwendig. Unter dem Druck eines in der Regel weltweiten Konkurrenzkampfes um Marktanteile haben Verantwortliche in den Unternehmen längst erkannt, daß technische und organisatorische Innovationen allein im Kampf um Wettbewerbsfähigkeit nicht ausreichen. Alle modernen Konzepte, die mit dem Ziel eines hervorragenden Qualitätsmanagements die Leistung des Unternehmens langfristig verbessern wollen, nutzen die Erkenntnisse und Erfahrungen aus der Gruppendynamik. Die Parallelen zum TZI-Konzept sind unübersehbar, so daß man auf der Produktionsebene sogar von Produktzentrierter Interaktion (PZI) sprechen könnte. Betriebliche Gruppenarbeit, Leanproduktion, KAIZEN oder Total Quality Management (TQM) – alles Ansätze des modernen Qualitätsmanagement – stellen die Mitarbeiter als Gestalter von Arbeitsprozessen in den Mittelpunkt ihrer Überlegungen. Dabei geht es jedoch weniger um den emanzipatorischen Charakter, der die Methoden der TZI begründet, als um die optimale Nutzung der „human resource" zum Zweck betriebswirtschaftlicher Kostensenkung. Die verkürzte Losung: Arbeitsgruppen mit zufriedenen Mitarbeitern

- arbeiten effektiver, flexibler und problembewußter,
- übernehmen Verantwortung für den Ablauf des Produktionsprozesses unter dem Gesichtspunkt der Kosteneinsparung,

- setzen Leistungsschwache unter Druck und tragen damit zur Reduzierung von Ausfallzeiten und Krankenstunden bei.

Die durch Einführung der Gruppenarbeit steigende Selbstverantwortung schafft auf der einen Seite also Raum für flexiblere Entscheidungen und Selbstorganisation, erzeugt auf der anderen Seite aber auch Gruppendruck auf den Einzelnen unter dem Gesichtspunkt der Wettbewerbsfähigkeit durch Kosteneinsparung. In Branchen, die aufgrund der Wirtschaftslage Existenzkämpfe ausfechten und ständig Personalabbau betreiben, beispielsweise die Automobilindustrie und ihre Zulieferer, kann die Einführung der Gruppenarbeit deutlich inhumane Züge tragen. Um in der Terminologie zu der TZI zu bleiben: Der betriebliche Globe führt in eine Situation, in der die emanzipatorisch ausgerichteten Methoden der Gruppendynamik die gemeinsame Sache (Produktion) so stark in den Mittelpunkt stellen, daß die Interaktion (Wir) und die Person (Ich) nur als funktionale Zulieferer dienen.

Dennoch bleibt festzuhalten, daß die Entwicklung hin zu mehr Verantwortungsübernahme aller Beschäftigten zu Betriebsstrukturen führt, in denen

- mehr kommuniziert wird,
- Kooperation gewolltes Ziel und Vorraussetzung für Erfolg ist,
- Offenheit zwischen Betriebsbereichen gewährleistet sein muß,
- die Möglichkeit besteht, Fehler ungestraft einzugestehen und als Quelle für Verbesserungen des Arbeitsprozesses anzusehen.

Eine besonders wertvolle Erkenntnis für die (sozial-)pädagogische Praxis wird deutlich, wenn die ökonomisch eingrenzenden Rahmenbedingungen des Globe entfallen (können). Dort, wo es weniger um kostengünstige Produktionsweisen als um effektive Beratung, personen- und situationsgerechte Aufklärung und klientenspezifische Betreuung geht, in allen Non-profit-Bereichen also, sollte der Anspruch bestehen, mit dem theoretischen und weltanschaulichen Begründungszusammenhang der Gruppendynamik und den Erkenntnissen aus dem ökonomischen Qualitätsmanagement langfristige Konzepte zu entwickeln, die auf graduelle kontinuierliche Verbesserung der Organisation durch alle Beschäftigten zum Nutzen des Klientel abzielt (s. auch 5.3.7 „Organisationsentwicklung“ und 5.3.8 „Sozialmanagement“).

TZI ist jedoch eine Methode, auf die sich Gruppen gesamtheitlich einlassen müssen. Der professionelle Sozialpädagoge kann die Methodik insofern zum Angebot an Gruppen machen, mit denen er arbeitet. Bei Zustimmung kann er dann selbst oder mit kollegialer Hilfe mit der Gruppe in ein Training von TZI eintreten.

Nicht mit allen Gruppen kann man ein solch intensives Training durchführen. Manchmal muß zu schnell interagiert und entschieden werden, manche Gruppenarbeit ist von vornherein so kurzfristig bemessen, daß für ein TZI-Training keine Zeit bleibt, manchmal fehlen eine Trainerin oder ein Trainer oder die Gruppe selbst ist zu einem Training nicht bereit. Damit wäre jedoch der Sozialpädagoge nicht den Verpflichtungen seiner gruppendynamischen Kompetenzen enthoben. Worin sollten aber die gruppendynamischen Kompetenzen von Sozialpädagogen bestehen?

Für den Bereich „Wahrnehmen/Erkennen/Diagnostizieren“ ist es erforderlich, Grundkenntnisse über Gruppenstrukturen, -prozesse, -rollen auf konkrete Gruppensituationen anwenden zu können. Diese Fertigkeit läßt sich letztlich nur durch Teilnahme an Trainingsgruppen Lewinscher Prägung erwerben und einüben.

Für den Bereich „Kooperieren und Interagieren“ bedarf es der ausgebildeten Fähigkeit, sich in Teams einerseits einzuordnen – dies gilt auch für formelle Leiter von Teams –, andererseits sich nicht unterordnen zu lassen, sondern beharrlich an Gruppenkonzept und Gruppenprodukt mitzuwirken.

Für Gruppen, denen der professionelle Sozialpädagoge/Sozialarbeiter zuarbeitet, lassen sich die notwendigen Kompetenzen differenzieren:

Initiieren von Gruppen ist gefragt, z. B. bei Starts von Lern- und Reisegruppen: Wie wird aus dem zufällig zusammengewürftelten „Haufen“ eine Gruppe mit produktiver Gruppendynamik?

Moderieren sollte der professionelle Gruppendynamiker können, wenn Gruppen ihr eigenes Konzept suchen und der Findungsprozeß von Personen, Ideen und Mitteln in voller Gärung steht. Vor allem Selbsthilfegruppen brauchen für bestimmte Phasen eine solche professionelle Hilfe, deren Hauptziel darin besteht, die Gruppe selbständig und sich selbst als Gruppenhelfer überflüssig zu machen.

Führen muß der professionelle Sozialpädagoge solche Gruppen, die durch einen unreifen, chaotischen oder feindseligen Grundbezug ihrer Mitglieder eine produktive Eigenstruktur noch vermissen lassen. Dies kann im Sinne der Nichtreife z. B. gelten für Gruppen in Kindergärten oder Häusern der Offenen Tür, im Sinne der Chaotik z. B. für frisch zusammengewürfelte Gruppen von Studentenjahrgängen, Kinderfreizeiten oder Flüchtlingslagern, im Sinne der Feindseligkeit z. B. für pseudorassistische Querelen in Stadtteilen, Schulen, Haftanstalten und Obdachlosenheimen.

Reflexionshilfe für alle initiierten, moderierten oder geführten Gruppen ist eine Standardaufgabe aller professionellen „Gruppenhelfer". Das ethische Prinzip der Sozialpädagogik ebenso wie das subsidiäre verpflichten nämlich dazu, die Selbstbestimmung und Autonomie der Gruppen als Endzweck aller Gruppendynamik zu verfolgen. Eine Gruppe ist als solche aber erst dann autonom, wenn ihre Mitglieder die Gruppenprozesse nicht instinkthaft dumpf vollziehen, sondern sich ihnen bewußt stellen, sie gegebenfalls modifizieren und notfalls sich ihnen entziehen.

Dazu bedarf es der Reflexion. Diese heranzubilden, ist besonders in Gruppen schwierig, die aufgrund von Unreife bzw. Chaotik oder Feindseligkeit auf Führung angewiesen sind. Die Reflexion birgt nämlich zugleich immer das Risiko, daß sich der „Führer" als „Gruppenmagier" in die Karten sehen lassen muß. Hier sind gefährliche Gratwanderungen unerläßlich. Wer sie vermeiden will, übersieht möglicherweise das eigene Risiko, die professionelle Rolle des Pädagogen mit der des Demagogen zu vertauschen.

Bleibt noch der Kompetenzbereich „Reflektieren/Überprüfen/Evaluieren/Kritisieren" für den Sozialpädagogen selbst. Zunächst geht es um die nach innen gewendete Sicht des einzelnen Sozialpädagogen bzw. des professionellen Teams. Für die Eigenreflexion ist vor allem von Interesse, wie weit ich mich als „Beruflicher" in die Rang- und Prozeßdramatik der Gruppe eingelassen habe. Daß dies geschieht, ist mehr oder weniger selbstverständlich und, da unvermeidbar, in keiner Weise unprofessionell. Unprofessionell jedoch wäre es, diese Tatbestände zu leugnen oder sie der Selbstbeobachtung zu entziehen.

Überprüfen und Evaluieren sind unverkennbare Zeichen professioneller Arbeit: Womit oder wozu wollte ich eine bestimmte Gruppe initiieren, moderieren, führen? Sind die Ziele erreicht? Stehe ich jetzt noch zu diesen Zielen oder erwiesen sie sich im Prozeß als zu kurz bzw. zu weit gesteckt oder als falsch? Woran wollte ich, woran will ich jetzt Erfolg und Mißerfolg meines gruppendynamischen Engagements messen?

Um die Kompetenz des Kritisierens zu haben, muß diese systematisch in einer Gleichberechtigung von Rationalität und Emotionalität trainiert und methodisch angegangen werden. Als Fragen, die standardmäßig beantwortet gehören, seien folgende genannt:
- Wie steht es mit meinen eigenen Fehleinschätzungen, Unsensibilitäten, Inkongruenzen, Inkompetenzen?
- Wo sind personen- bzw. zusammensetzungsbedingte Gruppenprobleme, die nach meinem gegenwärtigen Kennens- und Könnensstand unlösbar sind oder waren?
- Welche strukturellen, finanziellen, gesellschaftlichen, politischen

Bedingungen sind so geartet, daß sie die Lösung des Gruppenproblems vollkommen unmöglich machen? (Wenn z.B. jugoslawisch serbische und jugoslawisch muslimische Flüchtlinge räumlich so zusammengepfercht werden, daß es ein instinktives Gruppenproblem der Raumenge bis zur Atemnot gibt, ist an eine gruppendynamische Bearbeitung des Pseudorassismus nicht zu denken.)

Ein Blick sei abschließend noch auf die Einordnung des professionellen Umgangs mit der Gruppendynamik in die klassischen Methoden der Sozialarbeit geworfen. Der gemeinsame leitende Wortanteil „Gruppe" weist die Kompetenz der Gruppendynamik unzweifelhaft der „group work" zu. Methodische Ansätze wie Psychodrama und Soziometrie beziehen sich vor allem auf die Gruppe und sind zu bedeutenden Elementen innerhalb von Gruppenpsychotherapie geworden (vgl. Moreno 1959). Ein Zusammenhang zwischen Gruppendynamik und „community work" ist jedoch ebenfalls unverkennbar: Lewin wollte die Gesellschaft demokratischer machen, indem er die Gruppendynamik ihrer Primär- und Sekundärgruppen grundlegend der Selbstreflexion zuzuführen und damit der demagogischen Inbrunst zu entziehen suchte. Und wiederum Moreno ist es, der mit der Soziometrie „Wege zur Neuordnung der Gesellschaft" beschreiten wollte (1967) und somit den direkten Bogen zwischen „group work" und „community work" schlug.

Zum Beispiel: Mediation

Eine ähnliche Aufgabe wie der Kompetenzbereich Gruppendynamik im Handlungsmodus „Helfen" hat die Mediation als Vermittlungshilfe bei Trennungskonflikten. Sie kann selbst keine Lösungen erfinden; jedoch hilft sie den Trennungs- bzw. Scheidungspartnern, die gegenseitigen Spielräume, Toleranzen und Intoleranzen miteinander auszuhandeln.

Die Geschichte dessen, was wir heute im engeren Sinne mit Mediation bezeichnen, begann in den USA. Von dort wurden sowohl der Begriff als auch die Theorie und Praxis übernommen. Anfang der 70er Jahre begannen Rechtsanwälte, Eheleute, die sich trennen wollten, gemeinsam über die rechtlichen Bedingungen, vertraglichen Vereinbarungen und wirtschaftlichen Folgen zu beraten. Dieses parajuristische Verfahren, obwohl den Standesordnungen entgegenlaufend, fand bald innerhalb der formalen Rechtsprechung praktische Verwendung und damit Anerkennung (1973 erstmalig in Los Angeles). Zug um Zug wurden nun staatenweit Sorge- und Besuchsstreitigkeiten um Kinder aus Scheidungsehen „Conciliation Courts" übertragen. Ihre Mitwirkung zum Zweck einer außergerichtlichen Vermittlung wurde zur Voraussetzung für gegebenenfalls unvermeidbare Gerichtsverfahren. In Kalifornien ist dies seit 1980 gesetzlich verankerte Praxis. Die gesetzlichen Grundlagen der Mediation sind inzwischen auch in der überwiegenden Zahl der übrigen Bundesstaaten geschaffen.

Die klassischen Grundlagen der Mediation verdanken wir Deutsch und Coogler. In seinem Buch über Konfliktlösungen entwickelt Deutsch 1973 u. a. ein Konzept von Vermittlung durch Dritte, das als erster Ansatz einer Mediationstheorie betrachtet werden muß. Coogler als selbstbetroffener, d. h. seelisch, sozial und finanziell „aufwendig" geschiedener Rechtsanwalt erarbeitete 1978 mit seinem Buch „Structured Mediation in Divorce Settlement" eine Methodik, mit deren Hilfe trennungswilligen Partnern eine professionelle Vermittlung zu einvernehmlichen Lösungen angeboten werden konnte (nach Proksch 1991).

Trotz ihrer kurzen Geschichte hat die Mediationsbewegung in der Bundesrepublik auf breiter Ebene Fuß gefaßt. Dies mag daran liegen, daß der bundesdeutsche Zeitgeist auf derselben Wellenlänge der Unterstützung von Eigenverantwortung und der Einschränkung von Bevormundung streitender Ehepartner lag. Die Eherechtsreform von 1977 verfolgt eindeutig diese Ziele. Ähnlich wie in den USA folgte sie damit einem Vorlauf der Praxis, der sogenannten „konventionellen Scheidung". Nach diesem Verfahren traten bereits vor 1977 trennungswillige Ehepartner erst nach Erarbeitung einvernehmlicher, oft durch Rechtsanwälte vermittelter Trennungsmodalitäten mit ihrem Scheidungsbegehren vor den Richter. Der Eherechtsreform entsprechende Regelungen sieht nun auch in § 17(2) das Kinder- und Jugendhilfegesetz von 1993 vor. Darin heißt es, eindeutig auf der Linie der Mediation: „Im Falle der Trennung oder Scheidung sollen Eltern bei der Entwicklung eines einvernehmlichen Konzepts für die Wahrnehmung der elterlichen Sorge unterstützt werden, das als Grundlage für die richterliche Entscheidung über das Sorgerecht nach der Trennung oder Scheidung dienen kann".

Mit der Aufgabe der Mediation sind als die primären Beauftragten des Kinder- und Jugendhilfegesetzes die Landes- und kommunalen Jugendämter betraut. Daß diese bisher keine flächendeckende spezielle professionelle Qualifikation bereitstellen können, kann angesichts der Kürze des Zeitraums seit dem Gesetzeserlaß noch (sic!) niemandem zum Vorwurf gemacht werden. Letztlich muß es ja auch nicht dazu kommen, daß Mediation auf direktem Wege vom öffentlich bestellten Jugendamt ausgeführt wird. Eher ist zu wünschen, daß – wie z. B. im Bereich der Erziehungsberatung – das Jugendamt freien Trägern, unter

Umständen auch privaten Mediationspraxen das Feld der Mediation subsidiär überläßt, wenn auch selbstverständlich unter öffentlicher Aufsicht.

Wer aber sollen die professionellen Mediatoren sein? Aus welchem Berufsfeld lassen sie sich am ehesten rekrutieren? Meines Erachtens ist die Berufsgruppe der Sozialpädagogen/Sozialarbeiter am besten geeignet, das gesetzlich vorgeschriebene Arbeitsfeld Mediation zu erschließen. Schon in ihren bisherigen universitären und fachhochschulischen Ausbildungsgängen sind neben erziehungswissenschaftlichen soziologische, psychologische, rechtswissenschaftliche und verwaltungsrechtliche Curricularanteile vertreten; sie bieten sich an, um durch die speziellen Inhalte der Mediation ergänzt zu werden. Meines Erachtens gibt es kein anderes Ausbildungsprofil, das der systemischen Vernetzung von Mediation auch nur annähernd ein solches Äquivalent zu bieten hätte wie die Studiengänge von Sozialarbeit/Sozialpädagogik. Hinzu kommt, daß die Berufsgruppe praktisch involviert ist in Erziehungs-, Lern-, Bildungs- und Gruppenprozesse. Das läßt sie bestens geeignet erscheinen, die Umwandlung schmerzlicher Trennungsprozesse zu innovativen Zukunftsbezügen gegenseitig tolerierter „Bildungsgänge" im curriculum vitae (also dem Lebenslauf) der Trennungswilligen hilfreich zu begleiten.

Worin nun wird das Kompetenzprofil des professionellen Mediators bestehen müssen? Beruflich wünschenswerte bis notwendige Einstellungen decken sich zunächst mit dem Beraterprofil des partnerzentrierten Ansatzes: Akzeptanz und Kongruenz/Echtheit sind unerläßliche Variablen für den Aufbau einer vertrauensvollen Zusammenarbeit mit den Trennungswilligen. Ebenfalls sollte beruflich trainierte Empathie für die Verstehensfähigkeit der verbalen und nonverbalen Mitteilungen der zu Vermittelnden hoch ausgebildet sein.

Über die Rogers-Qualifikation hinaus braucht der Mediator zwei weitere qualifizierende Merkmale:

– Auf der Sachebene sollte er gesichertes Wissen um rechtliche, wirtschaftliche und verwaltungsmäßige Bedingungen des Trennungsvorganges und seiner Folgen besitzen und bei Bedarf didaktisch geschult vermitteln können.
– Auf der Beziehungsebene muß er die Fähigkeit der Unparteilichkeit besitzen. Die Trennungspartner von dieser Unparteilichkeit fortgesetzt zu überzeugen, dürfte ebenso notwendig sein wie es schwer sein wird, sie tatsächlich durchzuhalten.

Hier muß das Ausbildungsprogramm erhebliche Anteile der Selbsterfahrung und -erprobung sowie des Einübens anbieten: Und es sollte

– da solche Eigenschaften nicht ein für alle mal erworben, sondern fortlaufend gesichert werden müssen – der Kontakt in „Balint-Gruppen" und/oder kontinuierlicher Supervision zum beruflichen Alltag gehören.

Indem wir von beruflicher Supervision, sprich: Reflexion, sprechen, ist schon der Übergang zu den Dimensionen der Handlungskompetenz Mediation vollzogen.

Für das Feld „Wahrnehmen/Erkennen/Diagnostizieren" sind intensive Fertigkeiten der Menschenbeobachtung und Situationshermeneutik erforderlich.

Beim „Kooperieren und Interagieren" geht es um die meist heikle Aufgabe, Menschen mit hoher emotionaler Dichte aus gegenseitig schädigender und selbstschädigender Verbissenheit zu lösen. Mit Sicherheit ist hier eine humorvolle und zugleich tief verständnisvolle und akzeptierende Haltung gefragt. Konflikttoleranz und Unerschrockenheit gegenüber aggressiven Selbstbehauptungstendenzen gehören ebenfalls dazu. Sie könnten durch Hospitation, Praktikum, Teamwork, Rollenspiel und Psychodrama geübt werden.

Von Balint-Gruppen und Supervision war schon die Rede; sie sind auch bedeutend für Teile des Feldes „Reflektieren/Überprüfen/Evaluieren/Kritisieren". Überprüfen und Evaluieren ist sich jeder einzelne Mediator schuldig: Welche Gefühle brachten die Mediationswilligen mit, welche äußerten sie, mit welchen gingen sie weg? Ist das Verhandlungsergebnis ausgewogen? Wurde keiner übervorteilt – wirtschaftlich, emotional, sozial? Trägt die Vereinbarung über den vereinbarten Zeitraum hinaus? Trägt sie zu einem längerfristigen emotionalen Ausgleich bei?

Schließlich erwächst aus der beruflichen Kenntnis des gesellschaftlichen Bereichs von Ehetrennung, gemeinsamer und getrennter Elternsorge, Alleinerziehung, Besuchsrecht, Unterhalt und dergleichen den professionellen Mediatoren die Aufgabe der Gesellschaftskritik. So wie sich immer Sozialpädagogen/Sozialarbeiter aus dem Selbstverständnis ihrer Profession heraus in die gesellschaftlichen Bedingungen einzumischen haben, so gilt dies auch für den Mediator.

Als letzte Herausforderung unseres Cubiculums ist die Frage nach der Zuordnung von Mediation zu den klassischen Methoden zu prüfen: Meines Erachtens steht die Mediation auf der Schwelle zwischen case work und group work. Für den Gesichtspunkt der Einzelfallhilfe spricht die aggressive bis regressive Isolation der Trennungswilligen, aber auch ihre gemeinsame Privatheit aus der sich auflösenden Intimität von Ehe, Parterschaft und Elternschaft.

Andererseits besteht gerade die Aufgabe des Mediators darin, aus den isolierten Einzelkämpfern eine kooperierende zukunftsorientierte Gruppe, zumindest sich auf Kommentformen und Waffenstillstand einlassende Interaktionspartner zu machen. Daß die beruflich aufgetragene Gesellschaftskritik wie immer als eine Form von community work gesehen werden muß, versteht sich von selbst.

5.3.4 Zur Handlungsmodalität Unterrichten

Zum Beispiel: Präsentation (mit U. Groneick)

Für Schüler und Lehrer bedeutet „Unterrichten“ in der Regel die Weitergabe von Wissen, über das ein Lehrer verfügt, an den unkundigen Schüler. Unterrichten findet jedoch nicht nur in solchen Situationen, sondern ständig zwischen Menschen statt, auch in nichtorganisierten Lernprozessen. Die sozialpädagogische Praxis ist darauf angewiesen, daß sich Pädagogen und Zielgruppen, Helfer und Klienten, Kollegen wie auch Betroffene untereinander ständig gegenseitig unterrichten über ihre Erfahrungen, Ideen, Erkenntnisse und fachlichen Informationen. Präsentationsmethoden und -techniken sind dabei eine wertvolle Hilfe, die Effizienz des Unterrichtungsprozesses zu steigern.

Eine Präsentation ist die Vermittlung von aufbereiteten Inhalten für einen ausgewählten Teilnehmerkreis. Ihr liegt die Überzeugung zugrunde, daß eine Idee sich nicht von allein „verkauft“, sondern adressatengerecht angeboten werden muß. Sowohl der Inhalt (Sache) als auch die Form (Gestaltung) einer Präsentation sind deshalb abhängig von den Menschen, die der Präsentator erreichen will. Ob im Unterricht, in sozialpädagogischen Arbeitsfeldern oder bei betrieblichen Projektvorhaben: immer geht es darum, Schüler, Kollegen oder Kunden sachgerecht zu informieren, sie vom Nutzen eines Projektes oder Angebotes zu überzeugen und sie dafür zu motivieren, Verantwortung zu übernehmen und sich aktiv an der Realisierung eines Vorhabens zu beteiligen.

Eine Präsentation ist eine „Schritt-für-Schritt-Methode“ (vgl. Hartmann/Funk/Nietmann 1991; Seifert 1992), gliederbar nach den im Cubiculum skizzierten Dimensionen der Handlungskompetenz.

Die Dimension „Wahrnehmen/Erkennen/Diagnostizieren“ faßt Schritte zusammen, die zur Vorbereitung auf das Thema und das Ziel einer Präsentation erforderlich sind. Jede Präsentation hat eine Vorgeschichte, einen Anlaß, der sie notwendig macht. Dieser Anlaß ist Ausgangspunkt für die ersten Überlegungen zum Thema und zum Teilnehmerkreis.

Leitfragen zur Dimension „Wahrnehmen" sind beispielsweise:
- Wer ist mittelbar und unmittelbar beteiligt?
- Welches Thema muß bearbeitet werden?
- Was ist im Vorfeld der Präsentation bereits dazu gelaufen?
- Welche grundsätzlichen Ziele sind angestrebt?
- Welche Rahmenbedingungen stehen für Organisation und Ablauf (Raum, Technik, Zeit etc.) zur Verfügung?

Die Dimension „Erkennen" gibt Antworten auf die Fragen:
- Welche Präsentations-Ziele leiten mich?
- Wer soll, wer muß dabei sein?
- Welche Voraussetzungen bringen die Teilnehmer mit, was kann ich erwarten und was nicht (beispielsweise Fachleute oder Laien, Hauptamtliche oder ehrenamtlich Tätige, Schüler oder Lehrer)?
- Welche Inhalte sind wichtig, was ist verzichtbar?
- Welche Präsentationsmethoden finden Akzeptanz, welche eher nicht?

„Diagnostizieren" bedeutet bei einer Präsentation:
- Welche Interessen leiten die Beteiligten ?
- Welche Einstellungen und Erwartungen richten sie an mich als Präsentator?
- Welche Voraussetzungen bringe ich als Präsentator für die Lösung meiner Aufgabe mit?
- Welche Gemeinsamkeiten kennzeichnen die Zielgruppe?
- Welche Einstellung haben sie zum Thema?
- Wie bereite ich die Inhalte auf, was ist mir inhaltlich wichtig?
- Welche Methoden und Techniken können bei der Präsentation hilfreich sein?

Eine intensive Vorbereitung auf die Präsentation hilft, die beiden wichtigsten Aspekte angemessen zu berücksichtigen: die zentralen Inhalte der Präsentation und den angemessenen Umgang mit den Teilnehmern. Ziel muß es zunächst sein, das eigene Anliegen klar zu vermitteln und Offenheit für die Befindlichkeit und Sicht der Teilnehmer zu signalisieren.

Wie ein Präsentator seine Handlungskompetenz „Kooperieren und Interagieren" bei einer Präsentation wirken lassen kann, hängt vor allem von seiner Einstellung zu den Teilnehmern ab. Ist sie geprägt von Akzeptanz und Einfühlungsvermögen, so wird er bereits bei seiner Ablaufplanung darauf setzen, es den Teilnehmern möglichst leicht zu machen, ihm zu folgen. Je besser es gelingt, die Veranstaltung aus der Sicht der Teilnehmer zu sehen (Perspektivwechsel) und zu antizipieren, mit welchen Gefühlen, Einstellungen und Erwartungen sie dem Präsentator gegenübersitzen, desto adressatengerechter wird die Vorbereitung des Ablaufs.

Beim *Einstieg* wird häufig der Grundstein für das Gelingen oder Scheitern einer Präsentation gelegt. Die ersten fünf Minuten sind deshalb so wichtig, weil die Teilnehmer am Vorgehen bereits merken, ob sie ernst genommen werden oder nicht.

- Orientierung geben: Anlaß, Thema, Ziel der Veranstaltung nennen und für alle sichtbar aufschreiben (visualisieren),
- eigene Vorgehensweise vorstellen und begründen,
- zeitlichen Ablauf klären,
- Teilnehmer auf Anlaß und Thema einstimmen, Betroffenheit klären (Interesse am Thema, Nutzen bzw. Befürchtungen deutlich machen, Bereitschaft zur Mitarbeit signalisieren lassen, Spielregeln für den Umgang miteinander vereinbaren).

Wie die Inhalte im *Hauptteil* der Präsentation bei den Teilnehmern wirklich ankommen, hängt vor allem davon ab,

- ob der Stoff nachvollziehbar gegliedert ist,
- ob eine für die Teilnehmergruppe verständliche Sprache benutzt wird,
- ob die Chancen einer wirkungsvollen Visualisierung genutzt und damit bessere Verständlichkeit und eine höhere Behaltensquote vorbereitet werden,
- ob die Aufmerksamkeit der Teilnehmer nicht überfordert wird, beispielsweise durch zu langes Präsentieren ohne geeignete Medien,
- ob eine an die Präsentation anschließende Diskussion zur Klärung noch offener Fragen und Standpunkte beitragen kann.

Auch die Planung des *Abschlusses* macht Sinn, denn der letzte Eindruck der Veranstaltung ist häufig der beständigste. Je nach dem Charakter der Präsentation ist nach der Zusammenfassung und vor dem Dank an die Teilnehmer eine Vereinbarung über das weitere Verfahren, das Festhalten eines gemeinsamen Standpunktes oder ein deutlicher Appell als konkretes Ergebnis festzuhalten. Das führt noch einmal auf den Anlaß der Veranstaltung zurück und erlaubt die Frage, ob die angestrebten Ziele erreicht werden konnten.

Die Handlungskompetenzen „Kooperieren und Interagieren“ sind bei der Durchführung einer Präsentation dann besonders ausgeprägt, wenn es gelingt, die eigene Seite und die der Teilnehmer gleichermaßen zum Zuge kommen zu lassen. Hier liegt der wesentliche Unterschied zu dem Redner, dem es nur auf seine Leistung ankommt, dem die Teilnehmer nur als zuhörende Masse dienen. Die Präsentation von Inhalten versteht sich hier als Methode zur Informationsvermittlung bei gleichzeitiger Beteiligung aller an den dazugehörigen Entscheidungsprozessen.

Im Zusammenhang mit den Handlungskompetenzen „Reflektieren/Überprüfen/Evaluieren/Kritisieren" wird deutlich, daß Präsentationen in der Regel keine isolierten Einzelveranstaltungen sind. Gerade in sozialpädagogischen Arbeitsfeldern sind sie immer wieder Bestandteil von Prozessen, die entsprechend dem Informationsbedarf wiederholt auftreten. Wer präsentiert, muß sich deshalb immer die Frage stellen, ob er mit seiner Veranstaltung das Ziel erreicht, die richtigen Teilnehmer angesprochen und sich adäquat auf die Zielgruppe eingestellt hat sowie letztlich mit Ablauf und Ergebnis der Präsentation zufrieden sein kann.

Wer Informationsarbeit durch Unterrichten leistet, benötigt die Fähigkeit, die eigene Leistung kritisch zu beleuchten und nach mißlungenen Präsentationen nicht gleich die Schuld bei anderen zu suchen. Dazu gehört auch, sich kritische Rückmeldungen (Feedback) von den Beteiligten zu holen. Beteiligt sind nicht nur die Teilnehmer einer Veranstaltung, manchmal auch Auftraggeber, Kollegen oder indirekt Betroffene. Feedback einzuholen, bedeutet zu erfahren, wie man sich aus der Sicht der anderen verhält und wie dieses Verhalten auf sie wirkt. Ein konstruktives Kritikverhalten liefert also Anhaltspunkte für Verbesserungen zukünftiger Präsentationen. Wichtig für die Annahme von Feedback ist dabei jedoch eine hohe soziale und personale Kompetenz, die es möglich macht, den Gesprächspartner ruhig aussprechen zu lassen, sich nicht zu rechtfertigen, nichts klarstellen zu wollen und sich für die Rückmeldung zu bedanken. All dies sind Verhaltensweisen, die als Kompetenzen für im sozialen Bereich Tätige eine besondere Bedeutung haben und eine ständige Herausforderung darstellen.

5.3.5 Zur Handlungsmodalität Informieren

Zum Beispiel: Öffentlichkeitsarbeit (mit W. Schlummer)

Wenn wir „Öffentlichkeitsarbeit" als Methode der Handlungsmodalität „Informieren" zuordnen, erscheint dies auf den ersten Blick plausibel: denn schließlich ist Öffentlichkeitsarbeit nichts anderes, als nach einem bestimmten Konzept über den eigenen Arbeitsbereich zu informieren. Betrachten wir Öffentlichkeitsarbeit mit einem zweiten Blick, so scheint sie als Methode im direkten Umfeld des Methodenkataloges zwischen Präsentation und Moderation etwas aus dem Rahmen zu fallen. Läßt sich doch Öffentlichkeitsarbeit nicht allein auf eine bestimmte Technik oder ein Methodenrepertoire reduzieren, wie das bei den beiden anderen Methoden zunächst (aber auch dort fälschlicherweise, wie beschrieben) erscheinen mag.

Der dritte Blick nun wird unseren ersten Eindruck aber bestätigen. Ohne dies im Detail nachzuweisen, sei lediglich auf folgende Beobachtung hingewiesen: In sehr vielen Schriften zu Arbeitsbereichen in sozialen Feldern wird immer wieder die Öffentlichkeitsarbeit als ein wichtiges Instrument dargestellt. Kaum eine Veröffentlichung, die sich mit konzeptionellen Themen aus der sozialen Arbeit beschäftigt, läßt einen solchen Hinweis aus. So soll dieser Abschnitt wesentliche Merkmale der Öffentlichkeitsarbeit und ihre Bedeutung als methodisches Vehikel für das Informieren über institutionelle, projekt- oder initiativartige sozialpädagogische/sozialarbeiterische Aktivitäten herausstellen.

Wenn – wie oben skizziert – einerseits ständig von der Bedeutung der Öffentlichkeitsarbeit geschrieben wird, ist andererseits allerdings – bei einer kritischen Beobachtung der Praxis – ein deutliches Defizit in der Realisierung festzustellen. Meines Erachtens hängt dies mit einem aus heutiger Sicht falsch verstanden Selbstverständnis der im sozialen Bereich Tätigen zusammen; denn für das Gros scheint immer noch festzustehen, daß das Engagement für soziale Dinge keiner besonderen Darstellung bedarf. Denn schließlich arbeite man ja – so die häufige Einstellung – an für die Gesellschaft wichtigen und überwiegend gesetzlich gesicherten sozialen Themen, deren Bedeutung doch der Gesamtheit der Bevölkerung klar sein müßte. Hinzu kommt eine gewisse Abwehr gegenüber Journalismus, die auf der Meinung beruht, daß Berichterstattungen über soziale Themen in Zeitungen, Zeitschriften, Rundfunk, Fernsehen – den Medien insgesamt – oftmals einseitig, unsachlich oder falsch sind. Gegen solche Einstellungen oder Argumente anzugehen, ist nicht einfach. Hier helfen nur „Gegenargumente", die auf besondere Bedingungen der Öffentlichkeitsarbeit hinweisen, das Positive von Öffentlichkeitsarbeit unterstreichen und somit den Nutzen für die soziale Arbeit erkennbar machen.

Öffentlichkeitsarbeit ist nicht nur Pressearbeit, Pressearbeit allerdings eine wichtige Stütze in einer umfassenden und im Rahmen dieses Buches als Oberbegriff verstandenen Öffentlichkeitsarbeit. Hinzu kommen (konkretisiert für soziale Einrichtungen oder Nonprofit-Organisationen) weitere Informationsaufgaben wie Darstellung nach außen durch eigene Broschüren, Mitgliederbetreuung, Werbung bzw. Mitgliederwerbung, Marketing sowie interne Informationsarbeit. Wenn Öffentlichkeitsarbeit insgesamt auf das Vertrauen im Meinungsmarkt zielt, dann baut sie dabei auf die folgenden vier Arbeitsbereiche:

- Medienarbeit (für die Beziehungen zu den Nachrichtenmittlern),
- Publikumsarbeit (für das Gespräch mit dem „Verbraucher" bzw. der/den Zielgruppen),
- Innerbetriebliche Information (als eine wesentliche Stütze der Mitarbeiter-Kommunikation),
- Verbands- und politische Arbeit (die vor allem auf Entscheidungsträger in gesellschafts- und sozialpolitischen Strukturen ausgerichtet ist und häufig mühsame Gremienarbeit beinhaltet) (vgl. Brauer 1993, S.34).

Die Gewichtung bzw. jeweilige Bedeutung in den einzelnen sozialen Institutionen wird sich unterscheiden. Sie hängt z.B. auch davon ab, in welcher Form eine Institution dachverbandlich oder ähnlich organisiert ist.

Daß bei einer derartigen Aufzählung von Informationsaufgaben leicht ein – weit verbreitetes – negatives Bild von Werbung auf den Bereich Öffentlichkeitsarbeit insgesamt abfärben kann, liegt nahe. Damit aber von der Öffentlichkeit die eigene Öffentlichkeitsarbeit nicht mit einem negativen Stempel versehen und damit abgestempelt wird, muß bei dieser beachtet werden: Nicht Manipulation der öffentlichen Meinung oder einer irgendwie gearteten Öffentlichkeit steht im Zentrum, sondern „die Vermittlung der eigenen Leistungen an unterschiedliche Zielgruppen mit Hilfe unternehmerischer Kommunikationsstrategien" (Wibelitz 1992, S. 162).

In Zeiten der Rezession und knapper werdender Mittel ist es oftmals der soziale Bereich, der von der öffentlichen Hand weniger finanzielle Unterstützung erhält. Dies bedeutet: den Gürtel enger schnallen. Dies bedeutet aber auch, daß sich marktwirtschaftliche Gesetzmäßigkeiten im Sinne eines Konkurrenzkampfes um Marktanteile auch auf den sozialen Arbeitsmarkt ausdehnen. Das Thema Geld erhält heute mehr denn je eine zentrale Bedeutung für sozial Tätige, die sich bislang als Mitarbeiter auf einem sozialen Terrain verstanden und sich nur selten um die Finanzierung gekümmert haben.

Dies wird sich für die meisten sozialen Organisationen in der Zukunft wesentlich ändern. Finanzielle Unterstützung zu bekommen, auch bei scheinbar gesetzlich geregelter Finanzierung, wird wesentlich davon abhängen, daß die eigenen Leistungen positiv dargestellt werden. In der Vergangenheit drehte es sich häufig dann ums Geld, wenn sich Sozialarbeit in Einzelaktionen – oftmals lautstark – für Sammlungen zu Wort meldete. Derartige Einzelaktionen müssen zukünftig durch eine kontinuierliche Informationsarbeit ergänzt werden. Soziomarketing und social sponsoring als spezielle Methoden der Mittelbeschaffung gewinnen zunehmend an Bedeutung.

Dies führt uns zur Darstellung von Zielvorstellungen und Strategien von Öffentlichkeitsarbeit. Grob lassen sich zwei Aspekte nennen, die in der Praxis allerdings häufig als gemeinsame Ziele zusammenfließen:

1. Es „werden Ziele angestrebt, die – wenn überhaupt – nur langfristig erreichbar sind und das Verhältnis zwischen Sozialarbeit bzw. ihrer Klientel auf der einen und einer zunächst nicht spezifizierten Allgemeinheit (Öffentlichkeit) auf der anderen Seite betreffen;
2. geht es um Ziele einer mehr kurzfristig angelegten Öffentlichkeitsarbeit, die – meist als Pressearbeit betrieben – auf definierte Zielgruppen gerichtet, räumlich begrenzt, konkrete Informationen, Anlässe und spezifische Probleme zum Inhalt hat" (Marchal/Spura 1981, S. 24).

Als grundlegende Erkenntnisse zur Öffentlichkeitsarbeit lassen sich mit diesen Aspekten die folgenden Thesen verknüpfen:

- Öffentlichkeitsarbeit ist notwendig,
- Inhalt und Form der Öffentlichkeitsarbeit haben gleiches Gewicht,
- Öffentlichkeitsarbeit kostet Geld und viel Zeit,
- professionelle Öffentlichkeitsarbeit arbeitet nach der Devise: nicht kleckern, klotzen (vgl. Wibelitz 1992, S. 162 ff.).

Das bisher Dargestellte unterstreicht insgesamt die Vielschichtigkeit der Öffentlichkeitsarbeit. Diese nebenher zu betreiben, ist kaum möglich; in der Praxis ist dies aber oft zu beobachten. Große Organisationen können sich einen Öffentlichkeitsarbeiter eher leisten als kleine. Wer sich um den Bereich Öffentlichkeitsarbeit kümmert – häufig ist dies dann gleichgesetzt mit Pressearbeit –, muß vor allem folgende Gesichtspunkte beachten:

- mit den verantwortlichen Leuten in den Medien bekannt werden,
- mit den Journalisten ins Gespräch kommen,
- ein Vertrauensverhältnis anstreben,
- erfolgversprechende Rahmenbedingungen schaffen,
- den Informationsanspruch der Presse anerkennen und befriedigen (vgl. Richarz 1990, S. 11 ff.).

Zum Thema „Informationen geben" gilt für die Pressearbeit besonders und für die Öffentlichkeitsarbeit überwiegend:

- zuverlässige Auskünfte geben,
- aktuelles Material anbieten,
- verständliche Unterlagen überlassen,
- das eigene Selbstverständnis erkennen lassen (ebd., S. 16 ff.).

Ausgehend vom Selbstverständnis der Organisation ist es besonders die Person des Öffentlichkeitsarbeiters, die eine Lanze brechen muß für die Unternehmens-/Organisationskommunikation (corporate communications), die Unternehmens-/Organisationskultur (corporate culture) und die Unternehmens-/Organisationsidentität (corporate identity) – wobei alles Ausdruck findet im visuellen Erscheinungsbild (corporate design). Der Öffentlichkeitsarbeiter ist Hüter und wichtiger Protagonist zugleich, denn über ihn laufen die wichtigen Fäden in Sachen Information nach außen wie nach innen.

Im Rahmen der Deutschen Public Relations Gesellschaft (DPRG), dem Dachverband der in der Öffentlichkeitsarbeit Tätigen, wurden Anfang der 90er Jahre in einer Ethik-Kommission insgesamt sieben Verpflichtungen diskutiert, an die sich der Öffentlichkeitsarbeiter gebunden fühlen sollte. Aus dieser Art Ehren-Kodex sollen drei Grundwerte verdeutlichen, welch' besondere Tragweite die Position des Öffentlichkeitsarbeiters inne hat:

1. „Ich informiere nach bestem Willen und Gewissen. Gegenüber Journalisten und anderen Trägern öffentlicher Verantwortung wende ich keine unlauteren Mittel an. Ich verleite sie nicht zur Vorteilsnahme."
2. „Die Unabhängigkeit und Freiheit meiner Gesprächspartner werde ich achten und daher ihnen gegenüber keine Machtmittel einsetzen. Ich enthalte mich insbesondere jeder Nötigung."
3. „Öffentlichkeitsarbeit sehe ich als eine notwendige Aufgabe an, um Vertrauen zu schaffen, Öffentlichkeit herzustellen und gegebenenfalls auch das eigene Verhalten zu überprüfen" (Brauer 1993, S. 478).

Vor dem Hintergrund dieser ethischen Grundregeln wird deutlich, in welch schwieriger Situation der Öffentlichkeitsarbeiter oft steht. Denn „aus dem eigenen Hause" werden nicht selten andere Wünsche und Anliegen an ihn herangetragen. Sich in diesem Spannungsfeld zu bewegen, ist keine einfache Aufgabe, „bei deren Bewältigung in vielen Fällen kein Lorbeerkranz, sondern eher eine Dornenkrone winkt" (Jung 1991, S. 22). Neben den fachlichen Qualifikationen muß der Öffentlichkeitsarbeiter deshalb auch über eine Reihe von persönlichen Qualifikationen verfügen, z. B.:

- hohe Frustrationsschwelle,
- Offenheit, Kontaktfreude und Gewandtheit im Umgang mit anderen,
- gute sprachliche Ausdrucksfähigkeit in Wort und Schrift,
- Sensibilität und Verantwortung im Umgang mit vertraulichen Informationen,
- selbständiges Handeln in Orientierung am Gesamtinteresse der Organisation,
- Bereitschaft und Fähigkeit, sich auf immer neue Inhalte und Kontaktpersonen einzustellen.

Verknüpft mit dem Wissen um ein reichhaltiges Methodenrepertoire im Bereich Presse- und Öffentlichkeitsarbeit sind dies Anforderungen, die ohne die persönliche Identifikation mit dem „eigenen Hause" nicht realisiert werden können. Hinzu kommt ferner die Bereitschaft, die einrichtungspolitische Verantwortung zu tragen und sich der öffentlichen Diskussion zu stellen.

Öffentlichkeitsarbeiter müssen Selbstbewußtsein zeigen können, ohne arrogant zu wirken. In der Darstellung der Aktivitäten der sozialen Einrichtung nach außen müssen sie eine Öffentlichkeitsarbeit vertreten, die Glaubwürdigkeit erzeugt und daher langfristig angelegt ist. Sie müssen informieren – und ganz besonders offen und ehrlich, wenn es um unangenehme Sachverhalte geht. Der „Dialog mit der Öffentlichkeit muß nicht nur ehrlich, er muß auch kontinuierlich geführt werden. Sporadische Aktivitäten sind eher schädlich, weil sie sich allzuoft in 'Schönwettermeldungen' erschöpfen, denen nur wenig Glaubwürdigkeit entgegengebracht wird. Öffentlichkeitsarbeit ist weder Geheimdiplomatie zur Verhinderung von Informationen, noch die Werksfeuerwehr, die nur dann alarmiert wird, wenn Not am Mann ist" (Jung 1991, S. 22).

Versuchen wir abschließend, den Arbeitsbereich Öffentlichkeitsarbeit auf die Dimensionen der Handlungskompetenz im Cubiculum zu beziehen, um dadurch die Bedeutung als Methode und Instrument im Rahmen sozialer Arbeit erneut zu unterstreichen:

Der Öffentlichkeitsarbeiter muß ein fähiger Beobachter sein. Mit seinen Handlungskompetenzen „Wahrnehmen/Erkennen/Diagnostizieren" wird es ihm gelingen, sowohl die organisationsinternen Bedingungen und Schwierigkeiten in der Arbeit mit der jeweiligen sozialen Zielgruppe sowie zwischen den Mitarbeitern aufzunehmen, aber auch Diskussionen, Tendenzen und Schwierigkeiten im Umfeld, gleichsam mit dem Blick eines interessierten Bürgers oder auch Fachmannes, auszumachen. Die Beobachtung allgemeiner politischer, gesellschafts-, sozial- und gesundheitspolitischer Diskussionen gehört daher zu einem wesentlichen Bestandteil einer Informationen aufnehmenden Arbeit, um diese eventuell für eigene Informationen verwerten zu können.

Es reicht also nicht aus, den aktuellen Stand z. B. der praktischen Behindertenarbeit im eigenen Hause zu kennen; hinzukommen muß das Erkennen und Aufnehmen z. B. der Diskussionen um rechtliche und finanzielle Bedingungen der Behindertenarbeit (etwa im Rahmen des Bundessozialhilfegesetzes). Von einem solchen eigenen Informationsstand aus – zu dem der Öffentlichkeitsarbeiter vornehmlich als Rezipient gelangt – wird Öffentlichkeitsarbeit mit einer umfassenden Basis für die Information nach außen und innen ausgestattet.

Die Handlungskompetenz „Kooperieren und Interagieren“ ist für die Öffentlichkeitsarbeit eine zentrale Qualifikation. Der Öffentlichkeitsarbeiter bewegt sich auf einem Arbeitsfeld, das besonders von der Kommunikation lebt. Wer aus der Sozialarbeit/-pädagogik kommt, weiß, daß sich hier auch fast alles um Kommunikation dreht. So sind für beide Arbeitsschwerpunkte, die soziale Arbeit und die Öffentlichkeitsarbeit, kommunikative Fertigkeiten unumgänglich. Eine offene Informationspolitik kommt ohne diese Handlungskompetenz nicht aus. Und umgekehrt erhöhen vor allem kooperierende Vorgehensweisen den Erfolg einer Öffentlichkeitsarbeit im Kontakt nach außen und innen.

„Kooperieren und Interagieren“ unterstreichen, daß eine offene Informationspolitik zum demokratischen Selbstverständnis gehört. „Öffentlichkeitsarbeit erhält dadurch auch moralische Legitimation. Sie leistet einen Beitrag zur ‘Demokratisierung der Gesellschaft’“ (Jung 1991, S. 23). Auf dieser Basis der Zusammenarbeit besonders mit Mitarbeitern der Medien gelingt dem Öffentlichkeitsarbeiter am ehesten, seiner Einrichtung zu einem positiven Image in der Öffentlichkeit zu verhelfen.

Mit der Handlungskompetenz „Reflektieren/Überprüfen/Evaluieren/Kritisieren“ sind Fertigkeiten angesprochen, die sich ein selbstbewußter Öffentlichkeitsarbeiter immer wieder bewußt machen muß. Er darf sich nicht auf die journalistische Redewendung zurückziehen: Nichts ist so alt wie die Zeitung von gestern! Wer eine erfolgreiche Öffentlichkeitsarbeit für seine soziale Institution betreiben will, muß konzeptionell arbeiten und Strategien entwickeln, die sowohl kurz-, mittel- aber auch langfristige Ziele beinhalten. Daher wird eine entsprechende Systematik ohne diese Handlungskompetenz nicht funktionieren.

Auf der Basis von „Kooperieren und Interagieren“ bezieht der Öffentlichkeitsarbeiter daher Gesprächspartner außerhalb und innerhalb seiner Institution in den Prozeß des Reflektierens usw. ein. Er ist damit immer gleichzeitig Sender und Empfänger in einem vielschichtigen Kommunikationsprozeß. Fließen diese Erfahrungen z. B. ein in diverse Informationsaktivitäten (wie Tag der offenen Tür, Gesprächsforen oder veröffentlichte Selbstdarstellungen) der sozialen Einrichtung, so wird ein Qualitätssprung für die Öffentlichkeitsarbeit und somit wiederum eine positive Rückkoppelung auf das Image der Einrichtung, aber auch – als Motivationsschub für die Mitarbeiter – der praktischen sozialen Arbeit möglich.

Daß Öffentlichkeitsarbeit insgesamt vor dem Hintergrund der klassischen Methoden der Sozialarbeit als Gruppenarbeit und vor allem als

Gemeinwesenarbeit zu verstehen ist, liegt nach diesen Ausführungen klar auf der Hand.

5.3.6 Zur Handlungsmodalität Wissen vermitteln

Zum Beispiel: Moderation (mit U. Groneick)

Wenn wir heute von 'Moderationsmethode' sprechen, ist damit gemeint „... eine Mischung aus Planungs- und Visualisierungstechniken, aus Gruppendynamik und Gesprächsführung, aus Sozialpsychologie, Soziologie, Betriebs- und Organisationslehre mit einem Verständnis von sozialen und psychischen Prozessen, die sich an Erkenntnisse und Erfahrungen der Humanistischen Psychologie anlehnen" (Klebert u. a. 1987, S. 8).

Die geschichtlichen Wurzeln der Moderationsmethode liegen in den Erfahrungen der Studentenunruhen Ende der 60er Jahre, als Forderungen nach mehr Mitsprache, Verantwortung und Beteiligung an gesellschaftlichen Entscheidungsprozessen laut wurden. Politische Anlässe für diese Entwicklung gab es reichlich: die Notstandsgesetze, der Vietnam-Krieg, die immer deutlicher werdende Ausbeutung der sogenannten Dritten Welt, die Gängelung an Schulen und Universitäten usw. All das gab vielen Bürgern das Gefühl der Ohnmacht gegenüber einem übermächtigen Staat.

Auch außerhalb der Hochschulen, in Betrieben, Parteien, Verbänden und Kommunen, wurde der Ruf nach mehr Orientierung an den Wünschen und Bedürfnissen der Beteiligten vernehmbar. Das Schlagwort vom „mündigen Bürger", der auch als solcher behandelt werden wollte, war für dieses Bedürfnis kennzeichnend. Diesen Forderungen stand aber eine Entscheidungspraxis gegenüber, der es an politischem Willen und an geeigneten Methoden fehlte. „Die gewohnten Gesprächsstrukturen gingen immer davon aus, daß es einen Leiter (Lehrer, Diskussionsleiter usw.) geben mußte, der alles besser wußte als die anderen und deshalb sagte, wo es lang ging. Genau das aber widersprach den Wünschen nach Beteiligung und individueller Mitsprache" (Klebert u. a. 1987, S. 7).

Erste Versuche, neue Entscheidungswege zu gehen, entwickelten sich in der Wirtschaft. Das „Quickborner Team" (heute „Metaplan") entwickelte als Unternehmensberatung ein Konzept für hierarchische Strukturen und brachte Entscheider mit Betroffenen zusammen, um gemeinsam kreative Lösungen zu finden: das sogenannte „Entscheidertraining". Diese Erfahrungen in Wirtschaft und Verwaltung, verbunden mit Erfahrungen aus Hochschule und Politik, führten zu einer Weiterentwicklung.

Inzwischen ist die Moderationsmethode in der (sozial)pädagogischen Praxis wie in Betrieben auch als Führungsmethode etabliert. Sie wird in Qualitätszirkeln, Lernstätten und Mitarbeitergruppen ebenso angewendet wie bei der Durchführung von Seminaren, Workshops, Projektgruppensitzungen oder Besprechungen. Moderation trägt somit dazu bei, daß einsame Entscheidungen eines Vorgesetzten oder Leiters seltener werden und Gruppen (Teams) mehr und mehr selbst entscheiden, zumindest aber an den Entscheidungen mit ihrem Wissen, ihren Erfahrungen und Ideen beteiligt sind (vgl. Seifert 1992, S. 77 ff.).

Die in unserem Modell formulierte Handlungsmodalität „Wissen vermitteln" ist am Beispiel der Moderationsmethode so zu verstehen, daß der Moderator als Vermittler auftritt: Er führt das Wissen der Teilnehmer in einem kreativen Arbeitsprozeß so zusammen, daß die Betroffenen zu gemeinsamen Lösungen kommen. In diesem Sinne heißt „moderieren":

- Teilnehmer aktivieren: Durch angemessene Verteilung der Beiträge wird die Diskrepanz zwischen wenigen Vielrednern und vielen Schweigern verringert.
- Erfahrungen und Erwartungen der Teilnehmer einbeziehen: Es wird nicht „über die Köpfe hinweg" agiert, sondern Erwartungen und Erfahrungen werden in einem flexiblen Arbeitsprozeß transparent.
- Vorhandene Kenntnisse und Kompetenzen nutzen: Brachliegende Energie wird durch breiten Erfahrungsaustausch aktiviert, damit das Potential der gesamten Gruppe genutzt werden kann.
- Meinungsvielfalt in der Gruppe fördern: Statt wenige dominante Meinungen werden mit Hilfe der Visualisierung alle Meinungen berücksichtigt, damit Gegensätze deutlich werden und der Entscheidungsspielraum größer wird.
- Eigen- und Mitverantwortung entwickeln und unterstützen: Wenig Verantwortungsbereitschaft und unverbindliche Entscheidungen werden abgelöst durch Konsensbildung bei breitem Meinungsspektrum und gemeinsamer Aufgabenverteilung.
- Gemeinsame Lösungen entwickeln: Vor allem bei der Lösung von Problemen werden alle Beteiligten in den Prozeß der Problemlösung integriert, weil eine Gruppe eher in der Lage ist, neue und kreative Lösungen zu finden als Einzelpersonen.
- Wahrscheinlichkeit der Umsetzung der Ergebnisse erhöhen: Entscheidungen, an denen die Betroffenen beteiligt werden, werden eher akzeptiert als Entscheidungen „von oben". Damit steigt die

Wahrscheinlichkeit, daß gemeinsame Ergebnisse auch tatsächlich in die Praxis umgesetzt werden.

- Zusammenarbeit verbessern: Beteiligung erhöht die Bereitschaft zur Zusammenarbeit; sie ist für eine effektive Teamarbeit sowohl Voraussetzung als auch Ziel der Moderation.
- Handlungsmöglichkeiten für den einzelnen und die Gruppe erweitern: Durch ein Spektrum von Meinungen und Lösungsvorschlägen werden unterschiedliche Wege zum gemeinsamen Ziel sichtbar, damit auch größere Handlungsspielräume.
- Zufriedenheit steigern: Beteiligung erhöht die Identifikation mit den Fragestellungen und Lösungen. Langfristig führt dies auch zu einer Steigerung der (Arbeits-)Zufriedenheit.

Der Moderator kann die oben beschriebenen Ziele nur erreichen, wenn er über die Handlungskompetenz „Wahrnehmen/Erkennen/Diagnostizieren" verfügt. Dies ist unerläßlich, um gegenüber seinen Teilnehmern eine Grundhaltung zu entwickeln, die es der Gruppe ermöglicht, eigenverantwortlich zu arbeiten. Er ist also dafür verantwortlich, daß die Gruppe arbeitsfähig ist und bleibt, nicht für die Qualität des Ergebnisses. Ein effektiver Moderator überläßt die inhaltliche Kompetenz der Gruppe und gibt sich selbst mit der methodischen Kompetenz zufrieden. Der Moderator ist also Methodenspezialist, nicht inhaltlicher Experte. Die inhaltliche Verantwortung kann er jedoch nur abgeben, wenn er Vertrauen in die Kompetenzen der Gruppe hat und weiß, daß genügend Potential für die inhaltliche Arbeit in ihr steckt. Eine Moderation beginnt deshalb bereits weit vor der eigentlichen Veranstaltung mit einer Situationsanalyse. Es gilt, die organisatorischen, inhaltlichen und gruppenbezogenen Voraussetzungen zu erkennen und daraus Konsequenzen für die Planung zu ziehen.

Beispiele für organisatorische Probleme:

- Ungeeignete oder zu wenig Medien und Materialien,
- Programmdruck durch zu wenig Zeit,
- Zeitdruck der Teilnehmer,
- ungeeignete Räume oder Sitzordnungen,
- Störungen von außen (z.B. durch Telefon).

Beispiele für inhaltliche Probleme:

- Ziele unscharf,
- Entscheidungskompetenzen unklar,
- zu starrer Ablaufplan, wenig inhaltliche Flexibilität.

Beispiele für gruppenbezogene Probleme:

- falsche Gruppenzusammensetzung, zu wenig Kompetenz in der Gruppe,

- wenig Methodenvielfalt, zu wenig Akzeptanz gegenüber den Arbeitsmethoden der Moderation,
- falscher Umgang mit Hierarchien, z.B. bei der Zusammensetzung von Kleingruppen.

Moderieren ist mehr als ein methodisches „setting“ oder eine besonders geschickte Technik der Gesprächsführung und Visualisierung. Die Handlungskompetenz „Kooperieren und Interagieren“ kommt daher besonders zum Zuge. Welche Bedeutung diese Kompetenz hat und wie der Moderator im Arbeitsprozeß mit der Gruppe interagieren soll, macht folgendes Zitat aus der Einführung des Standardwerkes von Klebert u.a. (1985) deutlich: „Uns irritierte immer wieder die Forderung nach Steuerung, die von den Teilnehmern kam. Es wurde uns beides vorgeworfen – meist zu gleicher Zeit von denselben Menschen –, daß wir zuviel oder zuwenig, zu raffiniert, zu offensichtlich, zu lasch oder zu hart steuerten. Wir ließen uns verunsichern und machten es von Mal zu Mal anders, warfen das Steuer manchmal jäh herum, manchmal ließen wir es ganz fahren. Dieses Verhalten entsprach unserer eigenen Unsicherheit, unserem eigenen Lernprozeß. Dabei entwickelte sich langsam das, was wir heute moderatorische Haltung nennen:

- zuhören, wer wann was sagt und was das für die Gruppe bedeutet;
- die Gruppe und ihre Entwicklung wichtig nehmen und nicht sich selbst;
- den Zwang, sich produzieren zu müssen, vor der Gruppe zu glänzen, sein zu lassen;
- die Bemühungen darauf zu konzentrieren, die Situation richtig einzuschätzen und das Richtige zu tun oder das Falsche zu lassen. Dabei ist ‘richtig’ und ‘falsch’ etwas sehr Subjektives, das zum Gelingen der Gruppenarbeit beiträgt;
- nicht den eigenen Leistungsdruck voranzustellen. Es ist meist viel schwerer, nichts zu leisten als etwas zu leisten.

Moderation war geboren, als diese Haltung für uns und andere sichtbar wurde. Denn ohne diese Haltung wäre Fragetechnik nur ein mieser Trick.“

Die Moderationsmethode hat aus der Gesprächspsychotherapie Grundhaltungen entlehnt und auf die Zusammenarbeit mit Gruppen angewendet. Den Moderator zeichnen somit ähnliche Haltungen in der Interaktion mit seinen Teilnehmern aus wie der Therapeut sie den Klienten entgegenbringt. Ohne an dieser Stelle genauer auf Einzelaspekte einzugehen, seien zusammenfassend folgende Grundhaltungen des Moderators genannt:

- Gelassenheit, innere Ruhe,
- Offenheit,
- Wertschätzung und Akzeptanz,
- Einfühlendes Verstehen,
- Echtheit und Transparenz
  (s. auch 5.3.2).

Der Kooperationsprozeß zwischen dem Moderator und seinen Teilnehmern gestaltet sich nicht nur durch eine angemessene Haltung des Moderators. Der Moderator ist verantwortlich für eine gleichberechtigte Zusammenarbeit zwischen den Beteiligten. Um dies zu ermöglichen, benötigt er eine Technik, die die Beiträge von den Beitraggebern trennt, denn was eingebracht wird, ist wichtig, weniger, wer es einbringt oder wie vehement ein Argument vertreten wird. Eine Technik, die dies ermöglicht, ist die Visualisierung.

Mit Visualisierung wird das gesprochene Wort verständlicher und bleibt besser im Gedächtnis haften. Der entscheidende Vorteil der Visualisierung liegt für die Moderation jedoch darin, daß alle Beiträge sichtbar festgehalten und in den weiteren Bearbeitungsprozeß einbezogen werden. Ohne Visualisierung ist Moderation deshalb nicht möglich. Sie soll gewährleisten, daß Ideen, Vorschläge, Probleme oder Einstellungen mit gleichem Gewicht nebeneinander stehen.

Die häufigste Methode der Visualisierung ist die Kartenabfrage in Kleingruppen. Zu einer Fragestellung werden die Aussagen auf Moderationskarten geschrieben, und zwar jede Aussage stichwortartig auf eine eigene Karte. Die Karten werden nacheinander laut vorgelesen und nach zusammenhängenden Aussagekomplexen oder Sinneinheiten gemeinsam mit den Teilnehmern sortiert („geklumpt"). Für die einzelnen Komplexe werden dann charakteristische Überbegriffe gesucht, die anschließend auf einen Problemspeicher übertragen werden. Erst danach wird entschieden, was in welcher Reihenfolge bearbeitet wird.

Der klassische *Ablauf einer Moderation* besteht aus sechs aufeinander aufbauenden Schritten:

1. Einstieg
   Stichworte: Eröffnung, Arbeitsklima schaffen, Orientierung geben.
2. Themen sammeln
   Stichworte: Möglichst viele Aspekte eines Themas oder Problems zusammentragen, Themen festlegen.
3. Thema auswählen
   Stichworte: Prioritäten setzen; festlegen, was in welcher Reihenfolge bearbeitet wird.
4. Thema bearbeiten

Stichworte: Informationssammlung und -austausch, Problemanalyse, erste Lösungen, Entscheidungsvorbereitung.

5. Maßnahmen planen
   Stichworte: Struktur für die weitere Arbeit schaffen, Maßnahmeplan entwickeln, Verantwortlichkeiten festlegen.
6. Abschluß
   Stichworte: Reflexion des Gruppenprozesses, Zufriedenheit mit Ablauf und Ergebnis.

Aus dem Moderationsablauf wird erkennbar, daß die Handlungskompetenz „Reflektieren/Überprüfen/Evaluieren/Kritisieren" bereits gemeinsam mit allen Beteiligten realisiert werden soll. Der Moderator muß nicht nur selbst eine konstruktiv-kritische Haltung zu seiner Arbeit entwickeln; er muß die Gruppe geradezu ermuntern, sich an diesem Prozeß zu beteiligen, und in der Lage sein, mit geeigneten Fragen die Gruppe bei ihrem Reflexionsprozeß zu unterstützen. Der Moderationsablauf kann auch als Zyklus verstanden werden, bei dem das Ergebnis einer Moderation zum Ausgangspunkt einer folgenden wird. In solchen länger andauernden Prozessen muß der Moderator immer wieder in der Lage sein, Standortbestimmungen vorzunehmen, und sich fragen, ob er mit der Gruppe „noch auf Kurs" ist.

5.3.7 Zur Handlungsmodalität Organisieren

Zum Beispiel: Organisationsentwicklung (mit W. Schlummer)

Im dritten Feld der Handlungsmodalitäten sind aufgelistet: Organisieren, Verwalten, Planen. Wir gehen davon aus, daß in der Praxis zumeist das Planen am Anfang sozialpädagogischer/-arbeiterischer Aktivitäten steht. Denn in der Regel sind planerische Aktivitäten organisatorischen und verwaltenden Schritten vorangestellt. Bei der Darstellung dieser Handlungsmodalitäten belassen wir es allerdings bei der Reihenfolge, die in der „Rahmenordnung für die Diplomprüfung im Studiengang Erziehungswissenschaft" seinerzeit so benannt wurde (s. Anfang 5.3).

Wir unterstellen, daß diese Begriffe eher differenzierenden als tautologischen Inhalt haben sollen. Insofern verstehen wir unter „Organisieren" verstärkt solche Tätigkeiten, die die Einrichtung, der sie dienen, organisch entwickeln helfen; unter „Verwalten" (s. 5.3.8) fassen wir die Tätigkeiten, die dem Fortbestand bestehender Institutionen und Abläufe dienen, unter „Planen" (s. 5.3.9) schließlich die Initiativphase neuer Projekte und Anschübe zu Veränderungen bestehender, festgefahrener und erstarrter Strukturen.

Nun also zur Organisationsentwicklung, die wir im Cubiculum als methodisches Beispiel zur Handlungsmodalität „Organisieren" verwenden wollen: Bei einer wortwörtlichen Auslegung des Begriffes „Organisationsentwicklung" (OE) erwartet man eine Strategie – oder ein ganzes Spektrum von Methoden und Strategien –, um Organisationen zu verbessern. Im sozialwissenschaftlichen Sinne ist „Organisationsentwicklung eine langfristige Bemühung, die Problemlösungs- und Erneuerungsprozesse in einer Organisation zu verbessern, vor allem durch eine wirksamere und auf Zusammenarbeit gegründete Steuerung der Organisationskultur – unter besonderer Berücksichtigung der Kultur formaler Arbeitsteams – durch die Hilfe eines OE-Beraters oder Katalysators und durch Anwendung der Theorie und Technologie der angewandten Sozialwissenschaften unter Einbeziehung von Aktionsforschung" (French/Bell 1977, S. 31).

Organisationsentwicklung ist somit auch ein Sammelbegriff für unterschiedliche Ansätze und methodische Vorgehensweisen, die allerdings alle zum Ziel haben, Entwicklungsprozesse in Organisationen systematisch zu initiieren und zu begleiten. Grundgedanke dabei ist, die „Betroffenen" zu „Beteiligten" zu machen und dadurch das latent vorhandene Potential an und die ebenso latent vorhandene Energie für Veränderung zu nutzen (vgl. Schuh 1993, S. 162).

So wird deutlich, daß Wesen und gleichzeitig Vorzug einer Organisationsentwicklung ihre Feldorientierung und Arbeitsplatznähe ist. Denn nur dadurch, daß „die Betroffenen zu Agenten des Geschehens" (vgl. Nellessen 1993, S. 310) gemacht werden, ist der direkte Zugriff auf die Probleme vor Ort und an der Basis und somit eine konkrete und kritische, weil fachlich begründbare Auseinandersetzung und effektive Veränderung möglich.

Organisationsentwicklung hat als doppelte Zielsetzung:

– die Steigerung der Leistungsfähigkeit und
– die Verbesserung der Qualität des Arbeitslebens.

Zu den elementaren Prinzipien und Grundsätzen der Organisationsentwicklung gehören:

– langfristige und partizipative Anlage,
– prozeßorientierte Vorgehensweise,
– diagnostische Elemente,
– rollende Planung,
– Rückkoppelung,
– Konfliktbearbeitung,
– Ganzheitlichkeit

(vgl. Fatzer 1993, S. 23).

Was sich hier vielleicht flüssig, weil schlüssig, liest, birgt allerdings so manche Schwierigkeiten in sich, wenn es darum geht, Organisationsentwicklung (OE) auf den Bereich sozialer, sozialpädagogisch und sozialarbeiterisch ausgerichteter und handelnder Organisationen und Institutionen zu beziehen. In Deutschland hat OE – aus dem Ursprungsland USA kommend – anfänglich lediglich in Bereichen der Wirtschaft und Industrie Fuß gefaßt. Erst seit Anfang der 80er Jahre hat OE auf breiterer Basis Eingang gefunden in die kritische interne Auseinandersetzung von sozialen Organisationen und dienstleistenden Verwaltungen. Doch auch heute ist die Zahl von umfassenden OE-Projekten in Deutschland noch sehr gering, was in einem gewissen Widerspruch steht zur Verbreitung und Verwendung des Begriffes selbst. Gründe für eine zögerliche Aufnahme von OE in diese Bereiche sind sicherlich vielfältiger Natur. Sie dürften aber zusammenhängen mit folgenden Annahmen:

- Organisation als solche wird im Bereich von Sozialpädagogik/Sozialarbeit häufig als etwas Uneigentliches, als lästige Bürokratie und die pädagogische Arbeit behindernden Rahmen empfunden.
- Mit dem Arbeitsfeld Organisationsentwicklung ist eng der Begriff Effizienzsteigerung verknüpft. In Arbeitsfeldern von Sozialpädagogik und Sozialarbeit wird dies oftmals als Rationalisierung und Kontrolle von oben herab angesehen und wirkt gerade heute – in Zeiten von rigorosen Kürzungen im sozialen Bereich – zusätzlich als bedrohlich.
- Organisationsentwicklung hinterfragt kritisch Organisationsstrukturen, die traditionell besonders in öffentlicher Sozialbürokratie (wie Sozial-, Jugend- und Gesundheitsamt), aber auch in großen Wohlfahrtsverbänden vertikal ausgerichtet und mit vertikalen, weisungsgebundenen Arbeitsteilungen verknüpft sind. OE stellt somit traditionelle und elementare Grundstrukturen in Frage.

Doch sollten gerade diese Widerstände und Abwehrmechanismen kritisch durchleuchtet werden, um die positiven Wirkungen einer Organisationsentwicklung verstehen zu können und schließlich zum Zuge kommen zu lassen. Die klassischen Methoden der sozialen Arbeit waren immer „auf die Entwicklung menschlicher, sensibler, unterstützender und hilfreicher Handlungsformen zwischen Sozialarbeitern und ihren unterschiedlichen Klienten gerichtet ... Die Weiterentwicklung dieser Methoden durch Anwender außerhalb des Geltungsbereichs der Sozialen Arbeit hat dazu geführt, daß mit einem Mal auch die anderen Dimensionen Sozialer Arbeit in den Blick gekommen sind: Die Zusammenarbeit mit 'Vorgesetzten' und die Zusammenarbeit mit 'Gleichgestellten' aus anderen Behördern, Institutionen, Organisationen und Einrichtungen. Diese Erweiterung ist im Prinzip eine Bereicherung" (Müller 1994, S. 23 f.).

Bedenkt man, daß die Organisationsentwicklung aus den angewandten Sozialwissenschaften hervorgegangen ist und sozialwissenschaftliche Methoden wie Laboratoriumstrainings und Survey-Research und -Feedback (als Einstellungsbefragung und anschließende Rückkoppelung der erhobenen Daten aus der Aktionsforschung bekannt) ebenso zu den Wurzeln der OE gehören wie Elemente der Sozialpsychologie, so erscheint der zögerliche Einsatz von OE in sozialen Arbeitsfeldern unverständlich.

Wenn wir nun abschließend die Grundkonzeption der Organisationsentwicklung auf unser Cubiculum beziehen, lassen sich durch ein positives Herausstellen des methodisch Möglichen von OE die Widerstände dagegen vielleicht eher überwinden:

Die Handlungskompetenz „Wahrnehmen/Erkennen/Diagnostizieren" ist für eine erfolgsorientierte OE grundlegend. Wer in sozialen Organisationen organisationsstrukturelle Mängel beheben und Dysfunktionalitäten aufdecken will (vgl. Gehrmann/Müller 1988, S. 39), kommt an einer systematischen Bestandsaufnahme und Diagnose im Sinne der oben dargestellten Prinzipien und Grundsätze nicht vorbei. „Jede Organisationseinheit, die sich selber steuern will, braucht eine Analyse der Fähigkeiten ihrer Mitglieder als Gesamtheit und als einzelne. So muß die Handlungsfähigkeit als Team ebenso überprüft werden wie die Fähigkeit der Teammitglieder im Hinblick auf Führungs- und Steuerungsfunktionen" (Wöhrle 1994, S. 37). Sinnvollerweise sollten hier Aktivitäten „im eigenen Hause" verstärkt werden durch externe Berater, die eher den Finger auf wunde Stellen legen können, als dies durch oftmals anzutreffende eigene „Betriebsblindheit" gelingen kann.

Mit der Handlungskompetenz „Kooperieren und Interagieren" ist eine wesentliche Voraussetzung angesprochen, ohne die Organisationsentwicklung im fortgeschrittenen Stadium zum Scheitern verurteil wäre. Dies gilt sowohl für den internen Austausch als auch für das Umgehen mit anderen Organisationen – zum Beispiel in organisierten oder informellen Netzwerken. In vielen sozialen Institutionen existieren Doppelstrukturen mit einerseits Verwaltungs- und andererseits fachlichen Bereichen. Ohne ein möglichst reibungsarmes Miteinander dieser beiden Bereiche ist ein problemorientiertes Arbeiten im sozialen Feld nicht möglich. Dies gilt übrigens sowohl für große als auch kleinere soziale Einrichtungen, eventuell auch für Selbsthilfeorganisationen und

-initiativen, selbst wenn bei diesen der Verwaltungsstrang in der Regel kaum ausgebildet ist. Natürlich sind „Kooperieren und Interagieren“ im sozialen Bereich für die Zusammenarbeit der fachlich aktiven Mitarbeiter untereinander ebenfalls tragende Säulen. Nur so lassen sich Lösungsmöglichkeiten in konkreten Konfliktfällen oder gemeinsam getragene Konzeptionen erarbeiten.

Durch die Handlungskompetenz „Reflektieren/Überprüfen/Evaluieren/Kritisieren“ sind letztlich erst im Rahmen von Organisationsentwicklung wirkliche Qualitätssprünge bei der sozialen Arbeit und dadurch echte Innovationen in der konkreten Ausrichtung und Methodik der Einrichtung möglich. Diese Handlungskompetenz schließlich ist es auch, die eine bessere Einschätzung der Arbeit ermöglicht und somit Lernprozesse bei den einzelnen Mitarbeitern auslöst. So trägt OE – verknüpft mit den einzelnen Elementen dieser Handlungskompetenz – zur Qualifizierung der Mitarbeiter bei. Wer vor allem davon profitieren soll und wird: die „Klienten“.

So wie soziale Einrichtungen in der Regel kein Selbstzweck sind, sollte auch Organisationsentwicklung im sozialen Bereich nur die Funktion haben, den jeweiligen sozialen Auftrag der Einrichtung in der praktischen Umsetzung weiter zu bringen. OE bezieht sich dabei in erster Linie auf die Organisation selbst, die von dieser Warte aus betrachtet aber aus mehr besteht als nur der Organisationsform und -struktur und den dort arbeitenden Menschen. Insofern läßt sich die Organisationsentwicklung auch nicht nur auf ein methodisches Gerüst reduzieren. Wer sich für OE entscheidet, erkennt damit auch die Chance der Verbesserung sozialer Arbeit an; insofern wird auch deutlich, daß OE auf dem Boden einer humanistisch orientierten Grundidee steht. Nur so kann eine zunächst verständliche Scheu vor dem Thema „Effizienzsteigerung und Effektivität im sozialen Bereich“ abgebaut werden.

„Der moralische Anspruch des Sozialbereichs besteht auch nicht in erster Linie gegenüber den Einrichtungen und ihren Beschäftigten, sondern gegenüber den von sozialen Notlagen und Infrastrukturnachteilen betroffenen Gruppen, die dadurch zu Zielgruppen sozialer Dienstleistungen werden. Effektivität nachzuweisen kann deshalb von Professionellen durchaus gefordert werden“ (Wöhrle 1994, S. 43). Daß dies nicht nur durch Organisationsentwicklung geschehen kann, verdeutlichen besonders auch die nun folgenden Erläuterungen zum Sozialmanagement.

5.3.8 Zur Handlungsmodalität Verwalten

Zum Beispiel: Sozialmanagement (mit W. Schlummer)

Zum Sprachgebrauch und Wortschatz der heutigen Zeit gehört neben dem gerade beschriebenen Begriff „Organisationsentwicklung" auch „Sozialmanagement". Dabei hat dieser ebenfalls erst vor wenigen Jahren Eingang gefunden in unsere Sprachwelt. Zwischen der Organisationsentwicklung und dem Sozialmanagement besteht eine besondere Nähe. So wird Sozialmanagement auch als Grundlage der Organisationsentwicklung verstanden. In diesen Topf mit verwandten und ähnlichen Begriffen gehören darüber hinaus z. B. „lean management" oder „lean produktion", „Projektmanagement" und „schlanke Strukturen", „fraktale Fabriken", aber auch „Humanisierung am Arbeitsplatz", „Personalmanagement und -entwicklung" und „Innovationsfaktor Mensch". Gemeinsam ist diesen Begriffen, daß sie zu dem Bereich Management gehören, ein aus dem englischsprachigen Raum stammendes Wort, das kurz und prägnant umreißt, was in der deutschen Sprache eher umständlich zu umschreiben wäre als ein Handeln in Organisationen mit Auswirkungen auf die Zielfindung, Problemlösung, Organisation, Planung, Führung und Erfolgskontrolle.

Mit dem Begriff Sozialmanagement ist einerseits das Management sozialer Organisationen gemeint, andererseits aber auch eine besondere Form des Managements, die sich sozial am Menschen orientiert. „Das Konzept des Sozialmanagements bezieht sich auf Institutionen im sozialen Feld und versucht gerade deshalb, eine eigene Theorie und Praxis eines sozial verantwortlichen, d. h. an der Ethik sozialer Arbeit orientierten Managements zu entwickeln" (Müller-Schöll 1993, S. 139). Innovative Management-Methoden in Industrie und Wirtschaft vor allem aus den USA und Japan haben in ihrer Sogwirkung auch in Deutschland dazu geführt, über neue Organisationsstrukturen in Institutionen des sozialen Bereichs nachzudenken.

Was in Industrie und Wirtschaft besonders ausgerichtet ist auf die Konkurrenzfähigkeit am Markt, führt in Gestalt des Sozialmanagements mittlerweile auch zur Verbesserung der institutionellen und organisatorischen Bedingungen und wird in der Sozialen Arbeit nutzbar gemacht (vgl. Weigand 1994, S. 114 f.). Doch ist es nicht allein damit getan, den „industriellen Vorlauf" innovativer Management-Methoden zu nutzen und auf soziale Institutionen zu übertragen. Vielmehr geht es darum, „originäre Managementkonzepte zu entwickeln, deren Primat das Wohl der Klientel ist, die speziell den Strukturen und Prozessen des

Helfens und Beratens angepaßt sind und die in der Lage sind, die institutionellen Rahmenbedingungen der Hilfeleistungen nach diesen Prinzipien neu zu gestalten" (ebd., S. 115).

Ein im engeren Sinne zu verstehendes soziales Management von einem unternehmensbezogenen Management zu unterscheiden, erfordert eine nochmalige Betrachtung. Zentraler Aspekt des Sozialen am Sozialmanagement ist, daß es nicht statisch festgelegt wird, sondern als ständig begleitende Problemstellung zu sehen ist. Sozialmanagement wird somit zu einem dynamischen Arbeitsbegriff, zu einem Programm und einer Perspektive – getragen vor allem von den Leitungskräften der Einrichtung.

Deren Qualitäten müssen dabei besonders beruhen auf:
- Fachkompetenz,
- kommunikativer Kompetenz und
- administrativer Kompetenz

  (vgl. Bloesy/Strack 1989, S. 78).

Das Soziale am Sozialmanagement muß nach Auffassung dieser Autoren durch das dynamische Prinzip, nämlich durch ständige Rückkoppelung mit den drei oben genannten Elementen, ermittelt und gestaltet werden. Dabei erhält der Begriff Effizienz – hier unterscheiden sich in der Regel Nonprofit-Organisationen von Wirtschaftsunternehmen – vor allem eine qualitative Dimension und ist nicht mehr nur als bloßes Wirtschaftlichkeitskriterium anzusehen. Das Fehlen eines regulierenden Marktes macht deshalb eine Definition von Qualitätskriterien erforderlich, und zwar in Form von kontrollfähigen Zielen. Quantitativ-rechnerische Lösungen reichen nicht aus, um den Erfolg komplexer Sachgebiete mit ideellen Zielsetzungen zu erfassen. Hat ein politisch orientierter Jugendverband zum Beispiel das Ziel, eine Erziehung zum Frieden zu leisten, kann eine Jahresabschlußrechnung kaum Auskunft über den Grad der Zielerreichung des entsprechenden Jahres geben. Dennoch nennt Maelicke (1989) neben inhaltlichen Gütekriterien zur Erfolgsmessung ebenso die Notwendigkeit einer Wirtschaftlichkeitskontrolle, die das Verhältnis eingesetzter Mittel (Arbeitsaufwand, Material) zum erreichten Ziel erfassen soll.

Eine deutlichere Kontur erfährt der Begriff Sozialmanagement durch Techniken für die Zielfindung, den Zielverlauf und die Erfolgsmessung:
- Für die Konzeptphase

  Management by principles: Es gilt die Forderung nach einer Formulierung von Grundsatzdokumenten mit Prinzipien.
- Während der Konkretisierungsphase

Management by regulations: Die Konzepte sind in Reglements, Verfahrensbeschreibungen und Stellenbeschreibungen umzusetzen.
Management by objectives: Formulierungen von Zielen und Aktivitätsplänen als Konkretisierungen der konzeptionellen Grundsätze. Sie gehören zum Beispiel in den Entscheidungsbereich der Mitglieder von Nonprofit-Organisationen.
Management by feedback: Kontrolle mit Feedback durch aussagekräftige, verständliche Kontrollinformationen.
Management by development: Aufgrund erlangter Informationen wird eine Weiterentwicklung der Ziele und auch der Organisation selbst vollzogen. So beinhaltet diese Konkretisierungsphase insgesamt wichtige Elemente, die zur Evaluation führen und gehören (vgl. Schwarz 1986, S. 57).

Diese Techniken müssen, um als Methoden des Sozialmanagements Anerkennung zu finden, bestimmten Prinzipien und grundsätzlichen Kriterien genügen:

- Beteiligung
  Die Methoden müssen die Offenheit der Planung gewährleisten. Betroffene, d. h. die Mitarbeiter und Klienten, sind daran zu beteiligen.
- Durchsichtigkeit
  Der Prozeß der Meinungs- und Willensbildung, der Informationsvermittlung, Bewertung und Entscheidung muß für alle durchsichtig, verständlich und diskutierbar sein.
- Nachvollziehbarkeit
  Die Methoden müssen für alle Beteiligten nachvollziehbar, anwendbar und motivierend sein. Zielsetzung, Ablauf und Funktion der Methoden müssen einsichtig und konsensfähig sein.
- Offenheit für Entwickungen
  Die Methoden müssen problemgerecht, ergebnisorientiert und beweglich sein. Sie müssen der Komplexität wie der Beschaffenheit der jeweiligen Problemstellung angemessen sein (vgl. Müller-Schöll 1993, S. 142 f.).

Methodische Arbeitshilfen des Sozialmanagements beziehen sich dabei immer auf konkrete Problemstellungen und den spezifischen Handlungsbedarf eines Organisationsbereiches. Zu einem entsprechenden Regelkreis des Sozialmanagements gehören folgende Einzelschritte:

- Soll-Definition, Zielfindung,
- Ist-Aufnahme, Problemanalyse,
- Lösungen finden,
- Bewerten und Entscheiden,

- Planen,
- Durchführung,
- Erfolgskontrolle

(ebd., S. 144).

Ein Sozialmanagement, das sich in diesem Regelkreis bewegt, muß mehr sein als eine reine Technik der Führung und muß über ein theoretisches Instrumentarium zur Diagnose der sozialen und institutionellen Wirklichkeit verfügen, um daraus Interventionen ableiten zu können. „Das Verhältnis von Geben und Nehmen, Nähe und Distanz, Macht und Ohnmacht, Autorität und Abhängigkeit ist konstitutiv für Organisationen. Leistungsstärke und Unvermögen, Selbstbewußtsein und Unsicherheit, Leid und Hoffnung, Aggression und Depression der Mitarbeiter spiegeln sich in Rollenwahrnehmungen, Gruppendynamik und Organisationskultur wieder. ... Das Management fördert die Identifikation der Mitarbeiter mit der Organisation und präsentiert sich als ein Ort konstruktiver Konfliktaustragung, persönlichen Wohlbefindens und sinnvollen Arbeitens“ (Weigand 1994, S. 123).

Insofern muß Sozialmanagement besonders auch Strategien aus den Ansätzen corporate culture (Unternehmenskultur) und corporate identity (Unternehmensidentität) berücksichtigen. Und das bedeutet: Bedürfnisse, Motive und Interessen von Mitarbeitern (aller Ebenen), aber auch Mitgliedern und Förderern müssen konsequent in die Arbeit einbezogen werden; Transparenz und Offenheit gewinnen eine zentrale Bedeutung. Strategien eines so verstandenen Sozialmanagements verbreiten Optimismus. Und das ist gut so – besonders für Arbeitsbereiche, in denen sich Mitarbeiter für Menschen in sozialen und/oder psychischen bzw. physischen Problemlagen einsetzen; denn dieses Arbeiten ist immer wieder gekennzeichnet von Enttäuschungen, Überforderung und dem Gefühl des Ausgebranntseins (vgl. Brückner 1992, S. 220f.).

Wenn wir diese Grundskizze von Sozialmanagement nun mit dem Cubiculum und seinen Handlungskompetenzen in Beziehung setzen, tritt noch einmal deutlich die konzeptionell-inhaltliche und methodische Nähe zu der zuvor beschriebenen Organisationsentwicklung in den Vordergrund:

Die Handlungskompetenz „Wahrnehmen/Erkennen/Diagnostizieren“ ist natürlich nicht erst mit dem methodischen Vorgehen des Sozialmanagements und ihren theoretischen Grundlagen „erfunden“ worden. Besondere Bedeutung für eine sozialmanagende Methodik erfährt die Handlungskompetenz allerdings dadurch, daß sie kritisch identifizieren muß, was übernommene oder vielleicht teilweise überholte Grundannahmen, Gepflogenheiten und Vorgehensweisen sind. In selbstkritischer Auseinandersetzung wird ein Sozialmanagement insofern nicht nur jeweilige Strukturen intern überprüfen oder in Frage stellen müssen, sondern auch im Rahmen einzelner Ist-Analysen z.B. die Verwertbarkeit von Begriffen für eine Neuorientierung der sozialen Arbeit erkennen müssen: Offenbart nicht z.B. der Begriff Klient eine „Hierarchie der Abhängigkeit"? (vgl. Sengling 1990, S. 109).

Erfolgreiches Sozialmanagement wird besonders davon abhängen, wie die Handlungskompetenz „Kooperieren und Interagieren" in der Praxis zum Zuge kommen kann. Management-Konzepte müssen dementsprechend Austausch und Flexibilität gewährleisten. Ein Verknüpfen von sozialmanagender Kompetenz allein mit der oberen Leitungsebene hätte die Gefahr zur Folge, daß sich auf dieser Ebene eine mit Macht ausgestattete, sozialtechnisch isolierte Management-Professionalität herausbildet, die einer sozialpädagogischen Professionalität im Organisationsalltag entgegenstehen könnte. „Insofern wird wesentlich darauf zu achten sein, daß keine separierten Formen professionalisierten Managements geschaffen werden, sondern daß auf jeder Organisationsebene die zur Aufgabenerfüllung erforderlichen Managementqualifikationen entwickelt und gelebt werden können" (Merchel 1992, S. 84).

Mit der Handlungskompetenz „Reflektieren/Überprüfen/Evaluieren/Kritisieren" wird durch Sozialmanagement die Handlungsmodalität „Verwalten" mit neuen Inhalten gefüllt werden können. Verwalten wird von einem traditionell eher bürokratisch-kaufmännischen Ausgangspunkt ergänzt werden durch Perspektiven, die eine komplexe, reziproke Mensch-Umwelt-Relation berücksichtigen: „Eigenschaften und Merkmale entfalten wechselseitige Beeinflussungen und Wirkungen" (Flösser/Schmidt 1992, S. 95).

Sozialmanagement wird im Stadium der Anwendung dieser Handlungskompetenz aber auch zu einer Diskussion führen müssen, die sich beschäftigt mit dem Widerspruch von „Professionalisierung" und „Ehrenamtlichkeit". Durch Sozialmanagement wird eine bisherige tragende Säule in weiten Bereichen sozialer Arbeit ins Wanken geraten: Der Mythos Ehrenamt – ein aus politisch-legitimatorischen Gründen der Wohlfahrtsverbände wesentlicher Bestandteil des Sozialwesens – wird neu zu definieren sein (vgl. Merchel 1992, S. 83).

5.3.9 Zur Handlungsmodalität Planen

Zum Beispiel: Zielorientiertes Planen von Projekten

Wenn durch Organisationsentwicklung Projekte, Institutionen, Rollen und Funktionen optimiert sind, wenn durch Sozialmanagement die Dienstabläufe reibungslos vonstatten gehen, wozu dann planen?

Es gibt zwei Antworten auf diese Frage, die verschiedenen Ebenen angehören:

1. Planen gehört zur anthropologischen Ausstattung des Menschen. Indem der Mensch zeitbewußt auf Zukunft ausgerichtet ist, sucht er die Mittel seiner Lebenssicherung zu steigern. Genegoistisch sucht er für sich und die Seinen mehr Land und Macht, mehr Reichtum, mehr Gesundheit, mehr Wohlergehen und Luxus. Das Planen, wie er diese Ziele verwirklicht, wird ihm nicht abzugewöhnen sein.
2. Planen gehört zur ethischen Ausstattung des Menschen. Indem der Mensch sich als solidarisch und sozial verantwortlich für andere, auch für sozial Schwächere (Arbeitslose, Ausländer, Asylanten, Aidskranke, Ungeborene ...) fühlt, ist er im Sinne der „regula aurea" ethisch altruistisch imstande, zu planen für die Verbesserung der Lebensumstände Benachteiligter.

Die Domäne des ersten Planungsmotivs beherrschen herkömmlicherweise die „Macher" aus Politik und Wirtschaft. In der Regel sind ihre Planungsziele Wachstum, Erweiterung, Vergrößerung im Raum (Ausdehnung von Territorien, aber auch Verbindungswegen wie Straßen und Luftlinien), in den Produktionsmitteln und schließlich im Kapital. Die Planungsergebnisse lassen sich üblicherweise bei Erfolg quantitativ ermitteln.

Die Domäne des zweiten Planungsmotivs, Verbesserung der Lebensbedingungen Benachteiligter, ist im christlichen Abendland historisch eine Funktion christlicher Orden und sonstiger religiöser Stiftungen gewesen. In der Regel ist die Verbesserung der Lebensbedingungen Benachteiligter qualitativer Art. Das Essen, die vorhandenen Räume werden mit ihnen geteilt. Es wird gespendet, abgegeben, geschenkt. Sie werden an Bildung und politischer Mitbestimmung beteiligt. Planung zur Verbesserung von Lebensbedingungen Benachteiligter ist in der Regel ebenfalls qualitativ. Im Zuge der Säkularisierung ist dem Staat ein großer Aufgabenbereich der vormals kirchlichen Funktionen zugewachsen. Heute sind freie Träger der Wohlfahrt und staatliche Organe wie die Sozialämter autorisierte und kooperierende Organe dieser Aufgabe. In beiden Bereichen sind Sozialpädagogen und Sozialarbeiter als professionelle Ausführende der Planungsvorgaben vor allem nachrangig involviert.

Es gibt zwei Bereiche, in denen sich die beiden Planungsziele und -interessenten überschneiden:

1. Benachteiligte können sich selbst zusammenschließen und die Verbesserung ihrer Lage planen. Ihre Planungsziele werden dann quantitativer Art: Wir wollen mehr!; aber auch qualitativer Art: Wir wollen eine gerechtere Verteilung!
2. Menschen, die eher den Machern zuzuordnen wären, jedenfalls als junge Menschen „Chancen" hätten, in deren Kreis aufzusteigen, können einen Gesinnungswandel erleben: Mit einem Mal sehen sie sich selbst auf der Seite der Benachteiligten, indem sie erkennen, daß die quantitative Planung der Aufstockung des Turmes von Babylon gleichkommt. Sie empfinden, daß das Mehr an Raumbesitz, Geld und Luxus auf Kosten von Luft, Nahrungsqualität, Zeit, Muße und Nachbarschaftlichkeit geht, daß potentielle Nachgeborene – auch die ihrigen – keine lebenswerten Bedingungen antreffen werden. Kräftige Naturen dieses Schlages fangen an, ihre Macherqualitäten in die Verwandlung und Verbesserung der gesellschaftlichen Bedingungen im qualitativen Sinn zu stellen.

Für beide „Mutanten" der Plantertypen, die Selbsthilfegruppen und Gesellschaftserneuerer, sind professionelle Sozialpädagogen und Sozialarbeiter Partner in vorderster Linie. Aus diesem Grunde gehört „Planen" zum professionellen Kompetenzbereich von Sozialpädagogik und Sozialarbeit.

Ein eigenständiges Konzept oder Curriculum für den Erwerb der Planungskompetenz gibt es im Bereich unserer Disziplin bisher nicht. Aus diesem Grunde machen wir eine Anleihe bei der GTZ (Deutsche Gesellschaft für Technische Zusammenarbeit GmbH), die als Instrument und Partnerorganisation des Bundesministeriums für Wirtschaftliche Zusammenarbeit ein Planungskonzept für „Entwicklungshilfe" erstellt hat (1989). Es ist bekannt unter der Kurzbezeichnung ZOPP: „Zielorientiertes Planen von Projekten und Programmen der technischen Zusammenarbeit". Wir entscheiden uns für diese Anleihe, weil ZOPP als Planungsinstrument zwischen dem altruistischen Hilfemotiv und dem Solidarmotiv der gegenseitigen Selbsthelfer steht: Es geht ja um Hilfe für benachteiligte Regionen oder Bevölkerungsgruppen der Dritten Welt, die ihrerseits im Idealfall das Heft der Veränderung selbst in die Hand nehmen, auf jeden Fall im Sinne der Subsidiarität schließlich dazu kommen können. Daß ZOPP die Macher-Attitüde zum qantitativen Mehr nicht ausschließt, muß leider erwähnt werden. Gedämpft ist sie jedoch durch implizite Prinzipien der „Risiko- oder Interessenanalysen, Umweltverträglichkeitsanalysen, Technologiefolgeabschätzungen etc." (ebd., S. 35).

Welche Vorzüge hat nun die ZOPP-Methode, daß sich ihre Übernahme und Assimilation in Bereiche der Sozialplanung empfiehlt?

1. Sie ist vom Ansatz her prosozial.
2. Sie ist subsidiär.
3. Sie ist interkulturell und pluralistisch, indem sie z. B. Partner aus verschiedenen Kulturen gleichberechtigt an einen Planungstisch bringt.
4. Sie ist demokratisch, da sie vom Grundsatz her verschiedene Ebenen von Hierarchien gleichberechtigt zu beteiligen sucht.
5. Sie ist interdisziplinär, indem sie prinzipiell Humanwissenschaftler und Naturwissenschaftler gleichberechtigt beteiligt.
6. Sie ist rational, da sie Bedingungsgeflechte und Kausalitäten verständlich zu erfassen sucht.
7. Sie ist realistisch; d. h. sie verzichtet auf die exzessiven Analysen, die für menschliche Planergehirne nicht mehr nachvollzogen und behalten werden können.

Methodisch besonders erwähnenswert erscheint uns, daß ZOPP seine Planungsziele mit einem nachahmenswerten Verlaufsschema angeht:

1. In einer Beteiligtenanalyse werden Wissen und Einsichten über direkte und indirekte Einflußgruppen zusammengetragen. Damit werden im Vorfeld der Planung mögliche Kooperanten, Konkurrenten, Gegner ausgemacht und strategisch bedacht.
2. In einer Problemanalyse wird das Ausgangsproblem in den Zusammenhang über- und nachgeordneter Problemketten gebracht (Wie steht z. B. Verslumung bzw. Obdachlosigkeit zu Bodenbesitz, Lohnarbeit, Arbeitslosigkeit, Kinderzahl, Einkommen, Volkszugehörigkeit etc.?).
3. Worauf genau soll sich das konkrete Planziel beziehen; welchen übergeordnetem Ziel wird es dienen, und welche untergeordneten Ziele sind zu seiner Realisierung unerläßlich?
4. Welche Alternativen gäbe es, ein anderes genauso wichtiges Planziel zu verfolgen?
5. Wie stellt sich der Zusammenhang von Beteiligten, Problemen und Zielen narrativ, also erzählend in einem Sinnzusammenhang dar?
6. Welche unbeeinflußbaren Annahmen enthält der Plan, die bei Ausbleiben das Planziel vereiteln werden?
7. Welche Indikatoren belegen, daß das Planziel bzw. seine Teilbereiche erfüllt sind?

8. Woran lassen sich Auftreten oder Fehlen der Indikatoren ermessen und messen?
9. Welche entscheidenden Risiken müssen abgewogen und kalkuliert werden?
10. Was kostet voraussichtlich die Ausführung des Planes?

Es ist erfreulich, mit ZOPP eine praktikable Planungsvorlage für sozialpädagogische Planung zu haben. Wir halten es dringend für erforderlich, sie ins Metier unserer Disziplin zu übersetzen, und beabsichtigen, daran in nächster Zeit mitzuwirken. Vorerst empfehlen wir Praktikern und Studierenden die direkte Trainingsanleihe bzw. das Literaturstudium des GTZ-Angebotes.

Wir haben ZOPP vor allem für den prosozialen, subsidiären und Selbsthilfebereich als Planungsverfahren herangezogen. Dies schließt nicht aus, es als Instrumentarium auch für Fälle gesellschaftlicher Veränderung einzusetzen, bei denen es nicht um Besserstellung bestimmter Minderheiten, sondern um die Qualifizierung der gesellschaftlichen und ökologischen Gegenwart und Zukunft aller geht.

Hierzu gibt es allerdings ein „Planungsinstrument": die „Zukunftswerkstätten". Robert Jungk und Norbert R. Müllert stellen es seit 1989–1994 nunmehr in der vierten Auflage – erfolgreich dar. Das Buch ist eine Mischung aus Ermutigung aus Beispielen und methodischen Handreichungen zu Gruppen- und Initiativarbeit. Deren Ziele sind tatsächliche Veränderungen der Gesellschaft zu einem höheren Maß an militärischem, kulturellem, sozialem und ökologischem Frieden. Was die Ermutigung betrifft, so richtet sie sich vor allem auch an solche, die sich im Kontext unserer Wortwahl nicht selbst als Macher verstehen, jedoch auch die Verantwortung für eine menschenmögliche und menschenwürdige Zukunft nicht allein anderen überlassen können. Das Buch sollte zum Kanon der Pflichtliteratur für Sozialpädagogen und Sozialarbeiter avancieren. Dies schließt nicht aus, die Operationalisierbarkeit der Vorschläge in Art einer „Gebrauchsanweisung" à la ZOPP zu entwickeln.

Im Rahmen unseres Cubiculums bleibt zu den Dimensionen der Handlungskompetenzen zu sagen:

„Wahrnehmen/Erkennen/Diagnostizieren" sind hier besonders auf soziologische, ethnologische, religions-, wirtschafts-, politik- und erziehungswissenschaftliche Kenntnisse und Methoden angewiesen: Worin liegt denn – menschengemacht – die Lage von Leuten und die Zukunft der Menschheit im argen? Wie läßt sich die notwendige Wende des Argen planen und bewerkstelligen?

Beim „Kooperieren und Interagieren" geht es ebenso um gruppendynamische Kunst innerhalb der Planungsgruppe, wie um Mut und Streitfähigkeit mit den Planungsgegnern, aber auch um Frustrationstoleranz und Kompromißfähigkeit.

Für das „Reflektieren/Überprüfen/Evaluieren/Kritisieren" bietet ZOPP ein gutes Instrumentarium, welches für Sozialpädagogen und Sozialarbeiter noch übertragen, für die weiten, prinzipiell utopischen Entwürfe der Zukunftswerkstätten noch entwickelt werden muß.

Und abschließend: Welche klassische Methode im Cubiculum darf sich vorneweg als Mutter von ZOPP und Zukunftswerkstätten verstehen? Dritte-Welt-Programme, ebenso sozialpolitische Planziele der Verbesserung von Lebenswelten Benachteiligter betreffen die ganze Gesellschaft; sie sind – so leuchtet ein – Projekte von community work. Zukunftsprogramme für die Menschlichkeit und den Globus als Ganzes sind es ebenso, wenn sich die Menschheit auf ihrem einzigen und einzigartigen grünen Planeten endlich als community begreifen und verstehen lernt.

6. ABSCHLIESSENDES UND PERSPEKTIVISCHES

6.1 Ballonperspektive vom sozialpädagogischen Massiv

Wir haben uns bei den systematischen Überlegungen zur Sozialpädagogik eines Bildes bedient: Danach stellten wir uns diese als Gebirgsmassiv mit unterschiedlichen Schichtungen vor. An den Schichtungslinien – von oben nach unten betrachtet – trafen aufeinander:

– die theoretische Dimension,
– die anthropologische, ethische und sozialkritische Dimension,
– die historische und vergleichende Dimension,
– die praktische Dimension.

Wir schlagen dem Leser erneut die Ballonperspektive vor; d. h. wir simulieren, daß wir aus einem Fesselballon das ganze Massiv von oben überblicken. Diesmal richten wir den Blick nicht in erster Linie auf die Schichtungen. Statt dessen interessieren uns die alle Schichten überziehenden Adern des Gebirges, geografisch wären es die Bäche und Flüsse, die aus der Tiefe des Gesteins aber auch aus Wolkenströmen des Himmels hervorbrechen und aufgefüllt werden. Als Erosionskräfte wirken sie mit an der Veränderung des Massivs. Zugleich werden sie mit seiner Veränderung selbst verändert.

Als Adern der Sozialpädagogik – mit einem anderen Bild ließe sich von ihren roten Fäden sprechen – lassen sich über alle Schichtungen hinweg folgende Themen verfolgen:

1. Sozialpädagogik wird verstanden als wirkliche und damit relative Pädagogik im theoretischen Gegensatz zur Allgemeinen Pädagogik, die von den Besonderheiten von Zeit, Raum, Gesellschaften und Individuen absieht. Sozialpädagogik läßt sich ein auf in Zeit und Raum geschichtliche Einmaligkeiten (vgl. insbesondere Mager).
2. Sozialpädagogik ist eine anwaltschaftliche Pädagogik. Sie vermittelt zwischen den unterschiedlichen Interessen von Gesellschaft und Individuum. Sie ist Gegner einer Staatspädagogik als reiner Einvernahme von Menschen zu Staatszwecken. Individualpädagogik, die allein einer sozial uneingebundenen Talent- und Selbstverwirklichung dienen will, greift ihr zu kurz. Indem die Sozialpädagogik dem Individuum dient und es in der und für die Gemeinschaft er-

zieht, dient sie dem Menschengeschlecht (vgl. insbesondere Pestalozzi und Mager).

3. Sozialpädagogik hat die Erziehung und Entwicklung des Volkes zu einem Miteinander aus solidarischen, gleichberechtigten und gleich verantwortlichen einzelnen zum Ziel. Als Grundlegung dieses Zieles betreibt sie eine reflektive humanistische und moralische Bildung aller Klassen und Schichten (vgl. insbesondere Mennicke).
4. Sozialpädagogik hat vor allem Unterprivilegierte und Benachteiligte als Adressaten. Nur unter Aufhebung wirtschaftlicher Not und Abhängigkeit und unter Absicherung der sozialen Selbst- und Gesellschaftsakzeptanz kann das sozialpädagogische Ziel selbstgestalteten und sozial verantwortlichen Lebens gelingen. Als große Gruppen von Benachteiligten hat sich Sozialpädagogik – zu verschiedenen Zeiten mit unterschiedlichen Schwerpunkten – gekümmert um:
   - Uneheliche und Waisen,
   - Mädchen und Frauen,
   - zur Arbeit gezwungene Kinder,
   - bildungsbenachteiligte Arbeiter,
   - Obdachlose,
   - Arbeitslose,
   - Flüchtlinge und Asylanten,
   - Ausländer (vgl. insbesondere Wichern, Kolping, Lange, Tews, Klumker, Heinen, Salomon).
5. Sozialpädagogik kümmert sich umfänglich und kontinuierlich um die zentrale Lebenslage der Kindheit und Jugend. Insofern ist jeder Mensch im Laufe seines Lebens wirklicher Adressat der Sozialpädagogik. Die natürliche Minderlage von Kindern und Jugendlichen hinsichtlich Status, Beruf, Besitz und bürgerlichen Rechte macht sie zu genuinen Klienten. Indem die Sozialpädagogik für Reifung, Entwicklung und Emanzipation von Kindern und Jugendlichen Sorge trägt, dient sie zugleich der Entwicklung der Gesellschaften und einer humanistischen Evolution des Menschengeschlechtes (vgl. insbesondere Pestalozzi, Fröbel, Nohl, Mollenhauer, Thiersch).
6. Sozialpädagogik ringt – um ihren Adressaten die Aushandlung von Rang und Status, Autonomie und Solidarität zu ermöglichen – um Zeiten und Freizeiten, um Räume und Freiräume, in denen die entwicklungsnotwendigen Prozesse stattfinden können (vgl. insbesondere Böhnisch 1990, Winkler 1988).
7. Sozialpädagogik ist ein beständiger Politfaktor der Gesellschaftskritik mit ihrem Blick auf
   - Einseitigkeiten von Staats- und Individualpädagogik,

- unterdrückte oder nicht beförderte Prozesse einer allgemeinen Volksbildung und -entwicklung,
- benachteiligte Gruppen und Lebenslagen,
- Bedingungen des Heranwachsens und der Erziehung von Kindern und Jugendlichen,
- zweckbestimmtes Besetzen von Zeit und Raum unter Ausschluß schöpferischer Neuverteilung (vgl. insbesondere Pestalozzi, Mager, Mennicke, Mollenhauer).

In diesen sieben Grundlinien sind wesentliche, durchgängige Merkmale der Sozialpädagogik seit ihrer Entstehung im Werk und Wort Pestalozzis und ihrer ersten theoretischen Grundlegung durch Mager erkennbar.

6.2 Satellitenperspektive vom Globus (mit W.-D. Bukow)

Medieninformationen über Raumfahrtereignisse sind fast zum Alltag geworden. So ist es keine besondere Anstrengung, wenn wir unsere Metapher von der Ballonperspektive erweitern zu der einer Satellitenperspektive. Beide „Fahrzeuge“, Ballon und Satellit, sind gekennzeichnet durch ihre über die Schwerkräfte der Erde vorgegebene „Fesselung“ an unseren Planeten. Ähnlich wird auch die aus ihren Perspektiven gewinnbare Übersicht irdisch bleiben. Bei der Satellitenperspektive reicht der Horizont jedoch weit über das sozialpädagogische Massiv einer bzw. unserer Gesellschaft hinaus. Dadurch können wir es als narbige Teilfläche der Gesamtoberfläche des Globus erkennen. Dabei wird deutlich, daß die Probleme der Sozialpädagogik überstaatlich und überkulturell (geworden) sind. Robertson (1992) spricht von der Globalisierung der Probleme. Und zwar ist die Globalisierungstendenz konvergent in allen Industriestaaten der Erde anzutreffen. Sie hat damit zu tun, daß bestimmte, im Kern langfristige Entwicklungen allmählich in den Gesellschaften Wirkung zeigen:

- Die schrittweise Umschichtung sozialer Strukturen über unterschiedliche Formen sozialer Ungleichheit mündet in die Bildung neuer sozialer Milieus ein.
- Seit langem ist ein Abschmelzen traditioneller gesellschaftlicher Institutionen zu beobachten, z. B. der Kirchen, Gewerkschaften und Parteien. Damit entsteht Raum für den Aufbau neuer, individueller gestalteter Lebensformen und damit für mehr Individualität (Individualisierung und Pluralisierung).
- Es gibt einen zunehmenden Bedeutungsverlust qua Geschlecht oder

Geburt zugeschriebener Eigenschaften. Gleichzeitig gewinnen qua Bildung oder anders erworbene Eigenschaften und Fertigkeiten an Bedeutung.

- Große wissenschaftliche, politische, kulturelle und religiöse Entwürfe verlieren an Relevanz. An ihre Stelle treten kleine Konzeptionen, modische Erklärungen, Gelegenheitsbehauptungen.
- Wir beobachten seit langem den Geltungsverlust von bloß gewohnheitsmäßig oder traditionell legitimierten gesellschaftlichen Regelungsmechanismen, z. B. Ehe, Verwandtschaft, Konfessionen und Nationalitäten. Formal-rational ausgewiesene Regelungsmechanismen – etwa in der Form sozialer Systeme, der Bürokratie und Verwaltung, der Technologie usw. – gewinnen hingegen an Überzeugungskraft. Schon ihre formale Rationalität als solche scheint sie zunehmend zu legitimieren.
- Hat man bei dem Versuch, gesellschaftliche Zusammenhänge zu definieren und zu organisieren, lange Zeit an funktionale Gesamtensembles gedacht, so treten heute zunehmend Einzelsysteme von hoher Spezialisierung und interner Autonomie in den Vordergrund. Deren Zusammenspiel wird dabei nur noch in der Form von Vernetzungen (etwa System/Umweltbeziehungen) bedacht.

Noch sind diese neuen Tendenzen nicht gänzlich erfaßbar. Aufbäumungen gegen sie wie die neonationalistische Bewegung oder die Verbreitung neuer Sekten sorgen für ein uneinheitliches Bild. Noch ist nicht absehbar, was am Ende dieser Umbauprozesse an neuen Strukturen und Prozessen letztlich die Oberhand behält. Bezeichnungen wie „fortgeschrittene" Industriegesellschaft oder „Postmoderne" signalisieren allenfalls erste Vermutungen. Je nach dem eigenen Focus werden dabei entweder stärker kulturelle oder soziale oder technologische Veränderungen in den Mittelpunkt gerückt. Klar ist jedoch, daß mit beträchtlichen Umbauprozessen zu rechnen ist, und daß dies vor allem auch die Vergesellschaftung des einzelnen betreffen wird. Grundsätzlich wird man also davon auszugehen haben, daß im Augenblick ein erheblicher Umbau innerhalb der Industriegesellschaften stattfindet.

Der angedeutete Umbau zeigt jedoch ein janusköpfiges Bild. Zwar spricht man von „Postmoderne" oder „multikultureller" Gesellschaft. Aber wir befinden uns zunehmend auch in einer „Risikogesellschaft" (vgl. Beck 1986). Zunächst einmal spielt der angeführte Umbau für die einzelnen Gesellschaftsmitglieder mehr Spielräume ein. Zum anderen aber, und das macht dann eben der zuletzt genannte Begriff „Risikogesellschaft" deutlich, stellen sich auf der Rückseite der gesellschaftlichen Modernisierung auf Grund der besonderen Ausgestaltung der gegenwärtigen Entwicklung neue Probleme ein. In der augenblicklichen gesellschaftlichen Entwicklung tritt diese Zweideutigkeit zunehmend in den Vordergrund, spätestens seit Mitte der 70er Jahre. Sie wird mit dem Durchbruch der neuen Restaurationsbewegungen in den USA, in Großbritannien und in der Bundesrepublik geradezu zum dominierenden Paradigma und gewinnt gegenwärtig immer mehr an Konturen. Mit dem Ende der Ost-West-Konfrontation hat sie ihren ersten Höhepunkt erreicht.

Auf der Rückseite der gegenwärtigen Entwicklung geht es nicht länger bloß um zweideutige Veränderungen im Makrozusammenhang der Industriegesellschaften. Es geht in deren Folge auch um regelrechte Verwerfungen im Alltag der Gesellschaften. Diese Verwerfungen spielen sich sogar in gesellschaftlichen Kernbereichen ab und lassen sich im Alltag und ganz konkret auch an den Formen der Vergesellschaftung jedes einzelnen identifizieren: Arbeitslosigkeit, Wohnungslosigkeit, neue Armut, Aids, Kranke, Alkohol- und anderweitig Drogenabhängige, Menschen auf der Straße, Obdachlosigkeit allgemein, Straßenstrich, Kinderarbeit, Kindesmißbrauch, Rassismus und Sexismus, Ausländerhaß, Gewalt.

All dies betrifft nicht mehr nur die Länder der Dritten Welt oder allenfalls noch die Ränder der Industriegesellschaften, sondern spielt sich zunehmend in den Zentren aller Länder ab und bedroht längst in irgendeiner Form alle Gesellschaftsmitglieder.

Versucht man diese bereits zu Verwerfungen avancierten Zweideutigkeiten der gesellschaftlichen Entwicklung systematisch zu erfassen, kann man in Anlehnung an Überlegungen des englischen Soziologen Antony Giddens von qualitativ wie quantitativ neuartigen Problemlagen sprechen (vgl. Giddens 1990, S. 124.):

Es entstehen erstens qualitativ neue Problemlagen, wenn heute zunehmend alle Gesellschaftsmitglieder den Folgen z. B. einer schadstofferzeugenden und umweltbelastenden Produktivität der Chemieindustrie ausgeliefert sind. Weltweit und zugleich qualitativ neu ist die Bedrohung des Ozonlochs, des damit verbundenen Solarkrebses, das Risiko der Polarschmelze, die sich abzeichnende Klimakatastrophe, die nukleare Bedrohung durch illegalen Atomhandel, das Durchdringen der Weltgesellschaft durch internationale Verbrechensstrukturen inklusive der Korruption der Politikerszene. Qualitativ neu, wenn auch von anderer Qualität, sind die Folgen massiv ansteigender Bildungsanforderungen, wodurch Bildung zu einem lebenslangen Projekt gerät. Qualitativ neue Mobiltätserwartungen provozieren in sozialer wie beruflicher oder kultureller Hinsicht neuartige Schwierigkeiten, qualitativ neue Gesundheitsrisiken tun sich auf durch den Verkehr oder duch die industrielle Produktionsweise.

Für diese qualitativ neuen Problemlagen können beispielhaft der Chemieunfall in Bhopal und die Reaktorkatastrophe von Tschernobyl angeführt werden. Beide Ereignisse sind jeweils in ihrem Zusammenhang eine typische unmittelbare Folge forcierter industrieller Entwicklung ohne eine entsprechende kritisch-reflexive Begleitung. Sie betreffen beteiligte wie unbeteiligte Menschen, heute lebende wie morgen erst geborene. Sie belasten nicht nur die Gesundheit der konkret betroffenen Menschen, sondern verändern das gesamte gesellschaftliche Gefüge: Es entstehen für Jahrzehnte bzw. Jahrhunderte unbewohnbare Territorien, über Generationen hinweg ist mit massiven Erbgutschäden zu rechnen, mit zunehmender Krankheitsanfälligkeit u.v.m. Die Folgen für die Vergesellschaftung der Menschen sind heute offenkundig einfach unabsehbar. Doch signalisieren sie bereits in diesem Augenblick eine vollständig neue Dimension von Vergesellschaftung.

Besonders wird deutlich, daß konventionelle Formen der Eingliederung des Menschen in die Gesellschaft unter diesen Bedingungen gänzlich unzureichend sind und damit für viele Menschen eine ganz andere Unterstützung von Vergesellschaftung erforderlich werden dürfte.

Es entstehen zweitens quantitativ bzw. proportional neue Problemlagen, weil Gesellschaften zunehmend in Gesellschaftsgruppen mit und ohne Rechte zu zerfallen drohen. Gerade in den Zentren der fortgeschrittenen Industriegesellschaften bilden sich verschiedene Bereiche: es treten neue Gruppen von „Berechtigten“ oder „Nutznießern“ hervor, die sich zu Interessengemeinschaften zu verdichten beginnen, und es entstehen Bereiche, denen Gruppen zugeordnet werden, die einer kollektiven Abwertung, Diskriminierung oder gar vollständigen Entrechtung unterworfen werden. Für die Bundesrepublik sind solche Verschiebungen deutlich innerhalb und zwischen den Bundesländern neuer und alter Art auszumachen, zuvor schon zwischen „Einheimischen“ und Arbeitsmigranten.

Für diese quantitativ neuen Problemlagen kann man exemplarisch weltweit die Ausdifferenzierung von Quartieren Unterprivilegierter an den Rändern der großen industriellen Zentren oder z. B. die sexistische bis rassistische Gewalt an den Grenzen der verschiedenen gesellschaftlichen „Anspruchszonen“ anführen. Immer deutlicher wird der gesamtgesellschaftliche Reichtum unter dem Gesichtspunkt der Verteilung und der Berechtigung organisiert. Die Folge davon ist, daß sich jeder darum bemüht, sich einen mehr oder weniger großen Anteil auf Kosten der anderen zu sichern. Auf diese Weise wächst eine neue Berechtigten-Hierarchie heran, an deren jeweiligen Rändern Verunsicherung, Angst und Gewalt zur alltäglichen Umgangsweise wird.

Die angedeuteten, zunehmend ubiquitären und globalen, qualitativen und quantitativen Verwerfungen innerhalb der fortgeschrittenen Industriegesellschaften machen schnell deutlich, daß und wie die traditionellen Felder sozialpädagogischer Intervention durch neue Problemkonstellationen überlagert, ja gleichsam verdoppelt werden. Die bisherigen sozialpädagogischen Ortsbestimmungen werden dadurch nicht überflüssig. Im Gegenteil, sie erhalten eine zweite, eine sekundäre Aktualität und gewinnen dadurch an Brisanz. Dazu drei Beispiele:

1. Hatte man bislang in den weniger qualifizierten gesellschaftlichen Gruppen mit Arbeitslosigkeit zu rechnen, so weiß man heute, daß ausgerechnet den Industriegesellschaften mit ihrem insgesamt gesehenen stetigen Wachstum die Arbeit ausgeht und mithin jeder von Arbeitslosigkeit bedroht ist. Damit werden die bisher z. B. im Blick auf arbeitslose Jugendliche angeführten Überlegungen auch für andere virulent.
2. Rechnete man bislang damit, daß ein bestimmter Teil der Bevölkerung aufgrund der in der Gesellschaft gültigen Leistungsstandards als insoweit „behinderte Menschen“ subsidiäre Hilfe benötigt, so sieht man heute, wie im Gefolge zunehmender Mobilität Verkehrsopfer geradezu produziert werden, die dann der Rehabilitation bedürfen oder – um an das Beispiel von oben anzuknüpfen – wie der Einsatz von Chemie in der Textilindustrie Allergien zu einer „Volksseuche“ werden läßt, die dann entsprechende Maßnahmen bis hin zur Rehabilitation erforderlich machen.
3. Rechnete man bisher mit einer wohlbemessenen Zahl sowohl von Arbeitsmigranten als auch von totalitär bedrohten Asylan*d*en (sic!), die von den aufnehmenden Gesellschaften prosozial sowie profitabel integriert werden konnten, so entsteht jetzt an den Grenzen der wohlhabenden Staaten ein Flüchtlingsdruck von Hungernden, der nicht mit dem verächtlichen Wort der Wirtschaftsflüchtlinge abgewehrt werden kann.

Qualitative und quantitative Verwerfungen erzeugen also eine bislang überhaupt noch nicht abschätzbare Problemkonstellation, die die alten sozialpädagogischen Herausforderungen zu überlagern beginnt und einen unabsehbaren Bedarf erzeugt.

Die Sozialpädagogik sieht sich danach von den Folgen einer blinden und damit unvollendeten Moderne, und zwar weltweit, global, konfrontiert. Dies ist die Ursache dafür, daß die subsidiären Maßnahmen und Interventionen in absehbarer Zeit enorm ansteigen werden. Mehr denn je ist die Sozialpädagogik dabei genötigt, die Folgen einer politisch unkontrollierten oder falsch kontrollierten Entwicklung zu kompensieren. In diesem Zusammenhang sind allerdings, wie sich das an den erwähnten Beispielen ablesen läßt, längst soziale Tatsachen geschaffen, die auf Generationen hinaus wirksam bleiben werden.

Die markierten Entwicklungen zeigen zum Schluß auch, wie tief die Sozialpädagogik in die Politik der Zivilgesellschaften „verstrickt" ist. Sie ist bereits beinahe unentrinnbar mit den gewollten wie nicht gewollten, mit den richtigen wie falschen Entwicklungslinien der modernen Gesellschaften verbunden. Und dies gilt in einem weltweiten Kontext. So zeichnet sich eine Problemkonstellation ab, mit der wir alle bis vor kurzem noch nicht gerechnet haben. An dieser Stelle zumindest steht die Sozialpädagogik theoretisch genauso wie praktisch erst noch am Anfang.

6.3 Über das Fehlen des archimedischen Punktes und das Vorhandensein bodennaher Rettungsdienste und -stationen

Archimedes ist bekannt für seinen glücklichen Ausruf „Heureka!", „Ich hab's gefunden", nachdem er im Bade das Gesetz des spezifischen Gewichtes entdeckt hatte. Weniger glücklich, ja eher ratlos klingt seine Aufforderung:

„Δος μοι ποῶ στῶ και κινῶ τὴν γῆν!"

„Gib mir einen (außerirdischen) Punkt und ich werde die Erde bewegen" (vgl. Büchmann 1972, S. 613).

Leider fehlt uns auch für die der Sozialpädagogik aufgegebenen Probleme der archimedische Punkt. Unsere abgehobenen Perspektiven aus den Höhen von Fesselballon und Satellit bleiben unentrinnbar der Anziehungskraft der Erde verhaftet. Selbst die letzte denkbare Stufe perspektivischer Entfernung – eine platonische Ideenschau auf die Realität als Halbwirklichkeit vollendeter Ideen – ist eher Denkbereich einer Allgemeinen Pädagogik als der Sozialpädagogik. Für die Sozialpädagogik bleibt die in Zeit und Raum, in Staaten und Gesellschaften, in Individuen und Gemeinschaften, in genetischem Code und evolutionärer Potenz erscheinende Wirklichkeit die, für die sie im Sinne Magers die wirkliche Pädagogik zu sein hat.

Das Menschengeschlecht hat sich in bezug auf seine humanistischen Entwürfe, ja sogar hinsichtlich seiner physischen Existenz in vorher nicht gekanntem Ausmaß aufs Spiel gesetzt. Nun ist es nicht so, als ob dem gigantischen Risiko ausgesetzter Lebenslagen und der Menschheit als ganzer nicht auch Anstrengungen gegenüberständen, die es einzudämmen oder gar zu beheben suchten. Rettungsstationen und Rettungsdienste vielfältiger Art sind bemüht, die ungerechte Benachteiligung vieler und das heraufbeschworene Unheil aller abzuwenden.

Als älteste Einrichtungen der Welt, die sich im konstitutionellen Selbstverständnis mit der irdischen Not befassen, sind die christlichen Kirchen anzusehen. Leider ist ihre Verquickung mit der weltlichen Macht so stark, daß sie in vielen Zeiten und an vielen Orten das durch Staatsgewalt sanktionierte Unrecht von Landnahme, Krieg, Unterwerfung und Versklavung mitgetragen, ja in Kreuzzügen, Zwangsmissionierungen, Ketzerverfolgungen, Judenpogromen und Hexenprozessen mitverursacht haben. Demgegenüber stehen moderne anerkennenswerte Leistungen der Kirche im Bereich wirtschaftlicher Entwicklungshilfe für Länder der Dritten Welt (z. B. Miserior, Adveniat, Brot für die Welt). Auch der mutige Ansatz eines kirchlichen Asylrechts sollte gewürdigt werden. Leider muß dagegen wiederum die römisch-katholische Bevormundung theologischer Aufbrüche, so z. B. der Befreiungstheologie Lateinamerikas, als unvereinbar mit dem Subsidiaritätsprinzip angesehen werden.

Während ich diese Zeilen schreibe (23. November 1994), geht durch die Presse, daß die Evangelische Kirche in Deutschland und die Katholische Deutsche Bischofskonferenz gemeinsam eine Stellungnahme „zur wirtschaftlichen und sozialen Lage in Deutschland" (1994) vorgestellt haben. Durch dieses gemeinsame Papier wollen die evangelische und katholische Kirche einen „Konsultationsprozeß" initiieren, um die sozialen Mißstände, die nahezu alle auch Gegenstand sozialpädagogischer Abhilfe- und Feuerwehrdienste sind, zur Sprache zu bringen. Bis zu dem für Ende 1995 angekündigten „gemeinsamen Wort der Kirchen" sollen die nun bereits angeregten Themen wie Option für die Schwachen, Option für eine soziale Friedensordnung und eine soziale Gestaltung der Zukunft, Problemfelder wie Arbeitslosigkeit, Stärkung der Familien sowie Reform und Konsolidierung des Sozialstaates, Armutsbekämpfung und Wohnungsnot, aber auch Schwerpunkte wie Erhaltung von Traditionen der Sozialkultur, Verbesserung der beruflichen Bildung sowie Solidarität mit den Fremden auf möglichst vielen gesellschaftlichen Ebenen diskutiert werden. Es ist zu hoffen, daß hier nicht nur eine gesamtgesellschaftliche Diskussion aufgenommen wird, sondern auch die Kirchen konsequenterweise ihre eigenen Makrosysteme der Caritas und Diakonie auf den Prüfstand einer menschennahen Für- und Vorsorge bringen.

Das zweite historisch alte Sozialhilfesystem stellen die Staaten selbst dar. Seit mit dem Merkantilismus die Solidargemeinschaften der Stände unzureichend wurden, übernahmen die Staaten vor allem zur Aufrechterhaltung der öffentlichen Ordnung zögernd Teilaufgaben der Existenzsicherung. Von Anfang an ist die Verquickung der Hilfeleistung mit staatlicher Macht und Kontrolle sowie mit konkreten Privilegien der Verteilenden eine giftige Mitgift dieser Versorgungslinie. Trotzdem ist sie bis heute für das Überleben in zahlreichen Lebenslagen unverzichtbar geblieben.

Eine Initiative der Neuzeit stellen die durch Henri Dunant initiierten Genfer Konventionen von 1864, 1899 und 1907 dar, die schließlich 1949 zusammengefaßt wurden. Durch dieses internationale Abkommen soll der Schutz der Verwundeten, der Kriegsgefangenen und der Zivilbevölkerung in Kriegszeiten gewährleistet werden.

Das in erster Linie mit der Erfüllung der Genfer Konventionen und aus ihrem Gedankengut gegründete Rote Kreuz bildet heute mit den anderen Spitzenverbänden der Wohlfahrtspflege in der Bundesrepublik den Haupttrust der Institutionen sozialpädagogischer und sozialarbeiterischer Aufgabenstellungen. Ihre Verflechtung mit den Privilegien und Kontrollmechanismen staatlicher Macht schränkt, ähnlich wie beim Sozialhilfemandat des Staates selbst, ihre zukunftsweisende Wirkung im Sinne kreativer Lösungen neuer Problemlagen und der Abwendung globaler Bedrohungen ein.

Als zukunftsweisend dagegen halte ich zwei inzwischen institutionell verankerte Bewegungen: zum einen Amnesty International, zum anderen Greenpeace. Beide verdanken sich dem uneigennützigen Engagement von Menschen, die einerseits Menschen nicht zum (Folter-)Opfer von Menschen, andererseits unsere einzige gemeinsame Erde nicht zum Raubgut weniger parasitärer Nutznießer werden lassen wollen. Zahlreiche Bürgerinitiativen tragen dieselbe großartige Kraft, Emotion und Klugheit dieser inzwischen großen Bewegungen in sich. Es ist zu hoffen, daß ihr moralischer Impetus lange vorhält und nicht zu schnell im Dickicht politischer Kompromisse und korrumpierender Beteiligung an Wirtschafts-, Macht- und Statusprivilegien überwuchert wird. Sollte dieser Verwachsungsprozeß unvermeidbar sein, so ist zu hoffen, daß neue junge und kreative Ideen und Engagements uns immer wieder zum Rettungsdienst motivieren und befähigen. Mit Bewunderung ist zum Beispiel zu beobachten, wie sich in der letzten Dekade des November 1994 freie Bürger gegen das regierungsverordnete Endstrahlungslager Gorleben einsetzen und einen Erfolg anbahnen.

Der amerikanische Philosoph William James (1842–1910) suchte nach einem Äquivalent des Krieges, um die Potenzen der Zerstörung umwandeln zu können in Kräfte des Konstruktiven. Kurt Hahn (1886–1974) glaubte im Rettungsdienst dieses Äquivalent gefunden zu haben. Ich hoffe, daß er recht hatte. In den großen Rettungsbewegungen der zweiten Hälfte unseres Jahrhunderts sehe ich den Anfang und die Chance, die menschgemachten Risiken der Zerstörung von Erdball und Menschheit in letzter Minute mutig abzuwenden.

6.4 Auf dem Boden der Tatsachen: Die Auftragslage der Sozialpädagogik an der Jahrtausendschwelle zum 21. Jahrhundert

Welchen Beitrag hat die Sozialpädagogik unter den Bedingungen globalisierter Problem- und Krisenlagen zu erbringen?

1. Gemeinsam mit der Sozialarbeit hat sie subsidiäre Hilfe zur Befreiung, gesellschaftlichen Teilhabe und Emanzipation zu leisten für Menschen, deren Lebenslage aus gesellschaftlichen Gründen benachteiligt ist.
2. Durch Angebot von Volksbildung im Sinne von Solidargeist und Sozialpolitik, mehr aber noch durch Unterstützung bzw. Initiierung von Gemeinschaftsprojekten und Bürgerinitiativen, hat sie die Entwicklung von Gemeinsinn zu unterstützen.
3. Durch Öffentlichkeitsarbeit hat sie eine permanente Kritik privilegierender und benachteiligender Gesellschaftspolitik zu erbringen.

In allen drei Punkten kann Sozialpädagogik seit 150 Jahren auf mutige, kluge und tatkräftige VertreterInnen in Theorie und Praxis zurückblicken. Es gibt aber zwei weitere Aufgaben, für die die Sozialpädagogik meiner Erachtens zuständig ist, und mit denen wir erst am Anfang stehen:

4. Es steht aus eine Theorie des Gemeinsinns der Lebenden, die das Erbe der Toten aller Kulturen achtet und sich den Nachgeborenen verpflichtet weiß als Teil eines alle verbindenden Kosmos! Ich wüßte keine andere Disziplin, die einer solchen Theorie und Ethik näherstünde und die prosozialen und prokosmischen Kräfte der Menschheit weltanschauungs- und religionsübergreifend besser verstehen, deuten und unterstützen könnte, als die Sozialpädagogik.
5. Es steht aus ein „curriculum vitae hominis humani“, ein Lehrplan für eine durch alle Entwicklungs- und Lebensstufen hindurchgehende Lebensführung, die wir als mitmenschlich, sozial und solidarisch wünschen.

Wie ist das zu verstehen? Die Curricula und Lehrpläne der vorhandenen Bildungs- und Ausbildungssysteme berücksichtigen fast bis zur Ausschließlichkeit kognitive und konativ-technische Fertigkeiten. Die emotionalen Fähigkeiten der Menschen, die über Wohl und Wehe, Freundschaft und Feindschaft, Verständnis, Miß- und Unverständnis, Hilfsbereitschaft und Egoismus, Kooperation und Konkurrenz, Fairneß und Ausbeutung, letztlich über Krieg und Frieden entscheiden, diese emotionalen Fähigkeiten bleiben dem „geheimen Lehrplan", dem „hidden curriculum" überlassen. Dies besteht, wie wir wissen, aus mehr oder weniger guten und schlechten Modellen persönlicher Begegnung und den Rollen aus Medien, speziell dem Fernsehen. So werden und bleiben die heranwachsenden und erwachsenen Menschen angesichts der einzigen Lernquelle weniger guter, zahlreicher mäßiger und unverhältnismäßig vieler schlechter Vorbilder hinsichtlich ihrer emotionalen Fähigkeiten unterentwickelt.

Meines Erachtens ist es eine Aufgabe der Sozialpädagogik, dem „hidden curriculum" ein öffentliches entgegenzustellen. In ihm müssen klar und deutlich die Zielvorstellungen des humanen Menschen entwikkelt und vertreten werden. Welche Eigenschaften sollen ihn auszeichnen, den humanen Menschen? Akzeptanz, Toleranz, Teilungsbereitschaft? Geschwisterlichkeit und Solidarität? Zivilcourage und Kompromißfähigkeit? Zärtlichkeit und sexuelle Unverklemmtheit? Humor? Ich vermute, mit dieser Vorstellung des „hominis prosocialis" wenig Widerspruch zu ernten.

Aber wie erzieht man denn Menschen zu solchen Eigenschaften? Ich fürchte, daß mit mir mancher Leser relativ ratlos ist hinsichtlich einer systematischen Antwort auf diese Frage, obwohl zugegebenermaßen am ehesten die Kindergartenpädagogik seit den Anfängen Fröbels hier nachgedacht und vorgearbeitet hat.

Trotzdem stehen wir am Anfang. Die Ursache, warum die Menschheit bisher ein umfassendes Curriculum des prosozialen Verhaltens noch nicht recht in Angriff genommen hat, mag daran liegen, daß es den Planern abverlangt, sich auf die Erziehung von Menschen zu richten, die im ethischen Sinne bessere Menschen würden als sie selbst. Bei globalem Gelingen von neuartigen „curriculae vitae" vieler prosozialer Menschen würden diese zu lebenden Vorwürfen für ihre Eltern- und Erziehergenerationen. Vielleicht scheuen wir Menschen, seit wir uns selbst schamvoll reflektieren lernten, vor der Beschämung durch die ethisch Engagierten, indem wir diese nicht nur abtun, sondern sie durch fehlende Hilfeleistung bei ihrem Werdegang konsequent verhindern.

Dies muß meines Erachtens für die Disziplin der Sozialpädagogik vorbei sein. Wir haben die Aufgabe, einer Menschheit das Curriculum zu entwickeln, nach dem sie die prosozialen Qualitäten befördern kann, die wir uns alle wünschen. Dies gilt selbst angesichts der Tatsache, daß wir und unser Zeitalter dabei die Kritik und Würdigung eines zu überwindenden Überganges halbherziger Mitmenschlichkeit hinnehmen müssen.

LITERATUR

Altindag Kadin Danisma Merkezi (yilsiz) (Frauenberatungsstelle Altindag): Siginmaevi (Broschüre), Ankara o.J.

Ankara Sokaklarinda Çalisan Çocuklar Projesi (yilsiz) (Projekt für die auf den Ankaraner Straßen arbeitenden Kinder): Tanitim (Selbstdarstellung) Çogaltim (Kopie), Ankara o.J.

Arbeitsgruppe Vorschulerziehung: Anregungen II. Didaktische Einheiten im Kindergarten, München 1976.

Arnold, W./Eysenck, H. J. /Meili, R. (Hrsg.): Lexikon der Psychologie, Freiburg i. Br. 41987.

Bäumer, G.: Die historischen und sozialen Voraussetzungen der Sozialpädagogik und die Entwicklung ihrer Theorie. In: Nohl, H./Pallat, L. (Hrsg.): Handbuch der Pädagogik, Band V: Sozialpädagogik, Langensalza 1929, S. 3–17.

Dies.: Das Jugendwohlfahrtswesen. In: ebd., S. 18–26.

Dies.: Die Formen des sozialpädagogischen Berufs und die Bildungswege. In: ebd., S. 209–220.

Dies.: Die Geschichte der Frauenbewegung in Deutschland. In: Lange, L./Bäumer, G. (Hrsg.): Handbuch der Frauenbewegung, I. Teil, Berlin 1901, S. 1–166.

Bartkiewicz, I.: Subsidiaritätsprinzip und die Theorie der Gerechtigkeit von John Rawls; unveröffentlichte schriftliche Hausarbeit für das Lehramt für Sonderpädagogik an der Heilpädagogischen Fakultät der Universität zu Köln, Köln 1988.

Bartsch, F. (Hrsg.): Bildnisse evangelischer Medien, Berlin 81984.

Basara, T. [Gençlik ve Spor Müdürlügü (Direktorat für Jugend und Sport)]: Interview, geführt v. I. Tomanbay, Ankara 12. 4. 1994.

Beck, U.: Risikogesellschaft. Auf dem Weg in eine andere Moderne, Frankfurt a. M. 1986.

Beck, U.: Politik in der Risikogesellschaft, Frankfurt a. M. 1991.

Belardi, N.: Erfahrungsbezogene Jugendbildungsarbeit, Lollar/Gießen 1975.

Beschel, E.: Der Eigencharakter der Hilfsschule, Weinheim 1965.

Bierbrauer, G.: Das Stanford-Gefängnisexperiment und seine Folgen (Haney, Banks und Zimbardo). In: Frey, D./Greif, S. (Hrsg.): Sozialpsychologie, München/Weinheim 1987, S. 429–433.

Bittner, G.: „Behinderung“ oder „beschädigte Identität“? Überlegungen zum Verständnis der Sonderpädagogik. In Zs. Sonderpädagogik, 2. Beiheft, 1972, S. 7–15.

Blanke, I.: Zur Problematik der Geschichte und Geschichtlichkeit der Sozialpädagogik. In: VHN 55 (1986) 2, S. 134–192.

Bloesy, S./Strack, G.: Qualifizierung für das Management sozialer Arbeit. In: Blätter der Wohlfahrtspflege, Heft 3/1989, S. 77–79.
Böhnisch, L./Funk, H.: Jugend im Abseits? Zur Lebenslage Jugendlicher im ländlichen Raum, Weinheim/München 1989.
Böhnisch, L./Münchmeier, R.: Pädagogik des Jugendraums, Weinheim/München 1990.
Böhnisch, L./Winter, R.: Pädagogische Landnahme. Einführung in die Jugendarbeit des ländlichen Raumes, Weinheim/München 1990.
Böhnisch, L./Winter, R.: Jugendverbände im ländlichen Raum. In: Böhnisch, L./ Gängler, H./ Rauschenbach, T. (Hrsg.): Handbuch Jugendverbände, Weinheim/München 1990.
Böttcher, H.: Sozialpädagogik im Überblick, Freiburg i. Br. 1975.
Bolk, L.: Das Problem der Menschwerdung, Jena 1926.
Borst, A.: Lebensformen im Mittelalter, Frankfurt a. M./Berlin/Wien 1979.
Bott, G. (Hrsg.): Erziehung zum Ungehorsam. Antiautoritäre Kinderläden, Frankfurt a. M. 1970.
Brauer, G.: ECON-Handbuch der Öffentlichkeitsarbeit, Düsseldorf/Wien/ New York/Moskau 1993.
Briel, R.: Zur Entwicklung und Konzeptualisierung situationsorientierter Ansätze im Kindergarten, Freiburg i. Br. 1981.
Brückner, M.: Sozialmanagement aus Frauensicht – Reflexion und Zukunftsperspektiven. In: Brückner, M. (Hrsg.): Frauen und Sozialmanagement, Freiburg i. Br. 1992, S. 216–239.
Brüggen, F.: Normenprobleme: zur Theoriegeschichte; in: Eyferth, H./Otto, H.-U./Thiersch, H. (Hrsg.): Handbuch zur Sozialarbeit/Sozialpädagogik, Neuwied/Darmstadt 1987, S. 677–697.
Buchkremer, Hj.: Ansatz einer Theorie der subsidiären Erziehung. In: Archiv für Angewandte Sozialpädagogik, 7. Jg. 1976, Heft 2, S. 59–72.
Buchkremer, Hj.: Einführung in die Sozialpädagogik, Darmstadt 1982.
Buchkremer, Hj.: Heil-/Sonderpädagogik und Sozialpädagogik. In: Handbuch der Sonderpädagogik, Band 10: Sonderpädagogik und Sozialarbeit, Berlin 1990, S. 46–73.
Buchkremer, Hj.: Schullandheim- und Erlebnispädagogik als Anlaß einer Reflexion zur pädagogischen und machiavellistischen „Inszenierung“ des Erlebnisses. In: Ziegenspeck, J. (Hrsg.): Fachtagung zur Erlebnispädagogik, Lüneburg 1994, S. 10–24.
Büchmann, G.: Geflügelte Worte, Berlin ^{32}1972.
Bühler, Ch.: Humanistische Psychologie. In: Arnold, W./Eysenck, H. J./Meili, R. (Hrsg.): Lexikon der Psychologie, Freiburg i. Br. ^{4}1987.
Cohn, R. C.: Von der Psychoanalyse zur Themenzentrierten Interaktion, Stuttgart 1975.
Colberg-Schrader, H./Krug, M.: Lebensnahes Lernen im Kindergarten, München 1982.
Danckert, W.: Unehrliche Leute – Die verfemten Berufe, München 1963.
Das Neue Testament, übers. von K. Rösch, Paderborn 1953.

Dauzenroth, E.: Lange, Helene. In: Lexikon der Pädagogik – 3. Band, Freiburg i. Br. 1971, S. 30.

Dawkins, R.: Das egoistische Gen, Berlin/Heidelberg 1978.

Deinet, U.: Raumaneignung in der sozialwissenschaftlichen Theorie. In: Böhnisch, L./ Münchmeier, R.: Pädagogik des Jugendraums, Weinheim/München 1990, S. 57–66.

Delekat, F.: Johann Heinrich Pestalozzi. Mensch, Philosoph, Politiker, Erzieher; Leipzig 1926.

Der Volksbrockhaus, Wiesbaden [14]1971.

Deutsche Gesellschaft für Technische Zusammenarbeit (GTZ) GmbH: Zielorientiertes Planen von Projekten und Programmen der Technischen Zusammenarbeit (ZOPP). Leitfaden, Eschborn 1989.

Deutscher Bildungsrat: Zur Einrichtung eines Modellprogramms für Curriculumsentwicklung im Elementarbereich, Stuttgart 1973.

Devlet Planlama Teskilati (Staatliche Planungsorganisation): Yaygin Egitim Özel Ihtisas Komisyonu Raporu (Bericht der Sonderexpertenkommission für informale Erziehung), Ankara o. J.

Diesterweg, A.: Wegweiser zur Bildung für deutsche Lehrer, Essen 1851.

Dießenbacher, H./Müller, A.: Wissenschaftstheorie und Sozialpädagogik. In: Eyferth, H./Otto, H.-U./Thiersch, H. (Hrsg.): Handbuch zur Sozialarbeit/ Sozialpädagogik, Neuwied/Darmstadt 1987, S. 1251–1262.

von den Driesch, J.: Geschichte der Wohltätigkeit, Band I, Paderborn 1959.

Dröscher, V.: Nestwärmer, München [6]1991.

Durkheim, E.: Der Selbstmord, Neuwied 1973.

Emmerich, M.: Ausländer zwischen Ausgrenzung und Emanzipation, Aachen 1991.

Eyferth, H./Otto, H.-U./Thiersch, H. (Hrsg.): Handbuch zur Sozialarbeit/ Sozialpädagogik, Neuwied/Darmstadt 1987.

Fatzer, G.: Organisationsentwicklung für die Zukunft, Köln 1993.

Fischer, Aloys: Leben und Werk (hrsg.: Kreitmair, K. von) Bd.3/4: Gesammelte Abhandlungen zur Soziologie, Sozialpädagogik und Sozialpsychologie, München 1954.

Ders.: Das Verhältnis der Jugend zu den sozialen Bewegungen und der Begriff der Sozialpädagogik, 1924. In: ebd., S. 167–262.

Ders.: Die Problematik des Sozialbeamtentums, 1925. In: ebd., S. 319–350.

Ders.: Soziologische Pädagogik, 1932. In: ebd., S. 159–166.

Fischer, Andreas: Das Bildungssystem der DDR: Entwicklung, Umbruch und Neugestaltung seit 1989, Darmstadt 1992.

Fischer, W.: Was ist Erziehung?, München 1966.

Flitner, W.: Das Selbstverständnis der Erziehungswissenschaft in der Gegenwart, Heidelberg [4]1966.

Flösser, G./Schmidt, M.: Managementkonzepte in der sozialen Arbeit. In: Flösser, G./Otto, H.-U. (Hrsg.): Sozialmanagement oder Management des Sozialen?, Bielefeld 1992, S. 88–102.

Fooken, E.: Grundprobleme der Sozialpädagogik. Eine Analyse ihrer theoretischen Aufgaben, Heidelberg 1973.
French, W. L./Bell, C. H. jr.: Organisationsentwicklung, Bern/Stuttgart 1977.
Fromm, E.: Haben oder Sein, Stuttgart 1976.
Gehlen, A.: Der Mensch, Frankfurt a. M. 1971.
Gehrmann, G./Müller, K. D.: Organisationsentwicklung – eine Chance für Soziale Dienste?. In: sozialmagazin, 13. Jg. 1988, H. 5, S. 34–40.
Geißler, Kh. A./Hege, M.: Konzepte sozialpädagogischen Handelns, München/Wien/Baltimore 1981.
Gernert, W.: Jugendhilfe. Einführung in die sozialpädagogische Praxis, München/Basel [4]1993.
Geschichte der Freien Deutschen Jugend, Berlin 1982.
Giddens, A.: The consequenzes of Modernity, Stanford 1990.
Giesecke, H.: Die Hilterjugend. In: Herrmann , U. (Hrsg.): „Die Formung des Volksgenossen". Der „Erziehungsstaat" des Dritten Reiches, Weinheim/Basel 1985, S. 173–188.
Giesecke, H.: Die Jugendarbeit, München [3]1975.
Gothe, L./Kippe, R.: Aufbruch, Köln 1975.
Gründel, J./van Oyen, H.: Ethik ohne Normen, Freiburg i. Br. 1970.
Güneri, M. [Sosyal Hizmetler ve Çocuk Esirgeme Kurumu Il Müdürlügü (Provinzdirektorat der Anstalt für Soziale Dienste und Kinderbehütung)]: Interview, geführt v. I. Tomanbay, Ankara 15.3.1994.
Günther, U.: Gehorsam bei Elektroschocks: die Experimente von Milgram. In: Frey, D./Greif, S. (Hrsg.): Sozialpsychologie, München/Weinheim 1987, S. 445–452.
Händle, Ch.: Erkundung. In: Haft, H./Kordes, H. (Hrsg.): Enzyklopädie Erziehungswissenschaft, Bd. 2: Methoden der Erziehungs- und Bildungsforschung. Stuttgart 1984.
Hahn, K.: Erziehung zur Verantwortung, 1954. In: Ders.: Erziehung zur Verantwortung. Reden und Aufsätze, Stuttgart o. J., S. 70–81.
Hartmann, M./Funk, R./Nietmann, H.: Präsentieren, Weinheim/Basel 1991.
Haverkate, G.: Verfassungslehre: Verfassung als Gegenseitigkeitsordnung, München 1992.
Hegel, E.: Vom Rettungshaus zum Kinderdorf, München/Basel 1968.
Heinen, A.: Gedanken und Anregungen, Paderborn o. J.
Heinen, A.: Jugendpflege als organisches Glied der Volkspflege, Mönchen-Gladbach 1917.
Herrmann, U. (Hrsg.): „Die Formung des Volksgenossen". Der „Erziehungsstil" des Dritten Reiches, Weinheim/Basel 1985.
Heuss, Th.: Deutsche Gestalten, Stuttgart/Zürich/Salzburg [3]1951.
Hirsch, J.: Staat. In: Eyferth, H./Otto, H.-U./Thiersch, H. (Hrsg.): Handbuch zur Sozialarbeit/Sozialpädagogik, Neuwied/Darmstadt 1987, S. 1118–1129.
Hitler-Jugend 1933 bis 1943. In: Das junge Deutschland, Berlin 1943, S. 2–64.
Hofstätter, P. R.: Einführung in die Sozialpsychologie, Stuttgart 1973.

Jung, H.: PR als Seismograph und Kompaß. In: Kalt, G. (Hrsg.): Öffentlichkeitsarbeit und Werbung, Frankfurt a. M. 31991, S. 17–27.
Jungk, R./Müllert, N. R.: Zukunftswerkstätten, München 41994.
Kant, I.: Kritik der praktischen Vernunft. Akademieausgabe Bd. 5, Berlin 1986.
Keles, R./Novak, J./Tomanbay, I.: Türkiye'de ve Almanya'da Sosyal Hizmetler – Ansiklopedik Sözlük (Soziale Dienste in Deutschland und der Türkei – ein enzyklopädisches Wörterbuch), Ankara 1991.
Kiefer, G. R.: Kinderladen Stuttgart – Bericht über einen Prozeß. In: Bott, G. (Hrsg.): Erziehung zum Ungehorsam, Frankfurt a. M. 1970, S. 14–44.
Kiliç, E.: Türkiye'de Halk Egitimi – Baslangicindan Bugüne Kadar (Volkserziehung in der Türkei – von ihrem Anfang bis heute), Ankara 1968.
Kirchenamt der Evangelischen Kirche in Deutschland/Sekretariat der Deutschen Bischofskonferenz (Hrsg.): Zur wirtschaftlichen und sozialen Lage in Deutschland, Hannover/Bonn 1994.
Klauer, K. J.: Lernbehindertenpädagogik, Berlin 1970.
Klebert, K./Schrader, E./Straub, W.: Moderationsmethode, Hamburg 1985.
Klebert, K./Schrader, E./Straub, W.: KurzModeration, Hamburg 21987.
Klingholz, R.: Die Menschen vor den Menschen. Zeitmagazin, Hamburg 1986, H. 18.
Kolping, A.: Der Gesellenverein und seine Aufgabe. In: Nattermann, J. (Hrsg.): Der katholische Gesellenverein, Nr. 1, Köln 1921.
Krabbe, H. (Hrsg.): Scheidung ohne Richter, Reinbek 1991.
Kracht, H. J.: Adolph Kolping, Sozialpädagoge und Erwachsenenbildner; Nachrichtenamt der Stadt Köln (Hrsg.): Kölner Biographien (9), Köln 1977.
Kraus, R.: Die Fürsorgeerziehung im Dritten Reich (1933–1945). In: Archiv für Wissenschaft und Praxis der sozialen Arbeit, 1974, S. 161–210.
Krenz, A.: Der Situationsorientierte Ansatz im Kindergarten – Grundlagen und Praxis, Freiburg i. Br. 31992.
Kriek, E.: Nationalsozialistische Erziehung, begründet aus der Philosophie der Erziehung, Osterwieck 1933.
Krisam, R./Tegethoff, H. G.: Jugendfreizeitzentrum und soziales Umfeld: ein Lehrforschungsprojekt zur stadtteilorientierten Jugendarbeit, Neuwied/Darmstadt 1977.
Kronen, H.: Sozialpädagogik. Geschichte und Bedeutung des Begriffs, Frankfurt a. M. 1980.
Küchler, M.: Empirische Sozialforschung. In: Eyferth, H./Otto, H.-U./Thiersch, H. (Hrsg.): Handbuch zur Sozialarbeit/Sozialpädagogik, Neuwied/Darmstadt 1987, S. 282–290.
Kuhn, Th. C.: Die Struktur wissenschaftlicher Revolution, Frankfurt a. M. 1967.
Kusgözoglu, T. (Sosyal Hizmetler ve Çocuk Esirgeme Kurumu Il Müdürlügü): Interview, geführt v. I. Tomanbay, Ankara 12. 4. 1994.
Lange, H.: Die höhere Mädchenschule. In: Lange, H. u. a.: Die höhere Mädchenbildung, Leipzig/Berlin 1908, S. 1–12.
Langmaak, B.: Themenzentrierte Interaktion, Weinheim 1991.
Leakey, R. E.: Die Suche nach dem Menschen, Frankfurt a. M. 1981.

Leibfried, S.: Sozialhilfe. In: Eyferth/Otto/Thiersch (Hrsg.): Handbuch zur Sozialarbeit/Sozialpädagogik, Neuwied/Darmstadt 1987, S. 948–957.
Lewin, K.: Die Lösung sozialer Konflikte, Bad Nauheim [4]1975.
Lietz, H.: Das fünfzehnte Jahr in Deutschen Landerziehungsheimen, Leipzig 1913.
Lorenz, K.: Das sogenannte Böse, Wien 1963.
Lück, H.: Psychologie sozialer Prozesse, Opladen 1987.
Maelicke, B.: Management in sozialen Organisationen. In: Blätter der Wohlfahrtspflege, Heft 3/1989, S. 67–70.
Marchal, P./Spura, U. K.: Öffentlichkeitsarbeit im sozialen Bereich, Weinheim/Basel 1981.
Martens, W.: Die Autopoiesis sozialer Systeme. In: Kölner Zeitschrift für Soziologie und Sozialpsychologie, Jg. 43, Heft 4, 1991, S. 625–646.
Maul, P.: Formen der sozialen Intervention im 18. Jahrhundert; Dissertation an der Erziehungswissenschaftlich-Heilpädagogischen Fakultät der Universität zu Köln, Köln 1981.
Mennicke, C. A.: Sociale Paedagogie. Grondslagen, Vormen en Middelen der Gemeenschapsopvoeding, Utrecht 1937.
Merchel, J.: Sozialmanagement als Innovationsstrategie?. In: Flösser, G./Otto, H.-U. (Hrsg.): Sozialmanagement oder Management des Sozialen?, Bielefeld 1992, S. 73–87.
Milliyet, Türkische Zeitung, Ausgabe vom 5. 5. 1993 und 6. 4. 1994.
Ministerium für Arbeit, Gesundheit und Soziales NRW (Hrsg.): Arbeitshilfen zur Planung der Arbeit im Kindergarten, Düsseldorf 1985.
Mollenhauer, K.: Einführung in die Sozialpädagogik, Weinheim/Berlin [6]1976.
Mollenhauer, K.: Was heißt Sozialpädagogik?. In: Mollenhauer, K. (Hrsg.): Zur Bestimmung von Sozialpädagogik und Sozialarbeit in der Gegenwart, Weinheim 1966.
Mollenhauer, K.: Erziehung und Emanzipation, München 1968.
Mollenhauer, K./Uhlendorff, U.: Sozialpädagogische Diagnosen, Weinheim/München 1992.
Moor, P.: Heilpädagogik, Bern/Stuttgart [2]1969.
Moreno, J. L.: Gruppenpsychotherapie und Psychodrama, Stuttgart 1959.
Ders.: Die Grundlagen der Soziometrie, Köln/Opladen [2]1967.
Müller, C. W.: Wie Helfen zum Beruf wurde, Weinheim/Basel 1982.
Ders.: Sozialarbeit/Sozialpädagogik. In: Kreft, D./Mielenz, I.: Wörterbuch Soziale Arbeit, Weinheim/Basel [3]1988, S. 480–484.
Ders.: Blicke zurück nach vorn. In: sozialmagazin, 19. Jg. 1994, H. 6, S. 14–24.
Müller-Schöll, A.: Das Konzept „Sozialmanagement“ als Grundlage der Befähigung für Organisationsentwicklung. In: Schönig, W./Brunner, E. J. (Hrsg.): Organisationen beraten, Freiburg i. Br. 1993, S. 138–160.
Münder, J.: Subsidiaritätsprinzip. In: Eyferth, H./Otto, H.-U./Thiersch, H. (Hrsg.): Handbuch zur Sozialarbeit/Sozialpädagogik, Neuwied/Darmstadt 1987, S. 1147–1160.
Natorp, D.: Sozialpädagogik, Stuttgart/Paderborn 1923/1974.

Neises, G.: Christian Jasper Klumker, Frankfurt a. M./Mannheim 1968.
Ders.: Vorwort. In: Scherpner, H.: Geschichte der Jugendfürsorge, Göttingen 1966, S. 5–6.
Nell-Breuning, O. von: Das Subsidiaritätsprinzip. In: Theorie und Praxis der sozialen Arbeit, H. 27, 1976, S. 6–17.
Nellessen, L. W.: Organisationsentwicklung: Stein der Weisen oder Stein des Anstoßes? In: Fatzer, G. (Hrsg.): Organisationsentwicklung für die Zukunft, Köln 1993, S. 309–324.
Neuffer, M.: Die Kunst des Helfens, Weinheim/Basel 1990.
Nohl, A.-M.: Gençlik Evinde Gençlerin Hayati – Bir Kalitatif Arastirmanin Ilk Adimlari (Das Leben der Jugendlichen im Jugendhaus – die ersten Schritte einer qualitativen Forschungsarbeit); unveröffentl. Manuskript, Ankara 1993.
Nohl, H./Pallat, L. (Hrsg.): Handbuch der Pädagogik, Band V: Sozialpädagogik, Langensalza 1929 (Faksimile-Druck 1966).
Nohl, H.: Die pädagogische Bewegung in Deutschland und ihre Theorie, Frankfurt a. M. 61963.
Ders.: Die Sozialpädagogik in der Wohlfahrtspflege, 1926. In: Nohl, H./Pallat, L. (Hrsg.): „Handbuch der Pädagogik", Band V: Sozialpädagogik, Langensalza 1929, S. 17–19.
Ders.: Die pädagogische Idee in der öffentlichen Jugendhilfe, 1928. In: Nohl, H./Pallat, L. (Hrsg.): „Handbuch der Pädagogik", Band V: Sozialpädagogik, Langensalza 1929, S. 45–50.
Nuhoglu, N. (Sosyal Hizmetler ve Çocuk Esirgeme Kurumu Il Müdürlügü): Interview, geführt v. I. Tomanbay, Ankara 12. 4. 1994.
Ölçen, M.: Interview, geführt v. I. Tomanbay, Ankara 21. 4. 1994.
Oelkers, J.: Die Reformpädagogik. In: Winkel, R. (Hrsg.): Pädagogische Epochen, Düsseldorf 1988, S. 187–228.
Pestalozzi, J. H.: Über Gesetzgebung und Kindermord, 1780. In: Buchenau, A./Spranger, E./Stettbacher, H. (Hrsg.): Pestalozzi. Sämtliche Werke, Berlin/Leipzig/Zürich 1927–1964.
Pfaffenberger, H./Friedländer, W. H.: Grundbegriffe und Methoden der Sozialarbeit, Neuwied/Berlin 1969.
Portmann, A.: Biologische Fragmente zu einer Lehre vom Menschen, Basel 1951.
Proksch, R.: Geschichte der Mediation. In: Krabbe, H. (Hrsg.): Scheidung ohne Richter, Reinbek 1991, S. 170–189.
Pyon, B.: Rehabilitation in Südkorea und in der Bundesrepublik Deutschland; Inaugural-Dissertation an der Heilpädagogischen Fakultät der Universität zu Köln, Köln 1994.
Rattner, J.: Große Pädagogen im Lichte der Tiefenpsychologie, Wien/München/Zürich 1981.
Rauschenbach, T./Gängler, H. (Hrsg.): Soziale Arbeit und Erziehung in der Risikogesellschaft, Neuwied/Kriftel/Berlin 1992.
Rawls, J.: Eine Theorie der Gerechtigkeit, Frankfurt a. M. 1975.

Renggli, F.: Angst und Geborgenheit, Reinbek 1974.
Richarz, W.: Zum Umgang mit der Presse, Stuttgart/München/Hannover 1990.
Robertson, R.: Globalization, London 1992.
Röper, G.: Encounter group therapy. In: Arnold, W./Eysenk, H. J./Meili, R. (Hrsg.): Lexikon der Psychologie, Freiburg i. Br./Basel/Wien ²1980, 1. Bd., S. 465.
Rössner, L.: Theorie der Sozialarbeit, München/Basel 1973.
Rogers, C.: Encountergruppen. Das Erlebnis menschlicher Begegnung, München 1974.
Russ, W.: Geschichte der Pädagogik, Bad Heilbrunn 1963.
Salomon, A.: Zum sozialen Frieden – Über die Arbeit des Hamburger Volksbildungsheimes. In: Die Frau, Jg. 12, 1905, S. 330–334.
Dies.: Die Frau und die Arbeit. In: Die Frau, Jg. 18, 1910/11, S. 653 ff.
Schaller, K.: Einführung in die Kritische Erziehungswissenschaft, Darmstadt 1974.
Scherpner, H.: Geschichte der Jugendfürsorge, Göttingen 1966.
Schjelderup-Ebbe, Th.: Zur Sozialpsychologie des Haushuhns. In: Zeitschrift f. Psychologie, Bd. 88, 1922.
Schütz, A.: Der sinnhafte Aufbau der sozialen Welt, Frankfurt a. M. 1974.
Schuh, S.: Interne Organisationsberatung. In: Schönig, W./Brunner, E. J. (Hrsg.): Organisationen beraten, Freiburg i. Br. 1993, S. 161–180.
Schumacher, M.: Ausgrenzung von Randgruppen im Mittelalter unter besonderer Berücksichtigung stigmatisierender Kleiderordnungen; unveröffentlichte schriftliche Hausarbeit für das Lehramt für Sonderpädagogik, Staatliches Prüfungsamt an der Universität Köln, Köln 1994.
Schwarz, P.: Management in Nonprofit-Organisationen. In: Schweizerische Volksbank (Hrsg.): Die Orientierung Nr. 88, Bern 1986.
Seifert, J. W.: Visualisieren – Präsentieren – Moderieren, Speyer ⁴1992.
Sengling, D.: Welche Interessen vertreten Wohlfahrtsverbände. In: Kreft, D./ Münder, J. (Hrsg.): Subsidiarität heute, Münster 1990, S. 106–110.
Siegel, E.: Dafür und dagegen, Stuttgart 1981.
Simmel, M.: Alice Salomon, vom Dienst der bürgerlichen Tochter am Volksganzen. In: Sachßse, C./Tennstedt, F. (Hrsg.): Jahrbuch der Sozialarbeit 4, Reinbek 1981, S. 369–402.
Slavson, S. R.: Einführung in die Gruppentherapie, Göttingen 1956.
Spitz, R. A.: Die Entstehung der ersten Objektbeziehungen, Stuttgart ³1973.
Sprey, Th.: Beraten und Ratgeben in der Erziehung. Weinheim/Berlin/Basel 1969.
Dies. (Hrsg.): Praxis der Elternbildung, München 1978.
Sprey-Wessing, Th., u. a.: Vereinbarkeit von Familie und Beruf. Beiträge zur institutionellen Familienbildung, Stuttgart/Berlin/Köln 1992.
Studienreformkommission im Ständigen Sekretariat der Kultusministerkonferenz (Hrsg.): Rahmenordnung für die Diplomprüfung im Studiengang Erziehungswissenschaft, Bonn 1987.
Sucuoglu, B./Küçüker, S./Kanik, N.: Özel Egitimde Anne-Baba Egitimi Pro-

gramlari (Ōrnek Çalisma) (Programme für die Elternerziehung innerhalb der Sondererziehung [Musterarbeit]), Egitim Bilimleri Fakültesi Dergisi (Fakultät für Erziehungswissenschaft an der Ankara-Universität), Ankara 1993.

Sucuoglu, B./Kanik, N. [Egitim Bilimleri Fakültesi (Fakultät für Erziehungswissenschaft an der Ankara-Universität)]: Interview, geführt v. I. Tomanbay, Ankara 11.4.1994.

Sümer, A. [T.C. Milli Egitim Bakanligi Özel Egitim Daire Baskanligi (Die Amtsleitung für Sondererziehung des Nationalen Erziehungsministeriums)]: Interview, geführt v. I. Tomanbay, Ankara 18.5.1994.

T. C. Adalet Bakanligi (AB) (Justizministerium der Türkischen Republik): Adalet Bakanligina Bagli Ceza Infaz Kurumlari ile Tutukevlerinde Uygulanacak Psiko-Sosyal Hizmet Programi, Ankara 1983.

Ders.: (yilsiz), Hükümlü ve Tutuklulara Uygulanacak Egitimin Amaç ve Ilkeleri, Ankara o.J.

Ders.: CEZA Infaz Kurumlari ve Tutukevleri Genel Müdürlügü (AB) (Generaldirektorat für Vollzugsinstitutionen und Haftanstalten), 8.2.1994, Hacettepe Üniversitesi Rektörlügü Sosyal Hizmetler Yüksekokulu Baskanligina. Resmi Yazi. Sayi. Çgheiis – 10/5549.

T. C. Basbakanlik Devlet Istatistik Enstitüsü (DIE) (Staatliches Statistik-Institut des Ministerpräsidiums): Türkiye Istatistik Yilligi 1979, Ankara 1979.

Ders.: Istatistiklerle Kadin 1927–1990, Ankara 1990.

T. C. Basbakanlik Sosyal Hizmetler ve Çocuk Esirgeme Kurumu (SHÇEK): 1993 Yili Çalismalari Degerlendirme Raporu ve 1994 Yili Hedefleri, Ankara 1993.

T. C. Milli Egitim Bakanligi (MEB) (Nationales Erziehungsministerium): TBMM 1994 Yili Bütçe Raporu, Ankara 1993.

Ders.: Arastirma, Planlama ve Koordinasyon Kurulu Baskanligi (MEB) (Präsidium des Rates für Forschung, Planung und Koordination), Milli Egitim ile Ilgili Bilgiler, Ankara 1994.

Tews, J.: Sozialpädagogische Reformen, Langensalza 1900.

Thiersch, H.: Lebensweltorientierte Soziale Arbeit – Aufgaben der Praxis im sozialen Wandel, Weinheim/München 1992.

Tomanbay, I.: Wie sozial ist die Türkei?, Berlin 1990.

Tuggener, H.: Social Work, Weinheim/Basel [2]1973.

Tuggener, H.: Subsidiäre Erziehung. In: VHN 56 (1987) 4, S. 539–547.

Weber, R.: Deutsches Armen- und Bettelwesen im 18. Jahrhundert. Dissertation an der Heilpädagogischen Fakultät der Universität zu Köln, Köln 1986.

Weigand, W.: Zur Integration von Wirtschafts-, Verwaltungs- und Sozialmanagement. In: Groddeck, N./Schumann, M. (Hrsg.): Modernisierung Sozialer Arbeit durch Methodenentwicklung und -reflexion, Freiburg i. Br. 1994, S. 114–124.

Wibelitz, G.: Öffentlichkeitsarbeit im Non-profit-Bereich; in: Brückner, M. (Hrsg.): Frauen und Sozialmanagement, Freiburg i. Br. 1992, S. 148–162.

Willmann, O.: Aus Hörsaal und Schulstube, Freiburg i. Br. 1904.

Ders.: Zur Berichtigung des Schlagwortes „Sozialpädagogik", 1900. In: ebd., S. 240–246.

Ders.: Über Sozialpädagogik und pädagogische Soziologie, 1904. In: ebd., S. 246–257.

Wilson, E.O.: Biologie des Schicksals, Frankfurt a. M./Berlin/Wien 1980.

Winkel, R. (Hrsg.): Pädagogische Epochen, Düsseldorf 1988.

Winkler, M.: Eine Theorie der Sozialpädagogik, Stuttgart 1988.

Wöhrle, A.: „Wir sind alle gleich ...!?" In: sozialmagazin, 19. Jg. 1994, H. 6, S. 30–43.

Wollenweber, H. (Hrsg.): Modelle sozialpädagogischer Theoriebildung, Paderborn/München/Wien/Zürich 1983.

Wollenweber, H. (Hrsg.): Sozialpädagogische Theoriebildung. Quellenband, Paderborn/München/Wien/Zürich 1983.

NAMENREGISTER

SACHREGISTER